1분이 만드는
백만장자

THE ONE MINUTE MILLIONAIRE: The Enlightened Way to Wealth

Copyright ⓒ 2002, 2009 by Mark Victor Hansen and Robert G. Allen.

All rights reserved including the right of reproduction in whole or in part in any form.
This edition published by arrangement with Currency, an imprint of the Crown Currency
Publishing Group, a division of Penguin Random House LLC
Enlightened Millionaire is a trademark of One Minute Millionaire, LLC

Korean translation copyright ⓒ 2025 by Navi School Publishing Company

이 책의 한국어판 저작권은 EYA Co.,Ltd를 통해 Random House와 독점계약한 나비스쿨에 있습니다.
저작권법 의하여 한국 내에서 보호를 받는 저작물이므로 무단 전재와 무단 복제를 금합니다.

1분이 만드는
백만장자

ⓒ 나비스쿨 2025

발행일 2025년 6월 18일 1판 1쇄 발행
지은이 마크 빅터 한센, 로버트 G. 앨런
옮긴이 김현정
펴낸이 조우석
편집장 김현정
펴낸곳 나비스쿨
디자인 studio J
인쇄 예원프린팅

등록 No.2020-00008
주소 서울특별시 성북구 돌곶이로 40길 46
이메일 navischool21@naver.com

ISBN 979-11-94114-09-3 (03190)

* 본문에 Mapo금빛나루 서체를 사용하였습니다.

1분이 만드는 백만장자

마크 빅터 한센
로버트 G. 앨런

김현정 옮김

나비
스쿨

60초에 한 명씩,

이 세상 어딘가에서

백만장자가 탄생한다

차례

본격적인 시작 · 9

왼쪽 페이지

1분이 만드는 백만장자 · 40

백만장자의 아하! · 56

지렛대 원리 · 176

멘토 · 208

팀 · 256

네트워크 · 308

우주적 네트워크 · 336

기술과 도구 · 356

시스템 · 388

부동산 · 416

사업 · 468

오른쪽 페이지

미셸 이야기:
빈털터리였던 그녀가
깨달은 백만장자가 되기까지 • 41

마지막 보물 • 531
최후의 한 마디 • 543
옮긴이의 글 당신의 '1분' • 549

본격적인 시작

백만장자의 산

상상해 보라. 당신은 방금 한 통의 전화를 받았다. 오랫동안 소식이 끊겼던 친척 어른이 사망했다는 소식이었다. 유산 관리인이 말하길, 그분이 당신에게 어마어마한 현금을 남겼다는 게 아닌가. 금액을 직접 들어보니 손이 떨릴 정도였다. 돈은 스위스 은행의 금고에 있고, 가서 찾기만 하면 된다. 문제는 금고의 열쇠가 등정하기 어렵기로 소문난 디날리 산 꼭대기에 숨겨져 있다는 것이다. 그 산은 알래스카에 있고, 북아메리카 대륙에서 가장 높고 험하다. 할 일은 간단하다. 당신이 직접 그 산의 꼭대기에 올라서 열쇠가 들어있는 은으로 된 상자를 찾으면 된다. (헬리콥터는 탈 수 없다!) 정해진 기한은 딱 1년이다. 그 기간 안에 임무를 완수하면 돈은 당신의 소유가 된다. 물론 해내지 못하면 영원히 그 돈을 가질 수 없다.

잠시 고민해보자. 할 마음이 드는가? 과연 해낼 수 있겠는가?

디날리 산을 오르는 게 불가능한 건 아니다. 수많은 산악인이 목숨을 걸고 정상에 다다랐다. 하지만 그 일을 해내기 위해서는 치밀한 계획과 훈련이 필요하다.

'깨달은 백만장자'가 되는 길이 디날리 산 등정만큼 힘들지는 않다. 그러나 이 둘 사이에는 비슷한 점이 있다. 바로 길잡이가 필요하다는 것이다. 디날리 산을 등정할 때와 마찬가지로 백만장자가 되기 위해서는 반드시 길잡이가 필요하다. 우리가 당신의 길잡이가 되어줄 것이다. 수많은 경험으로 무장한 우리는 당신을 정상으로 안내할 수 있다.

백만장자가 되려면 정확한 지도가 필요하다. 우리가 그 지도를 제공할 것이다.

그 길을 가기 위해 특별한 훈련도 필요하다. 우리가 그 훈련도 도울 것이다.

이제 첫걸음을 내디딜 의지가 생겼는가?

정말 그런가?

그렇다면 과감하게 다음 페이지를 펼쳐보자.

물론 돈보다 중요한 게 훨씬 많다

돈이 인생의 전부는 아니다. 그건 확실하다. 인생에서 가장 중요한 네 가지로 손꼽히는 가족, 건강, 친구, 마음의 평온과 비교하면 더 그렇다. 사실 이 네 가지가 풍요로워야 진짜 부유한 사람이라고 말할 수 있다. 한때 세계 최고의 부자로 손꼽히던 진 폴 게티는 동생에게 이런 편지를 받았다. "세상에서 가장 풍요로운 사람이 세상에서 가장 돈 많은 사람에게." 이렇게 시작되는 편지였다.

돈이 없어도 얼마든지 풍요로울 수 있다. 우리도 그 말에 동의한다. 물질적인 풍요를 하찮게 여기는 사람도 많다. 어쩌면 그런 이들은 돈으로 성공을 거머쥐겠다는 목표를 비난할 수도 있다. 이 책의 제목을 보면 분명 눈살을 찌푸릴 것이다.

돈은 중립적이다. 그 자체로는 좋지도 나쁘지도 않다. 그저 망치와 같은 도구일 뿐이다. 쓰임에 따라 돈의 모습은 얼마든지 바뀐다. 무언가를 창조할 수도 있고 파괴할 수도 있다. 돈을 제대로 이해하면, 즉 윤리적으로 벌고, 지키고, 나누는 방법을 알게 되면 부에 긍정적인 뜻을 더할 수 있다. 돈이 충분하면 삶과 관계와 행복이 커진다. 우리가 이 책을 쓰게 된 이유가 바로 그것이다. 올바르게 번 돈이 좋은 의도와 만날 때 이 세상은 더욱 살만한 곳이 된다.

누구든 백만장자가 될 수 있다. 하지만 우리는 당신이 백만장자인 동시에 깨달은 사람이 되기를 원한다. 이미 입증된 우리의 시스템을 따르면 '깨달은 백만장자'가 될 수 있다. 그저 이 책을 읽으면서 제시된 대로 따라가기만 하면 된다. 이보다 쉬운 길은 없을 것이라 단언한다. 해낼 수 있을 것이라 믿지 않아도 좋다. 우리가 당신을 믿을 테니까. 일주일에 몇 분 더 시간을 내고, 좀 더 노력하고, 조금 더 투자하는 것만으로 누구나 부자가 될 수 있는 방법을 우리가 알려줄 것이다. 시도할 가치가 충분하지 않은가? 우리의 입증된 시스템을 배우고 나면 더 많은 돈의 주인이 될 수 있다. 그뿐 아니라 더 나은 직장인, 더 나은 가족 구성원, 더 나은 친구, 더 나은 사회 구성원이 될 것이다.

준비되었는가? 지금부터 시작해 보자.

왜 당신을 '깨달은 백만장자'로 만들고자 하는가

숨 쉴 공기를 나누어 가지는 게 아깝다고 생각한 적 있는가? 누군가가 공기를 더 많이 들이마신다고 탓해본 적 있는가? 당연히 그런 적이 없을 것이다. 이유는 무엇일까? 공기가 넘쳐나기 때문이다. 풍부한 것을 나누는 일은 전혀 문제 될 것이 없다. 돈도 그렇다. 우리는 당신이 필요 이상의 돈을 가진 부자가 되는 길에 들어서기를 바란다. 그것을 위해 단 1분 만에 첫 100만 달러를 벌 수 있는 도구를 제공할 것이다. 우리는 누구나 백만장자가 될 수 있다고 믿는다. (물론 당신도 포함된다) 사실 우리의 목표는 백만 명의 백만장자가 탄생하도록 돕는 것이다. 왜 이런 목표를 세웠을까?

자신의 부(지식과 현금 둘 다 해당한다)를 나누는 백만 명의 백만장자가 일으킬 긍정적인 파장을 믿기 때문이다. 그들이 세계 경제의 미래를 바꿀 수 있다.

우리 두 사람은 백만장자다. 초점과 행동을 또렷하게 하기까지 몇 년이 걸리긴 했지만, 둘 다 1분 만에 100만 달러를 벌었다. 우리가 함께 써낸 베스트셀러가 수많은 이들에게 영감을 주었고, 실제로 수천 명의 백만장자가 탄생했다. 우리에게도 좌절은 있었다. 재정적으로 불안하고, 파산까지 하는 끔찍한 시기를 겪었다. 어지럽고 힘겨운 시간이었다. 다행스럽게도 우리는 그 시기를 이겨내고 백만장자의 길에 들어설 수 있었다. 성가신 구덩이에서 멋진 경치에 이르기까지, 우리는 그 여정을 속속들이 알고 있다. 우리가 어떻게 백만장자가 되었는지, 당신도 어떻게 백만장자가 될 수 있는지 전부 알려주겠다.

우리는 당신에게 제대로 된 시스템을 건넬 것이다. 이제 당신의 차례다. 그것을 이용해 길을 가는 건 오직 당신의 몫이기 때문이다.

우리는 믿는다. 당신이 이 책을 고른 것이 결코 우연이 아니라는 것을. 백만장자를 향한 꿈이 이루어지도록 함께 노력하자. 지금부터 시작이다. 필요 이상의 돈을 벌어 금전적으로 자유로운 상태가 되자. 풍요로움을 가족, 친구, 그리고 이 세상에 널리 퍼트리자.

이 책에 관하여

곧 알게 되겠지만, 이 책은 특별한 구성을 지니고 있다. 사실 이 책은 두 권이 합해진 것이다. 자기개발서, 그리고 소설이다.

왜 이런 구성을 선택했을까?

그동안 수만 명에게 백만장자의 길을 알려주면서 두 가지 학습유형을 알게 되었다. 일반적으로 사람들은 '예술가'나 '기술자' 중 한 유형에 속한다. 예술가 유형의 사람은 스토리를 선호한다. 기술자 유형은 논리적인 글을 더 쉽게 받아들인다. 그래서 우리는 두 가지 형태의 글을 제시해 어떤 유형의 학습자라도 강력한 메시지를 전달받을 수 있게 하였다. 단순히 정보를 얻는 게 아닌, 적극적인 변화를 일으키도록 말이다.

도입부가 끝나면, 이 책은 좌우가 다른 별도의 책이 된다. 오른쪽 페이지에는 소설이 펼쳐진다. 남편을 잃고 궁지에 몰린 미셸이 주인공이다. 그녀는 두 아이의 양육권을 되찾기 위해 석 달 안에 백만 달러를 벌어야 한다.

만약 사랑하는 사람의 생명이 백만 달러에 달려 있다면, 당신은 그 돈을 벌 수 있겠는가?

오른쪽 페이지는 꿈과 두려움이 교차하는 이야기를 통해 백만장자가 되는 길을 보여 준다. 스토리에 반응하는 '예술가' 유형의 사람을 위한 것이다. 미셸의 이야기에 푹 빠져보자. 그녀의 입장이 되어 나라면 이럴 때 어떻게 했을까 고민해도 좋다. 이 이야기에는 미셸을 현명하게 이끌어주는 사만다도 등장한다. 길잡이의 입장에서 어떤 충고를 건넬지 생각해 보는 것도 좋은 방법이다. 미셸이 두려움에 맞설 수 있도록 무슨 말을 해주면 좋을까? 힘겨운 장애물 앞에서 어떤 도움을 줄 수 있을까? 그녀를 위해 나누어줄 지혜는 무엇일까?

왼쪽 페이지는 사실로 이루어진 글이 펼쳐진다. 백만장자가 되는 방법에 대한 독립적인 교훈이다. 이를 통해 단기간에 '깨달은 백만장자'가 될 수 있다. 이 글은 현실적이고 체계적이며, 작은 제목 아래 서로 구분된 형태로 제시된다. 왼쪽 페이지의 지침들은 오른쪽 페이지의 내용과 연관되어 있다. 소설 속에서 미셸이 얻는 교훈이나 실천사항이 왼쪽 페이지에 정리되어 제시되는 것이다. 어느 쪽을 먼저 읽어도 괜찮다. 끌리는 곳부터 읽도록 하자. 왼쪽 페이지를 먼저 읽는다면 개념이 확실해질 것이다. 오른쪽 페이지를 먼저 읽으면 손쉽게 개념을 받아들일 수 있다.

그동안 우리는 멘토로서 수많은 사람을 이끌었다. 이 책에 등장하는 모든 교훈은 독립적인 동시에 서로 연관되어 있다. 당신이 원하는 방향으로 백만장자의 길을 향해 가도록 하자.

그럼 이제 당신의 유형을 알아보자. 당신은 예술가일까, 기술자일까?

이어지는 페이지에 두 가지 방식의 요약본이 등장한다. 백만장자가 되는 과정이 함축적으로 제시된 것이다. 왼쪽 페이지와 오른쪽 페이지 중 어느 것에 더 끌리는지 알아보도록 하자. 자, 그럼 페이지를 넘겨보자.

1분이 만드는 백만장자 시스템

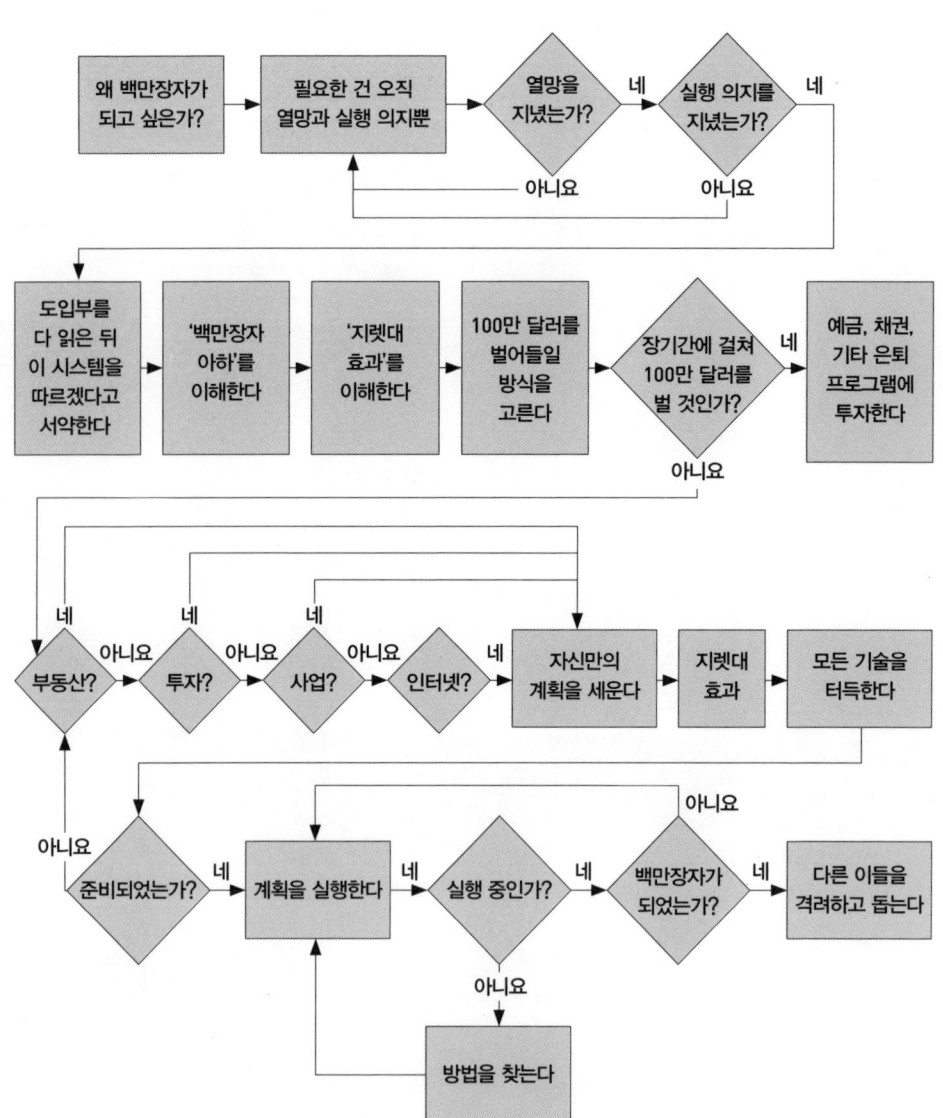

백만장자의 산

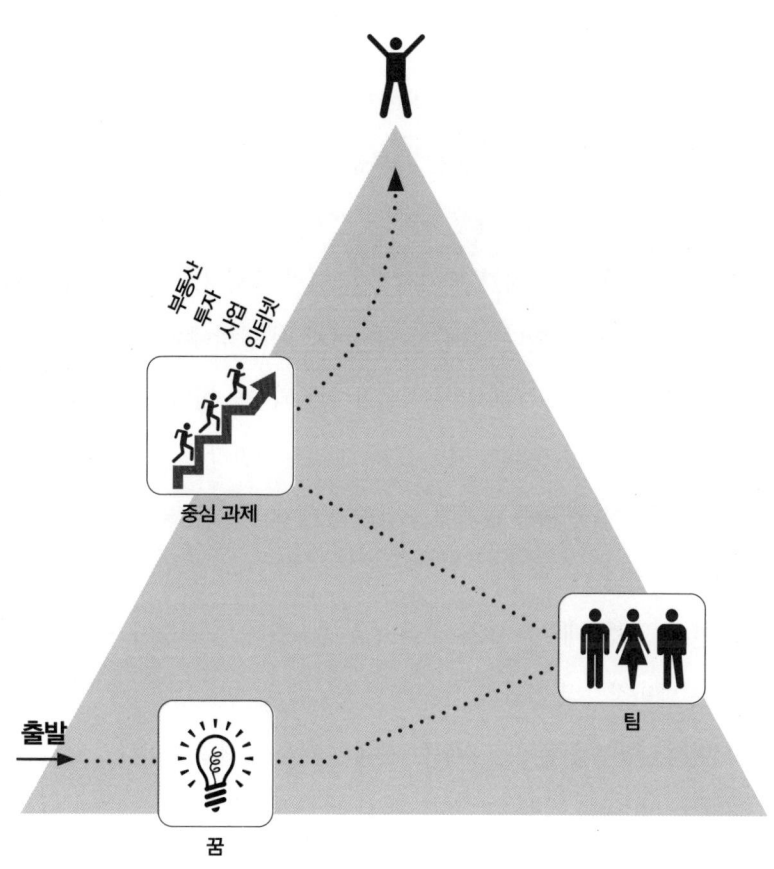

본격적인 시작 21

백만장자 방정식

60초에 한 명씩, 이 세상 어딘가에서 누군가는 백만장자가 된다.

그렇다. 매일, 그리고 매 순간 새로운 백만장자가 탄생한다. 말 그대로 수백만 명의 백만장자가 존재하는 것이다.

어떤 이들은 백만장자가 되기까지 60년이 걸린다. 어떤 이들은 일 년이면 백만장자가 된다. 그렇게 되기까지 석 달밖에 걸리지 않는 사람도 있다. 몇몇은 단 1분 만에 백만장자가 되기도 한다. 이 책에서 우리는 일반적인 백만장자가 되는 법과 깨달은 백만장자가 되는 법을 둘 다 알려줄 것이다. 최종 단계에 도달하는 데 60년이 걸릴 수도, 60초가 걸릴 수도 있다.

백만장자들은 대부분 고유의 특성을 공유한다. 백만장자가 되기 위해서는 백만장자의 기법과 전략을 행동으로 옮겨야 한다. 백만장자의 사고방식, 즉 부를 일구는 뚜렷한 자세와 믿음을 지녀야 한다.

우리는 몇 년에 걸쳐 백만장자에 관해 깊이 연구했고, 그 결과 다음과 같은 백만장자 방정식을 만들 수 있었다.

꿈 + 팀 + 중심 과제 = 백만장자로 향하는 흐름

1. **꿈**: 백만장자의 사고방식인 자신감과 열정
2. **팀**: 꿈을 이루는 데 도움이 될 멘토와 전문가 동료들
3. **중심 과제**: 돈을 빨리 벌 수 있는 백만장자 실천법의 기본 단계 선택 및 적용

이 책은 백만장자의 3요소에 초점을 맞춰 단계적으로 구성되어 있다. 이를 통해 당신은 금전적인 성공에 성큼 다가설 수 있을 것이다.

나비 효과: 1분이면 충분하다

> 눈을 깜박거릴 때마다 별은 이동한다.
> - 에머슨

에드워드 로렌츠는 이미 수십 년 전에 그 사실을 발견했다. MIT에서 기상학자로 재직하던 그는 날씨에 관한 이론을 정립했다. 기상 현상에 관한 일련의 공식을 만들어 낸 것이다.

제임스 글리크의 책 '카오스'에 그에 관한 이야기가 나온다. 때는 1961년, 어느 겨울날이었다. 에드워드 로렌츠는 자신의 공식을 컴퓨터 프로그램에 적용해 복잡한 계산을 하고 있었다. 결과 산출에 걸리는 시간을 단축하기 위해, 로렌츠는 입력할 숫자를 조금 단순화하기로 마음먹었다. 한참 뒤에 결과가 나왔을 때, 그는 놀라고 말았다. 예상과 너무 다른 결과가 나왔기 때문이다. 처음에는 컴퓨터 작동 오류로 여겼다. 그런데 잠시 후 로렌츠의 머릿속에 무언가가 번쩍였다. 자신이 컴퓨터에 입력한 수치가 원인이라는 사실을 퍼뜩 깨달은 것이다. 원래는 0.506127같이 소수점 이하 여섯 자리까지 계산에 사용했다. 그런데 그날 로렌츠는 이 수치를 소수점 이하 네 자리에서 반올림했다. 0.506처럼 말이다. 당시 그는 천분의 일 이하는 실제 계산에 아무런 영향력도 발휘하지 못한다고 생각했다. 그것이 잘못이었다. 미미한 변화가 엄청난 차이를 초래한 것이다. 이 현상의 공식 명칭은 '초기 조건에 따른 민감한 의존성'이다. 널리 알려진 명칭은 '나비 효과'다. 나비 한 마리가 샌프란시스코에서 날갯짓을 하면 그 미미한 움직임이 영향력을 발휘해 바다 건너 상하이의 날씨까지 바꾼다는 의미다.

에드워즈 데밍도 유사한 이론을 제시했다. 그는 미국의 통계학자로, 일본을 비롯해 전 세계로 퍼져나간 품질 관리 운동을 확립시켰다. 그의 이론은 세계 역사를 바꿨다고 할 만큼 높은 평가를 받는다.

50년 넘게 통계학을 연구한 끝에, 데밍은 한 가지 사실을 발견했다. 어떤 일을 진행할 때 첫 15퍼센트를 제대로 해 놓으면, 원하는 결과의 85퍼센트 이상을 보장받을 수 있다는 것이다. 어떤 일이든 첫 15퍼센트에 집중하면, 나머지 85퍼센트는 저절로 따라오게 마련이다.

이것이 바로 이 책의 목표다. 1분이 만드는 백만장자 시스템은 당신의 생각과 행동에 미미한 변화를 가져온다. 한 번에 1분이면 충분하다. 그렇게 첫 15퍼센트를 완벽에 가깝게 해낼 수 있다면, 1분이 가져오는 작은 변화가 '깨달은 백만장자'가 되는 길을 크게 앞당길 것이다.

'깨달은 백만장자'의 날갯짓

나비 효과에 따르면, 미풍에 팔랑거리는 나비의 날갯짓이 지구 반대편의 기후에 엄청난 변화를 초래할 수 있다. 우리의 시스템은 카오스 이론으로도 불리는 이 유명한 과학 이론에 근거를 둔다. 세심하게 계획된 60초의 행동이 당신에게 놀라운 변화를 일으킬 수 있으며, 신속한 백만장자의 길로 이끈다고 우리는 믿는다. 이러한 날갯짓 하나하나를 우리는 '백만장자의 1분'이라고 부른다. 단 몇 분의 투자로 이제부터 날아오를 채비를 하자.

날갯짓 #1. 깨달은 백만장자가 되겠다는 결심

요즘과 같은 불확실한 시대에도 믿을 수 없을 만큼 풍요로운 사람들이 계속 늘고 있다. 하지만 대다수의 사람은 그들이 벌이는 잔치를 바라보기만 한다. 금전적 자유를 향한 여정은 마음먹은 그 순간에 시작된다. 나 자신이 결핍이 아닌 풍요를 누릴 운명이라고 결심하는 순간, 그 여정이 당신의 발아래 놓이는 것이다. 아마 이 사실을 몰랐을 것이다. 윤택한 삶, 필요 이상의 부를 누리는 당신의 모습을 그려라. 마음먹는 데 필요한 시간은 단 1분이다. 지금 당장 결심하라.

날갯짓 #2. 깨달은 백만장자의 아이디어

새로운 제품이나 서비스에 관한 아이디어를 떠올려본 적 있는가? 그런데 얼마 후, 누군가가 그 아이디어를 한발 앞서 행동으로 옮기진 않았는가? 그 사람은 지금 당신의 아이디어로 수백만 달러를 벌고 있다. 이제는 깨달아라. 당신은 매일같이 100만 달러짜리 아이디어를 떠올린다. 지금 이 순간 당신의 머릿속에 떠다니는 100만 달러짜리 아이디어는 무엇인가? 그것을 의식하는 순간 당신은 백만장자의 길에 들어선다. 하지만 그것으론 부족하다. 반드시 행동으로 옮겨야 한다.

날갯짓 #3. 깨달은 백만장자의 돈 쓰는 방식

오늘 당신은 몇 번이나 돈을 쓸까? 세 번? 네 번? 다섯 번? 부자들의 돈 쓰는 방식은 보통 사람과 다르다. 백만장자들은 자신만의 독특한 지출 방식이 있다. 금전 거래를 할 때마다 그들은 1분을 더 투자한다. 그들이 부자가 된 건 바로 그 1분 때문이다. 우리는 이것을 '백만장자의 1분'이라고 부른다. 이제 당신은 1분 더 투자하면 백만장자가 될 수 있다는 것을 알았다. 오늘부터 돈을 쓸 때 1분 더 투자하겠다는 마음이 생겼는가?

날갯짓 #4. 깨달은 백만장자의 기법

백만장자가 되는 모든 과정은 1분이면 충분한 아주 사소한 기법으로 이루어져 있다. 이 책에서 우리는 그런 기법을 100가지 이상 알려줄 것이다. 한 번에 1분씩만 투자하면 당신은 백만장자가 될 수 있다.

날갯짓 #5. 깨달은 백만장자의 좌절

모든 백만장자는 위태로운 순간을 겪는다. 매사가 불안정해 뒷걸음질 치고 싶은 유혹을 느낀다. 이런 순간은 심각한 좌절이나 엄청난 실패 끝에 찾아온다. 이런 순간을 마주할 준비가 되었는가? 그런 일이 생기면 1분 동안 여유를 갖고 생각하라. 그런 다음 심호흡을 하고, 한 걸음 더 나아가라.

날갯짓 #6. 깨달은 백만장자의 문턱

모든 위대한 경기에는 문턱을 넘는 최후의 1분이 존재한다. 결승선을 넘어서는 마지막 한 걸음, 당신을 백만장자의 대열에 올려놓는 마지막 1달러를 상상해 보라. 가슴이 저절로 벅차오를 것이다!

'깨달은 백만장자' 선언서

깨달은 백만장자가 추구하는 방식으로 돈을 버는 것은 왜 중요할까? 이 방식으로 100만 달러를 벌면 그 과정에서 세상을 더욱 살기 좋은 곳으로 바꿀 수 있기 때문이다.

깨달은 백만장자의 궁극적인 목표는 돈을 버는 것이다. 그들은 여러 면에서 꿀벌과 비슷하다. 꿀벌의 주요 목표는 꽃에서 꿀을 얻는 것이다. 그런데 그 과정에서 더 큰 일을 해낸다. 꿀을 찾아 날아다니다 보면 비행경로 90도 안에 위치하는 꽃가루가 꿀벌의 날개에 잔뜩 묻는다. 자연스레 식물의 가루받이를 돕는 것이다. 우리 눈 앞에 펼쳐진 아름다운 정원은 가루받이의 결과물이다. 꿀벌의 목적은 꿀을 얻는 것이지만, 생각지 못했던 다른 일을 해낸다.

꿀을 쫓는 꿀벌처럼 깨달은 백만장자는 돈을 추구한다. 그 과정에서 많은 것의 가치를 높여 세상 사람들의 삶의 수준을 끌어올린다. 이러한 삶의 수준 향상은 깨달은 백만장자가 만드는 비행경로의 90도 각도 안에서 이루어진다.

R. 벅민스터 풀러 박사는 이 90도 각도 현상을 과학적으로 정의했다. 무언가가 명확한 목표를 향해 나아갈 때, 90도 각도 안에서 일어나는 사건들이 중요성을 지닌다는 것이다.

깨달은 백만장자는 이 점을 잘 알고 있다. 모두가 승리하는 상황으로 부를 창조해야 한다는 사실을 말이다. 그들이 가치 진작에 힘을 쏟는다면 주변 상황이 점점 긍정적으로 바뀐다. 물론 그런 변화를 제대로 느끼지 못할 수도 있다. 하지만 기대하지 못한 상황에서도 긍정적인 변화는 점진적으로 일어나게 마련이다. (뒤쪽에 등장하는 DNA 그림을 참조하자)

반대로 깨닫지 못한 백만장자는 오로지 돈을 좇는 것에만 몰두한다. (승자-패자 상황을 일으킴) 이런 상황에서는 부정적인 사건이 이어진다. 장기적으로 볼 때 깨닫지 못한 백만장자의 길은 부의 흐름이 지속적이지 못하다. 가치 진작에 힘쓰지 못해 돈의 흐름이 막히는 것이다.

쉽게 말해, 깨달은 백만장자가 늘면 늘수록 이 세상은 더욱 살기 좋은 곳으로 변해간다. 다가올 10년 동안 백만 명의 백만장자가 새롭게 탄생해 지식과 부를 다른 이들과 나눈다면, 이 물결이 세계 경제의 미래를 바꿀 것이다.

우리가 이 책을 쓴 이유는 깨달은 백만장자가 되기로 마음먹은 이들에게 적절한 도구와 시스템을 제공하여 이 세상에 긍정적인 변화를 가져오는 것이다. 그 결과, 수십억 달러의 돈이 인류복지 증진에 쓰일 수 있을 것이다.

깨달은 백만장자의 DNA

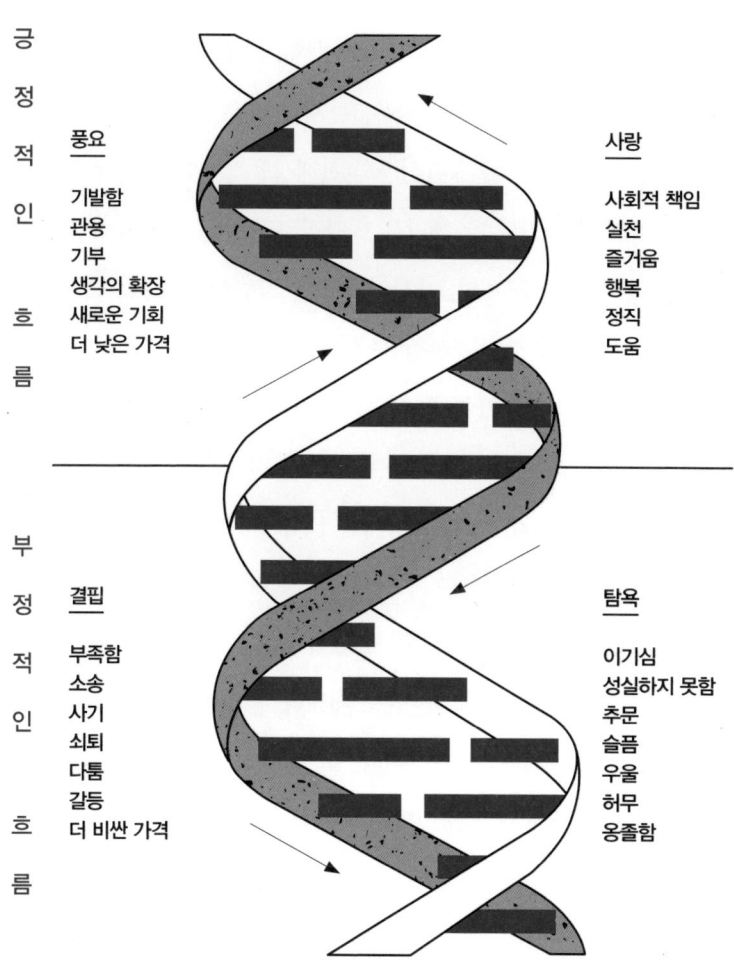

깨달은 백만장자의 신념

우리가 누리는 모든 부에는 특혜와 책임이 따르게 마련이다. 여기서 특혜란 금전적 자유, 시간적 자유, 관계의 자유, 정신의 자유, 신체적 자유를 말한다. 더 나아가 자신만의 천재성을 발견하고 발전시키는 궁극적 자유까지 포함된다. 깨달은 백만장자란 누구에게도 해를 끼치지 않고, 다른 사람을 도우며, 자신이 원하는 사람이 되고, 스스로 원하는 일을 하며, 바라는 것을 소유할 수 있는 사람이다.

영화배우로 크게 활약한 폴 뉴먼과 그의 오랜 친구인 A. E. 호츠너가 만든 '뉴먼스 오운'이 좋은 예다. 1982년에 시작된 이 회사는 농담으로 시작해 걷잡을 수 없이 커졌다. 매년 크리스마스가 되면 폴 뉴먼의 가족은 샐러드 소스를 만들어 주위에 선물했다. 그런데 사람들이 그 소스를 더 구할 수 없겠냐고 자꾸 물었다. 그렇게 시작된 이 회사는 두 가지 원칙을 내세웠다. 첫째, 인공 재료나 방부제는 절대 첨가하지 않는다. 둘째, 모든 수익은 기부한다. 이 회사의 익살 섞인 사훈은 다음과 같다. "뻔뻔하게 벌어서 당당하게 기부하자."

창업 첫해에 이 회사는 백만 달러를 기부했다. 그 후 파스타 소스, 살사, 팝콘, 레모네이드, 아이스크림, 스테이크 소스 등으로 생산 품목을 확대했다. 그 결과, 아동 프로그램, 재난 구호, 환경, 의학 연구, 주택 제공, 기아 구조, 노인 지원, 예술가 후원 등에 수억 달러를 기부할 수 있었다. 사업과 인류애를 결합한 깨달은 백만장자의 대표적인 예다.

깨달은 백만장자는 다음과 같은 신념을 지니고 돈을 벌어야 한다.

첫째, 사회에 해를 끼치지 않는다. 의대를 졸업할 때 모든 의사는 히포크라테스 선서를 한다. 깨달은 백만장자도 서약을 한다. 사람들에게 피해를 주거나 다른 이가 가진 것을 빼앗으면서까지 돈을 모으지 않겠다는 의미다. 풍요를 도모하되 결핍은 허락하지 않겠다는 의지이며, 모두가 승리하는 정직하고 도덕적인 방식을 채택하겠다는 뜻이기도 하다.

둘째, 선행을 즐긴다. 깨달은 백만장자는 많은 이들의 생활을 개선하는 방향으로 돈을 모을 때 행복을 느낀다. 그들은 자신과 타인이 함께 풍요로워지는 걸 목표로 삼는다.

셋째, 책임감을 지닌다. 깨달은 백만장자는 자신에게 주어진 금전적 축복을 당연하게 여기지 않는다. 특혜를 충분히 누리는 동시에 그 축복을 나누어 주기 위해 계속 노력한다. 많은 수의 깨달은 백만장자가 구체적인 목표를 지니고 기부를 한다. (근육위축증 환자를 후원하는 제리 루이스처럼 말이다) 이들의 궁극적인 목표는 더 좋은 일을 하기 위해 더 많은 돈을 버는 것이다. 다시 말해, 자신뿐만 아니라 다른 이들도 풍요롭게 만들기 위해 살아가는 것이다. 이를 위한 약속이 바로 처음 번 돈의 10퍼센트를 기부하는 것이다.

 백만 명의 백만장자가 매년 자기 수입의 10퍼센트를 기부해 사람들의 삶을 더 나은 방향으로 바꾸기를 우리는 바란다. 그러면 수십억 달러가 인류복지에 쓰일 것이다. 우리도 수입의 10퍼센트를 기부하는 일을 실천하고 있다.

깨달은 백만장자의 서약: 1단계

> 믿음을 지닌 채 발을 내디뎌라. 계단을 올려다볼 필요는 없다.
> 그저 첫 발걸음을 떼기만 하면 된다.
> – 마틴 루터 킹 2세

지금 당신의 금전 상황은 고려하지 않아도 된다. 첫 백만 달러를 버는 첫걸음은 백만장자가 되겠다고 서약하는 것이다.

서약이 무엇을 의미하는지 우리는 잘 알고 있다. 하지만 많은 이들이 서약을 실현하는 데 필요한 본질적인 요소를 제대로 이해하지 못한다.

진정한 서약을 위해서는 두 가지가 필요하다. 첫째는 열망이다. 이 책을 여기까지 읽었다는 것은 당신이 열망을 지녔다는 증거다. 둘째는 믿음이다. 반드시 믿음을 지닌 채 서약해야 한다. 우리에겐 당신을 백만장자로 만들어 줄 도구와 시스템이 있다. 믿고 따르기만 하면 된다.

우리의 입증된 시스템을 향한 열망과 믿음이 함께 할 때 비로소 서약은 가치를 드러낸다. 그리고 이 책이 제시하는 단계를 차근차근 밟아가며 그 서약은 더욱 견고해질 것이다.

스트레스 연구의 선구자 한스 셀리에 박사는 종종 이런 질문을 받았다. "인간은 언제 가장 큰 스트레스를 받나요?" 뜻밖에도 대답은 다음과 같았다. "믿을 것이 없을 때입니다."

여기 희망적인 소식이 있다. 당신이 결국 백만장자가 될 것이란 사실을 스스로 믿지 않아도 괜찮다. 당신을 대신해 우리가 그 사실을 믿을 것이다. 우리의 시스템은 매우 효과적이다. 당신에게 필요한 건 열망과 믿음을 지닌 채 이 책의 단계를 따르는 것이다. 그것만으로 깨달은 백만장자의 길을 걸을 수 있다. 이제 아래의 서약서에 서명하여 깨달은 백만장자의 첫걸음을 선택하라.

깨달은 백만장자 서약

이 자리에서 서약합니다.
나는 돈의 압박에서 벗어나 금전적으로 완벽하게 자유로운 삶을 누리고, 나의 풍요를 다른 이들에게 나누어 주기 위해 깨달은 백만장자가 될 것입니다.

_____년 _____월 _____일

이름 _____ 서명 _____

서약서에 당신의 이름을 쓰고 서명을 하여 깨달은 백만장자의 여정을 시작하라. 사진을 찍어 저장해두고 자주 들여다보아도 좋다.

깨달은 백만장자의 서약: 2단계

> 신이 당신에게 아이스크림 한입을 맛보여 주는 건,
> 그걸 전부 주고자 하기 때문이다.
> – 마샬 터버

축하한다! 이곳에 도달했다는 것은 당신이 깨달은 백만장자가 될 수 있는 지름길에 들어섰다는 의미다. 즉, 아이스크림 한입을 깨문 것이다.

서약이 가져오는 마술은 바로 행동이다. 서약을 통해 열망을 지니고 강한 믿음을 갖게 되면 그것이 행동으로 드러난다. 사람은 믿음에 따라 행동하는 존재이기 때문이다. 우리는 살면서 여러 가지 서약을 한다. 자기 자신, 가족, 직업, 친구, 사회에 관한 약속이다. 이 약속들은 우리 행동에 직접적인 영향을 끼친다. 즉, 우리는 서약한 내용을 행동으로 옮기며 살아간다.

깨달은 백만장자가 되겠다고 서약하면, 백만 달러를 신속하게 벌기 위한 길에 들어서게 된다. 그 일을 실현하기 위한 방향으로 기꺼이 행동하기 때문이다. 그러면서 서약의 마술이 펼쳐지기 시작한다.

깨달은 백만장자들은 모두 고유의 특성을 보인다. 당신이 그 길을 걷게 되면 어느 날 깨닫게 될 것이다. 당신도 그 특성을 지니게 되었다는 사실을 말이다. 백만장자의 산을 오르는 여정은 지속적인 격려를 필요로 한다. 이 책을 꾸준히 읽으면 계속 발걸음을 내디딜 열망을 공급받게 될 것이다. 스스로를 믿고 우리의 시스템을 따르라. 기꺼이 실천하여 올바른 길을 걸어갈 수 있도록 우리가 당신을 도울 것이다.

1분이 만드는 백만장자

미셸 이야기:

빈털터리였던 그녀가
깨달은 백만장자가 되기까지

백만장자가 되는 두 가지 방법

백만장자의 산을 오르는 데는 두 가지 길이 있다. 먼 길과 **빠른 길**이다.

일단 먼 길부터 알아보자. 먼 길은 매우 쉽고, 가장 안전한 길이다. 하루에 1달러, 즉 한 달에 30달러씩 투자하면 정말로 백만장자가 될 수 있다. 다음 표를 보면 쉽게 이해할 수 있을 것이다.

하루 1달러 투자로 100만 달러를 모으는 법

이율	100만 달러를 모으는 데 걸리는 기간
3%	147년
5%	100년
10%	56년
15%	40년
20%	32년

죽기 전에 당신이 백만장자가 되려면, (1) 매년 최소 10퍼센트의 수익을 거둘 수 있는 투자처를 발견할 능력, (2) 그러한 투자를 지속적으로 할 수 있는 끈기, 이 두 가지만 갖추면 된다.

다음 표는 한 사람이 태어나서 66년간 매일 1달러씩 저축하면 어떻

그 순간이 떠오르면 미셸은 늘 생각한다. 자동응답기의 재생 버튼을 눌렀을 때 아이들이 곁에 없었던 게 정말 다행이라고. 그 메시지는 남편 기디언이 운전 중에 남긴 것이었다. 길이 막혀 아무래도 늦을 것 같다며 그는 말했다. 그러면서 아이들을 위해 부르기 시작한 경쾌한 동요가 급브레이크를 밟는 소리, 금속과 금속이 부딪히는 소리, 자동차가 서로 충돌하는 굉음에 의해 어떻게 끊겼는지 니키와 한나는 듣지 못했다. 두 아이가 뒤뜰에서 강아지와 뛰어노는 동안 미셸은 홀로 앉아서 그 메시지를 듣고 또 들었다. 그러면서 제발 남편이 무사하기를 간절하게 빌었다.

나중에 경찰관이 찾아와 손에 모자를 든 채 엄숙한 얼굴로 말했다. 4중 충돌 교통사고가 일어났고, 그 사고의 유일한 사망자가 남편이라고. 그 사고를 일으킨 음주 운전자는 병원에 하루 정도 입원해 있다가 퇴원해서 여자 친구의 집으로 갔다고 했다.

콜로라도 주 디어 크리크의 주민 대부분이 남편의 장례식에 와주었게 되는가를 보여 준다.

하루에 1달러씩 66년 동안 투자했을 때의 금액

	이율		누적액
침대 밑에 감춰두기	0%	=	$24,000
은행예금	3%	=	$77,000
양도성예금증서	5%	=	$193,000
회사채	8%	=	$1,000,000
성장형 뮤추얼 펀드	10%	=	$27,000,000
고수익 성장형 뮤추얼 펀드	15%	=	$50,000,000
부동산, 사업	20%	=	$1,000,000,000 (무려 10억 달러!)

맞다. 충분한 시간과 적절한 이율만 갖춰지면 하루에 단돈 1달러만 투자해도 억만장자가 될 수 있다. 하지만 이렇게 멀리 돌아가는 길을 바라지는 않을 것이다. 우리는 빨리 돈을 벌고자 한다. 충분히 가능한 일이다. 조금만 더 마음먹으면 빠르면서도 안전한 길을 갈 수 있다. 지금부터 당신이 할 수 있는 최대한의 금액을 매달 저축하라. 50달러든 100달러든 500달러든 상관없다. 매우 간단하고도 쉬운 일이다. 매달 일정한 금액을 자동이체해도 좋다. 그렇게 하는 한편, 빠른 길을 통해 100만 달러를 벌 수 있다면 더 좋을 것이다. 늦거나 빠르거나 시기의 차이만 있을 뿐, 당신은 결국 백만장자가 될 것이다. 충분히 가능할 것 같지 않은가?

다. 공원묘지에 다녀온 뒤, 친구들은 미셸의 집에서 밤을 새웠다.

미셸은 거실에 있는 접이 의자에 앉아 있었다. 무릎에 놓인 접시 두 개가 금방이라도 떨어질 듯 아슬아슬했다. 친구 서머가 건네준 시금치 파이와 과일 샐러드였다. 하지만 그녀는 음식에 손도 대지 않았다. 내리깐 눈에 보이는 것은 누군지 모를 사람들의 오가는 발뿐이었다. 문득 두 사람이 천천히 그녀에게 다가오는 게 보였다. 검은색 양복 차림의 남자와 살이 비쳐 보이는 검은 스타킹 아래로 보조개처럼 들어간 무릎이 살짝 드러난 여자였다. 시부모님이었다.

미셸은 억지로 고개를 들었다. 시아버지 안토니 에릭슨은 180센티미터가 넘는 장신이었고, 시어머니는 그보다 약간 작았다. 붉은빛이 감도는 안토니의 금발은 새치만 약간 있었는데, 머리숱이 너무 풍성해서 모발 이식을 받은 게 아닐까 의심스러울 정도였다. 그의 눈은 수영장의 물처럼 파란빛이었다. 주름 제거 수술을 받은 나탈리는 60살이라는 나이가 믿기지 않을 만큼 젊어 보였다.

그들은 늘 미셸을 미워했다. 남편과 아이들을 위해 되도록 정중하게 행동하긴 했지만, 미셸도 그들에게 좋은 감정은 없었다. 하지만 시부모님을 바라보며 미셸은 마음이 아팠다. 그들 또한 유일한 아들을 잃은 상황이었다.

다가오던 그들은 미셸 앞에서 걸음을 멈췄다. 안토니는 당당하게 서 있었고, 나탈리는 주변을 둘러보았다. 누가 자기들을 쳐다보는지 살피는 듯했다. 무슨 말을 꺼내야 할지 알지 못한 채 미셸은 망설였다. '어

하루에 1달러씩, 한 번에 1분씩

현재의 금전 상황과는 아무런 상관이 없다. 당신이 첫 100만 달러를 벌기 위해서는 다음 4단계를 반드시 거쳐야 한다.

1. 백만장자가 되겠다고 마음먹는다

돈을 많이 모으겠다는 목표를 가치 없는 일로 여기는 이들도 있다. 깨달은 백만장자로 향해 가는 여정을 시작하기 전에 당신의 태도를 먼저 점검하라. 남다른 백만장자가 되겠다는 확실한 신념을 정립한 뒤 길을 떠나야 한다.

2. 풍요로움을 누리는 삶을 상상한다

위대함을 드러낸 모든 부는 누군가의 상상에서 시작되었다. 꿈꾸던 집에서 살아가며, 사랑하는 이들과 이상적인 관계를 맺고, 당신만의 독특한 재능을 발휘해 세상에 공헌하는 모습을 그려보라. 당신이 창조한 부와 그것으로 이룬 좋은 일을 상상해 보라. 당신이 가능하다고 믿으면 현실이 될 것이다.

떻게 이런 일이….' 이것 말고 또 무슨 말을 꺼낼 수 있을까. 아마 그들도 같은 말을 건넬 거라고 그녀는 생각했다.

그때 나탈리의 목소리가 들려왔다. 말소리를 낮춘 채였다. "아이들이 장례식에서 멀쩡한 옷을 입을 수 있게 돈이라도 보내줄 걸 그랬구나."

미셸은 말문이 막힌 채로 아이들을 보았다. 니키가 한나의 손을 꼭 잡고 벽난로 앞에 앉아 있었다. 그날 아침에 니키가 여동생에게 하던 말이 떠올랐다. "이제는 내가 아빠 대신이야." 한나는 미스터 무무에 뺨을 묻은 채였다. 임신했을 때 아기가 딸이기를 바라며 미셸이 코바늘로 손수 뜬 노랑과 분홍이 섞인 담요였다. 일곱 살인 니키는 조숙한 편이었다. 책 읽기와 수학을 좋아하고, 생각이 깊었다. 그러면서도 야구를 무척 좋아했다. 한나는 다섯 살로, 적갈색 곱슬머리와 윤이 나는 피부를 지닌 무척 예쁜 아이였다. 오빠 못지않게 똑똑하지만, 살짝 수줍음을 타는 편이었다.

"아이들은 잘 지내고 있어요." 밀려오는 감정을 참아내며 미셸이 말했다.

"그런 것 같긴 하구나." 붕대를 감고 있는 니키의 이마에 안토니의 시선이 머물렀다. 며칠 전에 빠른 공을 받아내다가 생긴 상처였.

"야구를 하다가 그런 거예요." 미셸의 목소리가 높아졌다. 그날 응급실로 향하면서 내내 마음이 편치 않았다. 이런 상황이 아니었다면, 지금도 그 상처 탓에 마음을 졸이고 있었을 것이다.

3. 수입보다 적게 지출한다

어떻게 이 일이 가능해질까? 무엇보다 나 자신을 위해 돈을 써야 한다고 마음먹는다. 먼저 수입의 10퍼센트를 무조건 떼어서 투자용 계좌에 넣어라. 더는 빚을 지지 않도록 신용카드를 모두 직불카드로 바꿔라. 그런 다음 남은 돈으로 살도록 하라.

4. 남다름에 투자한다

당신의 수입에서 우선적으로 떼어 낸 10퍼센트의 돈을 최소한 수익률이 10퍼센트가 넘는 곳에 투자하도록 하라. 하루에 1달러씩 수익률이 10퍼센트인 곳에 투자하면, 6년 뒤 백만장자가 될 수 있다. 다시 말해, 매일 1달러씩, 매달 30달러를 투자하기만 해도 누구나 백만장자가 될 수 있다는 의미다. 더 빨리 백만장자가 되고 싶다면 더 많은 돈을 투자하거나, 수익률이 더 높은 곳에 투자하면 된다.

단 1분으로 당신은 백만장자가 될 수 있다.

▲ 마음먹는 데 단 1분이 걸린다.
▲ 상상하는 데 단 1분이 걸린다.
▲ 저축하는 데 단 1분이 걸린다.
▲ 투자하는 데 단 1분이 걸린다.

하루에 1달러씩, 한 번에 1분씩 투자하라. 그러면 당신은 백만장자

"너도 알다시피…." 안토니가 건조하게 말했다. "우리는 처음부터 네가 마음에 들지 않았다."

'나도 당신 같은 시부모를 원하지 않았어요.' 그녀가 속으로 소리쳤다.

"누가 뭐래도 기디언은 에릭슨 목재의 유일한 후계자였어. 네가 끼어들기 전까지 말이다. 이제 그 애는 세상에 없지."

미셸은 무진장 애를 썼지만, 결국 뺨 위로 눈물이 흘러내렸다. 무릎 위에 놓인 접시에서 포도알 몇 개가 굴러떨어졌다. 그녀는 휴지를 찾으려고 품이 넓은 자줏빛 원피스를 더듬었다. 그녀가 지닌 몇 안 되는 원피스 중 하나였다. 하지만 주머니도, 휴지도 없었다. 미셸은 힘겹게 소리 내어 말했다. "그는 단 한 번도 에릭슨 목재를 원한 적이 없어요."

"진짜 중요한 건 이거야. 다행히 남은 사람이 있다는 거지." 안토니가 말을 이었다. "아이들 말이다. 이제 니키는 에릭슨 목재의 유일한 후계자다."

"무슨 말이에요?" 미셸이 물었다.

"이런 말을 전하기에 적당한 때가 아니라는 건 알고 있다. 그래도 해야겠구나." 차가운 표정으로 안토니가 이렇게 말하자마자, 검은색 정장을 차려입은 노련해 보이는 한 남자가 모습을 드러냈다.

그가 미셸에게 제법 무게가 있는 두꺼운 봉투를 내밀었다. "에릭슨 부인, 이것은 법률적 검토를 마친 문서입니다." 숙달된 어조로 말을 전한 뒤, 그가 재빨리 물러섰.

왠지 모를 불안감을 느끼며, 미셸은 그 서류를 탁자에 놓았다. 봉투가 될 수 있다. 시간이 오래 걸리긴 하겠지만 틀림없는 방법이다.

지금부터는 빠른 길에 관해 이야기를 나눠 보자.

위쪽에 쓰여있는 자신의 이름이 눈에 들어왔다. 하지만 지금은 난해한 단어로 가득 찬 문서를 제대로 읽어낼 자신이 없었다.

그때 안토니의 목소리가 들려왔다. "우리가 원하는 건 두 아이의 양육권이다."

메마른 낙엽 하나가 무릎 위로 떨어졌다.

가을이었다. 모든 것이 시드는 계절.

미셸은 코트니의 집 옥상에 있었다. 등나무 의자에 기대앉은 그녀의 눈에 꽃이 몇 송이 남지 않은 뒤뜰이 보였다. 금잔화와 피튜니아는 여전했지만, 팬지는 벌써 시든 상태였다.

코트니와 서머가 걱정스레 눈길을 주고받는 걸 보고 미셸이 입을 열었다. "괜찮아. 내 곁에 너희들이 있잖아."

코트니 딜런과 서머 바인드먼은 그녀의 오랜 친구였다. 세 사람 모두 디어 크리크에서 나고 자랐다. 고등학교 때는 한 반에서 학창시절을 보냈다. 서머는 남을 보살피기 좋아하는 성품으로, 노인 복지회관에서 근무했다. 상냥하고 순수한 그녀의 성격과 꼭 맞는 일터였다. 코트니는 세 친구 가운데 가장 현실적으로, 몇 년 전부터 '깃털 둥지'라는 숍을 운영해왔다. 지역 예술가나 공예가의 작품을 위탁받아 판매하는 곳이었다. 미셸이 만든 누빔 장식도 그곳에 있었다.

백만장자의 산 선택하기

넓고 넓은 돈의 세계에서 백만장자가 될 수 있는 확실한 방법은 딱 네 가지다. 누구든 다음 네 가지 방법 중 한 가지를 터득하면 백만장자의 산에 오를 수 있다.

1. 투자: 주식, 채권, 양도성예금증서 매입
2. 부동산: 건물이나 땅 등 부동산 소유
3. 사업: 제품, 서비스, 아이디어 판매
4. 인터넷: 가능성 확대

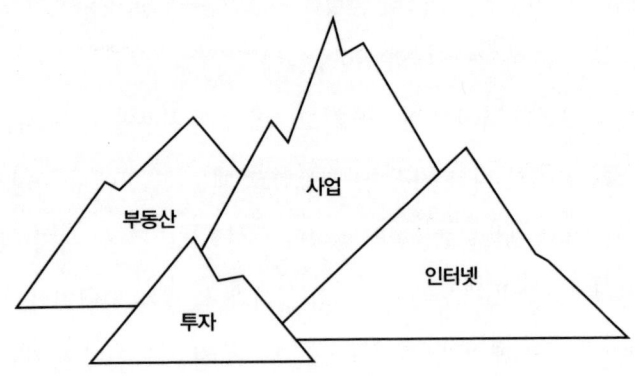

이것이 바로 백만장자의 산이다. 꼭대기에 오르는 길은 여러 갈래

"네가 너무 걱정돼." 코트니가 말했다.

"무슨 일이 있어도 단념하면 안 돼." 서머가 미셸을 위로했다. 세 사람은 찻잔이 놓인 테이블 주위에 앉아 있었다. 화장하지 않은 얼굴에 주근깨가 드러난 서머는 얼핏 보면 갓 스물 정도로 보였다. 코트니는 패션 잡지에서 걸어 나온 듯 여전히 세련된 차림새였다.

"어째 좀 암담하네." 가볍게 말을 꺼냈지만, 미셸의 마음은 깊게 가라앉았다.

그녀는 돈이 한 푼도 없었다. 기디언이 사업을 시작한 뒤, 두 사람은 집을 담보로 2차 융자까지 받아낸 상태였다. 기디언은 기발한 물건을 곧잘 만들어 냈지만, 회사 사정이 녹록지 않았다. 교통사고가 나던 날도 신제품을 소개하고 별다른 반응을 얻지 못한 채 돌아오던 길이었다.

회사를 운영하는 사람으로서, 미셸과 기디언은 창의적인 측면에서는 매우 뛰어났다. 하지만 회계 장부 정리 같은 실무적인 부분은 서툴렀다. 기디언의 생명 보험이 소멸된 걸 알아채지 못한 것도 아마 그런 이유에서일 것이다.

미셸은 바느질과 요리에는 자신이 있었다. 예전에는 이런 기술로 얼마간의 돈을 벌 수 있었지만, 지금은 그런 일에 시간을 쏟을 여유가 없었다. 기디언과 꾸려가던 회사는 망해가고 있었고, 뭔가를 새로 시작할 자금도 구할 방도가 없었다. 집은 곧 날아갈 상황이었다. 평소처럼 아끼며 산다고 해도, 커피숍이나 식료품점에서 점원으로 일하며 버는 돈으로는 집세를 내기에도 빠듯했다. 아이들을 어떻게 키워야 할지 걱

다. 다양한 길에 관해 뒤쪽에서 다시 설명할 기회가 있을 것이다. 하지만 지금은 이 네 가지 길을 모두 합해야 100만 달러라는 목표에 도달할 수 있음을 명심하자. 예를 들어, 지금 당신이 집에서 할 수 있는 재택 사업을 시작했다고 생각해 보자. 이런 재택 사업을 하면서도 여윳돈이 있을 땐 주식 거래를 하거나 안정적인 주식을 장기적으로 보유할 필요가 있다. 그러다가 언젠가는 부동산에도 투자할 필요가 있다. 싼 값에 부동산을 사들일 수 있다면 큰 이익을 거둘 수 있다.

일단은 네 개의 큰 산이 있다는 것만 기억하자. 그 가운데 당신의 '직관'으로 첫 번째 산을 선택하라. 주된 투자 도구가 될 거라고 느껴지는 것을 고르면 된다. '돈'이라는 대학에 등록한다고 상상해 보라. 네 개의 산 가운데 어느 것을 당신의 전공으로 삼겠는가? 어느 것을 부전공으로 고르면 좋을까? 어느 산에 가장 큰 관심이 쏠리는가? 가장 두려운 건 어느 산인가?

한번 상상해 보라. 5년 뒤에 이렇게 말하는 당신의 모습을. 하나씩 소리 내어 말해보면 제대로 느낌이 올 것이다.

"나는 부동산으로 수백만 달러를 벌었다."
"나는 투자로 수백만 달러를 벌었다."
"나는 사업으로 수백만 달러를 벌었다."
"나는 인터넷으로 수백만 달러를 벌었다."
이 가운데 어느 것이 당신에게 가장 잘 어울리는가?

정스러울 수밖에 없었다.

시부모를 떠올리자 미셸은 가슴이 조여왔다. 그녀는 아직도 믿을 수가 없었다. 아이들을 데려가겠다는 그들의 말을. 하지만 충분히 그런 일을 해치울 사람들이었다. 에릭슨 부부는 이 지역에서 가장 전통 있고, 부유하며, 권력이 있었다. 그들의 영향력은 디어 크리크 전체에 미칠 정도였다. 미셸은 거대한 비단뱀에 목을 휘감긴 신세와 다름없었다. 시아버지 안토니는 매주 시장과 만나 체스 게임을 하는 사이였고, 에릭슨 목재는 지역 주민 수백 명을 고용하고 있었다. 시어머니 나탈리는 지역에서 운영되는 웬만한 자선 단체에는 모두 임원으로 이름을 올리고 있었다. 그녀가 가장 적극적으로 돕는 곳이 바로 입양아를 위한 단체였다.

"음주운전을 했다는 그 인간을 고소하면 되는 거 아니야? 대체 보상금을 왜 받아낼 수 없다는 건지 아직도 이해를 못 하겠어." 서머가 답답함을 참지 못한 채 내뱉었다.

다행히 코트니가 미셸 대신 대답해 주었다. "서머." 처음엔 차분하게 시작할 생각이었지만, 이내 참지 못한 채 목소리가 높아졌다. "순무에선 피를 짜낼 순 없잖아. 그 음주 운전자는 땡전 한 푼 없는 빈털터리야. 자동차보험도 들지 않았대."

"자동차보험이 없다고? 그 상태로 운전하는 건 명백한 불법 아니야?"

"맞아. 음주운전도 불법이지. 이 정직한 시민은 곧 법의 심판을 받게

백만장자의 아하!

원칙은

매우 단순하지만 강력한 본보기로, 이 세상이 움직이는 방식을 이해하게 한다. 원칙은 항상 같은 결과를 가져다준다. 언제, 어디서, 누가 사용하느냐에 상관없이 말이다. 원칙을 갖고 노력하면 언제나 제대로 된 결과를 얻는다. 아침에 눈을 떴을 때 해가 과연 어느 쪽에서 떠올랐는지 굳이 물을 필요는 없다. 해는 동쪽에서 떠오르지 서쪽에서 뜨지 않는다. 중력의 방향도 마찬가지다. 2 곱하기 2는 매번 4다. 5가 답인 법은 없다. 원칙은 낡지도, 녹슬지도, 닳지도 않는다. 세상이 존재하는 한 원칙은 지속된다. 원칙은 무한하면서도 한결같고, 아무리 써도 변함이 없다. 삶이란 효과적인 원칙을 발견해가는 과정이다. 더 빨리 나아가고 싶다면 원칙과 더불어 흘러가라. 원칙에 대항하면 늦어질 뿐이다. 큰소리로 외쳐라. "효과적인 원칙을 발견하면 그것과 함께 나아간다. 나는 끊임없이 새로운 원칙을 배워 내 삶과 세상을 훌륭하게 만든다. 좋은 원칙을 발견하게 되면 그것을 기록하고, 기꺼이 사용하며, 다른 이들에게 알려준다." 원칙은 원하는 장소에 도달하는 가장 빠른 길이다. **지금부터 알려주는 24가지 원칙을 익히면 당신은 백만장자가 될 수 있다. 그것을 지금부터 '아하!'라고 부를 것이다.**

될 거야. 그렇다고 한들 무슨 보상이 돌아오겠니? 맞다, 미셸, 너희가 가입한 자동차보험은?"

"우린 최소 금액만 들었어. 거기서 나온 보상금으론 장례식 비용과 한 달 치 생활비밖에 안 돼."

"그래도…."

"네가 하고 싶은 말이 뭔지 알아." 미셸이 말을 끊었다. "우린 무보험 자상해보험에는 가입하지 않았어."

세 사람은 아무 말도 없었다. 은행 잔고가 곧 바닥날 거라고 생각하며, 미셸은 멍하니 뒤뜰로 시선을 돌렸다. 올해의 마지막 나비 한 마리가 시든 꽃 위로 나풀대며 날고 있었다. 그 나비가 어디서 추운 겨울을 날지, 내년 봄에 다시 살아서 날아올지 미셸은 문득 궁금해졌다.

"바람 좀 쐬고 올게." 마침내 침묵을 깨고 미셸이 말했다.

"어디로 가게?" 코트니가 물었다.

"샤이엔에 이모님이 계셔. 아이들이 이모님을 무척 좋아해. 오랫동안 뵙지 못한 게 기억났어."

서머가 좋은 생각이라는 듯 얼른 고개를 끄덕였다.

아이들과 여행할 생각을 하니 잠시 기분이 나아졌다. 남편의 죽음과 시부모의 황당한 요구도 조금 멀어진 느낌이었다. "당장 출발해야겠어."

"그래, 얼른 준비해." 코트니도 찬성했다. "기분이 한결 나아질 거야."

첫 번째 '아하!': 무엇이든 현실로 만들 수 있다

나무의 핵심은 열매라고 다들 말한다.
하지만 정작 중요한 것은 바로 씨앗이다.
— 프레드리히 빌헬름 니체

주위를 둘러보라. 지금 당신이 보는 모든 것은 누군가의 생각에서 시작되었다. 당신이 앉은 의자, 당신이 일하는 책상, 당신이 운전하는 자동차, 당신이 사는 집, 당신이 입은 옷, 당신이 보는 휴대전화, 이것들 모두 애초에는 그저 생각에 불과했다. 그것이 형태를 갖추어 눈앞의 사물이 된 것이다. 정말 신기하지 않은가! 모든 것은 하나의 생각에서 출발한다.

생각을 사물로 구현한다는 의미의 영어 단어는 manifest다. 이것은 '볼 수 있다'는 뜻의 중세 영어 manifestus와 '손'이라는 의미의 라틴어 manus와 통한다. 무언가를 현실로 만드는 것은 상상 세계와 실제 세계를 나누는 장막을 뚫고 원하는 대상을 끌어당기는 행위다. 생각이 먼저고, 구현이 그다음이다. 머릿속에 떠올린 뒤 그것을 구체화하는 것이다. 이런 능력은 누구에게나 있다. 어떤 이는 풍요를 구현하고, 어떤 이는 결핍을 구현한다. 원하는 것이 없다면 생각을 먼저 살펴라. "이것을 어떻게 구현할까?" 스스로에게 묻는 것이다. 당신은 스스

두 시간 뒤 미셸은 아이들이 다니는 초등학교로 향했다. 니키는 2학년이고, 한나는 얼마 전에 부설 유치원에 입학한 터였다. 그녀는 잠시 집에 들러서 여분의 옷가지를 챙긴 뒤, 차에 기름을 넣었다. 사실 그 낡아빠진 차도 온전히 그들 소유가 아니었다. 털털거리는 그 차로 와이오밍에 무사히 도착할 수 있기를 그녀는 마음속으로 빌었다. 미셸은 학교 벽을 따라 천천히 차를 몰았다. 다른 아이들처럼 니키와 한나도 정문 근처에서 자신들을 태워갈 차를 기다리고 있었다. 아이들의 모습이 보이는 순간, 미셸은 입술을 깨물었다. 니키와 한나는 다른 아이들과 거리를 두고 있었다. 힘없이 울타리에 기대 있는 니키, 길 위에 주저앉은 한나. 둘 다 우울해 보였다. 길들이기 힘든 한나의 머리카락은 잔뜩 헝클어진 채였고, 니키의 셔츠 자락은 바깥으로 절반은 나와 있었다. 아침에 한나의 머리를 빗겨줬는지 기억이 나지 않았다. 며칠 동안 아이들이 이는 닦았던가?

그래, 두 아이는 그저 아빠를 잃었을 뿐이야.

미셸은 아이들을 위해서라도 정신을 차려야겠다고 마음먹었다. 그녀는 성인이었다. 어른처럼 굴고 싶진 않았지만, 아무래도 인생 최고의 연기를 해내야 할 것 같았다.

미셸은 줄지어 서 있는 차들 뒤쪽에 잠시 정차했다. 그러고는 조수석의 창문을 열고 아이들을 향해 활짝 웃었다. "왕자님, 공주님, 이제 마차를 타시지요." 그녀는 일부러 장난스럽게 말했다.

니키와 한나는 별다른 반응이 없었다. 잠시 뒤 고개를 들고 엄마가

로 심어서 키운 생각의 결실이다. 더 나은 수확을 원하면 더 나은 생각을 심어라. 삶은 콩은 싹은 틔우지 못하는 법이다.

가난한 생각에서는 부유함이 싹틀 수 없다. 도토리를 심으면 참나무로 자란다. 당신이 마음속에 품은 생각은 반드시 현실이 된다. 생각은 곧 사물이며, 모든 생각에는 결과가 따른다. 어떤 생각을 하든 그만한 대가가 따르는 법이다. 각각의 생각은 삶이라는 연못에 떨어지는 조약돌이다. 생각이 강렬할수록 결과는 더욱 강력해진다. 분노는 언제나 강력한 파장을 내뿜는다. 사람이든 동물이든 모두 그것을 감지한다. 당신을 둘러싼 에너지 시스템도 그 파장의 피해를 본다. 따라서 그런 생각은 빨리 털어내는 게 좋다.

긍정적인 생각에 온 마음을 기울여라. 과감하게 열정적인 이미지를 떠올려라. 자신에게 끊임없이 좋은 말을 들려주어라. 지금 당장 당신이 멋지다고 느껴라. 당신의 세상이 아름다운 색으로 물들 것이다. 그리고 자석처럼 꼭 필요한 자원이 계속 끌려올 것이다.

주위를 둘러보라. 현실이 된 모든 것은 누군가에게 큰돈을 벌어주었다. 당신이 앉은 의자, 당신이 일하는 책상, 당신이 운전하는 자동차, 당신이 사는 집, 당신이 입은 옷, 당신이 보는 휴대전화. 이 모든 것이 누군가에게 수백만 달러를 벌어주고 있다.

100만 달러를 현실로 만드는 구체적인 방법은 수백만 가지에 달한다. 우리는 당신의 생각이 현실이 되도록 도울 것이다. 우리가 함께 힘을 모으면 세계 경제의 미래를 바꿀 수 있다.

왔다는 걸 알아챘다. 미셸은 낡은 차에서 뛰어내린 뒤 뒷좌석의 문을 열었다. "두 분을 위해 깜짝 선물을 준비했사옵니다." 미셸이 고개를 숙였다.

하지만 니키와 한나는 아무 말도 하지 않았다. 그저 억지로 힘을 내어 차에 올라탈 뿐이었다. "안전띠를 매십시오." 그녀가 아이들에게 강조하며 말했다.

"엄마, 정말이지?" 차가 학교를 벗어날 무렵, 니키가 마침내 입을 열었다. "나는 할아버지, 할머니랑 같이 살기 싫어. 너무 무섭단 말이야."

"닉, 그런 일은 없을 거야. 걱정하지 마."

어느새 땀이 나서 운전대를 잡은 손이 미끄러웠다. 기디언이 그런 일을 당한 뒤로, 운전을 할 때면 신경이 날카로웠다.

"그래도 가끔은 두 분을 만나야 할 거야." 에릭슨 부부가 법원으로부터 아이들을 방문할 권리를 얻어낼 거란 느낌이 강하게 들었다. "가끔 찾아뵙는 건 나쁘지 않을 거야." 그렇게 말하는 미셸의 목소리가 갈라졌다. 백미러로 아이들의 표정을 살피려 했지만, 한나의 머리 오른쪽 윗부분과 니키의 얼굴 왼쪽밖에 보이지 않았다. 갑자기 한나의 모습이 시야에서 사라졌다. 미스터 무무 위에 엎드린 것 같았다. 유치원에 함께 갈 순 없었지만, 미스터 무무는 언제나 자동차 뒷좌석에서 한나를 기다렸다.

"엄마, 우리 집으로 가는 길이 아닌 것 같아." 니키의 말에 미셸이 대답했다. "맞아." 그녀는 일부러 명랑한 목소리를 냈다. "기니 할머니 댁

2번째 '아하!': 되기-하기-가지기

마음껏 빠르게 날아서
어딘가에 도달하려면
자신이 그 장소에 이미
도착했음을 알고 있어야 한다.
– '갈매기 조나단' 리처드 바크

우리가 이 책을 쓴 목적은 당신이 지금부터 100만 달러를 벌게 하기 위함이다. 한 걸음 더 나아가서 깨달은 백만장자가 되려면 제대로 순서를 지켜 다음 3단계를 거쳐야 한다.

깨달은 백만장자가 되기 위해서는 당신이 좋아하는 것을 시작하고, 그것을 가치 있게 만들고, 그로 인해 얻은 이익을 확장해야 한다. (이 과정은 뒷부분에서 더 자세히 설명하도록 하겠다) '하기' 단계가 물론 중요하지만, 이보다 선행되어야 할 것이 '되기'다. 깨달은 백만장자가 되는 것이 우선이다. 깨달은 백만장자는 다음 두 가지를 지키며 살아가기 위해 애쓴다.

에 가려고. 조금 전에 전화 드렸어. 거기서 주말을 보내고 올 거야."

한참 달리다 보니 어느새 날이 저물었다. 미셸은 아이들을 데리고 휴게소에 들렀다. 거기서 간단하게 끼니를 해결하고 다시 차에 올라탔다. 주차장을 벗어날 무렵, 그녀의 가슴속에 공포가 몰려왔다. 기디언이 도로 위에서 목숨을 잃은 게 딱 이 시간이었다는 생각이 들었다. 갑자기 숨을 쉬기가 힘들었다.

'더 어두워지면 앞이 잘 보이지 않을지도 몰라.' '도로 위에서 차가 멈춰 서면 어떻게 하지?' '이 낡아빠진 차를 마지막으로 정비한 게 언제였는지 기억나질 않아.'

기름진 음식을 배불리 먹은 아이들은 엄마의 기분을 알아채지 못한 채 뒷좌석에 편안하게 앉아 있었다. 미셸은 다행이라고 생각했다. 그때였다. 니키의 목소리가 들려왔다. "아빠가 하늘에서 우리를 보고 계실까?"

"당연하지." 자신도 모르게 목소리가 커졌지만, 그 순간 미셸의 마음에서 두려움이 물러갔다. 안도감을 느끼며, 그녀는 속으로 기도했다. '여보, 하나님께 부탁해줘요. 우리를 보호해 달라고. 그분이 당신을 너무나 사랑하셔서 그렇게 일찌감치 데려가셨나 봐요. 술집에 찾아온 해골 이야기를 해드리면 어떨까요? 아니다, 안 하는 게 좋겠어요.'

1. 다른 이들을 부유하게 만들 때 내게도 풍요가 찾아온다.
2. 내가 부유해지려는 이유는 다른 이들에게 더 많이 주기 위해서다.

깨달은 백만장자는 얻는 것이 아니라 주는 것에 관심을 둔다. 준다는 행위는 풍요의 샘에서 솟아난다. 이것이 깨달은 백만장자의 본성이다. 당신이 이미 깨달은 백만장자라는 사실을 알고 있을 때, 본성은 빛을 발하게 된다.

무엇을 하든, 그 전에 당신은 깨달은 백만장자가 되어야 한다. 그 사실을 염두에 두고 세상을 풍요롭게 만들어라. 그러면 어떤 상황에서도 적절하게 행동할 수 있다.

꼭 그렇게 하지 않아도 수백만 달러를 벌 수는 있다. 하지만 깨달은 백만장자가 경험하는 엄청난 것들을 놓치게 된다. 마음의 평화, 진정한 기쁨, 더 큰 풍요가 그것이다.

'되기'와 '하기'를 제대로 해내면, '가지기'는 저절로 따라온다. 원하는 결과가 당신의 것이 되고, 간절하게 꿈꾸던 부를 생각보다 빨리 소유하게 된다.

미셸은 한나가 좋아하는 노래를 틀었다. 니키는 그런 건 어린애들이나 듣는 거라며 한창 유행하는 노래를 듣고 싶어 했다. "와이오밍주에 들어서면 그 노래를 들려줄게." 미셸은 니키에게 약속했다.

45분쯤 지나자 날이 완전히 어두워졌다. 미셸은 정신을 바짝 차렸다. 두려움이 다시 고개를 들었지만, 30분만 더 가면 와이오밍주 경계였다. 9시 전에는 기니 이모 댁에 도착할 수 있을 것 같았다. 이번에도 별다른 계획 없이 떠난 여행이었다. 그녀는 종종 그렇게 깜짝 여행을 주도했다. 아이들도, 기디언도, 그런 그녀의 모습을 좋아했다.

"거의 다 온 것 같아." 미셸이 말했다. 자동차 불빛이 작은 초록색 팻말을 비추고 있었다. 그들이 지금 '평등의 주'에 들어서고 있다고 거기에 쓰여 있었다.

"와이오밍주는 미국 최초로 여성에게 평등권을 허용한 곳이야." 그녀가 말했다. 대답이 돌아오지 않는 걸 보니, 아이들이 잠든 모양이었다. 저 팻말 저편에 자유가 기다리고 있는 것 같아, 미셸은 조금 속도를 높였다. 도로는 텅 빈 상태였다. 그래서 조금 뒤 백미러로 경찰차를 발견했을 때, 그녀는 깜짝 놀라고 말았다. 순찰차가 앞질러 갈 수 있도록, 잠시 속도를 늦추었다. 하지만 순찰차는 계속 뒤따라왔다. '뭐가 잘못된 거지?' 그녀는 길가에 차를 세웠다.

3번째 '아하!': 비난을 멈추고 실수를 통해 배운다

원하던 일이 바라는 대로 되지 않을 때, 우리는 종종 다른 사람을 비난한다. 그러면서 아주 중요한 배움의 기회를 잃는다.

이 세상은 실수하고, 그것을 통해 배우면서 발전해나간다. 누군가를 비난하면 상황의 주도권이 그 사람에게 넘어간다. "우리가 합의한 대로 존이 해냈다면, 결코 이런 결과는 나오진 않았을 거야." 물론 이 말이 맞을 수도 있다. 하지만 이런 말은 존에게 발전할 기회를 줄 뿐이다. 이 경험을 통해 우리가 배울 것은 아무것도 없다.

다른 이를 비난하지 않는 사람도 이런 말은 쉽게 꺼낸다. "오늘 이 일을 끝내기는 힘들겠어. 너무 피곤해서 말이야. 주말 내내 여행을 다녔으니, 할 수 없지 뭐…." 이것 또한 다른 형태의 비난이다. 사람 대신 상황을 비난하는 것이다. 아무리 이유가 합리적이라도 상황을 정당화해선 안 된다. 그래서는 아무것도 배울 수 없다.

비난과 정당화를 멈춰도 배움을 방해하는 요소가 또 있다. 자책이다. "내가 이렇게 멍청한 짓을 하다니…." 이렇게 자신을 탓하는 것이다. 다른 사람이나 상황을 비난하는 대신, 스스로를 비난하는 것 또한 아무것도 배우지 못하게 만든다.

그렇다면 실수를 했을 때 어떻게 하는 것이 가장 좋을까? 스스로 책

운전석 창문을 내리고 미셸은 뒤를 돌아보았다. 경찰차 지붕 위에 달린 불빛이 과하게 번쩍거렸다. 길게 뻗어 나온 헤드라이트 불빛 사이로 한 사람이 걸어 나왔다. 키가 크고 어깨가 떡 벌어진 경찰관이 그녀를 향해 저벅저벅 다가왔다.

경찰관은 손전등을 켜고 차 안쪽을 재빨리 훑어보았다. 그녀는 얼어붙은 듯 아무 말도 하지 못한 채 그 모습을 쳐다보았다.

경찰관이 갑자기 입을 열었다. "운전 면허증과 자동차등록증을 보여주십시오."

미셸은 얼이 빠진 표정으로 이곳저곳을 더듬거렸다. 경찰관이 손전등으로 그녀의 손길이 닿는 곳을 비춰주었다. 자질구레한 물건들 사이에서 마침내 두 가지를 찾아낼 수 있었다.

"받으세요, 경관님." 그녀의 목소리가 떨렸다. "혹시 제가 과속을 했나요?"

젊은 경찰관이 손전등을 비추며 그녀의 운전 면허증을 확인했다. "신고를 받았습니다. 여성 한 분이 어린이 둘을 데리고 주 경계선을 넘으려고 한다고요."

"엄마." 니키가 잠이 덜 깬 목소리로 그녀를 찾았다.

"맞아요." 미셸은 항의하듯 말했다. "제 아이들을 데리고 와이오밍주에 사는 친척 집에 가는 길입니다. 그분의 이름과 집 주소를 알려드릴까요?"

"아니요. 그러실 필요 없습니다, 부인." 지극히 사무적인 말투로 경

임지겠다는 생각으로 실수를 바라보아야 한다.

$$\begin{array}{c} \uparrow 배 \quad 우 \quad 다 \\ \hline \downarrow 비 \quad 난 \quad 하 \quad 다 \end{array}$$

  살면서 모든 일을 책임질 수는 없다. 하지만 이런 관점으로 세상을 바라보면 제대로 된 인생을 살 수 있다. 내가 한 일을 스스로 책임짐으로써 존재를 의미 있게 드러내는 것이다. 이를 통해 각각의 상황에서 최대한 많은 것을 배우게 된다.

  인생은 선택의 연속이다. 깨달은 백만장자는 스스로 책임지며 결과를 받아들인다. 그로 인해 모든 상황에서 될 수 있는 한 많은 것을 배운다. 시간이 지날수록 현명한 선택을 할 가능성이 높아지는 것이다.

  모든 실수를 개인적인 관점에서 바라보라. 깨달은 백만장자는 그렇게 하고 있다.

찰관이 말했다. "보호 명령이 내려져 있습니다. 부인께서는 아이들을 데리고 주 경계선 밖으로 나가실 수 없습니다."

잠시나마 가졌던 자신감이 깡그리 사라지는 걸 그녀는 느꼈다. 지갑에 남아있는 몇 푼이라도 건네며 어떻게든 애걸하고 싶었다. 그 사람이 보내주기만 한다면, 그녀는 계속 차를 몰 참이었다. 와이오밍주는 엄청나게 넓은 데다 사는 사람도 적었다. 어떻게든 들어가기만 하면, 지도에도 나오지 않는 작은 마을에 정착할 수 있을 것이다. 거기서 일자리를 구하면 가난하게 살더라도 아이들은 지킬 수 있을 터였다.

"엄마." 완전히 잠에서 깬 니키가 두려움이 가득한 목소리로 불렀다. 곧바로 한나도 깨어났다. 니키의 목소리는 큰 편이 아니었다. 한나가 일어난 건 공포스러운 분위기 탓이 분명했다.

"엄마." 한나가 울먹거렸다.

"괜찮아, 얘들아." 그렇게 말은 했지만, 목소리가 떨려왔다. "알겠습니다, 경관님. 당장 차를 돌려 집으로 돌아가겠습니다. 원하시면 따라오셔도 됩니다."

하지만 경찰관은 고개를 저었다. "죄송합니다, 부인. 차에서 내려 주십시오."

미셸은 비로소 무슨 상황인지 깨달았다. 눈앞에 놓여있는 캄캄한 대초원을 바라보며, 그녀는 생각했다. '이대로 차를 모는 거야. 그래, 할 수 있어.' 어쩌면 이 낡은 차가 경찰차를 따돌릴 수 있을지도 모를 일이었다.

4번째 '아하!': 당신의 풍요는 자연스럽다

> 그는 풍요에서 풍요를 취했다.
> 그래도 여전히 풍요롭다.
> – 우파니샤드

원래부터 우주는 풍요롭다. 우리의 마음속을 제외하면 부족함 따위는 없다.

원칙을 알면 우리의 것이 될 무한대의 돈이 우리를 기다린다. 당장 마음만 먹으면 이 우주는 기꺼이 부와 풍요를 당신에게 제공한다. 축복과 기회는 바라는 사람에게 주어진다. 많은 이들이 세상 곳곳에서 풍요를 창조했고, 당신도 그렇게 할 수 있다.

풍요를 받아들이고, 경험하고, 표현하겠다고 마음먹으면 오직 풍요만이 당신 주위에 가득해진다. 장엄한 노을의 풍요함을 누가 감히 전부 흡수할 수 있겠는가? 그 안에는 우리 모두 마시고, 받아들이고, 사진 찍고, 나눌 수 있는 절대적인 풍부함이 존재한다. 그것은 되풀이되며, 또한 무한하다. 나눠 주면 더 많이 생기는 것은 언제나 변함없는 진실이다.

풍요를 가져오는 원칙도 이와 같다. 풍요의 사전적 의미는 '많은 공급, 풍부함, 넉넉함, 필요한 것 이상'이다. 풍요는 남거나 녹슬거나 마

"엄마, 경찰 아저씨가 왜 여기 있는 거야?" 한나도 잠이 다 깬 모양이었다.

'옛날에 본 영화에서 경찰관이 이럴 때 뭐라고 했었지? 저항해도 소용없다?' 미치광이 같은 생각을 끝없이 떠올리며, 그녀는 차에서 내렸다. 문을 열고 발을 내딛는 시간이 마치 영원처럼 느껴졌다.

드러난 손과 팔에 느껴지는 금속의 질감이 섬뜩할 만큼 차가웠다. 미셸이 입고 있던 건 남편의 장례식날 입었던 짧은 소매의 자줏빛 원피스였다. 경찰관은 그녀에게 두 팔을 벌리고 차에 기대서 있으라고 했다. 그러고는 사무적인 손길로 온몸을 수색했다. 마치 쇼핑몰의 선반을 뒤지는 손님처럼 아무 감정이 없는 몸짓이었다.

경찰차의 헤드라이트 불빛이 미셸의 차를 훤히 비췄다. 창문을 통해 한나의 일그러진 얼굴이 보였다. 비록 소리는 들리지 않았지만, 아이가 울고 있다는 걸 알 수 있었다. 그녀는 자신을 뚫어지게 바라보는 아들의 커다란 갈색 눈도 보았다. 니키는 동생을 꼭 끌어안고 있었다.

"아이들 걱정은 하실 필요 없습니다, 부인." 다른 경찰관이 나타나서 조금 더 부드럽게 말했다. "저희가 잘 보살필 겁니다. 아이들을 그릴리로 데리고 간 뒤, 디어 크리크로 인계할 예정입니다."

친절한 말투에 고맙다는 말을 하고 싶었지만, 흐느낌이 멈추질 않았다. 경찰차 쪽으로 다가갔을 때, 뒤쪽에 한 대가 더 있는 걸 보고 미셸은 깜짝 놀라고 말았다. 그 차는 헤드라이트를 끄고 있었다. 차분한 태도로 앞자리에 앉아 있는 경찰관 두 명이 어렴풋이 보였다. 그중 한 명

르지 않는다. 무언가를 계속 가져다준다. 풍요란 원래 그렇다. 그 원칙을 받아들이면 풍요가 뒤따를 수밖에 없다. 풍요를 마음에 품으면 당신이 집중하는 모든 것을 늘어나게 하고, 끌어당기고, 확대할 수 있다.

풍요는 이 세상 어디에서든 모든 이를 만족하게 할 만큼 넉넉하다. 빌 게이츠 부부, 마더 테레사, 마야 안젤루 박사, 오프라 윈프리, 폴 뉴먼이 모두 그 증거다.

풍요를 내 것으로 만들기 위해서는 지속적인 '내면화'가 선행되어야 한다. 정신이 결과를 만들기 때문이다. 지금부터 한 달 동안 아침저녁으로 아래의 문장을 소리 내어 읽어라. 이 문장이 마음에 스며들어 내 것이 될 때까지 자기 암시를 한다. 아침에 눈을 뜬 직후, 잠들기 전에 자기 암시를 하면 효과가 크다. 느끼고, 믿고, 상상하고, 수용하며 자신에게 다짐하라.

나는 언제나 풍요롭다.
나는 무한대의 돈을 벌고, 저축하고, 투자한다.
나의 풍요는 기하급수적으로 늘어난다.
나는 언제나 나의 풍요를 나눠준다.
나의 풍요로움이 모든 이들을 더 부유하게 만든다.
나는 풍요이며, 풍요가 곧 나다.

은 여자인 것 같았다. 그 여자에게도 아이가 있을까 미셸은 문득 궁금해졌다.

주택가에서 적어도 60킬로미터는 떨어진 이 좁은 도로에 순찰차가 두 대라니, 이건 분명 안토니 에릭슨의 작품이었다.

월요일 저녁, 리버데일에 자리 잡은 유일한 특급 호텔 마리포사 플라자. 파이어사이드 연회실에서 열리는 개인 만찬 모임. 은은한 조명 아래 열두 명이 식사할 수 있는 아늑한 방. 판석으로 꾸민 벽난로. 모조 통나무와 가스불.

기디언이 세상을 떠나고 11개월이 흘렀다. 벌써 8월 초였다. 미셸은 검은색 유니폼에 레이스로 테를 두른 새하얀 앞치마를 걸치고 있었다. 자신의 모습이 노엘 카워드의 연극에 등장하는 프랑스인 하녀 같다고 그녀는 생각했다. 미셸은 손님의 왼쪽에 서서 빈 샐러드 접시를 말없이 치웠다. 번들거리는 비니그레트 소스에 양상추 찌꺼기가 붙어 있었다.

팔을 써서 최대한 많은 접시를 옮기는 방식에 미셸은 이미 익숙해져 있었다. 주임인 사라는 일을 빨리 배운다고 그녀를 칭찬했다. 하지만 칭찬에 어떻게 반응해야 하는지 아무 생각도 떠오르질 않았.

미셸은 주방에 들어가서 접시를 내려놓았다. 다음에 나갈 음식을 위해 접시를 준비하라고 사라가 지시했다. 태평양 제도 출신인 그녀는

5번째 '아하!': 주는 것이 얻는 것이다

적게 심은 이는 적게 거두고,
많이 심은 이는 많이 거둔다.
– 고린도후서 9:6

'역설'이란 서로 어긋나는 두 개의 행동이나 말을 뜻한다. 그런데 더 높은 차원에서 보면, 역설에는 깊은 진리가 담겨있다.

이 책의 주된 목적은 당신이 적절한 방법으로 자산에 100만 달러를 보태는 것이다. 하지만 그 돈을 얻으려면 먼저 주어야 한다. 이것이 바로 깨달은 백만장자의 역설이다. 사실 이 말은 논리적이지 못하다. 얻기도 전에 어떻게 줄 수 있을까? 일반적인 논리로는 불가능하다. 하지만 더 높은 차원에서는 이런 일이 그대로 일어난다.

많은 고대 경전이 말한다. "주어라. 그러면 얻을 것이다." 잠시 생각해 보자. 가장 친구가 많은 사람은 다정함을 가장 많이 건네는 사람이다. 가장 많은 환영을 받는 이는 가장 많이 사랑을 나눠주는 사람이다. 이것이 깨달은 백만장자의 '주는 것이 얻는 것' 원칙이다. 깨달은 백만장자의 근본적인 역설인 셈이다.

이 역설을 이해하려면 믿음과 행동을 결합해야 한다. 이것은 저 아래쪽에 풍요의 세상이 있음을 믿고 절벽에서 과감하게 뛰어내리는 것과 작지만 단단한 체격이었다. 푸른빛이 감도는 검은 머리를 단단히 틀어 올리고 있었다.

"손님들 식사는 잘 진행되고 있나요?" 제레미가 물었다.

"물론이죠." 미셸이 차갑게 대답했다. 예전 같으면 이런 말투를 꺼낸 적이 없었겠지만, 이제는 늘 이런 식이었다.

"너무 쌀쌀맞아." 델핀이 말했다.

제레미와 델핀은 직장동료로, 미셸의 새로운 세계관에 따르면 그들도 자신과 똑같이 인생에 실패한 낙오자였다.

제레미 카발리에리는 아라파호족 어머니를 닮아 광대뼈가 두드러진 얼굴에 콧날이 오뚝했다. 검은색 곱슬머리는 이탈리아 출신의 아버지를 닮았다. 한때 컴퓨터 사업으로 큰돈을 벌었지만, 도박 중독으로 재산과 가정을 전부 잃었다는 소문이었다.

델핀은 미셸의 룸메이트로, 요란스럽게 꾸미고 다녔다. 화장이 늘 진했고, 금발과 빨강이 뒤섞인 갈색 머리카락을 잔뜩 부풀린 스타일을 하고 있었다. 그녀는 늘 호텔을 떠들썩하게 만들곤 했다. 미셸과 델핀은 낡은 아파트에서 함께 살았다. 세탁기는 제대로 작동한 적이 없었고, 지저분한 풀장이 딸려 있었다. 학습 장애가 있는 딸과 함께 델핀이 방을 쓰고, 미셸은 거실에 놓인 접이식 소파에서 잠을 잤다.

"오늘 오신 손님들은 어떤 분들인가요?" 제레미의 물음에 미셸이 퉁명스럽게 대답했다. "돈 많은 사람들이에요."

"대단한 분들이죠." 사라가 좀 더 자세하게 설명해주었다. "깨달은

다름없다. 시인 아폴리네르가 노래했다.

    그가 말했다. 절벽 끝으로 오라고.
      그들이 말했다. 우리는 두렵다고.
        그가 말했다. 절벽 끝으로 오라고.
          그들이 다가왔다.
            그러자 그가 떠밀었다.
              그들이 날았다.

'주는 것이 얻는 것' 교훈은 오직 경험을 통해서만 내 것이 된다. 조금 망설여질 수도 있다. 그래도 주어라. 그러면 부를 이루는 영적인 차원에 다다를 수 있을 것이다. 당신의 시간, 당신의 인정, 당신의 미소, 당신의 충고, 당신의 지혜, 당신의 칭찬, 당신의 유머, 당신의 재능, 당신의 관심, 당신의 격려, 당신의 사랑을 주어라. 이 모든 것이 풍요로 돌아올 것이다. 영적인 차원은 나눠 준 모든 것의 가치를 높이고, 늘리고, 더한다.

얻는 대로 주는 것은 이 우주가 풍요롭다는 사실을 마음 깊이 인정하는 행위다. 주는 것은 우리 자신과 우리의 생각과 우리의 결과를 증폭하는 영적인 차원에 다다르게 한다. 깨달은 백만장자는 이 세상에 풍요의 바다가 존재함을 안다. 우리는 숟가락이나 양동이, 물탱크에 언제든 바닷물을 퍼담을 수 있다. 그래도 바다는 절대 마르지 않는다.

백만장자 모임이라던가. 자수성가한 부자들이 함께 모여서 이야기도 나누고 봉사 계획도 세우죠. 우리 호텔의 중요한 고객이니, 세심하게 신경 써야 할 거예요. 자, 얼른 나가서 마실 걸 원하는 분이 없는지 살피세요."

주방은 너무 더웠다. 여기가 아니라면 어디라도 좋겠다는 생각이 들었지만, 미셸은 결국 이곳으로 되돌아와야 했다. 이것이 그녀에게 남아있는 유일한 삶이었다.

그동안 얼마나 축복받은 인생을 살았는지 새삼 느껴졌다. 예전에도 남편, 아이들, 작지만 온전한 내 집에 충분히 감사해 한다고 믿었지만, 지금 생각하면 꼭 그렇지도 않았던 것 같았다. 그래서 이런 식으로 가르침을 주시려는 걸까? 신에 대한 믿음을 아직 완전히 버리진 못했지만, 그래도 미셸은 설명을 제대로 듣고 싶었다. 대체 왜 이런 시련을 자신에게 주신 건지를.

와이오밍주 경계에서 체포되던 날, 도시를 떠나겠다는 서약서를 쓰고 난 뒤에야 겨우 풀려날 수 있었다. 그래, 에릭슨 부부가 가장 바란 게 바로 그것이었을 것이다.

두 달이 채 지나지 않아 미셸은 집과 자동차, 아이들을 모두 잃었다. 두 아이는 에릭슨 부부가 맡아서 임시로 양육하고 있었다. 처음에 그들이 법률 서류를 내밀었을 때 뭔가 문제를 일으킬 거란 예상은 했지만, 이런 식으로 아이들을 빼앗아갈 거라고는 감히 상상도 하지 못했다. 그들을 너무 쉽게 보았던 것이다.

6번째 '아하!': 현실은 아주 쉽게 바꿀 수 있다

자신에게 말을 건넨 적이 있는가?

뭔가 특별한 일을 해냈을 때 많은 이들이 흐뭇한 내면의 목소리를 듣는다. "그래, 해낼 줄 알았어!" "잘했어!" "믿고 있었다니까!" 분명 이런 말이 들려왔을 것이다.

어떨 때는 시무룩한 목소리가 들려오기도 한다.

"내가 뭐 그리 대단한 존재라고." "도무지 해낼 수 없어." "난 바보야!" "왜 그렇게 멍청한 거야?" "뭘 하든 제대로 해내는 게 없어." "어쩜 그렇게 서툰 거야?"

의식하지 못하는 사이에 이 목소리는 품었던 꿈을 꺾어 버린다. 근사한 아이디어가 떠오르는 순간, 머릿속에서 이런 목소리가 튀어나온다. "나쁘진 않네. 그런데…." 그러면서 해낼 수 없는 수많은 이유를 댄다.

우리는 그 목소리를 '야부트 씨'라고 부른다. 야부트 씨는 언제나 우리의 꿈을 포기하게 만든다. 포기하는 게 더 좋은 꿈도 있다. 그럴 때는 야부트 씨가 우리를 보호하는 역할을 한다. 하지만 너무 빨리 반응을 보여서 우리의 창의력을 말살할 때가 더 많다. 야부트 씨의 목소리는 이성적인 판단과는 거리가 멀다. 아이디어가 제대로 싹트기도 전에

예비 심문을 위해 마주한 페드로니 판사는 지적인 사람 같았다. 미셸이 어머니로서 자격 미달이라고 주장하는 사람들의 말에 그 판사가 속아 넘어갔다는 사실이 아직도 믿기질 않았다. 동네 철물점 주인은 니키가 공구 상자를 사 달라고 하자 미셸이 아이의 뺨을 때렸다고 진술했다. 옆집에서 작업을 한 조경사는 그녀의 집에서 흘러나온 아이들의 비명을 여러 차례 들었다고 말했다. 에릭슨 부부의 친구로, 기디언의 장례식에 참석했던 한 의사는 아이들이 걸치고 있던 낡은 옷과 붕대가 감긴 니키의 이마에 대해 증언했다.

"그 집은 거의 돼지우리와 다름없었어요." 에릭슨 부부의 집에서 가정부로 일하는 에스텔라 는 윗입술을 들어 올리며 혐오스럽다는 듯 내뱉었다. 에스텔라를 보내서 집안일을 돕게 하겠다며 나탈리는 자주 고집을 부렸다. 미셸이 그 제안을 받아들인 건 딱 한 번뿐이었다. 어버이날을 한 주 앞둔 그 날, 기디언이 어머니의 진심을 믿고 그 제안을 받아들였다. 에스텔라를 보내주는 게 일종의 선물이라고 생각한 것이다.

"동물의 배설물이 사방에 흩어져 있었어요. 구역질이 날 것 같더라고요." 에스텔라는 미셸의 집에 있던 애완동물의 숫자를 크게 과장했다.

미셸의 친구들이 법정에서 최선을 다했지만, 수적으로 열세였다. 증거가 힘을 발휘하는 법률 시스템은 보통 사람들에겐 너무 복잡했다. 천재가 아니고서야 도무지 이해하기 힘든 상황이었다. 친구들은 미셸의 자원봉사활동, 아이들에 대한 세심한 보살핌, 사랑으로 가득한 결

아예 뿌리를 뽑아버린다. 우리 안의 야부트 씨를 말리지 않으면 불필요한 걱정이 계속되고, 생각이 마비되며, 건강까지 해친다. 심지어 생명을 위협하기도 한다. 우리는 야부트 씨를 침묵하게 하고 제대로 생각하는 법을 배워야 한다.

그러면 어떻게 해야 할까? 일단 우리 안에 살고 있는 응원의 목소리를 찾아야 한다. 그 목소리가 어디에 있는지, 목소리가 큰지 작은지 느껴 본다. 목소리의 크기를 조절하는 장치가 내 안에 있다고 상상하라. 그리고 긍정적인 목소리의 크기를 높여라. 기분이 어떤가? 우리를 나아가게 하고, 최선을 다하도록 격려하는 데 적당한 음량을 찾아보자.

내면에서 울리는 부정적인 목소리도 느껴 보자. 그 소리가 시작되는 지점은 어디인가? 야부트 씨가 활약하는 느낌이 들면 당장 그 목소리의 크기를 줄여라. 그러면 어떤 기분이 드는가?

야부트 씨의 입을 영원히 다물게 만드는 좋은 방법이 있다. 집이든, 사무실이든 고무밴드 하나쯤은 있을 것이다. 왼쪽 손목에 그것을 차는 순간 '백만장자 생성기'가 완성된다. 어떻게 하는 걸까? 부정적인 생각이 떠오를 때마다 그 고무밴드를 튕기면 된다. 맞다. 물론 아프다. 그 아픔이 반복적인 생각을 중단시킨다. 고무밴드를 튕기면 마음과 몸이 동시에 "아이고!" 하는 소리를 지르게 된다.

다음과 같은 생각을 하는 자신을 발견하면 즉시 고무밴드를 튕겨라.

혼생활을 열심히 증언했다. 하지만 그들의 말은 이해하기 어려운 이유로 기록에서 삭제되었다. 그 와중에 에릭슨 부부는 심리학자를 증인으로 내세웠다. 그 학자는 미스터 무무에게 집착하는 한나의 행동을 지속적인 아동학대의 증거로 내세웠다.

  상황이 온통 절망적으로 흘러갈 때도 미셸은 상상조차 하지 못했다. 아이들을 방문할 권리마저 빼앗길 것을 말이다. 그런 일이 벌어질지 모른다고 변호사가 말해줬지만, 그녀는 그 말을 믿지 않았다. 하지만 페드로니 판사는 그녀를 믿을 수 없다고 말했다. 아이들을 납치하려 했기 때문이라는 이유였다. 판사는 임시 양육권을 조부모에게 부여했다. 정식 재판이 열리기 전까지라는 조건이 붙었지만, 재판일정은 아직도 잡히지 않은 상태였다. 그녀에겐 싸울 힘이 남지 않았다. 하지만 얼음처럼 차가운 사법 시스템과 안토니 에릭슨 사이에 모종의 관계가 있으리란 확신이 들었다. 미셸은 단짝 친구 서머의 집에서 한동안 지냈다. 어떻게든 디어 크리크에서 일자리를 찾아보려고 애썼지만, 도무지 쉽지 않았다. 어쩌면 너무 당연한 일이겠지만.

  아이들의 새 학교인 세인트 제임스에 찾아가 보기도 했다. 몇 번이고 숨어서 두 아이를 지켜보았다. 고풍스러운 사립학교 건물에 들어서는 한나는 하얀 주름치마에 중간 길이의 망토 차림이었다. 니키는 흰색 폴로 셔츠에 청색 바지를 입고 있었다. 하지만 그것도 잠시였다. 몰래 보다가 들키기라도 하면 양육권 반환에 나쁜 영향을 미칠 것 같아 그만두었다.

이것을 해낼 여유는 없어.

이 일은 내 실력 밖이야.

내게는 그만한 능력이 없어.

나는 가치 없는 사람이야.

내가 그걸 해낼 리가 없어

난 그만큼 똑똑하지 않아.

어디서 시작해야 할지 모르겠어.

내게는 풍부한 인맥이 없어.

위와 같은 생각을 아래의 생각으로 바꾸자.

인맥을 만드는 법을 알아내자.

지금 가진 것으로 당장 시작하는 거야.

나는 이 일을 해낼 만큼 충분히 똑똑해.

그래, 나는 해낼 수 있어.

나는 충분히 가치 있는 사람이야.

내게는 그만한 능력이 있어.

내가 충분히 해낼 수 있어.

정말로 원한다면 할 수 있어.

이 방법은 무척 쉽다. 앞으로 한 달 내내 고무밴드를 차고 다녀라.

크리스마스 날 저녁, 미셸은 코트니의 집에 초대받았다. 음식은 훌륭했다. 코트니 부부와 어린 아들은 어떻게든 그녀를 위로하려고 애썼다. 하지만 저녁 내내 흐르는 눈물을 참을 수가 없었다. 니키와 한나가 계속 그리웠다. 나탈리가 한나에게 산타클로스는 없다고 이야기하지 않기를 두 손 모아 기도할 뿐이었다.

가까운 곳에 살면서도 아이들을 만날 수 없다는 사실은 미셸을 더욱 더 우울하게 만들었다. 크리스마스가 한계였다. 그로부터 2주 뒤, 그녀는 디어 크리크에서 자동차로 한 시간 거리로 거처를 옮겼다. 인구 30만 명의 도시 리버데일이었다. 끝없이 밀려오는 무기력함에서 벗어나 앞으로의 양육권 싸움에 집중할 수 있기를 바라마지 않았다. 하지만 비통함만 더해질 뿐이었다.

도토리 크기였던 상처와 굴욕은 거대한 떡갈나무로 자랐다. 미셸은 새 친구도 사귀지 않고, 옛 친구의 연락도 피했다. 서머와 코트니의 방문도 거절했다. 남자들도 그녀에게 관심이 없었지만, 제레미는 달랐다. 하지만 데이트를 신청을 받았을 때 그녀는 무척이나 무례한 반응을 보였다. 그도 더 이상 상관하지 않았다.

델핀은 그나마 받아들일 수 있었다. 아마도 딸 때문에 고생하는 모습을 보았기 때문인 것 같았다. 하지만 그녀와 함께 살기로 마음먹은 건 다름 아닌 돈 때문이었다. 다른 변호사를 고용하고 싶었고, 그러려면 반드시 돈이 필요했다. 거실 소파에서 잠을 자는 미셸은 집세의 3분의 1만 부담했다. 그래도 좀처럼 돈이 모이질 않았다. 월급에서 공제하

잘 때와 샤워할 때도 포함해서. 하루 24시간 고무밴드가 당신의 손목에 머물게 하라. 손목에 흐릿한 붉은 선이 생길 때쯤 만족스러운 행동 변화가 시작될 것이다. 당신이 이렇게 하고 있다는 걸 다른 사람이 알 필요는 없다. 한 달이 채 되기 전에 보이는 신속한 효과가 당신을 놀라게 할 것이다. 제대로 성취감을 느끼고 나면 세 명의 친구에게 이 방법을 알려주도록 하라.

생각에는 저주와 축복의 힘이 동시에 깃들어 있다. 생각은 '풍요, 여유, 소유'로 당신을 이끌 수도 있고, '결핍, 제한, 박탈, 가난함'으로 당신을 인도할 수도 있다. 선택은 당신의 몫이다. 우리는 언제든 자기 생각을 좌우할 수 있다. 생각은 우리를 통제하고, 행동은 결과를 통제한다.

'백만장자 생성기'를 손목에 걸고 삶의 방식을 과감히 개선하라. 머지않아 당신은 깨달은 백만장자의 길에 들어설 것이다.

7번째 '아하!': 말이 당신의 삶을 바꾼다

부정적인 생각이 머리에 떠오르는가? 그럴 때마다 '백만장자 생성기'를 사용해 며칠 동안 고무밴드를 튕기자. 그런 다음에는 말에 집중하도록 하자. 일단 밖으로 내뱉은 말은 외적 현실과 내적 현실 모두에 대는 항목이 너무 많았다. 한 푼이라도 더 모으려면 의료 보험도 사치였다. 하지만 호텔 총무부에서 의료 보험 공제를 중단할 수 없다고 통보했다.

미셸은 사람들이 모여앉은 테이블을 살폈다. "와인을 좀 더 드시겠어요?" 그녀가 금발 콧수염을 기른 남자에게 물었다. "괜찮습니다." 그는 와인잔 입구를 손으로 덮었다.

나스닥, 닛케이 지수, 주가수익률, 주식 공모 같은 이야기들이 오가고 있었다. 빌어먹을 부자들. 문득 미셸의 머릿속에 안토니 에릭슨이 떠올랐다. 그러자 들고 있던 와인병이 부르르 떨렸다.

테이블 한쪽 끝에 앉아 있는 흑인 여성은 인상적인 차림새였다. 마법사를 떠올리게 만드는 그 옷은 남색 바탕에 금색 줄무늬가 수 놓인 아프리카 전통 의상이었다. 사람들이 걸친 장신구가 난로 불빛에 반짝이긴 했지만, 대부분 우아하고 정갈한 짙은 색 정장 차림이었다. 그래서인지 그 여성의 옷차림은 더욱 눈에 띄었다.

그 사람의 접시로 손을 내밀면서, 미셸은 치워도 좋겠냐는 뜻으로 눈썹을 살짝 올렸다. 그녀는 가볍게 고개를 끄덕였다. 접시를 든 채로 미셸은 잠시 머뭇거렸다. 그녀에게 오렌지와 백단나무 향기가 풍겨왔다.

양쪽 팔에 접시를 가득 든 미셸은 주방 앞에서 엉덩이로 문을 밀기 위해 돌아섰다. 흑인 여성 맞은 편에 앉아 있던 깡마른 여자가 일어나서 말했다.

"다들 사만다 먼로를 알고 계실 겁니다. 그러니 소개는 간단히 하지단한 영향을 끼친다. 말에는 엄청난 힘이 있다. 당신이 어떤 말을 하든 모두 부메랑이 되어서 되돌아온다. 그러므로 말은 매우 중요하다.

마샬 터버는 대규모 부동산 회사의 경영자다. 자신이 했던 실험에 대해 그녀가 설명해주었다. "우리 회사의 분위기를 획기적으로 바꾼 사건이 있었어요. 직원 전체가 모인 월요일 회의 시간이었지요. 롤링 썬더의 삶을 기록한 책의 한 페이지를 내가 읽어주었어요."

롤링 썬더는 아메리카 인디언으로, 부족에서 존경받는 주술사였다. 그가 남긴 말이다.

"우리는 자기 생각을 책임져야 합니다. 쉬운 일은 아니지만 해낼 수 있습니다. 우선, 생각 하고 싶지 않은 것은 말하지도 말아야 합니다. 보이는 모든 것을 먹을 필요는 없습니다. 생각도 마찬가지입니다. 떠오르는 모든 것을 말할 필요는 없습니다. 입 밖으로 꺼낼 때 신중해야 합니다. 언제든 좋은 의도를 지닌 말만 하도록 하세요. 그러면 점점 더 좋은 생각을 할 수 있습니다."

직원들은 이 말에 큰 감명을 받았다. 그래서 다 함께 약속했다. 도움이 되는 말만 하기로 한 것이다. 이 약속을 어겼을 땐 2달러를 벌금으로 내놓기로 했다. 그렇게 모인 돈은 매월 마지막 날에 자선단체에 기부하도록 했다.

이 단순한 약속은 회사 전체에 큰 변화를 가져왔다. 마샬 터버는 말요. 곧 사만다의 이야기를 들어보겠습니다."

그 흑인 여성이 분명 사만다 먼로일 거라고 미셸은 확신했다. 문득 그 여성의 연설이 너무 듣고 싶었다. 사만다는 마른 풀 가운데 피어난 열대의 꽃 같았다. 그녀의 내면이 겉으로 드러난 모습일 거라고 미셸은 생각했다. 간단하게 소개하겠다고 말하는 사람들이 으레 그렇듯이, 그 깡마른 여자의 말은 쉽게 끝나지 않았다. '이렇게 서 있다간 주방에서 갑자기 나오는 사람과 부딪혀서 접시를 깨고 말 거야.' 속으로 걱정하면서도 미셸은 왠지 문 앞에서 서성거렸다. 사만다가 3개월 동안 케냐에서 머물다가 얼마 전에 돌아왔다는 말이 들려왔다. 그녀는 이 모임의 창립 멤버였고, 백만장자였다. 부동산 투자로 큰돈을 벌었으며, 몇 개의 기업을 소유했고, 두 권의 책을 저술한 작가이기도 했다.

더는 시간을 끌 수 없던 미셸은 하는 수 없이 엉덩이로 주방 문을 밀었다.

델핀이 재빨리 다가와서 들고 있던 접시 중 일부를 받아주었다. "안 그래도 널 찾아오라고 수색팀을 보낼 참이었어."

"나 말이야…, 바깥에서 하는 말을 꼭 듣고 싶어." 미셸이 망설이며 말했다.

제레미와 델핀은 영문을 몰라 하며 서로를 쳐다보았다.

"그럼 어서 가봐." 델핀이 말했다. "우리가 네 몫까지 알아서 처리할게."

한다. "이토록 강력한 효과를 발휘한 법칙은 이전에도, 이후에도 없었어요."

이제 당신에게 한 가지 숙제를 내겠다.

말을 가려서 하라. 좋은 의도를 지닌 말만 입 밖으로 꺼내라. 도움이 안 되는 말은 아예 하지 마라. 나쁜 의도가 스민 말을 할 때마다 2달러를 벌금으로 내자. 이제 당신의 삶에 어떤 변화가 찾아오는지 살펴보자.

8번째 '아하!' : 당신이 바로 자산이다

"내 비밀은 이거야. 아주 단순하지.
마음으로 봐야 제대로 볼 수 있어.
진짜 중요한 건 눈에 보이지 않거든."
– 앙뜨완느 드 생텍쥐페리 『어린 왕자』 중에서

무엇이든 무에서 출발한다. 우리는 입을 것도, 아는 것도 하나 없이 이 세상에 태어난다. 그러니 새로운 일을 시작할 때면 언제나 갓 태어난 아기와 마찬가지다. 지금 당신이 첫 번째로 해야 할 일은 보유한 자원을 샅샅이 조사하는 것이다. 대차대조표를 작성하면 좀 더 보기 쉽게 정리할 수 있다.

막상 나오긴 했지만, 미셸은 마음이 불편했다. 자신은 볼품없는 웨이트리스일 뿐이었다. 그나마 다행인 것은 입고 있는 유니폼이 검은색이라 눈에 띄지 않는다는 정도였다. 그녀는 커다란 문 옆에 놓인 의자에 앉았다. 그러고는 음식이나 음료를 원하는 손님을 위해 그 자리에 있는 것처럼 보이려고 애썼다. 그렇게 공손하게 앉아 있는데도 사만다의 눈길이 왠지 자신을 향하는 것 같았다. 미셸은 어떻게든 당당한 태도를 보이려고 애썼다.

난롯불을 배경으로 서 있는 사만다는 매우 인상적인 모습이었다. 키가 컸으며, 나이를 초월한 당당함과 아름다움이 돋보였다. 그녀가 걸친 긴 드레스는 보기 좋은 몸매와 잘 어울렸고, 촘촘히 땋은 머리가 스카프 아래로 폭포처럼 풍성하게 드리워져 있었다.

"소중한 여러분, 이렇게 함께할 수 있어서 기쁩니다. 다 같이 손을 잡아볼까요?" 사만다의 목소리는 힘이 있고 낮았다. 마치 색소폰처럼 당당하고 유연한 느낌이었다. 모두 손을 잡았다. 여기 모인 사람들은 누가 봐도 당당한 이들이었다. 성공한 백만장자들 가운데서도 사만다는 특출했다. 그녀는 타고난 리더였다. 옆 사람과 손을 잡은 사만다는 긴 손가락에 특이한 모양의 금반지 여러 개 끼고 있었다.

"우리는 모두 축복받은 이들입니다. 우리가 받은 축복으로 더 많은 사람을 축복할 수 있으면 좋겠습니다!" 그녀의 말은 쉽고 간단했다. 사

자산	부채
현금	빚
유가증권 및 기타 유동적 투자	채무
부동산	주택 융자
자동차 및 기타 유형자산	은행 대출
가구, 보석류 및 기타 동산	약속어음

자산에서 부채를 빼면 당신의 '순 자산'이 된다. 진짜 백만장자가 되려면 소유한 것에서 빚진 것을 뺀 나머지가 100만 달러 이상이 되어야 한다.

대차대조표를 보면 우리를 부자로 만드는 것은 우리가 소유한 것임을 알 수 있다. 하지만 전통적인 대차대조표에는 중요한 항목이 빠져 있다. 이렇게 빠져 있는 '무형 자산'이야말로 모든 부의 진정한 원천이다.

예를 들어보겠다. 당신만의 독특한 사업 아이디어 같은 것이 바로 무형 자산의 대표적인 예다. 그 생각을 행동으로 옮기는 용기, 도움이 되는 인맥, 창의력, 결단력, 인내심, 헌신과 지식이 모두 포함된다. 이런 것들 모두 전통적인 대차대조표에는 나타나지 않는다. 하지만 이러한 특성이 없다면 제대로 된 대차대조표가 완성될 수 없다. 중요한 건 이거다. 당신이 자산을 소유하는 것이 아니다. 당신이 바로 자산이다. 이제 제대로 된 대차대조표를 만들어 보자. 당신의 '무형 자산'은 과연 무엇일까?

만다가 손을 놓자 모두를 연결한 사슬이 잠시 끊어졌다. 하지만 미셸은 여전히 그들을 잇고 있는 에너지를 느꼈다.

"두 가지를 말씀드리고 싶습니다. 첫째는 백만장자 선언서 개정 건입니다. 지난달 모임에서 하워드와 제가 모임의 창립 취지를 개정하는 일을 맡았지요." 오른쪽에 앉아 있는 남자를 향해 사만다가 고개를 끄덕였다. "대략적인 초안을 작성했습니다. 살펴보시고 의견을 들려주세요."

참석자 모두에게 종이 한 장씩을 나눠주며 사만다가 말을 이어갔다. "몇 년 전, 이 모임을 시작했을 때가 떠오르네요. 다른 봉사 단체에게 본보기가 될 수 있도록 독특함을 드러내고 싶었습니다. 그래서 몇 가지 원칙을 마련했지요. 첫째, 오직 백만장자만이 이 모임의 회원이 될 수 있습니다. 단, 세상을 위해 좋은 일을 하는 데 주저함이 없어야 하지요. 우리는 고귀한 길을 선택했고, 언론에 자주 소개되는 전형적인 백만장자와 다릅니다. 우리는 윤리성, 정직성, 도덕성을 특히 중요하게 여기지요. 우리가 스스로를 '깨달은 백만장자'로 부르는 것도 바로 그런 이유입니다. 둘째, 우리가 이렇게 모이는 것은 서로에게 효율적인 인맥이 되어주기 위해서입니다. '무엇을 아느냐보다 누구를 아느냐가 훨씬 중요하다.' 이 말은 진실입니다. 우리만큼 잘 연결된 모임은 없을 거라고 감히 생각합니다. 마지막으로, 우리는 깨달은 방식으로 다양한 돈의 흐름을 창조합니다. 바로 이 세 가지가 우리의 본질적인 목표지요."

사만다의 오른쪽에 앉아 있던 하워드가 말했다. "사실 저는 목표 한

무형 자산	무형 부채
창의성, 상상력, 뚜렷한 목표, 관대함	분노, 편협함, 완벽주의
용기, 과감성, 인내, 성실	두려움, 불안, 망설임
전문가와 연결된 인맥, 고객 명단	나쁜 평판
가치 있는 기술, 판매력, 설득력, 마케팅	게으름
시간 관리	실력 없는 구성원

사실 초보자인 당신에게 필요한 건 세 가지뿐이다. 첫째, 훌륭한 아이디어, 둘째, 그것을 반드시 행동으로 옮기겠다는 의지, 셋째, 자원을 소유한 이들과의 인맥.

지금부터 당신의 좌우명을 이것으로 하자. "이 세상에는 내가 필요로 하는 자원을 소유한 사람들이 반드시 존재한다. 어떻게든 그 사람을 찾아내고, 그 자원을 내게 제공하도록 설득할 방법을 찾자."

9번째 '아하!': 부는 곧 자유다

인생은 회사다. 우리가 태어나면 자동으로 그 회사에 등록된다. 평생 퇴사할 방법은 없다. 그러니 그냥 즐기자. 안내서 한 장 없이 낯선 회사에 다니기란 절대 쉽지 않다. 이 책이 당신의 삶을 긍정적인 모습

가지를 더하고 싶었어요. 바로, '우리는 언제나 맹렬하게 돈을 번다.'였지요. 하지만 사만다가 안 된다고 하더군요."

사람들이 웃음을 터트렸다. 사만다는 하워드를 향해 장난스럽게 얼굴을 찌푸렸다. 사만다가 다시 입을 열었다. "이 모임의 창립 목표를 '선언서'로 부르는 것은 말에서 모든 것이 시작되기 때문입니다. 우리가 살면서 누리는 모든 것은 선택의 결과입니다. p.58 무슨 말을 하면서 살아갈지 우리는 선택할 수 있습니다. 우리의 부로 다른 사람을 어떻게 풍요롭게 할지도 선택할 수 있지요." 그녀는 말을 이어갔다. "풍요를 생각하면 꿀벌이 자연스레 떠오릅니다. p.29 꿀벌은 이 꽃에서 저 꽃으로 날아다니며 부지런히 꿀을 모읍니다. 그리고 그 꿀은 벌통 전체를 풍요롭게 만들지요. 그리고 꿀벌은 이런 임무를 수행하면서 자연스럽게 가루받이를 돕습니다. 바로 기업가들이 이런 존재들이죠. 기업가의 주된 임무는 돈을 벌어들이는 것입니다. 그리고 그 과정에서 새로운 일자리를 만들어 내고 수많은 혁신을 창조하지요."

미셸의 머릿속에 코트니의 집에서 본 정원이 떠올랐다. 디어 크리크를 떠나올 무렵, 정원은 눈에 덮여 있었다. 벌써 8월이니, 활짝 핀 라일락과 피튜니아 사이로 나비가 날아다니고 있을 것이다….

"우린 다들 꿀벌이지요." 클래식한 옷차림을 한 머리가 희끗희끗한 남자가 빙그레 웃으며 말했다.

"맞아요, 마샬." 왼쪽에 앉아 있는 남자를 향해 사만다가 고개를 끄덕였다. "꿀벌은 우연히 그런 일을 합니다. 하지만 우리에겐 분명한 의

으로 바꾸어줄 것이다.

돈의 측면에서 볼 때 지금 당신은 성공한 상태일 수도 있고, 실패했을 수도 있다. 우리는 당신이 성공한 상태이기를 바란다. 흔히 '성공의 기운'이라고 부르는 것이 당신을 감싸서 좋은 방향으로 이끌었으면 좋겠다. 이 '성공의 기운'을 소유하면 당신은 긍정적인 방향으로 돈을 끌어당기는 자석이 될 수 있다.

인생이라고 불리는 회사에서 제 몫을 해내려면 많은 돈을 끌어당기는 법을 배우는 게 좋다. 이 배움을 통해 가장 본질적이며 중요한 자유인 '돈의 자유'를 획득할 수 있다. '돈의 자유'가 당신의 것이 되면 미래가 선물로 다가온다. 돈을 벌기 위해 어쩔 수 없이 일하는 게 아니라 하고 싶은 일을 골라서 할 수 있는 것이다.

월급의 노예가 아니기에 여유를 갖고 과감하게 모험을 해볼 수도 있다. 이 믿을 수 없는 차이를 상상해 보라. 바라는 대로 자신을 확장하고, 의도한 대로 선한 일을 행할 수 있다. 커다란 목표를 품을 수 있으며, 가장 적합한 사람으로 팀을 짜볼 수도 있다. 완벽하게 풍요로우며 원하는 일에 최선을 다할 수 있는 것이다. 스스로 걸작품이 된 당신은 모든 면에서 발전하고, 더 많이 성취하며, 전적으로 행복해진다.

'돈의 자유'라는 진화의 첫 단계를 거치면, 다음은 '시간의 자유' 단계로 접어든다. '시간의 자유'가 일하지 않는다는 의미는 아니다. 일이 곧 놀이가 되는 상태를 말한다. 상상해 보자. 놀이가 일이 되고, 일에 몰두하는 순간이 행복해지는 바로 그 순간을. 일이 당신을 지배하는 게

도가 있지요. 다들 아시다시피 부의 궁극적인 목적은 다른 이를 돕는 것입니다!" p.32

감탄이 저절로 새어 나왔다. 미셸의 눈길이 사만다가 서 있는 쪽으로 향했다. 벽난로의 불꽃이 사만다를 감싸고 있었다. 마치 불꽃 속에서 태어난 불사조처럼 웅장한 모습이었다. 미셸은 문득 시부모인 에릭슨 부부를 떠올렸다. 그들이 부를 양손에 거머쥐고 권력을 이용해 자신을 내쫓았을 때 증오가 온몸을 타고 올랐다. 그 후로 미셸은 돈이 악마처럼 보였다. 기디언과 미셸은 그동안 돈을 중요하게 여기지 않았다. 그리고 그 사실을 자랑스럽게 여겼다. 기디언은 아버지처럼 되고 싶어하지 않았다. 그래서 그들은 넉넉한 삶을 포기했다. 하지만 그로 인해 니키와 한나까지 결국 상처를 입었다.

미셸은 예전의 생각이 틀렸다는 것을 깨달았다. 기디언의 아버지만 보고 부자를 악의 화신으로 여긴 것이다. 이 방에 있는 백만장자들은 안토니 에릭슨과 달랐다. 법의 테두리 안에서 남을 도우면서 많은 돈을 벌 수 있다면? 아이들을 되찾을 수 있도록 세계 최고의 변호사를 고용할 수 있다면? 미셸의 마음속에서 1년 만에 처음으로 희망의 불빛이 깜빡거렸다.

잠깐 다른 생각을 하느라, 미셸은 사만다의 말을 놓쳤다. 다시 정신을 바짝 차려야겠다고 미셸은 생각했다.

"하워드와 함께 작업하면서 한 가지 아이디어를 떠올렸습니다." 사만다는 잠시 말을 멈추고 앞에 앉은 사람들과 일일이 눈을 맞췄다.

아니라, 당신이 일의 주인이 되는 것이다. 그러면 쉬는 기간도 편안하고 평온하게 느껴진다. 아마 처음에는 어찌어찌 시간을 만들어 하루 정도 더 쉬는 것으로 시작될 것이다. 그러다가 한 달에 일주일로 늘어나고, 일을 완전히 놓을 수 있게 되면 일 년에 석 달 정도 쉴 수 있게 된다. 그래도 수입은 계속 늘어나고, 돈이 스스로 증가한다. 다시 일을 시작할 무렵엔 당신은 활기로 가득 차서 새로운 아이디어로 반짝일 준비가 될 것이다.

'돈의 자유'와 '시간의 자유'를 획득하면 '관계의 자유'를 추구할 수 있다. 주변 사람들과 사랑을 가꾸어갈 충분한 여유를 얻게 되고, 이것이 당신의 인생에서 가장 귀한 선물이 되어줄 것이다. 소중한 관계 안에 깊이 스며들어 그것이 노래하고 속삭이고 춤추게 할 수 있다. 모두가 그저 꿈꾸기만 하는, 깊고 믿음직하며 친밀하고 영구적인 관계를 가꾸어나갈 자유가 당신의 것이 된다.

'관계의 자유'를 가졌다면, 이제 '영적 자유'를 찾아 나설 차례다. 당신이 이 우주에서 어떤 존재이며, 우주가 당신 안에서 어떤 존재인지 탐구해보자.

물론 '신체의 자유'도 중요하다. 건강은 언제나 최고의 자산이다. 운동할 시간이 있고, 음식을 고를 여유가 있으며, 몸에 좋은 영양제나 의료 서비스에 접근할 돈이 있다면 충분히 건강하게 살아갈 수 있다.

지금까지 말한 다섯 가지 자유는 매우 위대하다. 진정한 능력을 펼칠 놀라운 기회를 당신에게 선사하기 때문이다. 하버드 대학의 하워드 가

"여러분, 깨달은 백만장자 훈련법을 최초로 공개합니다."

사람들이 호기심 가득한 표정으로 술렁거렸다.

"저는 원래 겸손한 사람이 아닙니다. 그러고 싶은 생각도 없고요. 우리가 이 훈련법을 만든 건 깨달은 백만장자를 양성하기 위해서입니다. 여러분도 한 번쯤은 생각해 보았을 것입니다. 내가 어떻게 백만장자가 되었는지를요. 지난 몇 년 동안 저는 금전적으로 성공할 수 있는 원칙을 꾸준히 정리해 왔습니다. 최근에 이 내용을 엮어서 누구든지 '돈의 자유'를 획득할 수 있도록 지침서를 만들었지요."

저 책을 얻을 수 있다면 얼마나 좋을까. 그런 미셸의 마음속에 맴돌았다.

"이 책을 통해 백만 명의 백만장자를 양성하는 게 제 목표입니다!"

미셸은 자신도 모르게 몸을 앞으로 기울였다.

"이 책을 통해 제가 받은 축복을 일부라도 사회에 돌려줄 수 있을 겁니다. 제가 이 생각을 떠올린 건 바로 마크 덕분입니다." 사만다가 구석에 앉아 있는 키 큰 신사를 보았다. "마크, 이런 걸 아이디어 나눔이라고 하지요?"

"맞습니다." 마크가 대답했다. "자신이 지닌 최고의 아이디어를 나눠 주는 걸 그렇게 부릅니다. 어빙 베를린이 히트곡의 저작료를 청소년 단체에 기증한 것이 아주 좋은 예지요. 매년 500만 달러가 넘는 저작료가 그 단체에 전달됩니다."

"이 책은 세상을 향한 저의 선물입니다." 사만다가 말했다. "판매 수

드너 박사가 진행한 연구에 따르면, 사람들은 저마다 독특한 천재성을 지니고 있다. 다섯 가지 자유가 당신의 천재성을 발견할 열쇠가 되어 줄 것이다.

10번째 '아하!': 무엇이든 꿈이 시작점이다

5년 후에 당신은 어디에 있을까? 지금과 같은 집에 살고 있을까? 지금과 같은 차를 몰고 다닐까? 지금과 같은 직업에 종사하고 있을까? 더 늙고, 흰머리가 늘고, 더 살찌고, 더 빚이 많아질까?

아니면 더 밝은 미래가 펼쳐질까?

"5년 뒤에 내 삶이 얼마나 좋아질까?" 자신에게 물어보자. 그때쯤이면 당신 앞에 버티고 선 용도 죽고, 귀신도 자취를 감춘다. 당신을 가로막는 건 모두 사라진다. 5년 뒤에는 오직 당신과 당신이 원하는 것만 존재한다.

지금 당신의 어깨를 누르는 짐에서 벗어나 날개를 펼치는 미래를 상상하라. 꿈꾸던 집을 떠올리고, 그 안에 걸어 들어가서 고개를 돌려보자. 제일 먼저 눈에 띄는 것은 무엇인가? 그 집에서 풍기는 냄새를 맡고, 들려오는 소리에 귀를 기울여라. 설렘이 당신의 가슴을 두드리는가?

익금 전액은 우리 재단의 자선기금으로 쓰일 겁니다. 사실 이 책은 20년 동안 제가 했던 시행착오의 결정체라고 할 수 있어요. 처음에 사업을 시작했을 무렵, 누군가가 내게 제대로 알려주었으면 얼마나 좋았을까 하는 것들을 모아 두었지요."

"그 책을 저희도 볼 수 있겠지요?" 처음에 사만다를 소개했던 마른 여자가 물었다.

"물론이죠. 그런데 한 가지 문제가 있어요. 정식으로 출판을 하기 전에 해야 할 일이 있거든요. 그러니까…, 실험체를 찾아야 해요. 더 적합한 말이 있을 텐데 말이에요. 어쨌든 이 책의 내용을 직접 실천해볼 사람이 필요합니다. 혹시 여러분의 가족 가운데 그런 사람이 있을까요? 버는 것보다 나가는 돈이 훨씬 많은 그런 사람 말이에요…."

미셸의 가슴이 마구 뛰기 시작했다. 껍데기를 깨고 나오려는 병아리처럼.

그때였다. "미셸." 뒤쪽에서 누군가가 작은 소리로 불렀다.

미셸은 깜짝 놀라서 자리에서 일어났다.

제레미가 커다란 문을 살며시 열고 안을 들여다보며 속삭였다. "사라가 엄청나게 화를 내고 있어요."

"알겠어요." 부엌데기 신데렐라 신세인 걸 잠시 잊고 있었다. 미셸은 떨어지지 않는 발걸음으로 마지못해 주방으로 향했다.

그 집에서 당신과 함께 있는 사람은 누구인가? 그 사람과 나누는 관계는 얼마나 완벽한가? 서로를 사랑하는 느낌은 어떠한가?

5년 뒤 당신의 모습은? 더 건강한가? 더 활기 찬가? 당신이 원하는 이상적인 모습을 그려보자.

당신의 영혼은 어떠한가? 멋진 삶을 살고 있는가? 평화와 깨달음으로 채워가는 하루하루를 누리고 있는가?

큰 꿈을 꾸어라. 금전적으로, 영적으로, 사회적으로, 육체적으로 균형 잡힌 삶을 누리는 자신을 그려라. 이 모든 것이 당신의 소유다. 그리고 이것은 바람직하다.

오늘 잠들기 전에 밝은 미래를 상상하라. 생생하게 떠올릴수록 좋다. 그리고 내일 아침 잠에서 깨어날 때 꿈꾸는 그 세계 안에서 눈을 떠라. 그것을 보고, 듣고, 맛보고, 냄새 맡고, 느껴라. 90일 동안 매일 그렇게 하면 삶이 놀랍도록 바뀔 것이다.

꿈을 현실로 만들기 위해 무엇을 가장 먼저 하고 싶은가? 다음 빈칸에 직접 써보자. 이제 당신은 깨달은 백만장자가 되어가고 있다.

_____

_____

_____

_____

마지막 접시까지 모두 치우고, 웬만한 곳도 전부 닦았다. 하지만 연회실에는 아직 사람들이 남아있었다. 모임에 속한 백만장자들은 사만다를 둘러싼 채 계속 이야기를 나누는 중이었다. 사라가 미셸과 델핀에게 테이블보를 걷어 오라고 지시했다. 이제 연회실을 청소해야 한다는 무언의 표시였다. 그리 섬세한 방식은 아니었지만 말이다.

델핀과 함께 테이블보를 접으며, 미셸의 가슴이 요동쳤다. 어차피 빨아야 할 테이블보를 접는 건 사실 어리석은 행동이었다. 그러면서 일부러 시간을 끌고 있었다.

미셸과 델핀의 존재를 알아챈 건 사만다였다. "이분들이 퇴근할 수 있게 도와야겠네요." 그러면서 그녀가 주변에 모여 있던 사람들에게 문 쪽을 가리켰다.

"델핀, 부탁이 있어. 혹시 혼자서 이 방 정리를 마무리해줄 수 있어? 정말로 급한 일이 생겼어." 미셸이 조그만 목소리로 말했다.

"알겠어."

사라의 분노를 떠올리지 않으려고 애쓰며, 미셸은 탈의실로 달려갔다. 앞치마를 벗고, 가방을 찾아든 뒤 얼른 그녀를 찾아 나섰다. 문을 나서고, 복도를 걸으며 미셸은 가슴을 졸였다. '사만다 먼로가 벌써 갔으면 어쩌지?'

다행스럽게도 그녀는 로비에 있었다. 푹신한 의자에 앉아 있는 사만다의 곁에 두 사람이 더 있었다. 처음에 그녀를 소개했던 마른 여자와 클래식한 옷차림의 남자였다.

11번째 '아하!': 또렷함이 힘이다

성공을 다루는 책은 하나같이 목표의 중요성을 강조한다. 하지만 어떻게 목표를 떠올려야 하는지 좀처럼 말해주지 않는다. 성공한 철학자 네빌이 이미 수십 년 전에 그 비법을 말했다.

"목표를 향해 가면 늦는다. 목표에서 시작해야 한다."

꿈꾸는 집을 갖기 위해 애쓰는 게 아니라, 이미 가졌다고 느끼라는 것이다. 실제로 그 집에 살고 있는 자신을 상상하라. 그 집 현관에 들어서는 모습을 떠올려라. 무엇이 보이는가? 어떤 냄새가 나는가? 무슨 소리가 들리는가? 느껴지는 맛은 무엇인가? 그 집에 머무는 기분은 어떠한가? 스스로에게 무슨 말을 하고 있는가? 그 집에서 실제로 살고 있는 경험을 하라. 이것이 바로 꿈꾸는 집에 대해 생각하는 것과 그 집에서부터 생각하는 것의 차이다.

이게 왜 중요할까? 잭 니클라우스의 저서 『골프 마이 웨이』에 그 내용이 나온다. 그는 이 기법을 사용해 역사상 가장 위대한 골퍼가 되었다. 매번 샷을 하기 전 머릿속에서 전체 과정이 영상으로 펼쳐지는 것이다.

다섯 걸음쯤 떨어진 곳에서 미셸은 걸음을 멈췄다. 가슴이 쉴 새 없이 두근거렸다. '모두 니키와 한나를 위해서야.' 그녀는 힘든 발걸음을 옮겼다. 의자에 앉아 있던 세 사람이 동시에 그녀를 보았다. "먼로 씨." 미셸이 불쑥 말을 걸었다. "제가 도움이 될 수 있을 것 같아요."

사만다가 차분한 눈길로 미셸을 보았다. "웨이트리스로 일하던 분이죠? 좀 전에 우리가 저녁 식사를 했을 때." 그녀의 말투는 느긋하면서도 상냥했다.

"맞아요." 미셸은 우물쭈물 대답했다. "언짢아하지 마세요."

"그럴 리가 없잖아요?"

"좀 전에 연회장에서 먼로 씨가 하신 말씀을 들었어요. 매우 대단한 생각인 것 같았어요."

"내 생각도 그래요."

감탄스러웠다. 사만다 먼로는 놀랄 만큼 침착하면서도 자부심이 흘러넘쳤다.

"실험체 이야기를 하셨잖아요." 미셸이 힘겹게 말을 이어갔다. "그 책의 내용을 실천해볼 사람이요."

사만다가 입술 한쪽 끝을 올리며 살며시 미소지었다. 미셸의 마음속에서 일 년 만에 처음으로 희망이란 것이 고개를 들었다.

"이름이 뭔가요?"

"미셸이에요. 미셸 에릭슨."

"그렇군요. 이러면 어떨까요? 책이 나오면 한 권을 보내 드리죠. 명

"연습 샷을 할 때도 영상이 매번 머릿속에서 만들어진다. 힘차게 날아가서 고운 잔디 위에 정확하게 떨어지는 하얀 공을 '본다'. 공이 그리는 궤적, 공의 형태, 잔디 위에 떨어질 때의 모습까지. 그다음에는 이 영상을 실현할 스윙을 하는 내 모습을 본다."

또 다른 예가 있다. 메리 루 레턴이 매트에 올라섰을 때, 전 세계가 숨을 죽였다. 미국의 국가대표 체조선수인 그녀는 도마 경기의 마지막 도약을 앞두고 있었다. 반드시 만점을 받아야 하는 긴장된 순간이었다. 꿈도, 금메달도, 팀의 자존심도 모두 그 도약에 달린 상황이었다. 몇 초 동안 눈을 감은 뒤, 그녀는 다시 눈을 떴다. 그리고는 총알처럼 달려나가 만점을 얻었다. 마침내 미국 팀에 올림픽 단체전 금메달을 안긴 것이다! 나중에 기자들이 질문했다. 마지막으로 뛰기 전에 눈을 감고 무슨 생각을 했느냐고. 그러자 그녀는 한 치의 오차도 없이 정확하게 뛰어서 만점을 받는 자신의 모습을 그렸다고 대답했다.

살다 보면 언제든 중요한 순간을 맞이할 수 있다. 전부를 잃을 수도, 전부를 얻을 수도 있는 그런 순간을. 이럴 때는 노력만으론 부족하다. 아주 특별한 방법을 모색해야 한다. 이때 해야 할 것이 바로 또렷하게 '보는' 것이다. 당신의 목표를 또렷하게 시각화하라. 생생하게 보는 법을 훈련하다 보면 어느새 그 모습을 닮게 된다. 당신이 새로운 백만장자가 되어있는 것이다.

함을 주세요."

"전 명함이 없어요." 미셸의 말투가 다소 딱딱해졌다.

"그럼 제 명함을 드릴게요. 여기 적힌 번호로 전화를 걸면 제 비서가 받을 거예요. 그때 주소를 알려 주세요. 틀림없이 책을 받아볼 수 있을 거예요."

미셸은 명함을 받아들었다. 검은색 바탕에 황금색 돋을새김으로 불사조 로고가 새겨져 있었다. 단순하지만 고급스러운 느낌이었다.

'불사조!'

말을 마친 사만다는 다시 동료들과 이야기를 나누기 시작했다. 마치 '당신과의 용건은 이제 끝났다'라는 태도였다. 미셸은 엉거주춤하게 서 있다가 옷 주머니에 명함을 챙겨 넣었다. 사만다에게 무엇을 기대했는지는 모르겠지만, 어쩐지 거부당한 느낌이었다. 그런데도 그 자리를 떠날 수가 없었다.

잠시 후 사만다가 우아하게 일어섰다. 동료에게 작별 인사를 한 뒤, 돌아서서 출입구 쪽으로 걸어갔다.

사만다의 모습이 마리포사 플라자 호텔의 유리문 너머로 사라질 때까지 미셸은 멍하니 보고만 있었다.

"잠시만요!" 큰소리로 외친 뒤 미셸이 달려나갔다. 한쪽에 서서 차를 기다리던 사만다가 미셸을 가만히 쳐다보았다. "첫 번째 거절을 이겨 냈군요."

그게 무슨 말인가 싶어서 미셸이 이마를 찌푸렸다.

12번째 '아하!': 쓰면 더 또렷해진다

성공하려면 목표가 있어야 한다. 낱장 공책 한 권을 마련하지. 그리고 평생에 걸쳐 이루고 싶은 일이 떠오를 때마다 그 공책에 기록한다. 매일 그날의 목표 여섯 가지를 정한 뒤 공책에 적는다. 하루를 시작하는 아침에 그 일을 실행하라. 목표를 큰 소리로 읽은 뒤 그것을 다시 종이에 적는다. 연설가로 유명한 브라이언 트레이시가 우리에게 그 방법을 알려주었다. 그는 매일 중요한 목표를 적는다. 그러면 진심으로 이루고자 하는 것이 그의 마음을 끌어당긴다.

균형 잡힌 삶을 꾸려나가기 위해 다음 여섯 가지 중요한 영역에서 당신의 목표를 한가지씩 적어보자.

▲ 육체 : 몸에 관한 목표
▲ 두뇌 : 지적인 부분에 관한 목표? 읽고 있는 책, 일일 학습량 등
▲ 존재 : 영적인 부분에 관한 목표? 명상, 기도를 위한 시간 등
▲ 시간 : 계획에 관한 목표
▲ 사람 : 인간관계에 관한 목표 – 가장 소중한 사람 등
▲ 금전 : 돈에 관한 목표

"첫 번째 거절." 그렇게 같은 말을 되풀이한 뒤 사만다가 말했다. "대부분은 첫 번째 거절을 극복하지 못해요. 그래서 부자가 되지 못하지요."

어쩐지 이해할 수 있을 것 같아서 미셸은 고개를 끄덕였다.

사만다가 비밀 이야기를 하는 것처럼 가까이 몸을 숙였다. "큰돈을 벌려면 세 번째 거절까지 극복해야 해요." 그때 마침 호텔 직원이 자동차 열쇠를 사만다에게 건넸다. 크롬 휠이 번쩍거리는 짙은 초록색 벤츠를 향해 사만다가 걸어갔다.

"하지만…." 미셸이 뒤를 따라갔다.

사만다가 어깨너머로 돌아보며 말했다. "보내준다고 약속한 책에 자세한 설명이 되어있을 거예요." 사만다는 뒷좌석에 서류가방을 던져 넣었다. 가죽으로 된 운전석에 올라앉기 직전, 그녀가 다시 뒤를 돌아보며 손가락 두 개를 들어 올렸다.

평화의 신호?

어떻게 해야 할지 몰라서 미셸은 그 자리에 서 있었다. 모든 상황이 정신없이 돌아가고 있었다. 어쩐지 이 여자가 금고의 잃어버린 번호처럼 자신의 인생을 제자리로 되돌릴 열쇠가 되어줄 것 같았다. 미셸의 머릿속에 번쩍하고 두 아이가 떠올랐다. 두 아이를 빼앗아간 에릭슨 부부도 생각났다. 그 순간 속에서 뭔가가 끓어 올랐다. 몇 달 동안 한 번도 느껴 보지 못했던, 새로운 종류의 힘이었다.

"기다려요!" 미셸이 고함을 질렀다.

자동차가 멈추더니, 운전석 창문이 미끄러지듯 내려왔다. 사만다가

한 걸음 더 나아가 작은 카드에 자신의 목표를 쓴다. 이때 이미 목표 달성에 성공한 것처럼 적으며 자기 암시를 한다. 만약 올해에 벌고 싶은 돈이 10만 달러이고, 여유롭게 살고 싶은 게 목표라면 다음과 같이 적는다.

"나는 하루에 400달러를 벌고 있다. 올해는 250일만 일하면 되니 무척 행복하다."

자기 암시는 '행복하다'라는 말로 끝내는 게 좋다. 많은 이들이 자신의 상태가 행복한지 슬픈지 잘 모르기 때문이다. 지금 당장 카드에 '행복하다'로 마무리되는 또렷한 목표를 적어보자. 행복해지는 데엔 돈이 들지 않는다. 그런데도 일하거나 살아갈 힘을 준다. 행복은 좋은 것들을 끌어당기는 마음의 상태다.

서비스나 제품을 어떤 품질로 얼마만큼 제공할 것인지도 적어보자. "나는 오늘 고객 10명에게 20개의 제품을 판매하며, 그분들에게 큰 도움을 제공하고 있다." (월요일에 그만큼 판매하지 못했다면 화요일에는 카드를 두 장 적는다. 화요일에도 판매하지 못했다면 수요일에 카드를 세 장 적으면 된다)

어느 곳에 가든 그 카드를 가지고 다녀라. 하루 치 목표 여섯 가지를 자주 되새기자. 하루에 네 번씩 목표를 크게 읽는다. 아침, 점심, 저녁, 잠자리에 들기 전에 하면 된다. 정신은 잠들지 않는다. 그래서 마지막에 읽는 것이 가장 중요하다. 카드에 날짜를 적고 이름을 써넣은 뒤 당

고개를 살짝 내밀었다.

"제가 할게요." 미셸이 다짜고짜 말했다. "당신의 실험체가 될게요. 책은 필요 없어요. 지금 당장 시작할 수 있어요. 전 당신이 필요해요." 자신도 놀랄 정도로 미셸이 또박또박 힘차게 말했다.

"미안해요. 제가 시간이 없어요." 사만다가 어렴풋이 미소를 지었다. 하지만 자동차는 여전히 움직이지 않은 채였다. 마치 미셸이 뭔가를 말하길 기다리는 것처럼. 사만다가 손가락 세 개를 들어 올렸다.

그제야 미셸은 이 게임을 이해할 수 있었다. "이게 세 번째 거절이군요. 맞지요?"

사만다의 미소가 짙어졌다. 그녀는 살짝 고갯짓하며 조수석을 가리켰다.

미셸이 벤츠의 차 문을 열고 가죽으로 된 의자에 앉았다. 새 차 특유의 냄새가 물씬 풍겨왔다. 그녀가 사만다를 쳐다보았다. 사만다가 모자를 살짝 들어 올리며 고개를 끄덕였다. 존중의 표시였다.

"무척 빨리 배우는군요, 아가씨."

진입로에 올라선 사만다의 차가 콜로라도의 서늘한 밤공기를 가르며 달리기 시작했다.

눈을 떴을 때 미셸은 어리둥절했다. 지금 자신이 있는 곳이 어디인지

신이 고른 한 사람 앞에서 목표를 읽고 결심을 다진다. 매주 그 사람과 함께 진행 상황을 점검하자. 한 달에 한 번씩 새 카드에 발전된 목표를 적는다. 오직 바라는 것만을 생각하라. 바라지 않는 것은 떠올릴 필요가 없다. 목표를 이루기에 충분한 돈을 벌고 있는 당신의 모습을 마음속에 생생하게 그려라.

목표를 적어라. 큰 소리로 읽어라. 다른 이에게 말하라. 또렷하게 보아라. 그런 다음 마치 마법처럼 당신의 목표가 이루어지는 걸 지켜보라.

13번째 '아하!': 나만의 천재성을 내뿜어라

당신이 '천재'임을 알고 있는가? 누구나 한 가지씩 천재성을 지니고 있다. 천재성을 내뿜는다는 건 평생에 걸쳐 하고 싶은 일이 무엇인지 알고 있다는 것이다. 또한, 그것이 진정한 자신을 표현하는 길이다. 타이거 우즈, 오프라 윈프리, 워런 버핏, 빌 게이츠, 모두 천재성을 마음껏 내뿜는 이들이다. 그들은 타고난 능력을 충분히 발휘하며 살고 있다. 다른 일을 하는 것은 상상하기 힘들다. 당연히 성공할 수밖에 없다.

금방 떠오르지 않았다. 창밖으로 야생 능금나무 가지가 보였다. 그래, 사만다 먼로의 집이야.

지난밤, 리버데일 교외에 있는 침실 두 개짜리 집에 사만다와 함께 도착했을 때 미셸은 깜짝 놀랐다. "이곳이 내가 최초로 투자한 부동산이지." 사만다가 설명했다. "훈련을 시작하기에 이곳보다 안성맞춤인 곳은 없을 거야."

미셸이 머무는 손님방은 아담한 크기로, 흰색으로 칠이 되어있었다. 여자아이가 쓰면 좋을 것 같은 분위기였다. 서랍장 위에는 사만다의 가족사진이 놓여있었다. 미셸은 마음이 가라앉았다. 가족사진을 올려놓을 공간을 다시 마련할 수 있을까 의문이 일었다. 거기가 어디든 니키와 한나가 없다면 그곳은 집이 될 수 없었다. 그녀는 한동안 아이들을 생각하지 않았다. 마치 나뭇가지를 잘라내듯 그리움을 억지로 끊어냈다. 하지만 감히 지금 희망이 다시 샘솟았다.

이른 아침의 고요한 공기 속에서 미셸은 배운 것을 실행하기 시작했다. 사만다는 그걸 자기 암시라고 불렀다. pp.162, 196, 244, 294, 324, 348, 408

나는 부자다. 나는 성공했다. 나는 좋은 것이 온통 쏟아지는 분수 아래 서 있다.

이렇게 속으로 되뇌면서, 어쩐지 바보 같다는 느낌이 들었지만 이내 생각을 바꿨다. '사만다가 하라고 한 건 다 이유가 있어서야.'

"맞아, 그렇게 될 거야." 그때 갑자기 목소리가 들려왔다.

깜짝 놀란 미셸이 자리에서 일어났다. 사만다가 가벼운 복장으로 문

자신만의 천재성을 내뿜는 사람들은 다음 네 가지 특성을 보인다.

1. **열정**: 자신이 하는 일을 사랑한다. 설사 보수를 받지 못하더라도 무료로 그 일을 할 것이다.
2. **재능**: 자신이 하는 일을 능숙하게 해낸다. 그 일에 관해서라면 재능, 능력, 천재성을 보유하고 있다.
3. **가치관**: 자신이 하는 일을 소중하게 여긴다. 누가 뭐래도 자신에게는 그 일이 세상에서 가장 중요하다.
4. **운명**: 자신이 하는 일을 하늘이 준 소명으로 여긴다. 천재성을 발휘해 세상에 이바지하는 것이다. 그들에게 그 일은 운명이나 다름없다.

위대한 사람들만 천재성을 지닐까? 절대 그렇지 않다. 누구든 독특한 천재성을 지니고 있다. 당신도 마찬가지다. 오직 자신만이 내뿜을 수 있는 독특한 재능을 발견하는 것이야말로 당신에게 주어진 운명이다. 이 일은 오직 당신만 해낼 수 있다.

자신만의 천재성을 내뿜고 싶은가? 먼저 고유의 천재성을 발견해보자. 다음 페이지에 제시된 질문에 답해보자. '나만의 천재성 목록'을 만들 수 있다.

이 질문을 통해 당신은 이렇게 바뀐다.

▲ 일상적인 활동에서 더 많은 에너지를 얻는다.

앞에 서 있었다. 짙은 녹색 바지에 헐렁한 셔츠를 걸치고, 머리에는 어제 보았던 스카프 대신 잡화점에서 파는 싸구려 손수건을 두른 채였다.

"어떻게 제 생각을…?"

"직감이지." 사만다가 웃었다. "자, 미셸 이등병, 아침 운동 시간입니다. 이 집에서는 침대에서 늦게까지 빈둥거려선 안 돼요."

"네? 새벽 6시인걸요."

"내기해도 좋아. 지금쯤 당신 시아버지는 투자 상담을 받고 있을 거야. 아침 식사를 하면서 말이야. 얼마 걸래?"

미셸은 침대에서 얼른 내려왔다. 5분 뒤, 그녀는 현관문을 나섰다. 이미 양치질을 마치고, 어젯밤에 아파트에서 챙겨온 낡은 옷과 운동화를 신고 있었다. 사만다는 문 앞에 매달린 그네에 느긋하게 앉아 있었다.

"사만다…."

"이제부턴 샘이라고 부르도록 해." 샘이 일어서자 그네가 출렁거렸다. 그녀가 계단 세 개를 단번에 뛰어내리더니 재빨리 달리기 시작했다. 미셸의 몸속에서 아드레날린이 솟구쳤다. 예전에는 그녀도 아침 달리기를 하곤 했다. 하지만 기디언이 떠난 뒤로는 한 번도 하지 않았다.

"아침마다 이렇게 달리기를 할 거야." 샘이 어깨너머로 돌아보며 외쳤다.

해가 떠오르긴 했지만, 아직 아침 안개가 짙었다. 한적한 교외 도로를 샘이 앞장서서 달렸다. 10분쯤 지나자 샘과 미셸 사이에는 제법 거

▲ 더 많은 성취감을 느낀다.

▲ 더 많은 성공을 한다.

▲ 더 빨리 백만장자가 된다.

나의 천재성 목록

열정
나는 어떤 일을 사랑하는가?

나에게 가장 큰 만족을 주는 활동은?
살면서 가장 흥미로운 일은?
남들은 모르는 나만의 야망은?
즐겁게 하는 나만의 취미는?

1. _____
2. _____
3. _____
4. _____

재능
나는 어떤 일에 능숙한가?

잘한다는 말을 자주 듣는 분야는?
예전에 뛰어났던 분야는?
성공을 경험한 분야는?
내가 강점을 보이는 부분은?

1. _____
2. _____
3. _____
4. _____

가치관
나에게 어떤 일이 중요한가?

지금 부자라면 하고 싶은 것은?
내가 옳다고 여기는 것은?
내가 옳지 않다고 여기는 것은?
생명을 바쳐서 해내고 싶은 일은?

운명
나는 어떤 일을 하기 위해 태어났는가?

오직 나만이 해낼 수 있는 일은?
신이 원하는 나의 임무는?
오직 내게만 주어진 기회는?
내가 차이를 만들 수 있는 분야는?

리가 벌어졌다. 샘이 전속력으로 달리는 것 같지도 않은데 말이다. "좀 더 속도를 올리도록 해." 뒤를 돌아보지도 않은 채 샘이 소리쳤다.

"노력 중이에요." 미셸이 헐떡거리며 말했다.

도로 끝에 공원이 보였다. 샘이 풀밭을 가로질러 포장된 좁은 길 쪽으로 달렸다. 미셸은 근육에 남아있는 산소를 긁어모아 뒤를 따라갔다. 피크닉 테이블과 드넓은 놀이터가 곁을 스쳐 지나갔다. 아직 이른 시각이라 놀이터는 비어 있었다. 달리기를 하는 사람들만 몇 명 눈에 띄었다. 투지를 불태운 끝에, 미셸이 샘을 거의 따라잡았다.

"계속 달리도록 해."

미셸은 거의 죽을 지경이었다. 눈앞에 숲이 우거진 언덕이 나타났다. 샘이 속도를 늦추지 않은 채 오르막길을 거침없이 올랐다. 두 사람은 소나무가 울창한 숲에 들어섰다. 미셸은 샘의 등에서 눈을 떼지 않았다.

그런데 갑자기 샘이 사라졌다. 마치 증발이라도 한 것처럼 말이다. 미셸은 덜컥 겁이 났다. 여기서 길을 잃는 건 아닐까 걱정이 되었다. 조금 뒤, 저 멀리 나무 사이로 뛰어가는 사만다의 모습이 눈에 들어왔다. 산길을 훤히 꿰고 있는 듯했다.

위로 올라갈수록 미셸은 더욱더 헐떡거렸다. 하지만 포기할 수 없었다. 어떻게든 숨을 쉬려고 애쓰는데, 나무 사이로 쏟아지는 햇볕이 보였다. 잠시 뒤 눈앞에 빈 땅이 펼쳐졌다. 처음 만나는 풍경이었다.

샘이 납작하게 솟아 있는 바위 위에 올라서서 양팔을 활짝 펼쳤다.

1. _____   1. _____
2. _____   2. _____
3. _____   3. _____
4. _____   4. _____

14번째 '아하!': 열정의 위력

말이 달리고 있는 방향으로 올라타라.
그편이 훨씬 쉽다.
– 에이브러햄 링컨

사랑하는 일에 달려들고, 열정이 우러나는 일을 하라. 그러면 1분씩만 투자해도 얼마든지 백만장자가 될 수 있다. 마이크 리트먼은 매혹적인 삶을 사는 사람에게 흘러나오는 힘을 '열정력'이라고 표현한다. 열정력은 깨달은 백만장자를 성공으로 이끄는 근본적인 힘이다.

무언가를 해내는 힘은 감정에서 나온다는 걸 기억하라. 깨달은 백만장자가 훌륭한 아이디어를 위대한 가치로 발전시키는 힘은 차가운 이성이 아닌 뜨거운 감성이다. 자신이 하는 일을 사랑하면 힘을 내기가 훨씬 쉬워진다. 앞쪽 페이지로 돌아가 보자. '나의 천재성 목록'에 있는 아래쪽으로 깊고 좁은 계곡이 보였다.

아침 햇살이 스민 계곡은 노란 빛깔의 꽃으로 가득했다. 반짝이는 시냇물이 계곡을 따라 흐르고 있었다. 어치의 지저귐과 다람쥐의 분주함에 숲이 서서히 깨어났다. 저 멀리 솟아 있는 로키산맥이 위풍당당함을 자랑했다.

"이곳은 은혜로운 땅이다! 오늘은 축복받은 날이다! 우리도 축복받았다!" 샘이 계곡 너머를 향해 크게 외쳤다.

"사만다 먼로가 올림픽 육상 경기에서 금메달을 땄다는 소식을 놓쳤나 봐요." 미셸이 가까스로 숨을 고르며 샘의 곁으로 다가갔다.

"당신이 태어나기 전이었을걸, 나비 부인." 샘이 빙그레 웃었다. 그녀의 시선은 여전히 계곡을 향하고 있었다. "이리로 와."

미셸은 울퉁불퉁 솟아 있는 바위 사이로 조심스레 걸음을 옮겼다. 산마루 근처에 평평한 바위가 있었다. 걸음을 멈추고 내려다보니 아래쪽이 까마득했다. 30미터 높이는 되는 것 같았다. 순간 아찔해져서, 미셸은 얼른 몇 발자국 뒤로 물러섰다.

"괜찮으니 똑바로 서 봐." 샘이 애정 어린 눈길로 미셸을 보았다. "천천히, 그리고 깊게 숨을 들이쉬는 거야. 태어나서 지금껏 해본 것 중에 가장 깊이 들이마셔 봐…."

미셸은 눈을 감고 맑은 공기를 들이마시는 데 정신을 집중했다. 크게 숨을 들이마신 뒤, 마지막 공기 분자 하나까지 모두 내보내기 위해 애썼다.

항목 가운데 어떤 것이 당신의 감정을 노래하게 만드는가? 모두 아래쪽에 적어보자.

부자의 길로 향하는 나의 잠재성 목록

1. _____
2. _____
3. _____
4. _____

'아이디어 맛집'으로 명성이 자자한 브라이트하우스를 살펴보자. 열정력을 제대로 구사하는 곳이다. 이 회사의 주된 고객은 코카콜라, 조지아 퍼시픽, 하디스와 같은 쟁쟁한 기업이다. 브라이트하우스의 아이디어는 한 건당 50만 달러에서 100만 달러에 팔린다. 이 회사의 주된 멤버 조이 레이먼은 말한다. "우리는 하는 것은 브레인스토밍이 아니라 하트스토밍입니다. 사실 창의성은 우리가 느끼는 것과 매우 밀접한 관계를 지닙니다."

딱 1분만 투자해서 다음 세 가지를 기억해 두자.

1. 사랑하는 일을 하라.
2. 그 일을 중요하게 여겨라.

"완벽해. 다시 한번 해보자고. 이번엔 조금 느리게. 좋은 기운을 몽땅 들이마시고, 두려움은 모두 토해내도록 해."

미셸은 몸속에 자리 잡은 모든 두려움을 토해내며 일곱 번 심호흡했다. 마지막으로 숨을 길게 내쉬고 나자, 얼굴이 발그스름해지고 피부에 생기가 돌았다. 미셸은 눈을 떴다. 에너지가 온몸에 차오르는 게 느껴졌다.

"와!" 눈앞에 놓인 지평선이 새롭게 느껴졌다.

"여기 나란히 앉자." 샘이 왼쪽을 가리켰다. 탁자처럼 평평하고 커다란 바위가 산마루에 걸려있었다. 샘은 가볍게 내려가서 바위 위에 앉더니 옆자리를 손으로 톡톡 쳤다. 미셸은 불안한 눈길을 아래쪽에 던진 뒤 그녀를 뒤따라갔다.

"제가 높은 곳을 좀 무서워해요." 솔직한 미셸의 고백에 샘이 말했다. "이겨낼 때가 된 거야."

"놀이 공원에 가면 기디언이 니키와 함께 늘 놀이 기구를 탔어요. 한나는 매번 제 옆에 있으려고 했고요."

샘이 허리를 굽히더니 노란빛이 도는 솔방울 하나를 주워들었다. "두려움을 극복하려면 두려운 일을 해야 해."

상쾌한 바람에 머리카락이 흩날렸다. 햇살 아래 반짝이는 시냇물을 바라보니 마음속의 두려움이 점점 옅어졌.

샘이 계곡 아래로 솔방울을 던졌다. "처음 해보는 두려운 일에 연거푸 도전해야 할 거야…. 정말 백만장자가 되고 싶다면."

3. '열정력'을 발휘하라.

이것이 바로 깨달은 백만장자가 되는 길이다. 수백만 달러가 곧 당신을 따라올 것이다.

15번째 '아하!': 상상이 의지를 이긴다

프랑스인 의사 에밀 꾸에가 아주 의미심장한 말을 남겼다. "의지와 상상이 충돌할 때 승리하는 것은 언제나 상상이다." 달리 말하면, 인간의 이성이 아무리 영향력을 발휘해도 결국 승리하는 것은 상상이라는 뜻이다.

문제를 푸는 열쇠는 상상력이다. 귀신같은 건 없다고 아무리 설명해도, 일단 불이 꺼지면 아이들은 상상의 나래를 펼치기 시작한다. 아이를 제대로 진정시키고 싶다면 논리보다는 상상력에 호소해보자. 그편이 훨씬 효과적이다. (예를 들어 이렇게 말해보는 것이다. "겁내지 마. 우리 집에는 마음씨 좋은 귀신만 있어. 좋은 꿈을 꾸도록 너희들을 지켜준단다.")

어른들의 상황도 아이들과 다르지 않다. 어른들이 상상하는 귀신도 아이들이 상상하는 귀신만큼 위협적이다. 떠올려보자. 거절당할까 봐

"꼭 되고 싶어요." 미셸이 단호하게 말했다.

"그 돈으로 뭘 하고 싶은데?"

"우선, 싸워서라도 아이들을 되찾아올 거예요."

"그러고 나면?"

"그 사람들이…, 대가를 치르게 할 거예요."

"그 사람들?"

"제 인생을 망친 사람들이요. 음주 운전자도 포함해서요." 하마터면 욕설이 나올 뻔했다.

"그래…?"

사만다의 말투에서 뭔가 이상한 느낌이 들긴 했지만, 미셸은 그대로 말을 쏟아냈다. "에릭슨 부부도 마찬가지예요. 반년 넘게 남의 집 소파에서 잠드는 게 어떤 기분인지 가르쳐줄 거예요."

"그러니까 복수를 하고 싶다는 거지?"

"맞아요." 미셸이 동의했다.

"그 사람들이 당신의 인생을 망쳤으니까. 그렇지?"

미셸은 왠지 불편한 마음이 들었다. "그래요, 그들이 제 인생을 확실하게 망쳤어요."

"당신의 인생을 망칠 수 있는 사람은 딱 하나뿐이야. 바로 당신 자신이지."

미셸이 샘을 노려보며 소리쳤다. "그 음주 운전자가 남편을 죽였어요. 사실이에요. 시부모가 아이들을 훔쳐 갔어요. 이것도 사실이에요.

겁이 나서 물러선 적이 없는지를. 누구에게나 그런 경험이 있다. 겉으로 어떤 모습을 내보이든 간에, 우리의 내면은 부드럽고 섬세하다. 동료에게 인정받고 싶어하고, 사랑을 갈구한다. 또한, 바보처럼 보이길 싫어한다.

우리의 상상력은 종종 최악의 상황으로 가지를 뻗는다. '그들'이 우리를 밀어내고, 우리가 하는 말을 무시하고, 우리와 사업을 함께하지 않으려는 장면이 눈앞에서 펼쳐지는 것이다. 우리는 어느새 '독심술'의 대가가 되어 자신의 생각을 다른 사람의 마음속에 밀어 넣는다. "그녀는 분명 날 좋아하지 않을 거야." "내가 겉으로 보이는 것만큼 성공하지 못했다는 걸 그 사람은 알아차릴 거야."

최고의 상황을 상상하라. 성공하고 있는 당신의 모습을 상상하는 것이다. 그들이 당신을 인정하고, 당신을 좋아하고, 당신의 아이디어를 받아들이며 "좋은데요!"라고 말하는 장면을 상상해 보자. 얼마나 기분이 좋겠는가! 그 기분을 상상하라. 당신의 긍정적인 생각을 상대의 마음속에 집어넣어라. "내가 팔려는 것을 그들이 필요로 할 거야." "그들이 찾던 답이 바로 이것일 거야."

최고의 상황을 상상하는 것이 언제나 효과적인 것은 아니다. 때로는 최악의 상황이 벌어지기도 한다. 그래도 최고의 상황을 상상하는 것이 더욱 효과적이다.

그 이유는 무엇일까?

실제로 사람들은 당신의 마음을 읽는다. 당신의 생각이 대기의 파장

게다가 살던 집까지 잃었어요. 이것도 사실이라고요!"

"변호사 선생, 당신이 당한 일이 거짓이라는 게 아니야." 샘이 법원 판사의 말투를 흉내 냈다. "하지만 당신이 피해자가 될 건지, 승리자가 될 건지는 스스로 결정해야 해. 내가 보기에 당신은 지금 피해자처럼 행동하고 있어."

"제가 피해자인 건 틀림없는 사실이니까요!"

"그래, 우린 모두 뭔가의 피해자야. 그렇다고 해서 누구나 다 그렇게 행동하진 않지. 내 친구 이야기를 해줄까? 그는 팔과 다리를 모두 쓰지 못해. 그런데 직업이 뭔지 알아? 바로 만화가야. 이빨로 펜을 물고 그림을 그린다고."

미셸은 아래를 내려다보았다. 문득 계곡이 더 깊어 보였다. "왜 이런 말씀을…, 하시는 거죠?"

"방금 말한 내 친구가 승리했기 때문이지. 피해자는 불평하고, 승자는 언제나 교훈을 얻어."p.66 미셸은 고개를 떨군 채 무릎을 보았다. "모든 걸 잃은 내가 뭘 배웠다는 거죠?"

"지금 한번 떠올려봐."

미셸은 눈을 깜빡거렸다. 눈물이 흐르려는 걸 막기 위해서였다. "제가 부유한 사람들을 미워한다는 걸 깨달았어요."

"알고 있겠지만, 나도 부자야." 샘이 놀리듯 받아쳤다.

미셸이 얼른 말을 바꿨다. "몇몇 부자들을 싫어해요."

"또?" 샘이 계곡 너머로 솔방울 한 개를 다시 던졌다.

을 통해 만나는 사람에게 전달되는 것이다. 의식하지 않아도 그들은 당신의 생각을 받아들인다. 그러니 당신의 마음을 읽을 만한 가치가 있는 것으로 만들도록 하자.

언제나 최고의 미래를 상상하라. 가능한 한 최고의 결과를 떠올려라. 깨달은 백만장자는 다들 그렇게 하고 있다.

16번째 '아하!': 질문이 커야 결과도 크다

"어떻게 해야 100만 달러를 벌지?" 이렇게 자신에게 물어보아라. 방법을 찾기 위해 마음이 저절로 분주해질 것이다. 만족할 만한 해답을 찾을 때까지 당신은 생각을 거듭하게 된다.

하지만 많은 이들이 자신에게 이런 질문을 던진다. "일자리를 어떻게 구하지?" "이 일을 해내면 5만 달러를 벌 수 있을까?" 부족한 질문은 부족한 결과를 낳을 뿐이다.

질문이 대답을 결정한다는 사실을 기억하라. 질문의 크기가 대답의 크기를 결정한다. 100만 달러를 버는 법, 투자하는 법, 무언가를 만들어내는 법에 관해 묻는 사람은 별로 없다. 하지만 당신은 그런 질문을 건네야 한다.

미셸은 대답하지 않았다. 이런 식으로 주고받는 대화가 싫었다.

샘이 대답을 재촉했다. "이런 상황에서도 살아남았다는 것?"

미셸은 억지로 고개를 끄덕였다.

"자신의 생명보다 가족을 더 소중히 여긴다는 것도?"

미셸은 다시 눈을 깜빡거렸다. 하지만 이번에는 눈물을 참지 못했다. 하지만 샘은 말을 이어갔다. "그것도 깨달은 모양이로군."

미셸은 가까스로 입을 열었다. "아이들을 되찾을 수만 있다면 뭐든 해낼 수 있다는 걸 배웠어요."

"그리고…." 샘이 대답을 기다렸다.

이번엔 시간이 제법 걸렸다. 막상 말을 꺼내려니, 미셸은 가슴이 미어지는 느낌이었다.

"일을 제대로 처리해야 한다는 걸 깨달았어요. 남편의 생명 보험이 제구실을 했더라면…."

"힘든 교훈을 얻었군." 샘의 목소리가 부드러워졌다.

미셸은 잠깐 생각에 잠겼다. "한 가지 더요. 저한테는 돈 버는 재주가 없어요."

샘은 장난스럽게 대꾸했다. "그래, 재주가 없으니 앞으로도 가난하게 살겠다고?"

"그건 아니지만…, 제가 돈에 어두운 건 맞아요."

"그 말이 맞다고 치고, 한 가지 물어볼게. 앞으로 바람직한 사람이 되고 싶어, 아니면 돈 많은 사람이 되고 싶어?"

벤 펠드먼은 세계 최대의 보험 판매원으로 알려져 있다. 그가 남긴 말이 있다. 1년에 10만 달러를 버는 것과 100만 달러를 버는 것의 차이는 '0' 한 개뿐이라고. 일한 만큼 대가를 받는 영업사원이 1년에 10만 달러를 벌어들이려면 하루에 400달러씩 250일을 벌어야 한다. 만약 100만 달러를 벌고 싶다면 4,000달러씩 250일 동안 일하면 된다. 이것 또한 '0' 한 개의 차이다. 그 차이를 만들 수 있는 질문은 이것이다. "소중한 사람의 목숨이 '0' 한 개에 달려 있다. 해낼 수 있겠는가?" 거의 모든 사람이 우렁찬 목소리로 대답할 것이다. "물론이죠!"

잘못된 질문을 하는 사람은 잠재력을 발휘하지 못한 채 살아간다. 그들은 보이는 것보다 훨씬 큰 재능을 갖고 있다. 이 사실은 대부분의 사람에게 해당한다. 그러니 당신이 해낼 수 있는 것을 다시 떠올리고, 당장 그것을 하도록 하라.

이 책을 만들기로 했을 때, 우리는 스스로 이런 질문을 던졌다. "10년 안에 백만장자 백만 명과 억만장자 400명을 탄생시킬 책을 어떻게 쓸 것인가?" 덕분에 우리는 1분과 백만장자를 결합한 완벽한 제목을 만들 수 있었다. 사실 이것은 막중한 임무를 지닌 도전적인 제목이다. 그 이유는 무엇일까? 세계 경제의 미래를 바꾸기 위해서는 더 많은 일자리가 생겨야 한다. 기업가 정신이야말로 일자리를 창출하는 가장 지속적이고 만족스러운 방법이다.

통계적으로 입증된 자료를 보면 백만장자 한 사람이 10개의 새로운 일자리를 만들고, 억만장자 한 사람이 10,000개의 새로운 일자리를 만 미셸은 잠시 고민했다.

"돈 버는 재주라면 누구든 익힐 수 있어.pp.370-374 당신도 마찬가지고." 샘이 말을 이어갔다.

"승자란 말이야, 살면서 다시는 그런 잘못을 되풀이하지 않겠다고 깨달은 사람을 말해. 그러지 못하면 인생이 계속해서 교훈을 주지. 당신이 제대로 깨달을 때까지 말이야. 아버지가 항상 하신 말씀이 있어. 개한테 세 번 물린 뒤에야 알 수 있다. 그게 개의 잘못이 아니라는 걸."

미셸의 얼굴에 미소가 떠올랐다.

샘이 솔방울을 줍더니 이번에는 미셸 쪽으로 가볍게 던졌다. "그게 뭔지 알고 있어?" 건네받든 솔방울을 미셸이 던져올렸다가 다시 받았다. "한나가 그랬어요. 여기서 아기 소나무가 나온다고요."

"맞아, 그 솔방울은 저쪽에 매달려있던 거야." 샘이 계곡을 따라 줄지어 있는 소나무 숲을 가리켰다. "당신 시아버지가 목재로 만들고 싶어서 안달하는 게 바로 저 숲에 있지."

미셸의 표정이 어두워졌다.

"솔방울 안에는 씨앗 수천 개가 들어 있지. 그 씨앗이 언제 터져 나올까?"

"남자 소나무가 저녁 식사를 대접할 때요?"

"이런." 샘이 웃음을 터트렸다. "바로 산불이 날 때야."

"정말이요?"

"그래. 산불도 자연의 일부니까." 샘이 미셸의 손에 놓인 솔방울을

든다. 이것이 바로 우리가 달성하고자 하는 목표다. 우리는 자신과 다른 사람에게 강력한 질문을 여러 차례 던졌다. 그 안에 원대한 목표와 꿈이 내포되어 있다.

　자신과 다른 이들에게 더 큰 질문을 던져라. 결과가 좋아지고, 세상이 부유해지며, 더 나은 봉사와 더 바람직한 변화가 따라온다. 역사에 길이 남을 유산을 남길 수 있는 것이다.

17번째 '아하!': 직관의 힘을 믿어라

　당신의 머리를 가리키며 이렇게 말해보아라. "이것은 세상에서 가장 뛰어난 컴퓨터다." 두뇌라는 이 신비한 장치는 당신의 모든 것을 기록한다. 열, 빛, 습기, 소리를 비롯해 수백만 가지 정보가 동시에 입력된다. 뇌는 우리 신체를 움직이게 하고, 심장을 뛰게 하며, 허파를 활성화한다. 놀라운 것은 이 모든 일이 의식하지 못하는 사이에 이루어진다는 것이다.

　살면서 배운 모든 것은 뇌에 기록되며, 절대 지워지지 않는다. 듣고, 말하고, 읽고, 보고, 경험한 모든 것이 이에 해당한다. 뇌는 휴대가 간편하고 엄청나게 성능 좋은 저장장치다. 우리가 지닌 유전자 안에 조건드렸다. "100년에 한 번씩은 산불이 나서 이 숲이 불탄다고 해. 그 강한 열기에 솔방울이 터지고 씨앗이 나오지. 그게 싹을 틔워서 새 숲을 이루는 거야."

잠시 쉬었다가 샘이 말을 계속했다. "살면서 우리 인생에도 언제든 산불이 날 수 있어. 시간은 걸리겠지만…, 모든 게 다시 자라나는 법이야."

미셸은 반질반질한 솔방울을 두 손으로 감싸 쥐었다.

"그럼, 다시 일어나서 걸어볼까?"

미셸이 살짝 주저하며 일어섰다.

"맞아, 여긴 특별한 장소야." 샘이 자기 마음을 알아차리는 것에 미셸은 이제 익숙해졌다. "난 이곳을 '큰 바위'라고 불러. 어딜 가든 이곳을 마음에 품고 다니지." 샘이 싱긋 웃으면서 덧붙였다. "당신도 그렇게 해 봐. 도움이 될 거야."

샘을 따라 부지런히 걸으니 능선 위쪽에 소담한 숲이 보였다. 이제는 움직이는 게 버겁지 않았다. 미셸은 은빛으로 반짝이는 야생 세이지에 감탄하고, 나풀거리는 나비도 보았다. 그러다가 문득 궁금해졌다.

"샘, 여쭤볼 게 있어요. 조금 전에 저한테 왜 '나비 부인'이라고 하셨나요?"

"당신은 반드시 나비가 될 거야. 고치에서 나오기만 하면."

그러고는 샘은 다시 입을 다물었다. 지금까지 주고받은 이야기를 조용히 되새겨보라는 배려인 것 같았다. 조금 뒤 샘이 이것저것 평범한 질문을 던졌다. 그러면서 살아온 이야기를 들려주었다.

상이나 전생의 지혜가 들어있다고 말하는 이들도 있다. 달리 말해 우리는 무한정의 정보를 소유하고 있는 것이다. 기억력이 나쁜 사람은 존재하지 않는다. 우리는 누구나 완벽한 기억력을 갖고 있다. 기억력이 나쁘다는 생각이 든다면, 기억에 접근하는 시스템의 상태가 나쁜 것이다.

그렇다면 직관은 어떻게 작용할까? 어떤 결정을 내리기 위해 한창 고민하고 있다고 해보자. 당신의 직관은 거대한 정보 저장고를 훑어가며 평가와 가공을 거친 후 마침내 결론을 내린다. 그리고 이제 당신에게 신호를 보낼 차례다.

지금부터가 힘들다. 직관은 볼 수 있지만 말하지는 못한다. 무엇을 해야 할지 또렷하게 알지만, 그것을 전달하는 방법은 '미묘한' 방식으로 '신호를 보내는' 것뿐이다. 직관에 이르는 길은 사람마다 다르다. 어떤 사람에겐 평화로운 느낌으로 신호가 가고, 어떤 사람에게는 확신에 찬 내면의 목소리로 드러난다. 또 어떤 사람에게는 반짝이는 통찰력으로 나타나기도 한다. 이 세 가지를 합한 형태로 신호를 받기도 한다. 당신의 직관은 어떤 방식으로 신호를 보내는가?

막연하게 뭔가가 옳다는 '육감'이 왔던 때를 떠올려보자. 그때로 되돌아가는 것이다. '육감'이 오기 직전까지 기억을 되돌린 뒤 조금씩 떠올리면 나만의 내적 신호를 알아낼 수 있다. 무엇이 떠오르는가? 장면? 목소리? 느낌? 그것이 진실의 신호라는 걸 어떻게 깨달을까? 그냥 알 수 있다.

사만다의 인생에도 어김없이 산불이 있었다. 늘 아기를 갖고 싶어서 무던히 노력했지만, 번번이 유산을 하고 말았다. 그러다가 남편이 마흔두 살 때 뇌종양으로 쓰러졌다. 치료에 큰돈이 들었고, 남편이 세상을 떠났을 때 그녀도 미셸처럼 빈털터리가 되어있었다. 불행 중 다행으로 그녀 소유의 작은 집 한 채가 리버데일에 있었다. 샘은 그곳을 기반으로 힘겹게 일어섰다. 지금은 다섯 개 주에 부동산을 보유하고, 기업을 경영하는 사람이 되어있었다. 요즘 샘은 한 해에 제자 한 명씩을 키우면서 아이를 향한 열정을 대신했다. 그 말을 들은 다음에야 미셸은 이해할 수 있었다. 사만다처럼 성공한 사람이 왜 미셸을 집으로 데리고 왔는지.

두 사람은 평평한 바위가 있는 곳으로 되돌아왔다. 아슬아슬한 경치가 이제는 반가웠다. 높이 솟은 해를 등지고 바위 능선을 내려갔다. 평평한 바위 위에서 샘이 미셸을 불렀다. 높이 때문에 여전히 가슴이 뛰었지만, 두려움보다는 흥분이 앞섰다. 나란히 선 채로, 샘이 미셸의 어깨에 팔을 둘렀다.

"미셸 에릭슨, 다시 질문할게. 아이들을 되찾은 뒤, 100만 달러로 뭘 하고 싶지?"

미셸이 낮지만 단호한 음성으로 말했다. "재정 상태를 튼튼하게 만들어서 누구도 우리 가족을 해치지 못하게 할 거예요."

"좋은데. 그리고 또? 마음껏 상상해 봐." p.98 샘이 속삭이듯 말했다.

지평선을 바라보며, 미셸이 떠오르는 장면을 말했다. "마당이 딸린

직관은 어디에서 올까? 확신의 느낌이 집중되는 곳을 알아차리자. 그곳은 따뜻한가? 아니면 차가운가? 또렷한가? 혼란스러운가? 진실 같은가? 거짓 같은가?

어디로 가야 할지 당신은 이미 알고 있다. 직관이라는 놀라운 능력 덕분이다. 그저 신호를 해석하는 방법을 아직 모를 뿐이다. 시간을 두고 직관의 힘을 길러라. 결정을 내리기 전에 내면의 목소리에 귀를 기울여라. 직관을 믿고 따르라. 그것이 옳은 길을 가는 비결이다.

18번째 '아하!': 몸, 마음, 영혼

돋보기를 대고 햇빛을 모으면 초점 부분에 불이 붙는다. 이때 모든 조건이 맞아야 한다. 돋보기가 적절한 거리에 있어야 불이 붙는데 충분한 열을 종이에 모을 수 있다.

물은 100℃에서 끓는다. 1℃만 모자라도 끓지 않는다. 비행기가 이륙하기 위해서는 일정 속도 이상이 필요하다. 이 속도에 못 미치면 비행기는 뜨지 않는다.

위성이 지구의 중력을 벗어나려면 탈출 속도에 도달해야 한다. 그러면 안정된 궤도에 진입하게 된다. 탈출 속도에 도달하지 못한 위성은 시골집을 살 거예요. 버터 만들기나 옥수수 재배에는 취미가 없지만, 땅이 넓으면 애완동물을 마음껏 키울 수 있어요. 세상에서 가장 넓은 정원을 가꿀 거예요."

"그다음엔?"

"이걸로 충분하지 않을까요?"

"정말? 원하는 걸 모두 갖지 못할 이유는 뭐지? 그런다고 누가 다치기라도 한대?"

"그렇진 않죠…."

"그러니 계속하자고. 인생이 얼마나 좋아질지 상상해 보는 거야. 돈 말고 다른 것까지."

미셸은 고개를 저었다. "내키지 않아요."

"희망을 되살리고 싶지 않은 거지?"

"그런 건 아니지만…."

샘이 몸을 기울이며 말했다. "미셸, 여긴 우리 둘뿐이야. 이 기회에 꿈을 꿔 보는 거야. 인생이 얼마나 좋아질지!" 미셸이 머뭇거렸.

"상상해 보라니까." 샘이 재촉했다.

"그럴게요…." 미셸이 천천히 입을 열었다. "마당이 넓은 집에 살고 있어요. 아이들이 예전 친구를 다시 만나고, 새 친구도 사귀었어요. 이제 한나는 부끄러워하지 않아요. 둘 다 학교 가는 걸 좋아하고, 전 과목에서 A를 받았죠." 미셸이 잠시 숨을 돌렸다.

"멈추지 마."

지구로 다시 떨어지고 만다.

　어떤 이들은 금전적 성공을 위해 엄청난 에너지를 소모한다. 목표를 세우고, 책을 읽고, 세미나에 참석하며 올바른 행동을 하기 위해 애쓴다. 그런데 성공은 그들을 비껴간다. 반면에 똑같이 행동해도 유독 풍요를 누리는 사람이 있다. 이런 차이는 어디서 올까? 답은 일치성이다. 풍요로운 사람이 되기 위해서는 다음 세 가지가 일치해야 한다.

　첫째는 열망이다. 금전적으로 성공하기를 간절히 원해야 한다. 둘째는 믿음이다. 돈을 엄청나게 벌 수 있다고 스스로 믿어야 한다. 셋째는 자기 인정이다. 내가 부자가 될 자격이 있다는 것을 스스로 인정해야 한다. 이 세 가지 중 한 가지만 어긋나도 에너지가 흩어진다. 예를 들어, 금전적 성공을 간절히 원하고, 그럴만한 자격도 있다고 해 보자. 그런데 몇 번의 시도가 실패로 끝난 뒤 자신은 성공할 가능성이 없다고 믿기 시작한다. 세 가지 가운데 한 가지만 모자라도 조건이 맞지 않게 된다. 탈출 속도에 도달하기 위해서는 엔진 세 개가 필요하다. 그런데 두 개만 점화하면 결국 추락한다.

　물이 끓어오르려면, 비행기가 날아오르려면, 탈출 속도에 도달하려면 당신의 모든 부분이 일치해야 한다. 몸과 마음과 영혼이 일치해야 시스템이 가동되기 시작하는 것이다. 깨달은 백만장자는 언제나 몸과 마음과 영혼이 일치한다.

"옷이든, 장난감이든, 책이든 아이들이 원하는 건 무엇이든 있어요. 그러면서 다른 사람에게 베푸는 법도 배우지요." 계곡에 깔린 데이지처럼 마음에서 작은 희망이 싹을 틔웠다. "함께 여행을 떠나요. 가고 싶은 곳은 어디든지 가지요. 학교 연극에서 한나가 주역을 맡았어요. 니키는 디어 크리크 최고의 유격수가 되었고요."

"이 모든 일이 일어나게 하는 사람은 누굴까?"

"저에요."

샘이 고개를 끄덕였다. "이제야 승자처럼 말하네. 그래, 내가 그렇게 만들어 줄게."

"고맙습니다." 충족감에서 나오는 한숨이 미셸의 입에서 흘러나왔다.

"아직이야, 나비 부인." 샘이 윙크를 했다. "한 가지가 더 있어. 이제 크게 외쳐 봐."

"네?"

"세상을 향해 소리쳐봐. 크게!"

무슨 말인지 이해할 수가 있었다. 미셸은 일단 똑바로 서서 두 팔을 벌렸다. 그러고는 거대한 로키산맥을 마주 보았다. "내가…."

"부족해! 당장 그런 일이 벌어질 것처럼 소리를 높여!"

미셸은 한껏 숨을 들이마셨다. 그러고는 계곡을 향해 외쳤.

"나는 지금 아이들과 함께 있다!"

똑같은 강도로 메아리가 돌아왔다. 미셸은 깜짝 놀랐.

있다…. 있다….

19번째 '아하!': 당신은 자석이다

당신은 정말 돈을 끌어당기는 자석일까? 물론 그렇다. 자기력은 우주를 움직이게 하는 가장 중요한 힘이다. 은하계를 하나로 묶는 힘이 바로 자기력이다. 우리 몸 안에서 원자를 구성하는 최소 단위의 입자를 움직이게 하는 힘도 자기력이다. 지구는 그 자체로 거대한 자석이라 할 수 있다. 일상에서 사용하는 수많은 기기에도 자석이 들어간다. 텔레비전, 컴퓨터, 음향기기, 냉장고, 전자레인지 같은 것들 말이다.

자석 주위에는 끌어당기는 힘을 지닌 자기장이 형성된다. 자기장과 접촉하면 마술에 걸린 듯 자석에 이끌린다. 못은 선택의 여지가 없다. "오늘은 꼭 자기장을 무시해야지." 이런 말은 소용없는 것이다.

혹시 알고 있는가? 자석과 접촉하면 못도 일시적으로 자석이 된다. 자기력을 지니게 되는 것이다. 자석을 치우면 못은 원래 상태로 돌아간다. 왜 이런 일이 생길까?

현미경을 통해 들여다보면 못도 자석의 속성을 지닌 것을 알 수 있다. 다만 그 속성이 질서 있게 정돈되지 못한 것이다. 못의 원자는 서로 다른 방향을 향해 있다. 자석의 원자는 정렬되어 있어서 원자의 양극이 서로 같은 방향을 향한다. 자석이 못을 끌어당기면 못의 원자가 자석의 원자에 맞춰 일렬로 정렬된다. 그래서 못이 자석과 같은 성질

"좀 더."

"우리는 마당 넓은 집에 산다…."

산다….

"…갖가지 동물과…."

…동물과….

"나는 상상보다 훨씬 성공했고 정말 행복하다!"

드높은 곳에 샘과 단둘이 나란히 선 미셸은 마지막 단어가 메아리치는 소리를 들었다.

행복하다…, 행복하다…, 행복하다. p.102

다음 한 주 동안 미셸은 샘과 함께 같은 일과를 되풀이했다. 새벽 6시에 일어나 매일같이 큰 바위로 달려갔다. 미셸은 조금씩 달리기에 익숙해졌다. 일주일째 되던 날엔 마침내 샘을 앞질러서 큰 바위에 먼저 도착했다. 샘이 숲을 막 빠져나왔을 때, 미셸은 바위 위에서 두 손을 번쩍 들고 목표를 큰소리로 외치고 있었다.

"대단한데." 사만다가 칭찬의 말을 건넸다. 그녀가 좀 느슨해진 걸까 잠시 의심하긴 했지만, 어쨌든 미셸은 기분이 좋았다. 말없이 경치를 바라보던 사만다가 평평한 바위를 가리켰다. 그러고는 거기에 올라가서 깍지 낀 손으로 머리를 받치고 편하게 누웠다.

을 지니게 되는 것이다. 원자가 제대로 정렬될수록 못은 더욱 강력한 자기력을 지닌다. (무슨 말이 이어질지 눈치챘는가?) 당신의 몸은 전기적 자기력의 바탕이다. 우리 몸속 수조 개의 원자는 자기력을 생산하는 소형 기계와 다름없다. 즉, 당신은 이동식 자력 생산 공장이다.

- ▲ 당신은 자석의 성질인 끌어당기는 힘을 갖고 있다.
- ▲ '원하는 것'이 끌려오는 법이다. 따라서 당신도 원하는 것을 끌어당기게 된다.
- ▲ 원하는 것이 잘 정렬되어 있을수록 더 강하게 그것을 끌어당길 수 있다.
- ▲ 당신이 집중해서 원하는 것이 당신에게 끌려올 수밖에 없다.
- ▲ 잘 정렬된 사람은 매력과 자기력을 지닌다. 심지어 카리스마도 따라온다.
- ▲ 잘 정렬된 사람과 함께하면, 그 사람의 자기력이 당신에게 전파된다.
- ▲ 당신이 잘 정렬되어 있을수록 주변의 '자기장'이 커진다.
- ▲ '완전히 일치하면' 당신은 누구도 거부할 수 없는 매력을 지니게 된다.

나폴레옹 힐이 집필한 성공 관련 책에 이런 말이 나온다.

흡족한 듯 숨을 내쉬며 샘이 말했다. "프로이트 박사가 똑똑하긴 해. 사람을 눕혀 놓고 심리분석을 했잖아."

그녀가 미셸을 올려다봤다. "나비 부인, 옆쪽에 누워 보시죠."

내리쬐는 햇볕이 따스했다. '큰 바위'의 온기가 미셸의 몸에 전해졌다. 단순히 물리적인 온기만은 아니었다. 평온함이 함께 스며들었다. 기디언이 떠난 뒤 처음으로 느껴 보는 감정이었다.

차분한 기운이 미셸을 감쌌다. 처음에는 사만다 때문일 거라고 생각했다. 그녀는 평소에 그런 기운을 내뿜었다. 그런데 뭔가가 더 있었다.

"오늘은 뭘 하나요?" 조용히 기다리던 미셸이 물었다.

"중간시험을 치를 거야."

"이런." 미셸은 당황했다.

"걱정할 것 없어. 말로 물을 테니까. 이번 주 당신의 '아하!'를 들어 보지." 샘이 하는 말을 미셸은 금방 알아챘다. 깨달은 백만장자의 '아하!' p.56-160에 대해 그동안 여러 차례 이야기를 나눴다. 머리로 배우는 것과 가슴으로 이해하는 것은 다르다는 것을 샘이 알려주었다. 번쩍이며 다가오는 통찰력의 순간, 다시 말해 '아하!'를 경험하지 못한다면 그 배움은 완전하지 않다. 정보전달 학습과 대조되는 그 방식을 샘은 '가슴으로 배우기' p.240라고 불렀다. 머릿속에 반짝하고 불이 들어올 때까지 미셸은 여러 가지 훈련을 거듭했다. '아하!'만으로는 충분하지 않다고 샘은 말했다. 중요한 건 '아하!'를 남들과 나누는 것이다. 그래야 더 깊이 배울 수 있다.

"자주 하는 생각은 자석이 되어 뇌 안에 머문다. 그 생각과 일치하는 힘, 사람, 생활을 끌어당기게 되는 것이다."

달리 말해, 당신은 원하는 것을 끌어당기는 자석이 될 수 있다. 진심으로 돈을 원하면, 돈은 절대 당신을 거절하지 못한다.

20번째 '아하!': 두드려라, 열릴 것이다

아래의 글을 읽어 보자.

"마음먹은 것이라도 진심으로 서약하기 전까지는 망설임과 후퇴할 가능성이 항상 존재한다. 모든 독창적인 행위에는 한 가지 기본적인 진리가 있다. 그것을 모르면 수많은 아이디어와 훌륭한 계획이 메말라버린다. 진심으로 서약하는 순간 신의 섭리가 작용한다는 것이다. 진심으로 서약한 사람에게는 그러지 않았다면 절대 벌어지지 않았을 온갖 종류의 일이 다가온다. 모든 사건은 신의 섭리에서 비롯되며, 누구도 예상하지 못했던 우연한 일과 예상 밖의 만남과 물질적인 지원을 데리고 온다. '당신이 할 수 있지난 한 주를 되돌아보면서, 미셸은 기억에 남는 '아하!'를 떠올려보았다. "주는 것이 얻는 것p.74이라는 개념이 새로웠어요. 부자는 인색하고, 한 푼도 손해 보지 않으려 하고, 돈에 눈이 벌건 사람이라고 믿었어요. 샘이 아니었다면 깨달은 부자의 길을 알지 못했을 거예요."

"더 생각나는 '아하!'는 없어?" 샘이 물었다.

"목표를 매일 적게 되었어요."p.106 미셸이 얼른 대답했다. "처음 몇 번은 머릿속에서 무슨 소리가 들리는 것 같았어요…."

"야부트 씨의 목소리 말이지?"p.78 샘이 빙그레 웃었다.

미셸은 고개를 끄덕였다. "니키와 한나를 다시 데리고 오겠다는 목표를 적었을 때였어요." 잠시 움찔한 뒤 그녀가 말을 이어갔다. "이런 말이 들렸어요. '너무 늦었어. 넌 그리 똑똑한 편도 아니잖아. 절대 돈을 벌지 못할 거야.' 마음속에서 울려 나온 목소리였죠."

"오, 그렇게 확실히 들었단 말이야? 야부트 씨 전문가라고 불러도 되겠는걸."

"워낙 대단한 분을 스승으로 모시고 있잖아요." 미셸이 따라 웃었다. "그분께 받은 선물이에요." 미셸이 한쪽 팔을 내밀었다. 일주일 내내 바깥출입을 했더니 팔이 많이 그을려 있었다. 손목에 매달린 보라색 고무밴드가 달랑거렸다. "두 번째 밴드예요. 첫 번째 것은 워낙 많이 잡아당겨서 벌써 끊어졌어요."

"어휴, 아팠겠는걸." 사만다가 일부러 아픈 표정을 지었다. 그러고는 미셸의 손목에 희미하게 남아 있는 벌건 자국을 바라보았다.

다고 여기는 일이라면 그게 무엇이든 지금 당장 시작하라. 대담함에는 천재성, 힘, 그리고 마술이 들어있다.' 괴테의 시를 나는 매번 가슴에 새긴다."

– W. H. 머레이 『히말라야 원정에 나선 스코틀랜드인 탐험대』 중에서

서약은 불꽃을 일으키는 반짝임이다. 서약은 시동을 거는 열쇠와 같다. "무슨 일이 생겨도, 아무리 오랜 시간이 걸려도, 나는 이 일을 반드시 해내기로 서약한다." 누군가가 모래 위에 선을 긋고 이렇게 선언하면, 보이지 않는 전파가 생겨나 그 일을 해내는 데 필요한 모든 자원과 공명한다.

이런 자원은 마치 마술처럼 현실이 된다. 아이디어가 흘러넘친다. 시간이 느려졌다가 빨라졌다가 하면서 그 일을 가능하게 한다. 누가 부르기라도 한 것처럼 사람들이 등장한다.

어떻게 그런 일이 가능한 걸까?

소리굽쇠를 본 적이 있을 것이다. 소리굽쇠를 두드리면 고유의 진동이 공기 속으로 퍼져나간다. 같은 진동수를 가진 소리굽쇠를 가까이 놓아두면 두 번째 소리굽쇠가 그 진동에 공명해 천천히 같은 울림을 낸다. 두 번째 소리굽쇠가 다른 진동수를 지녔다면 공명은 일어나지 않는다.

이와 마찬가지로, 당신도 살아가면서 신호를 보낸다. 보이지도 들리지도 않는 이런 신호는 미약한 상태로 분산되어 있다. 그런데 당신의

"아직도 한 번씩 고무밴드를 튕겨요. 야부트 씨를 날려 버리려고요. 그래도 이제는 횟수가 많이 줄었어요."

사만다는 미셸의 팔목에서 눈길을 거뒀다. "다음 주면 사라질 거야. 야부트 씨 말이야."

샘은 15분 정도 시간을 내어 미셸과 함께 목표를 검토했다. 바로 지금 그것을 경험하는 것처럼 각각의 목표를 세밀한 부분까지 시각화하도록 했다. 이제는 미래에 대해 자신감이 생겼다. 하지만 계속 마음에 걸리는 것이 있었다. 아주 근본적인 고민이었다. 말을 꺼내는 게 쉽지 않았지만, 미셸은 용기를 내기로 했다.

"이렇게 '아하!'를 배우는 게 정말 좋아요. 그런데 궁금한 게 있어요…." 미셸은 멘토의 마음이 걱정되었다. "혹시 '백만장자가 되는 법'은 언제부터 배우나요?"

그 말을 듣고 샘은 아무 반응을 보이지 않았다. 그저 구름만 보았다. 미셸은 샘이 답을 고민하고 있다고 생각했다.

마침내 샘이 입을 열었다. 목소리가 낮고 깊었다. "이게 백만장자가 되는 길이야." 왠지 샘의 마음을 상하게 했다는 느낌이 들었다.

"그래도…." 뭔가 말을 하려다가, 미셸이 마음을 다잡고 고무밴드를 튕겼다.

그걸 보고 샘이 물었다. "방금 날려 버린 생각은 뭘까?"

"자꾸 이런 생각이 들어서요. 너무 진행이 느리다. 지금 '아하!'나 배울 때가 아니다. 돈을 버는 방법을 배워야 한다…. 부동산을 어떻게 사고,

헌신적인 태도가 일정한 수준에 도달하면 그 신호의 진동이 강해진다. 정신, 영혼, 생명력이 더 높은 주파수로 진동하는 것이다. 당신이 만나는 모든 이들은 이 진동을 무의식중에 잡아낸다.

당신이 뭔가를 서약하면, 몸속의 세포가 목적을 향한 열정으로 활발해진다. 깨달은 백만장자들은 서약을 한다. 앞쪽의 문장을 다시 한번 읽어 보자. 그리고 당신만의 서약서를 만들어라. 기회가 된다면 당신을 지지하는 사람들 앞에서 이 서약문을 공개하자. 응원과 지원이 가깝게 다가올 것이다.

21번째 '아하!': 나눌 때 더 얻는다

깨달은 백만장자는 알고 있다. 주는 것이야말로 실천의 가장 자연스러운 형태라는 걸. 믿음과 행동이 결합할 때 진정한 나눔이 가능해진다. 구체적으로 말하면 '10분의 1' 원칙이다. 깨달은 백만장자들은 총수입의 첫 10퍼센트를 지역 사회를 위해 기부한다. 기부의 실천은 부를 천 배로 증식시키는 결과로 돌아온다.

록펠러와 카네기를 살펴보면 그 사실을 쉽게 확인할 수 있다. 오프라 윈프리도 마찬가지다. 그녀는 성인이 된 이후 매년 수입의 10퍼센트를 사업을 어떻게 시작하며, 100만 달러를 어떻게 버느냐 그런 것들이요."

"초고층 건물이 세워지는 걸 본 적이 있을 거야. 저렇게 높은 건물을 어쩜 저렇게 빨리 지을 수 있을까 궁금했지? 건축가와 시공업체가 몇 년 동안 준비 작업을 해두었기 때문이야. 설계하고, 몇 달 동안 땅을 파서 기초 공사를 하고, 수십 미터 아래의 기반암에 두꺼운 철심을 박지. 건물이 높을수록 더 깊이 박아야 해. 당신의 '건물'은 아직 기초 공사 단계에 불과해."

미셸이 넌지시 물었다. "건물 짓는 걸 어떻게 그렇게 잘 아세요?"

"흠, 사무실 건물이 초고층은 아니지만…, 20층 정도는 돼. 건축 원리는 다 똑같거든."

미셸은 깜짝 놀랐다. "20층짜리 건물을 소유하고 있다고요?"

"응. 은행과 공동 소유지." 샘이 싱긋 웃었다. 그러고는 잠시 뒤 차분하게 말했다. "날 믿어봐. 반드시 돈을 벌게 될 거야. 생각했던 것보다 훨씬 빨리. 지금은 기초를 튼튼히 다질 때야."

"그럴게요." 미셸은 고개를 끄덕였다. 앞에 놓인 채소를 다 먹지 않으면 아이스크림을 받지 못할 거라는 엄마의 말을 듣고 있는 아이가 된 기분이었다.

"막연하지만 옳은 일이란 걸 느낀 때가 있었어? 최근에 말이야." 샘이 화제를 바꾸었.

"있었죠. 당신을 만났을 때."

"교사한테 아첨한다고 특별 점수를 주지는 않아."

자선 단체에 기부해왔다. 대개는 익명으로 해온 일이다. 놀라운 규모의 투자로 유명하며, 템플턴 기금의 설립자이기도 한 존 마크스 템플턴 경은 이런 말을 남겼다. "수입의 10퍼센트를 기부하는 것은 당신의 투자에 최대의 이윤을 가져다준다." 위대한 자산가의 이면에는 한 가지 공통점이 있다. 그들이 더 많이 줄수록 더 많이 얻었다.

그 이유는 무엇일까? 준다는 행위가 돈을 팽창시키는 결과로 나타나기 때문이다. 원리가 궁금할 것이다. 먼저 물을 살펴보자. 물은 세 가지 형태로 이 세상에 존재한다. 얼음 결정, 액체, 수증기가 그것이다. 돈도 마찬가지다. 냉동 상태(물질적 차원), 액체 상태(정신적 차원), 기체 상태(영적인 차원)로 이 세상에 존재한다. 감사와 풍요의 마음으로 돈을 기부하면 당신은 물질 상태에서 영적인 차원으로 나아가게 된다.

물에 열을 가하면 팽창하듯 돈도 나눠주면 그 규모가 커진다. 기부하면 그 돈은 정말로 확대되고, 배가 되며, 빠른 속도로 늘어난다. 반대로 움켜쥐기만 하면 돈은 점점 작아진다. 찰스 디킨스의 소설에 등장하는 스크루지가 대표적인 예다. 지나치게 인색한 구두쇠의 마지막을 그 이야기가 뚜렷하게 보여 준다.

가난한 생각을 지닌 사람은 100퍼센트에서 10퍼센트를 빼면 90퍼센트가 남기 때문에 기부하면 돈이 줄어든다고 믿는다. 깨달은 백만장자의 계산법은 다르다. 돈을 기부하면 100퍼센트가 10배로 증가해 1,000퍼센트가 되는 방식으로 영적인 차원에서 확대된다는 사실을 안다. 기부는 돈을 줄이는 것이 아닌, 늘리는 일이다. 이 법칙을 깨달으

"진심인걸요."

"그걸 어떻게 알게 되었지?" 사만다가 손가락에 끼고 있던 금반지를 돌리며 물었다. "날 처음 보았을 때 무슨 생각이 들었어? 한번 떠올려 봐."

미셸은 눈을 감았다. 마리포사 플라자 호텔에서 샘을 처음 만났던 날을 기억해냈다. 그날 너무 외롭고 울적했다. 아침부터 저녁까지 계속된 기분이 하나하나 떠올랐다. 몸은 무거웠고, 선글라스를 낀 것처럼 세상이 흐릿했다.

"잘 모르겠어요…."

"괜찮아. 느낌을 되살려 봐. 그날 벌어진 미묘한 변화가 있을 거야."

눈을 뜨지 않은 채 미셸은 생각을 이어갔다. 사만다 뒤쪽을 밝히던 불꽃이 보였다. 당시에는 마음이 너무 복잡해서 알아채지 못했던 것들이 조금씩 확실해졌다.

"하나씩 기억을 되살리면 돼." 샘이 알려주었다.

그날 밤의 일을 떠올리니, 관람했던 영화를 다시 보면서 놓친 장면을 되새기는 느낌이었다. 문득 어떤 느낌이 스쳤다. 미셸이 혼잣말로 중얼거렸다. "머릿속에서 속삭임이 들려요. '맞아, 이걸 따라가야 해.'하고요."

"혹시 야부트 씨야?"

"아니에요, 그 목소리와 달라요." 미셸이 고개를 저었다.

"어떤 느낌이지? 그 목소리는?"

면 당신의 수확을 30배, 60배, 100배로 늘릴 수 있다.

사과나무에서 사과 한 개를 따면, 위대한 자연이 힘을 발휘한다. 이듬해에 그 자리에 두 개의 사과가 열리는 것이다. 사과 씨앗 하나가 땅에 떨어져 사과나무로 자라고, 언젠가 사과밭이 되어 수많은 사람이 먹을 수 있는 사과가 열린다.

깨달은 백만장자는 알고 있다. 주는 것이 영원히 늘어나는 씨앗이 된다는 사실을. 호주 최대의 부자이며 기업가인 피터 J. 대니얼스는 말한다. "수입의 10퍼센트를 기부하면 탐욕스러울 수 없다."

깨달은 백만장자는 총수입의 첫 10퍼센트를 기부한다. 이러한 실천이 당신의 부를 천 배로 늘려주고, 인생을 바꾸고, 꿈꾸었던 것보다 더 큰 부를 가져다준다.

이제 나눔을 실천하겠는가?

22번째 '아하!': 신은 황금이 있는 곳을 안다

갤럽 조사에 따르면
북아메리카 거주자의 95퍼센트가
신의 존재를 믿는다.

"평화롭고…, 온몸이 가벼워지는 기분이 들어요…." 샘의 자동차에 올라탔던 순간까지 연속해서 장면이 떠올랐다.

"그 느낌은 지금 어느 곳에 있을까?"

"이곳이요." 번쩍 뜬 두 눈이 햇빛 때문에 다시 가늘어졌다. 미셸이 심장 부근을 가볍게 두드렸다. "여기, 제 가슴속에요."

샘이 한쪽 팔로 턱을 괸 채 말했다. "어떤 사람은 그걸 '직관'이라고 말해. 나는 그걸 '진실한 자'라고 부르지. 그것이 당신에게 무슨 말을 하고 어떤 느낌을 주는지 이제 알겠지?"

미셸은 고개를 끄덕였다. "이런 걸 어디서 다 배우신 거예요?"

"할아버지한테서." 옛일을 떠올리며 샘이 싱긋 웃었다. "우리 할아버지는 사업으로 큰 성공을 일궜어. 내가 열네 살 때였던 것 같아. 거실에서 회의를 하는 할아버지를 보았지. 뭔가 고민이 생기면 할아버지는 잠시 말을 멈추고 가슴을 세 번 두드렸어. 나중에 그 이유를 물어보았지. 중요한 결정을 내려야 할 때면 '진실한 자'에게 항상 물어본다고 말씀하셨어."

"그렇군요…."

"미셸, 당신의 직관에게 다시 물어봐. 이제 뭘 해야 할지."

망설이던 미셸이 눈을 감고 가슴에 손을 올렸다. "하고 싶지 않아요." 그녀가 움찔하며 눈을 떴다. "안토니 에릭슨을 만날 때가 되었다고 했어요. 그렇지만…."

"저는 싫어요." 미셸의 목소리가 높아졌다. "그 사람이 너무…, 두려

많은 이들이 영적인 삶을 중요하게 여긴다. 그러면서도 금전적인 목표와 영적인 삶을 연결하지 못한다. 개인적인 일에는 종교와 정치를 끌어들이지 않으려는 것처럼 말이다.

신은 정말 돈과 어울리지 않을까? 신은 본래 이 세상의 모든 것을 창조한 존재다. 부도 포함해서 말이다. 그러니 신을 배제하고 돈 버는 법을 터득한다는 것은 우스운 일이다. 누군가가 말했다. "신은 황금이 있는 곳을 안다." 신은 아마도 내일 어떤 주식이 오를지, 내년에는 어떤 부동산이 세 배로 뛸지, 이번에는 어떤 아이디어가 운 좋은 사람을 백만장자로 만들지 알고 있을 것이다.

가난이 미덕이라는 성서의 가르침을 되새기기 전에, 유대교, 이슬람교, 기독교라는 세 가지 종교에서 동시에 '그분'으로 추앙받는 아브라함을 떠올려보자. 그도 세상에서 가장 부유한 사람 가운데 하나였다. 오늘날의 기준으로 따져보았을 때 아브라함은 억만장자였을 것이다. (아브라함에게 가축과 은과 금이 풍부하였더라. 창세기 13:2) 그에게 주어진 물질적인 축복은 저주가 아니라 신실함에 대한 보상이었다.

거의 모든 종교에는 풍요로운 우주를 표현하는 성스러운 구절이 있다. 내가 좋아하는 구절을 소개한다.

너는 마음을 다하여 여호와를 신뢰하고 네 명철을 의지하지 말라. 너는 범사에 그를 인정하라. 그리하면 네 길을 지도하시리라. 네 재물과 네 소산물의 처음 익은 열매로 여호와를 공경하워요."

"그 사람이 분명 괴물 같겠지. 하지만 그건 당신의 생각일 뿐이야."

"다들 그렇게 말하는걸요."

"그 또한 당신의 생각이야." 사만다의 태도는 굳건했다. "생각은 언제든 바꿀 수 있어."p.120

미셸은 말이 없었다.

"머릿속으로 그 사람을 떠올려봐." 사만다가 말했다. "최대한 상세하게 그 사람을 그려 보는 거야."

미셸은 눈을 감았다.

"그 사람이 어떤 옷을 입고 있지? 그 사람한테서 어떤 냄새가 나지? 당신과 얼마나 멀리 떨어져 있지? 키는? 그 사람 주변에 있는 것은?"

안토니의 모습이 머릿속에 떠오르자 미셸은 몸을 떨었다. 처음 만난 날의 기억이 떠올랐다. 그의 얼굴은 분노로 시뻘게져 있었다. 그 뒤로 몇 년 동안 그런 얼굴을 눈앞에서 보았다. 그녀는 숲을 망치는 '에릭슨 목재'의 정책을 반대하는 입장이었다. 기디언도 그날 처음 만났다. 시위자들과 협상을 하러 나온 기디언을 처음 본 순간, 그를 사랑하게 되었던 것이다.

"다른 생각은 잠시 접어. 다시 안토니 에릭슨을 머릿속에 그려 봐." 미셸은 다시 집중했다. 이번에는 두 사람이 약혼하겠다고 통보하던 날이 떠올랐다. 그의 귀가 벌겋게 달아올라 있었다. 겉으로는 정중했지만, 감정을 숨기지는 못했다.

라. 그리하면 네 창고가 가득히 차고 네 포도즙 틀에 새 포도즙이 넘치리라(잠언 3:5, 3:6, 3:9, 3:10).

만군의 여호와가 이르노라. 너희의 온전한 십일조를 창고에 들여 나의 집에 양식이 있게 하고 그것으로 나를 시험하여 내가 하늘 문을 열고 너희에게 복을 쌓을 곳이 없도록 붓지 아니하나 보라. 만군의 여호와가 이르노라. 내가 너희를 위하여 메뚜기를 금하여 너희 토지 소산을 먹어 없애지 못하게 하며 너희 밭의 포도나무 열매가 기한 전에 떨어지지 않게 하리니(말라기 3:10, 3:11).

그 어떤 약속이 이토록 명확할 수 있을까. 신은 우리에게 부를 허락한다. 깨달은 백만장자는 인정한다. 신은 황금이 있는 곳을 안다는 사실을. 신이 당신에게 그 장소를 알려줄 것이다.

23번째 '아하!': 파괴가 곧 창조다

깨달은 백만장자가 되겠다고 마음먹은 후에, 당신도 다른 많은 이들처럼 이력 현상을 겪을 수 있다. 이력 현상이란 물체가 익숙한 상태로 되돌아가려는 경향을 말한다. 예를 들어, 열을 가하면 철이 팽창한다.

"제대로 떠올린 모양이군." 사만다의 목소리가 들렸다. "이제 그 사람을 작게 만들어 봐. 주변의 풍경이 보이지? 그걸 더 크게 만드는 거야. 값비싼 그림이나 가구뿐만 아니라, 입고 있는 옷까지 말이야. 그 옷을 입은 건 그 사람이 돈을 냈기 때문이야. 옷이 없으면 그는 알몸으로 서 있는 한 인간에 불과해."

미셸은 웃음을 참았다. 그는 언제나 값비싼 고급 양복만 입었다. 하지만 그가 양복 안에 뭘 입었을지 상상해 본 적은 없었다. 그는 일흔 살에 가까웠다.

"그가 점점 작아지고 있지? 그래. 이제는 당신의 손 위에 올라올 정도로 작아졌어. 여전히 벌거벗은 채로."

미셸이 손을 뻗었다.

"그 사람을 손바닥 위에 올려놔."

그녀는 조심스레 눈을 떴다. "네. 그렇게 했어요."

샘이 말을 이어갔다. "그 사람이 점점 작아지고 있어. 이제는 인간이 아닌 것 같아. 눈, 코, 입, 귀가 모두 사라지고, 벌레가 되었어. 그러고도 더욱 작아지고 있어. 이제 그 사람은…."

"…먼지 한 톨보다 못해요."

"자, 그걸 입김으로 날려 버려. 생일 케이크의 촛불을 끄는 것처럼."

미셸은 손바닥 위로 입김을 강하게 불었다. 얼굴이 시뻘건 시아버지가 한 톨의 먼지로 날아가는 동안 미셸은 소원을 빌었다.

열이 사라지면 철이 식으면서 원래의 상태로 되돌아간다.

인간에게도 이런 현상이 발생한다. 새로운 힘이 가해지지 않으면 기존의 상태가 되어버린다. 원래 있던 곳을 '기억하고' 익숙한 곳으로 되돌아가는 것이다.

영구적인 변화를 일으키기 위해서는 사물의 탄성 한계나 인간의 과거 조건을 앞설 만큼 강력한 힘이 가해져야 한다. 과거의 습관을 바꾸어 인생의 새로운 단계로 나아가기 위해서는 어떻게 해야 할까?

먼저, 미래의 비전에 초점을 맞춘다. 그 비전은 당신의 생각, 선택, 행동을 지배할 만큼 강력해야 한다. 지금까지 이 책에서 읽은 내용을 살펴보자. 100만 달러를 구현할 당신의 능력을 막아서는 한 가지를 지금 당장 제거할 수 있는가? 일이 제대로 풀리지 않을 때 남을 비난하는 습관을 없애고 싶을 수도 있다. 그것이 무엇이든 '금지 행동'으로 삼겠다고 다짐하자. 그리고 그 상태를 지켜나가겠다고 결심하자.

이와 더불어 깨달은 백만장자가 되기 위해 반드시 실천해야 한다고 확신하는 행동 한 가지를 찾아라. 어쩌면 그것은 균형 잡힌 에너지를 얻기 위해 하루에 8시간 잠자는 것일 수도 있다. 그것이 무엇이든 '반드시'가 되도록 하라. '아마도'가 되어서는 안 된다. 그런 다음, 그것이 새로운 습관으로 자리 잡을 때까지 목표 행동으로 유지하겠다고 다짐하라.

이 두 가지 다짐을 종이에 적어서 매일 아침저녁으로 볼 수 있는 곳에 놓아두자. 다짐을 지키지 못했을 때는(대다수가 그러하다) 실패를 인정

그동안 미셸은 디어 크리크에 한 번도 찾아가지 않았다. 기디언이 세상을 떠난 지 꼭 1년이 되었다.

디어 크리크가 멀지 않다는 표지판을 본 순간 온갖 감정이 몰려왔다. 파슨 씨 농장 한쪽에 걸려 있는 손팻말, 몇 킬로미터 떨어진 곳에 쌓여있는 타이어 더미. 예전에는 무심코 지나쳤던 모든 것이 너무 소중하게 느껴졌다. 여름의 열기가 남아 있는 이른 아침이었다. 노란 데이지가 도로변에 가득 피어있었다.

"10분쯤 더 달리면 교차로가 나와요." 그녀가 제레미에게 말했다. 만약 열흘 전이었다면 제레미 카발리에리와 같은 차를 탈 일은 절대 없었을 것이다. 하지만 출발할 때 샘이 윙크하며 했던 말처럼, '산모퉁이를 돌아가면 구부러진 길이 여럿 나오는 법이다.'

미셸은 그동안 델핀과 연락을 하며 지냈다. 제레미도 마찬가지였다. 안토니 에릭슨을 찾아가겠다는 말에, 제레미가 데려다주겠다고 나섰다. 목적지가 가까워지자 그가 물었다. "함께 가지 않아도 괜찮겠어요?"

"혼자 힘으로 해내야 해요." 미셸이 대답했다. "어쨌든 고마워요."

우습게도 제레미는 아주 좋은 친구였다. "사람들을 밀어내는 것을 멈추면 우스운 일들이 많이 생기는 법이야." 샘이 했던 말이 떠올랐다.

"밖에서 기다릴게요. 도움이 필요하면 얼른 전화해요."

하고 다시 다짐하자. 헨리 포트가 남긴 말을 잊지 말자. "실패란 더 현명한 시작을 해볼 기회다." 목표 행동을 실행하고, 금지 행동을 유지하면서 일주일을 보냈다면 충분히 축하받을 만하다. 이력 현상이 완전히 사라진 건 아니지만, 대부분의 힘을 상실했다고 보아도 좋다. 당신의 삶이 한 단계 올라선 것이다.

목표를 달성했다고 해서 끝은 아니다. 다음 단계의 시작일 뿐이다. 다시 비전에 집중하여 그다음 '금지 행동'과 '목표 행동'을 정하자. 그리고 종이에 적어서 다시 붙여 놓자.

이런 과정을 되풀이하며 당신은 깨달은 백만장자의 길에 한 걸음씩 다가설 수 있다.

24번째 '아하!' : 정렬이 힘이다

스스로를 고의로 방해한 적이 있는가? 자신의 어느 한 부분이 당신을 저지하기 위해 마음을 헤집은 적이 있는가? 지뢰를 심고, 매복하고, 다리를 폭파하고, 바퀴에 구멍을 내고, 당신의 은행 계좌를 깡통으로 만들고, 당신 자신에 대한 유언비어를 퍼뜨리고 다닌 적이 있는가? 그런 부분이 더 해를 끼치기 전에 당신 편으로 만드는 것이 좋을 것이

"고마워요."

"이번 주까지만 일하고 나도 마리포사를 그만둘 겁니다."

그녀는 화들짝 놀라며 외쳤다. "여기서 꺾어요!"

한 달 전에 샘을 만나지 못했다면 그토록 짧은 기간에 그렇게 많은 것을 배울 수 없었을 것이다. 큰 바위에서 배운 것 중 하나는 자기 연출의 중요성이었다.

"내가 왜 아프리카 전통 의상을 입는지 알아? 조상에게 경의를 표하고 싶은 마음도 있어. 하지만 더 중요한 이유가 있지. 나를 포함해 열 명이 모인 자리에 당신이 참석했다고 상상해 봐. 누가 기억에 남을까? 나일까, 아니면 정장을 멋지게 차려입은 다른 사람일까?"

"키가 180센티미터쯤 되고, 몹시 매력적이면 쉽게 기억할 수 있겠죠."

"난 175센티미터야. 하긴, 누가 알겠어?"

어제 샘은 전속 스타일리스트에게 미셸을 데려갔다. 그 스타일리스트는 길게 늘어져 있던 미셸의 머리를 어깨 길이로 잘랐다. 샘과 함께 쇼핑도 했다. 오늘 미셸은 그때 구입한 흰 블라우스와 완벽하게 주름 잡힌 검은색 바지, 그리고 암녹색 코트를 입고 있었다.

에릭슨의 집 입구에는 자동문이 설치되어 있었다. 인터폰 앞에서 미셸은 사만다에게 배운 대로 몸풀기를 했다.

다. 몸과 마음과 영혼이 일치되도록 노력할 이유가 여기에 있다.

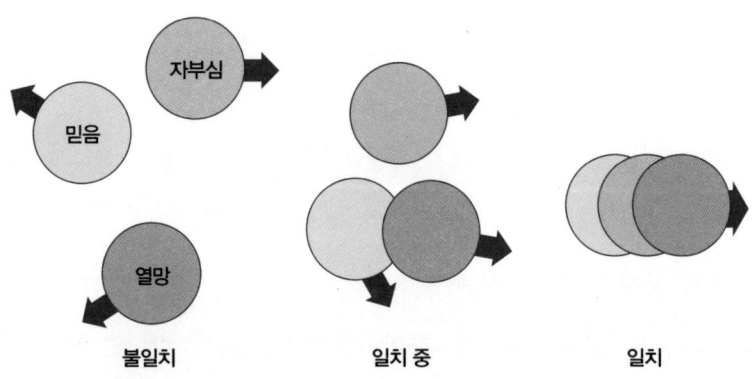

열망, 믿음, 자부심. 이 세 가지가 나란히 놓일 때 당신은 놀라운 힘을 갖게 된다. 이러한 정렬의 과정은 손쉽게 마련되지 않는다. 때론 몇 년이 걸리기도 한다. 거의 죽을 뻔하거나 일촉즉발의 위기를 겪은 뒤 갑자기 일어날 때도 있다. 선택의 여지가 없을 때, 생존이 걸려 있을 때 대체로 우리는 자신을 정렬한다. 그 시기가 빠른 수도, 느릴 수도 있다. 어느 날 아침에 눈을 떴을 때, '바로 지금이다'라는 사실을 깨닫게 된다. 그 순간을 원하고, 그때가 올 것을 믿어라. 오래전에 당신이 뿌린 씨앗이 이제 자라서 열매를 맺을 준비를 하고 있다.

우리가 내적인 부분에 많은 시간을 쓰고 있는 것처럼 보일지도 모른다. 하지만 이것이 가장 어려운 부분이다. 제대로 정렬되어 있기만 하면, 다른 일은 아이들 장난에 불과하다. 무엇을 해야 할지는 누구라도 배울 수 있다. 진짜 어려운 것은 그렇게 하도록 자신을 이끄는 것이다.

'호흡'. 마음속에 자리 잡은 두려움을 내뱉기 위해 심호흡을 일곱 차례 했다.

'시각'. 자신에게 가장 많은 에너지를 주는 강렬한 보라색을 마음속으로 주변에 채웠다.

'청각'. 가장 좋아하고 마음에 힘이 되는 노래를 떠올렸다.

미셸이 초인종을 눌렀다.

"누구세요?" 에스텔라였다. 에릭슨의 집에서 25년째 가정부로 일하고 있는, 미셸이 부적절한 엄마라고 증언했던 그 사람이다.

"미셸이에요, 에스텔라."

"약속하신 건가요?" 인터폰에서 목소리가 들려왔다.

"네, 9시로 약속이 되어있어요." 그녀는 딱 맞게 도착했다.

대문이 매끄럽게 열렸다.

비탈진 진입로를 올라가며 니키와 한나를 보고 싶은 마음이 북받쳤다. 오늘 만남을 위해 전화를 걸었을 때, 안토니는 아이들과 만나지 않을 것을 조건으로 내세웠다. 쉽지 않았지만, 그를 빨리 만나려면 받아들이는 수밖에 없었다.

마음을 복잡하게 만드는 아이들의 모습을 머릿속에서 내보내기 위해 미셸은 다시 한번 시각화를 했다. 부정적인 생각을 머릿속에서 포장해 내다 버리는 방법을 샘이 가르쳐 주었다. 훈련을 거듭할수록 미셸은 이 일에 익숙해졌다. 머지않아 생각을 마음대로 조절할 수 있을 것 같았다.

"만약 8시간 안에 나무를 베어야 한다면, 톱날을 가는 데 7시간을 쓸 것이다." 스티븐 코비는 링컨이 남긴 이 말을 자주 인용했다. 이처럼 정렬은 잘 드는 톱을 마련하는 것과 같다.

대부분의 사람은 목표를 쫓다가 정글에서 길을 잃는다. 만약 당신이 정렬되어 있다면 정글로 자신 있게 뛰어들어 꿈꾸던 목표를 찾을 수 있다.

당신의 내면을 정렬하는 것, 이것이 원하는 삶을 현실로 만드는 마지막 열쇠다.

하지만 막상 이곳에 오니 그러기가 힘들었다. 정교한 조각상과 박공지붕이 어우러진 안토니의 집은 영국 영주의 저택을 재현한 듯 위풍당당했다. 원형 진입로 한가운데에 완벽하게 손질된 잔디가 있고, 높다란 기둥에는 성조기와 콜로라도 기가 나란히 걸려 있었다.

에스텔라가 현관에서 그녀를 기다리고 있었다. 푸른 유니폼에 흰 앞치마를 걸치고 모자를 쓴 모습이 제1차 세계대전 당시의 간호사를 떠올리게 했다. 창백한 안색을 가리기 위해 파운데이션을 두껍게 바르고, 진한 아이라인에 청록색 아이섀도를 칠했다.

"안녕하세요, 에스텔라." 일부러 담백하게 인사했다. 기디언이 에스텔라를 좋아했던 것으로 미루어 볼 때, 그녀의 내면에 다른 뭔가가 있을 것 같았다.

"네." 에스텔라의 대답은 차가웠다. "서재에서 기다리라고 에릭슨 씨가 말씀하셨습니다."

'서재!' 책으로 가득한 그 방에는 바퀴 달린 사다리가 비치되어 있었다. 2층 높이의 책장을 가득 채운 책은 전시품이 아니었다. 시아버지 안토니는 독서를 즐겼다. 특히 역사에 관심이 많았다. 시어머니 나탈리는 로맨스 소설을 좋아했다. 안토니는 그 책을 따로 보관할 장소를 마련해두었다.

미셸은 에스텔라를 따라 걸었다. 유니폼에서 사각사각 소리가 났다. 신발 바닥이 고무로 되어있는지 걸을 때 아무 소리도 나지 않았다. 마치 발 없는 뱀이 움직이는 것처럼.

자기 암시, 첫 번째

"나는 충분히 만족스럽다"

지금, 나는	충분히 만족스럽다.
	충분히 똑똑하다.
	충분히 지혜롭다.
	충분히 영리하다.
	충분히 풍요로운 자원이 있다.
	충분히 해낼 수 있다.
	충분히 자신 있다.
소중한 사람들이	충분히 나를 도울 것이다.
기적을 일으킬	충분히 독창적인 아이디어가 내게 있다.
필요한 것은	충분히 내게 있다.
무엇이든	충분히 내게 쓸모가 있다.
내가 지닌 것은	충분히 풍족하다.

나는 모든 노력을 기울이기에, 더 많은 것을 해낼 수 있다.
나는 살아있다는 사실에 환희를 느낀다.

미셸을 서재에 홀로 남겨 놓은 뒤, 에스텔라는 사라졌다. 미셸은 에릭슨 부부의 속셈을 짐작할 수 있었다. 자신들이 통제권을 쥐고 있다는 사실을 알리고, 그녀의 불안을 가중하기 위해서였다. 책상 뒤쪽 벽에 새로 찍은 니키와 한나의 모습이 있었다. 한나는 테니스복 차림이었고, 니키는 라크로스복을 입고 있었다. 사진 속 아이들의 모습을 마음에 새기며, 미셸은 부쩍 큰 아이들을 들여다보았다. 마지막으로 두 아이를 본 게 작년 크리스마스 전이었다. 아이들의 생일도 챙기지 못했다. 그녀는 눈을 감았다. 자신이 오랫동안 기웃거리도록 내버려 두지는 않을 거라는 생각이 들었다. 사만다에게 배운 대로 생각을 조절하려고 애썼다. 하지만 쉽지 않았다.

10분쯤 뒤, 안토니가 서재에 들어섰다. 나탈리는 편안해 보이는 진홍색 실크 상의에 머리를 높게 올려 묶었다. 미셸은 잠시 궁금해졌다. 안토니가 나탈리에게 충실한 남편일까 하고.

"5분을 주지." 거대한 책상 앞에 앉으며 안토니가 말했다. "브리지 클럽 친구들이 2층 휴게실에서 기다리고 있거든."

"난 주니어 리그에 가 봐야 해." 나탈리는 남편 옆에 보초처럼 서 있었다.

"저도 모임이 있어요." 미셸은 자신도 모르게 불쑥 말했다. "5분이면 충분해요." 시아버지를 똑바로 보면서, 손바닥 위에 있는 먼지 이미지를 떠올렸.

"제안할 게 있다고?" 그녀의 말에 신경 쓰지 않겠다는 느낌을 내뿜으

나는 매일 더 나은 삶을 선택할 수 있음에 기뻐한다.

나는 행복하다. 나는 건강하다.

나는 부유하다. 내 삶은 성공적이다.

나는 사랑한다. 나는 사랑받고 있다. 나는 소중하다.

나는 나와 남을 모두 편하게 대한다.

내게 주어진 날들을 미소와 사랑으로 채워가고 있다.

나를 만나는 모든 사람은 내 태도의 빛으로 따뜻해진다.

나는 더 나은 태도를 보이기 위해 노력을 아끼지 않는다.

나는 긍정적이고, 마음을 움직이는 책을 읽는다.

나는 다정하고, 상대를 성장시킨다.

나는 중요한 역할을 하는 사람들과 사귄다.

나와 가까운 사람들은 모두 진심으로 나를 응원한다.

나의 일은 내 영혼을 놀랍도록 기쁘게 만든다.

나는 온 힘을 다해 선을 행한다.

나는 다른 이들을 열정적으로 돕는다.

나는 사업을 성공으로 이끄는 삶의 자세를 지녔다.

나는 충분히 만족스럽다.

나는 충분히 소유하고 있다.

나는 충분히 잘 해내고 있다.

며 안토니가 금장 볼펜과 가죽 장정 수첩을 집어 들었다.

"안토니, 나탈리…. 오늘은 부모 대 부모의 입장에서 말씀드리러 왔어요." 그러면서 미셸은 사만다의 수업을 다시 떠올렸다. 에릭슨 부부를 악의 화신이라고 생각해봤자 아무 소용이 없었다. 욕을 하거나 머저리라고 불러 봤자 돌아오는 게 없었다. 그들은 자신만의 길을 가고 있었다. 머지않아 뿌린 씨앗을 거둘 것이다. 하지만 막상 그들을 마주하고 보니 배운 대로 생각하는 게 힘들었다. 미셸은 두려움을 삼키며 최선을 다하리라 다짐했다.

"아이들을 만나고 싶습니다. 아시다시피, 좋은 영향을 줄 수 있을 거예요."

"미셸." 안토니가 부드럽게 말했다. "방문에 관한 권리는 법원이 결정할 거야. 네가 이곳에 올 수 있었던 건 변호사들의 충고 덕분이야. 판사가 우리의 너그러운 결정을 알게 될 테니 말이야. 하지만 아이들을 만나는 건 다른 문제야."

"넌 아이들을 데리고 달아나려고 했잖니." 나탈리가 끼어들었다.

"아니에요." 미셸은 항의했다. "그때 우리는…."

"널 어떻게 믿으라는 거니?"

"그쯤 해 둬." 안토니가 손을 들어 아내를 저지했다. "점잖게 하지."

미셸은 니키와 한나의 사진을 번갈아 보았다. '아이들이 가까이 있어…. 어쩌면 이 집에 있을지도 몰라…. 그런데도 만날 수 없다니….'

"지켜보셔도 좋아요. 그저 아이들을 한번 안아보고 싶을 뿐이에

엄청난 양의 다이아몬드

1870년, 스물일곱이었던 러셀 H. 콘웰은 여행 잡지 〈아메리칸 트래블러〉의 기자로 일하고 있었다. 기사를 위해 그는 메소포타미아 지역을 방문했다. 티그리스강과 유프라테스강 사이의 계곡을 여행하고 있을 때였다. 낙타를 타고 줄지어 가고 있는데, 아랍인 가이드가 이야기를 들려주었다.

"옛날 페르시아에 알리 하메드라는 농부가 살았다. 어느 날 그 농부는 값비싼 다이아몬드가 생산되는 땅에 관한 이야기를 한 스님에게 들었다. 그는 뿌린 대로 거두는 비옥한 농토를 뒤로 한 채 고향을 떠났다. 다들 말렸지만 아무 소용이 없었다. 알리 하메드는 수많은 땅을 헤매고 다녔다. 세월은 정처 없이 흘렀고, 그는 젊음도 재산도 모두 잃은 채 낯선 땅에서 숨을 거두었다. 그가 죽고 얼마 후, 엄청난 양의 다이아몬드가 그의 고향에서 발견되었다. 예전에 그의 소유였던 땅이 바로 다이아몬드 광산이었다."

그 이야기를 듣고 콘웰은 크게 감명받았다. 진리의 씨앗 하나가 마음속에 뿌려진 느낌이었다. 그 씨앗이 말했다. "당신의 다이아몬드는 먼요…." 자제심을 잃어서는 안 된다고 미셸은 되뇌었다. "그런다고 해가 되진 않을 거예요."

"그 말은 틀렸어." 안토니가 의자를 뒤로 기울이며 말을 이어갔다. "생각을 해보렴. 아이들이 얼마나 어린지. 겨우 너를 잊고 새로운 생활에 적응하고 있어. 하긴, 기디언도 널 만나기 전까지는 제대로 살고 있었지. 니콜라스는 날 닮아서 똑똑해. 사업에도 재주가 있고, 제 아버지보다 숫자에도 밝더구나. 세인트 제임스의 교장 선생님과 상의해 '청소년 기업가 클럽'을 만들기로 했다. 니콜라스가 초대 회장을 맡을 거야."

나탈리가 안토니의 책상에 기대며 말했다. "너도 아이들을 잊고 새 출발을 해야지. 아직 젊고, 매력적이잖니? 그걸 알아주는 남자가 있을 거야. 재혼하면 아이가 또 생기겠지. 우리는 두 아이에게 최선을 다하고 있어. 누가 뭐래도 니콜라스와 한나는 에릭슨 가문의 사람이야. 미국에 최초로 자리 잡은 자랑스러운 집안이지."

"아메리카 원주민이 먼저였어요." 미셸이 애써 눈물을 참으며 겨우 말을 내뱉었다.

"다들 잘 지내고 있어." 미셸의 말을 무시한 채 나탈리가 말했다. "질 좋은 음식을 먹이니 확실히 다르더구나. 한나는 젖살이 2킬로그램이나 빠졌어. 생일 때도 성대한 파티를 열어줬지. 마술사를 초대하고, 조랑말도 탔어. 케이크도 세 가지나 만들었단다. 물론 지방이 들지 않은 거로."

"엄마는 저예요." 절망이 미셸을 사로잡았다. 왜 아무것도 할 수 없

산이나 바다에 있지 않아요. 그것은 당신의 집 뒤뜰에 있어요. 당신이 그것을 캐낼 의지만 있다면."

그 후 콘웰은 이 소중한 가르침을 사람들에게 전하는 데 일생을 바쳤다. 그는 40권이 넘는 책을 썼다. 그리고 미국에서 가장 뛰어난 연설가가 되었다. 1925년에 세상을 떠날 때까지, 그는 미국 전역을 돌며 6천 번 이상의 강연을 했다. 콘웰은 강연으로 벌어들인 돈을 템플대학교에 기부했다. 그 돈은 학생들을 위한 장학사업에 쓰였다. 필라델피아에 자리 잡은 템플대학교는 마치 기적처럼 생겨났다.

1884년의 어느 날, 한 젊은이가 콘웰을 찾아왔다. 목사가 되고 싶다는 부탁에 콘웰은 약속했다. 일주일에 한 번씩 그 젊은이를 가르쳐주겠노라고. 그런데 첫 수업 날, 교실에는 열정에 찬 일곱 명의 청년이 앉아 있었다. 그 후로 학생이 계속 늘어났고, 혼자서 수업하기 벅찼던 콘웰은 다른 선생님들의 도움을 받아 학생들을 가르쳤다. 교실이 하나씩 늘었고, 나중에는 건물이 점점 늘었다. 그리고 4년 뒤, 템플대학교의 교칙이 만들어졌다. 콘웰은 학장으로 선출되어 38년간 봉직했다. 1907년, 템플대학교는 종합 대학으로 승격했다.

템플대학교는 필라델피아의 명문대학으로 자리 잡았고, 수만 명의 학생이 그곳에서 훌륭한 교육을 받는다. 초대 학장인 콘웰과 그의 아내는 학교 안에 마련된 '설립자의 정원'에 잠들어 있다. 콘웰은 자신의 땅에서 진정한 다이아몬드를 캐낸 입지전적인 교육자로 영원히 기억될 것이다.

을까? 그때 문득 큰 바위에서 배운 것이 떠올랐다. 아이들을 향한 간절함이 모든 것을 가리고 있었다. 그녀는 눈을 감았다. 그리고 일생일대의 심호흡을 한 뒤 손으로 가슴을 세 번 두드렸다.

눈을 떴을 때, 안토니와 나탈리는 묘한 눈으로 그녀를 보았다. 마치 미셸이 제정신이 아니라는 걸 알고 있다는 표정이었다. 하지만 미셸의 얼굴에는 서서히 미소가 번졌다. 직관에 다가가는 동안, 샘이 들려준 말이 떠올랐다. **"질문이 커야 결과도 크다."** p.124

"여쭤볼 게 있어요…." 잠시 말을 끊었다가 미셸이 말했다. "아이들을 데려가려면, 제가 어떻게 해야 할까요?"

안토니가 딱 잘라 말했다. "대꾸할 필요조차 없는 말이로구나."

당연하다는 듯 나탈리도 고개를 끄덕였다.

첫 번째 거절이었다.

"다시 생각해주세요." 미셸이 말했다. 논리적으로 설명할 순 없지만, 처음보다 많이 차분해진 느낌이 들었다. "무슨 방법이 있을 거예요."

"아이들을 뭐로 먹여 살릴 거니? 무료급식소는 해결책이 될 수 없어." 마치 염려하는 것처럼 나탈리가 부드럽게 말했다.

"이 사람 말처럼 넌 예전부터 빈털터리야. 앞으로도 절대 네 힘으로 돈을 벌지 못할 거야. 그러니 가족을 돌볼 수 있을 리가 없지." 미셸의 마음속에서 목소리가 들려왔다.

두 번째 거절이었다.

미셸이 용감하게 물었다. "재정적인 측면에서 제가 어떤 걸 갖추길

1분 돌아보기: 백만장자의 '아하!'

1. 무엇이든 현실로 만들 수 있다.

    원하는 것이 있다면 그것을 현실로 만들어라. 지금 당신이 보는 모든 것은 누군가의 생각에서 비롯되었다.

2. 되기-하기-가지기, 이 순서를 지켜라.

    당신이 바라는 풍요로움이 가까이 다가올 것이다.

3. 실수는 배움의 시작이다.

    비난을 멈추고 실수에서 배운다면 인생이 바뀔 것이다.

4. 풍요는 자연스러운 것이다.

    기회와 축복은 바라는 사람에게 주어진다.

5. 주는 것이 얻는 것이다.

    주어라, 그러면 얻을 수 있다.

6. 현실은 쉽게 바꿀 수 있다.

    부정적인 생각을 내보내고 행동을 바꾸어라.

7. 말이 당신의 삶을 바꾼다.

    말의 힘을 믿어라. 도움이 되는 말만 하라.

8. 당신이 바로 자산이다.

    훌륭한 아이디어와 뚜렷한 의지. 이것만으로 충분하다.

원하시나요?"

에릭슨 부부가 뜻밖이라는 표정을 지었다. 이것으로 상대를 조금이나마 놀라게 했을까? 미셸은 말을 이어갔다. "얼마면 될까요? 10만 달러? 20만 달러? 아니면 100만 달러?"

"100만 달러라고?" 안토니가 껄껄댔다. 처음 들어보는 그의 웃음소리에 미셸은 소름이 끼쳤다. "하하, 고맙구나. 브리지 게임을 할 때 최고의 농담은 늘 콰리스 시장 차지였지. 네 덕분에 내가 그 자리를 차지할 수 있겠구나."

나탈리는 웃지 않았다. 왠지 다음 말을 기다리는 눈치였다.

"저는 진지해요."

"안 된다는 대답을 돌려주지." 안토니의 참을성이 바닥나고 있었다. "더는 낭비할 시간이 없구나." 그는 수화기를 들었다. 경비원을 부르려는 것 같았.

세 번째 거절이었다.

미셸이 재빨리 말했다. "이번 내기는 내키지 않으신가 보네요."

"내기라고?" 안토니가 수화기를 든 채 미셸을 보았다. "무슨 내기를 말하는 거지?"

나탈리가 화를 내며 남편을 쏘아보았다.

"당신은 걱정할 필요 없어요." 안토니가 말했다. "미셸?"

불과 몇 초 전에 떠오른 아이디어였다. 그 생각이 자신을 올바른 길로 이끌 것이라 믿으며, 그녀가 서둘러 말했다. "그러니까…, 100만 달

9. 부는 곧 자유다.

  돈의 자유가 시간의 자유, 관계의 자유로 이어진다.

10. 무엇이든 꿈이 시작점이다.

  밝은 미래를 꿈꾸어라. 곧 현실이 될 테니.

11. 또렷함이 힘이다.

  목표를 향해 가면 늦는다. 또렷한 목표에서 시작해야 한다.

12. 쓰면 더 또렷해진다.

  매일 여섯 가지 목표를 공책에 적어라.

13. 나만의 천재성을 내뿜어라.

  그러면 평생에 걸쳐 하고 싶은 일을 알아낼 수 있다.

14. 열정의 위력을 알아차려라.

  사랑하는 일을 하면 돈은 저절로 따라온다.

15. 상상이 의지를 이긴다.

  최고의 미래를 상상하고, 최고의 결과를 떠올려라.

16. 질문이 커야 결과도 크다.

  더 나은 질문을 할수록 더 좋은 결과가 나온다.

17. 직관의 힘을 믿어라.

  그것이 옳은 길을 가는 비결이다.

18. 몸, 마음, 영혼이 일치해야 한다.

  부자가 될 자격이 있다고 스스로 믿어라.

19. 당신은 자석이다.

러를 벌게요. 일 년 안에…. 그 일을 해내면, 아이들을 돌려받을 수 있을까요?"

"해내지 못한다면 어쩔 거지?"

"이곳을 떠나서 영원히 돌아오지 않겠어요."

"그게 우리가 바라던 바야." 나탈리가 얼른 말했다.

"여보, 조용히 좀 해봐." 안토니의 말투가 날카로웠다. 그의 예민한 반응에 미셸은 가슴이 뛰었다. 아무래도 도박사 기질이 발동한 모양이었다. 사실 그는 손해 볼 게 없었다. 돈 한 푼 들이지 않고 미셸을 치워버릴 방도가 생겼으니.

"조건이 있어." 펜으로 수첩을 두드리며 안토니가 말했다. "직접 그 돈을 벌어야 해. 빌려서도 안 되고, 기증받아서도 안 되고, 무슨 대회 같은 데서 상금을 받는 것도 안 돼. 전액 현금으로 내 눈앞에 가져와. 직접 확인해보지."

"그러죠." 미셸은 기죽지 않고 그의 시선을 맞받았다.

"한 가지 더." 그가 잠시 말을 멈췄다. "3개월을 주지."

"90일 만에 100만 달러를 벌어오라고요?"

"난 조건을 말했어. 받아들이는 건 네 마음이고."

미셸은 당황스러웠다. 기습공격을 당한 것이다. 샘이 알려준 스트레스 관리법이 있었다. 미셸은 더듬더듬 한 단계씩 떠올려보았다. '큰 바위'에 오른 자신의 모습을 상상했다. 따뜻한 기운이 온몸에 퍼졌다. 곁에 있는 샘이 손을 잡아주며 말했다. '어디를 가든 큰 바위를 가져가도

진심으로 돈을 원하면 돈이 당신에게 이끌려온다.

20. 두드려라, 열릴 것이다.

진심으로 서약하는 순간 우주의 섭리가 작용한다.

21. 나눌 때 더 얻는다.

총수입의 첫 10퍼센트를 기부하라. 더 많은 부가 되돌아온다.

22. 신은 황금이 있는 곳을 안다.

그분이 당신에게 그 장소를 알려줄 것이다.

23. 파괴가 곧 창조다.

과거의 습관을 바꾸기 위해서는 그것을 과감히 깨트려야 한다.

24. 정렬이 힘이다.

열망, 믿음, 자부심이 나란히 놓일 때 놀라운 힘이 생긴다.

록 해.' 그때 머릿속에서 두 가지 목소리가 다툼을 시작했다. p.80

"내기하면 안 돼."

"넌 해낼 수 있어."

"미쳤어?"

"어떻게든 될 거야."

처음에는 말리는 목소리가 더 크게 들렸다. 그러다가 응원하는 목소리가 더 크게 다가왔다. 미셸이 마침내 입을 열었다.

"변호사를 불러 서류를 작성해요."

"마침 위층에 있지. 브리지 게임을 할 셈이었거든. 나탈리, 가서 마틴을 데려와요."

나탈리가 방을 나서는 모습을 보며, 미셸은 앉은 자세를 바꿨다. 조금씩 몸이 떨려왔다. 공포가 점점 더 크게 밀려오고 있었다.

"마틴이 오는 대로 이 일을 마무리 짓지." 안토니가 자신 있게 말했다. "난 미적거리는 걸 좋아하지 않아."

조금이나마 감정을 통제하려고 미셸은 의자에서 일어났다. 차분하게 행동하려고 애쓰며 그녀가 물었다. "기다리는 동안 책을 살펴봐도 될까요?" 값비싼 책이 서가에 가득했다.

"물론이지." 안토니가 기분 좋게 대답했다. "나폴레옹 선반이 특히 대단하단다. 그래, 마키아벨리가 쓴 『군주론』 초판도 있지. 꺼내보는 게 어떻겠니? 도움이 될지도 모르니 말이야."

미셸이 몸을 돌려 안토니를 보았다. 그가 여유로운 태도로 말했다.

지렛대 원리

"백만 년이 지나도 네가 그 돈을 벌게 될 일은 없을 테지만."

90일이 남았다…

"대체 무슨 짓을 한 거지?" 미셸은 몇 번이나 자신에게 되물었다.

돌아오는 길에 그녀는 침묵으로 일관했다. 심상치 않은 분위기를 알아챘는지, 제레미는 아무 말도 걸지 않았다.

리버데일에 있는 샘의 별장에 도착했을 때, 미셸은 빈방을 지나 뒤뜰로 달려갔다. 샘은 쪼그리고 앉아서 토마토를 살피고 있었다. 테가 넓은 밀짚모자에 두꺼운 장갑을 낀 채였다.

"샘." 바지에 흙이 묻는 것도 모른 채 미셸은 무릎을 구부렸다. "일이 터졌어요."

거의 흐느끼듯 말이 나왔다.

"진정해요, 나비 부인." 샘은 침착했다. "모종삽 좀 집어줘. 손잡이가 빨간 거 말이야."

"샘!" 아무래도 이 일의 심각성을 제대로 알려야 할 것 같았다.

"처음부터 차근차근 말해 봐."

미셸은 암녹색 코트 소매로 눈물을 훔쳤다. 그리고는 조금 전에 벌어진 일을 설명했다. 자신이 얼마나 긴장했고, 나탈리가 얼마나 비아냥거렸으며, 어떻게 직관을 이용했는지까지. 마지막으로, 평생을 통틀어 가장 어리석은 결정을 내린 일도.

지렛대 원리 = 꿈의 가속화

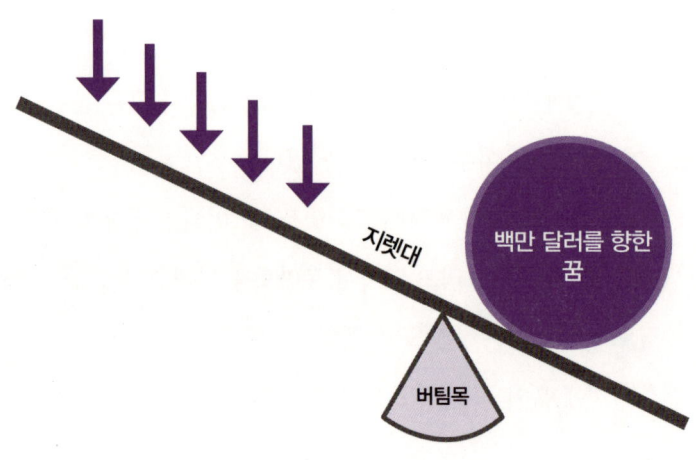

지렛대 원리는 꿈의 실현을 한층 앞당긴다. 부를 창조하려면 지렛대가 필요하다. 지렛대는 세 가지 부분으로 구성된다.

첫째, 당신이 실현하고 싶은 것, 즉, 백만 달러를 향한 꿈이다. 깨달은 백만장자는 세상을 보다 나은 곳으로 만드는 꿈에 초점을 맞춘다. 그로 인해 꿈의 가치가 더 커진다. 벌어들이는 돈은 '가치 있는' 1달러가 된다. 이를 통해 긍정적인 길로 나아가게 되고, 백만 달러라는 목표를 달성하는 순간 깨달은 백만장자는 감사하는 마음으로 충만한 존재가 된다.

"안토니 말이 옳아요." 목에서 뜨거운 것이 올라오는 느낌이었다. "그 많은 돈을 벌 수 있을 리가 없어요."

"맞아. 당연히 벌 수 없어."

미셸이 놀란 눈으로 샘을 보았다. 그렇게 부정적인 대답이 돌아올 줄은 예상하지 못했다.

"혼자서는 절대로 그 돈을 벌 수 없어. 하지만 제대로 된 팀이 있다면 가능하지." p.258

"아무리 그래도…."

샘이 심각한 표정을 지었다. "그런 제안을 한 건 당신이잖아. 대체 어떻게 생각해낸 거야?"

"그냥…, 튀어나왔어요." 미셸이 더듬거렸다. 그래도 눈물은 멈춘 상태였다. "그때는 그게 옳다고 느꼈어요. 하지만…, 그 집을 나서자마자 후회했어요. 무슨 짓을 한 거지? 아이들을 영영 잃어버릴 거야!"

샘이 들고 있던 가위로 시든 잎을 잘라냈다.

"야부트 씨의 목소리야. 내가 말해줬잖아. 꿈은 키우고 의심은 지우라고."

"하지만, 90일 안에 백만 달러를 벌어야 한다고요! 가능할 리가 없어요."

"가능하지 않다고?" 샘이 돌아보았다. 아침에 큰 바위로 달려갈 때 입는 운동복 차림이었다.

"그토록 짧은 기간에 그토록 많은 돈을 벌었던 사람이 있냐고? 물론

둘째, 버팀목이다. 당신이 바로 지렛대에서 가장 중요한 역할을 하는 버팀목임을 깨달아라. 당신이 없다면 막대가 아무리 길어도, 아무리 큰 힘이 가해져도 꿈은 움직이지 않는다.

셋째, 지렛대가 지닌 원리다. 꿈과 버팀목이 제자리에 있을 때 성공을 결정하는 것은 막대의 길이와 가해지는 힘이다. 막대가 절대적으로 튼튼하다면 길이가 모든 것을 좌우한다. 버팀목과의 거리가 멀어질수록 지레를 누르는 데 필요한 힘은 줄어든다. 긴 막대를 지닌 지레는 짧은 것보다 더 쉽고 빠르게 일을 해낸다.

깨달은 백만장자는 이 사실을 잘 안다. 그래서 더 길고 튼튼한 지렛대를 만드는 데 몰두한다.

이야."

"방법이 없잖아요. 어떻게 해내겠어요?"

샘은 눈을 감더니 고개를 저었다. "질문이 잘못됐어. 중요한 건 이유야. '왜?'가 충분히 크면 '어떻게?'는 저절로 해결되거든."

"말이 안 돼요." 미셸이 반박했다.

"바로 그거야!" 샘이 유쾌하게 대답했다. "불가능한 일을 해낸다는 건 원래 말이 안 되는 거거든. 아이를 구한 엄마의 이야기를 들어본 적 있지? 자동차를 양손으로 들어 올렸어. 어떻게 그런 일이 가능했을까? 불가능한 일이었지만, 그 엄마에겐 충분한 이유가 있었어. 그래서 그런 일을 해냈던 거야."

미셸은 토마토를 만지작거렸다. 손이 떨려왔다. 그래서 두 손을 마주 잡았다. "너무 겁이 나요."

"미셸, 솔직하게 말할게. 사실 이 일은 나한테도 힘겨울 거야. 그건 그렇고, 90일은 언제부터 시작이지?"

"한 시간 전부터요. 합의서에 서명을 했거든요."

"그렇군…." 샘은 잠시 생각에 빠졌다가 말을 이어갔다. "믿기 힘들겠지만, 나는 당신의 직관을 믿어. 시아버지를 꼼짝 못 하게 만들 한 방이 필요했던 거야. 그 사람은 앞으로도 몇 년 동안 당신을 따돌리고, 양육권 소송을 이어갈 거야. 그동안 아이들은 당신이 없는 곳에서 훌쩍 커버리겠지. 이런 극단적인 조치가 없다면 상황을 해결할 방법이 없어. 당신이 백만 달러를 빨리 벌어들일수록 아이들을 더 일찍 품에

지렛대가 길면 효과도 크다

충분히 긴 막대와 튼튼한 버팀목이 있다면
지구도 들어 올릴 수 있다.
– 아르키메데스(BC 287-203)

영화배우는 연기를 한다. 이렇게 영화 한 편을 찍으면 그 영화가 수많은 극장에 걸린다. 이럴 때 지렛대 원리가 작용한다. 많은 관객이 그 영화를 보기 위해 표를 살 때 돈이 들어온다.

야구 선수는 경기를 한다. 수만 명의 팬이 야구장에서 그를 지켜본다. 그의 경기가 전 세계에 중계될 때 지렛대 원리가 작용한다. 야구 선수가 받는 고액의 연봉은 지렛대 원리가 가져다주는 수입에 기인한다.

그런데 교사는 보통 서른 명 정도의 학생을 가르친다. 교사의 업무에 작용하는 지렛대 원리의 효과가 작기 때문에 급여가 상대적으로 낮은 것이다. 야구 선수, 교사는 둘 다 가치를 만든다. (일반적으로 사람들은 교사가 더 가치 있는 직업이라고 믿는다) 하지만 야구 선수가 하는 일에 더 큰 지렛대 원리가 작용하기 때문에 교사보다 더 많은 돈을 요구하고, 더 많은 돈을 받는 것이다.

큰 액수의 돈에는 대개 지렛대 원리가 작용한다. 『영혼을 위한 닭고기 수프』를 예로 들어보자. 일단 책 한 권이 완성된 뒤 수백만 명이 그

안을 수 있어."

아이들 이야기가 나오자 미셸의 눈에서 다시 눈물이 흘러내렸다.
"미안해요, 샘. 그렇게 해낼 자신이 없어요."

"한 가지 더 말해줄까?" 샘이 싱긋 웃으며 어딘가를 가리켰다.

"울타리 옆에 놓인 바위가 보이지?"

미셸이 고개를 돌렸다. 폭이 1미터쯤 되는 바위가 땅속에 반쯤 묻혀 있었다.

"저 바위를 이곳까지 옮길 수 있겠어?"

"내가 개미만큼 힘이 세다면 가능하겠죠."

그렇게 말하고 미셸은 금방 후회했다. 샘은 못 들은 체했다.

"저 바위를 반드시 옮겨야 한다면 어떤 방법을 쓸 거지?"

"잘 모르겠어요." 미셸의 말투가 딱딱해졌다.

"옛날에 아르키메데스가 한 말이 있어. 충분히 긴 막대와 튼튼한 버팀목이 있다면 지구도 움직일 수 있다고 말이야." 미셸의 머릿속에 학교에서 배웠던 지식이 떠올랐다.

"당신은 아이들을 간절히 원해. 그러니 당신만의 지렛대p.190를 반드시 찾을 거야."

첫 단계는 드림팀을 구성하는 것이었다. p.262

책을 구매했다. 책이 널리 알려지자 제목이 브랜드가 되어 더 큰 가치를 만들었다. '청소년의 영혼을 위한 닭고기 수프', '닭고기 수프 캘린더' 같은 연관 상품이 출시되었다. 이러한 지렛대 원리 덕분에 저자, 출판관계자, 유통업자, 서점 종사자를 비롯해 많은 이들이 지속적인 수입 흐름을 만들고 있다.

부동산도 지렛대 원리가 작용한다. 1년에 5퍼센트씩 가격이 상승하는 20만 달러짜리 집이 있다고 해보자. 집값의 10퍼센트를 내고 그 집을 사들이면, 1년 뒤에 21만 달러의 가치를 지니게 된다. 당신이 지불한 2만 달러뿐 아니라 은행에서 빌린 18만 달러에서도 지렛대 효과가 작용하는 것이다. 직접 투자한 2만 달러는 1년 뒤 1만 달러의 수익을 가져다준다. 50퍼센트의 수익률이다.

만약 돈을 한 푼도 들이지 않고 부동산을 사서 그 부동산의 가치가 올라간다면, 다른 사람의 돈으로 수익을 창조하는 셈이다. 물론 시간과 노력이 필요하긴 하다. 이때 돈을 한 푼도 들이지 않고 발생하는 금전적 수익률은 무한대로 볼 수 있다. 이것이 바로 무한대 효과의 지렛대 원리다.

"혼자서는 누구도 성공하지 못해." 샘이 상기시켰다.

"첫 번째 팀원은 미셸 당신이야." 샘이 한 손을 들어 자신을 가리켰다. "두 번째는 나고." 그리고 다시 말을 이어갔다. "이 팀에 다른 사람이 더해지면 놀랍도록 힘이 늘어날 거야." p.258

미셸은 샘의 말을 이해했다. 자신의 가장 큰 지렛대는 사람이었다. 돈이 많거나, 유명하거나, 아름다운 팀원이 필요한 게 아니었다. 이 일에 모든 것을 쏟아부을 헌신적인 사람이 필요했다.

미셸은 즉시 알아챘다. 누가 자신의 팀원이 되어야 하는지. 디어 크리크에 있는 옛친구들과 리버데일에서 만난 새 친구들이었다. 옛친구들에게 한 시간이나 걸리는 이곳으로 와 달라고 하는 게 미안했지만, 흐르는 시간을 생각하면 그게 더 나은 선택이었다. 리버데일에서 함께 살던 델핀에게 부탁해보았지만, 보살핌이 필요한 딸 때문에 시간을 낼 수 없었다. 이번 일이 해결되면 그녀를 도와야겠다고 미셸은 생각했다.

제레미가 팀원에 지원했을 때 미셸은 샘과 먼저 이야기를 나눴다. "미셸, 당신의 직관이 무슨 말을 하고 있지?" 익숙한 질문에 미셸은 잠시 생각에 잠겼다. 확실한 근거는 없었지만, 그가 꼭 팀에 있어야 할 것 같았다.

제레미가 연애 감정에서 벗어난 것도 도움이 되었다. 디어 크리크로 향하는 길에서 그가 과거 이야기를 들려주었다. 그는 어린 나이에 제 나라는 여자와 결혼했다. 결혼 초에 그는 행복하고 부유했다. 컴퓨터 컨설팅 회사를 경영하며 많은 돈을 벌었기 때문이다. 하지만 그는 도

놀라운 지렛대 효과

지렛대 효과를 이용하면 작은 것으로 큰 것을 통제할 수 있다. 기억하자. 커다란 문도 작은 경첩에 의해 열고 닫힌다. 비즈니스에 작용하는 다섯 가지 지렛대를 알아보자.

▲ 다른 사람의 돈

주거용 부동산의 경우, 계약금인 10퍼센트만 내면 그 물건을 통제할 수 있다. 투자의 고전 『나는 현금 없이 부동산을 구매한다』 속에는 궁극적인 지렛대 원리, 즉 자신의 돈을 거의 들이지 않고 부동산을 사는 방법이 담겨있다. 많은 이들이 이 시스템으로 백만장자가 되었다.

▲ 다른 사람의 경험

익히는 데 많은 시간이 요구되는 것을 다른 사람에게 빌리거나 배울 수 있다. 사실 부자가 되는 가장 좋은 방법은 돈 많은 사람들에게 돈 버는 방법을 직접 전수받는 것이다. 그들이 아는 모든 것을 배우고, 그들이 접촉하는 모든 사람을 만나고, 그들이 하는 모든 행동을 따라 하면 된다. 그러면서 그들보다 더 잘 해내는 것이다. 그것이 불가능하다면 그들이 쓴 책을 읽고, 그들의 강연을 듣고, 그들과 면담하고, 그들박에 빠졌다. 처음에는 소액이었다. "제니는 날 도우려고 했어요. 유치장에 갇힌 나를 보석으로 빼내 주었죠. 둘 사이에 금이 간 내가 그녀의 서명을 위조했기 때문이에요. 집을 담보로 돈을 빌리기 위해서였죠."

두 사람의 관계가 멀어지고 있을 때 계획에 없던 아이가 생겼다. 제니가 떠났을 때 아이는 겨우 네 살이었다. 그는 침통한 얼굴로 말을 이어갔다.

"도박 중독에서 완전히 회복된 건 1년 전쯤이에요. 아내와 아이를 데려오고 싶었지만, 이미 다른 사람의 아내가 되어있었죠. 제니는 그 사람의 아이를 가진 상태였어요. 새로운 가정을 이룬 거예요. 내가 끼어들지 않으면 모두가 행복해진다고 그녀가 말하더군요."

제레미는 컴퓨터 지식으로 이 팀에 이바지하고 싶다고 간청했다. 저축해둔 덕분에 마리포사 플라자 호텔에서 나와도 몇 달은 끄떡없었다. 준비된 인재인 셈이다.

최종적으로 코트니와 서머, 리니가 합류했다. 리니는 미셸의 스승이자 친구로, 현재 한 사립학교의 임시 교원으로 근무하고 있었다. (얄궂게도 니키와 한나가 다니는 학교였다)

그녀의 전화를 받고, 그들은 한결같이 돕겠다고 나섰다. "왜 소식을 끊은 거야?" 서머가 반가움에 울먹거렸다. "얼마나 걱정했는지 알아?"

"너무 부끄럽고 화가 났어." 미셸이 말했다. "괜스레 너희를 속상하게 할 것 같았고."

하지만 이제는 그들의 도움이 절실했다. 회의실에 둘러앉은 친구들

의 세미나에 참석하라. 그들로부터 아이디어 한 가지를 배우면 10년의 노력을 아낄 수 있다. 지렛대 원리는 최소의 시간에 최대의 결과를 얻게 해준다. 그들의 정보와 통찰력이 담긴 책이나 영상을 적극적으로 활용하자. 이것이 다른 사람의 경험을 얻는 가장 저렴하고도 빠른 길이다.

▲ **다른 사람의 아이디어**

이 책의 공동 저자인 마크가 전문 연설가가 되기 위해 '미국 연설가 협회' 회의에 참석했을 때였다. 그 협회의 회장이 여러 사람이 함께 책을 내는 방법에 대해 말했다. 그로부터 한 달 뒤, 마크는 그 아이디어를 활용해 키스 그린과 함께 책 한 권을 썼다. 『일어나라, 외쳐라, 성공하라』라는 제목의 책이었다. 그리고 공동 제작자를 모집했다. 그것이 마크가 한 푼도 들이지 않고 돈을 벌어들인 첫 번째 예다. 그는 다른 사람의 아이디어를 활용했고, 한해에 20만 달러를 벌었다. (권당 10달러에 2만 권을 판매했다) 강력한 아이디어를 나눠 줄 사람들과 교류하는 것은 매우 중요하다.

▲ **다른 사람의 시간**

상황에 따라 사람들은 자신의 시간을 무상으로 제공한다. 그리고 대부분은 자신의 시간, 재능, 인맥, 자원, 비법을 상대적으로 싼 가격에 판매한다. 뛰어난 능력과 독특한 아이디어를 지닌 전문가를 지렛대 삼아 당신 자신의 가치를 드높여라.

을 보니 눈시울이 뜨거워졌다. 하지만 지금은 그럴 때가 아니었다.

미셸은 일부러 유쾌하게 말을 꺼냈다. "신사 숙녀 여러분, 안전띠를 매주세요." 그러고는 웃으며 말을 이어갔다. "곧 이륙하겠습니다."

"어디든 말씀만 하세요." 코트니가 특유의 현실적인 말투를 내보였다. "이미 들었듯이, 낭비할 시간은 없으니까요."

샘이 제공해준 회의실은 우아한 분위기가 넘치고 있었다. 묵직한 떡갈나무 탁자 주위를 등받이가 높은 의자가 둘러싸고 있었다. 생기 넘치는 꽃장식이 탁자 한가운데 놓여있고, 한쪽 벽에 파스텔화가 걸려있었다. 반대쪽 벽에는 은은한 조명 아래 샘의 회사 이름이 돋을새김 되어있었다.

샘은 미셸의 오른쪽에 자리를 잡았다. 위엄이 풍기는 태도와 짙은 갈색 스카프에서 풍성하게 흘러내린 땋은 머리가 그녀를 돋보이게 해주었다. 그날 아침 미셸은 많이 발전했다는 칭찬을 들었다. 예전보다 훨씬 단호해지고 단단해졌다. "점점 나를 더 닮아가고 있어." 샘이 거침없이 말했다.

회의실 옆에는 작은 주방이 있었다. 다들 취향대로 커피나 차를 따라 마셨다. 찻잔 받침에 회사 로고인 불사조가 새겨져 있었다.

"차를 마시면서 대화를 이어가지요." 리니가 제안했다. 그녀는 빨간 빛깔의 라즈베리 차가 담긴 잔을 두 손으로 감싸고 있었다. 리니가 내성적인 사람이긴 했지만, 교사와 친구로 좋은 역할을 해낸다는 걸 미셸은 잘 알고 있었다.

▲ **다른 사람의 작업**

많은 이들이 직장에 다니고 싶어한다. 그들은 기회보다는 안정을 선호한다. 그런 사람들을 고용하여 당신이 하고 싶지 않거나 서툰 일을 맡겨라. 이렇게 다른 사람의 작업을 지렛대 삼아 당신의 성장을 도모할 수 있다.

백만장자들은 이 다섯 가지 지렛대를 활용하는 데 능숙하다.

지렛대 효과 최대로 활용하기

지렛대 효과는 홀로 발생하지 않는다. 혼자서는 자신의 지식과 경험, 돈, 자원에 의존할 수밖에 없다. 하지만 이것은 부에 이르는 멀고도 느린 길이다. 그 길을 가는 동안 당신은 고갈된 자원 앞에서 좌절하고 말 것이다.

지렛대 효과를 제대로 누리가 위한 첫 번째 조건은 멘토, 즉 조언자를 구하는 것이다. 멘토는 당신보다 앞서 백만장자의 산을 정복한 사람이다. 그는 산의 지형과 낭떠러지를 알고 있으며, 어떻게 해야 정상에 도달하는지 알고 있다. 무엇보다 중요한 것은 하지 말아야 할 것 미셸은 본능적으로 샘을 보았다. 그녀가 격려의 의미가 담아 미소를 보냈다. 안토니와 벌인 내기에 대해 친구들은 대충 알고 있었다. 이제는 좀 더 자세히 이야기할 시점이었다. 심호흡을 한 뒤 미셸이 입을 열었다.

"모두 아시겠지만, 제 아이들을 꼭 되찾고 싶어요. 무엇보다 급한 일이지요. 그래서 우리가 버는 첫 100만 달러가 명백하게 제 소유가 되어야 해요. 안토니 에릭슨과 약속한 조건을 지키기 위해서예요. 일단 아이들을 되찾고 나면 여러분 모두에게 보수를 지급할 것입니다. 그리고 사업이 계속될 수 있도록 투자를 할 거예요. 그 이후로는 이익을 모두 나눌 겁니다. 그러려면 법인을 설립하고 서류를 작성해야 하는데요, 사만다가 자신의 법률고문을 빌려주겠다고 약속했습니다. 우리는 가까운 사람들로 이루어진 법인이 될 것입니다. 지금 이 자리에 계신 분들 모두 이바지한 시간에 비례해 주식을 배례받을 겁니다. 나중에 필요할 경우, 급여를 주고 정규 직원을 고용할 것입니다. 하지만, 지금은 그럴 형편이 못됩니다."

"철저한 계획을 세우신 것 같군요." 살며시 웃으며 리니가 말했다. "문제는 이 회사가 앞으로 어떤 일을 해야 할지 모른다는 것이죠."

"맞습니다. 작은 문제 한 가지가 있지요." 미셸이 싱긋 웃었다. "그 문제에 관해 우리 회사의 부사장이신 사만다 먼로가 직접 말씀해주실 겁니다."

샘이 자리에서 일어났다. 호텔에서 그녀를 처음 보았을 때 느꼈던 것처럼 강렬한 인상을 풍기고 있었다. 그녀는 살짝 고개를 돌려서 자리

이 무엇인지를 잘 안다는 사실이다. 이것이야말로 초보자의 실수를 바로 잡는 데 낭비되는 시간과 돈을 아끼는 길이다. 멘토는 지름길은 물론이고, 시간을 버는 방법, 난관에 대처하는 요령까지 알고 있다. 그렇다. 당신에겐 지금 멘토가 필요하다.

지렛대 효과를 위한 두 번째 조건은 팀 구성이다. 힘을 모으면 더 많이, 더 빨리, 더 쉽게 목적을 달성할 수 있다. 서로의 단점을 지적해 발전을 도모하는 것도 가능하다. 팀원이 낙담하면 당신이 격려하고, 당신이 낙담하면 팀원이 격려한다. 당신에게 부족한 면을 팀원들이 메꿀 수 있다. 팀을 이루면 모두가 더 빨리 달릴 수 있다. 1.6킬로미터를 달릴 때 4인 계주팀은 혼자 달리는 사람보다 약 2초 더 빠르다. 속도를 원한다면 팀이 필수다.

지렛대 효과를 위한 세 번째 조건은 네트워크다. 팀원들은 각각 100명 이상의 가치 있는 사람을 알고 있다. 여섯 명으로 구성된 팀이라면, 600명을 안다는 의미다. 그 사람들이 각각 100명의 가치 있는 이들을 알고 있다면, 당신은 전화 두 통으로 6만 명과 접촉할 수 있다. 네트워크의 가치는 그 안에 속한 사람 수의 제곱으로 계산한다. 즉, 당신의 직접적인 네트워크가 600명이라면, 36만 명의 사람과 연결되는 셈이다. 한 명으로 구성된 팀은 부족하다. 네트워크의 힘을 갖춰야 한다. 네트워크에는 몇 명의 핵심 인물, 즉 거대한 인적 네트워크를 통제하는 사람이 있다. 핵심 인물에겐 일을 가능하게 만드는 능력이 있다. 그 사람의 말 한마디면 일이 이루어진다. 거대한 네트워크의 가치는

에 모인 모든 사람을 둘러보았다.

"기업은 강력한 임무를 지닐 때 비로소 성장합니다. 제가 창업을 도운 기업들 가운데 이보다 더 강력한 임무를 지닌 곳은 없었습니다. 문제는 이번 임무가 간단하지 않다는 겁니다. 90일 안에 백만 달러를 벌어야 하니까요."

"기적이 필요한 시점이군요." 제레미가 말했다.

"맞습니다." 그러고는 샘이 잠시 말을 멈췄다. 자신의 멘토가 극적인 효과를 위해 일부러 그런다는 걸 미셸은 알아차렸다. "지렛대의 기적을 일으켜야 해요. 그리고 그 기적은 맨 나중에 일어날 겁니다."

"지렛대의 기적이요? 그게 무슨 말인가요?" 서머가 물었다.

"좋은 질문입니다. 다들 파일을 봐주세요."

각자 자기 앞에 놓인 초록색 파일의 첫 장을 열었다. 그림 하나가 보였다.

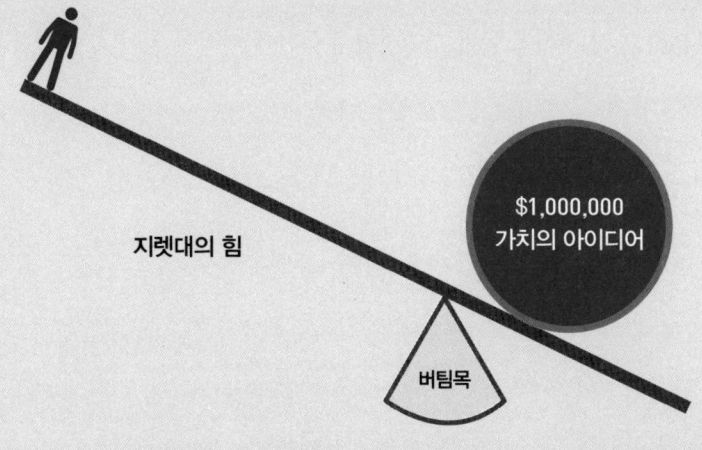

핵심 인물을 찾아낼 가능성이 커진다는 데 있다. 기억하라. 일이 성사되는 데 필요한 것은 한 명의 핵심 인물이다.

지렛대 효과를 위한 네 번째 조건은 우주적 네트워크다. 이것은 우리 모두를 이어주는 정신적 연결선이다. 우연, 의외의 발견, 행운, 엇갈린 운명 같은 것이 여기에 속한다. 지렛대 효과의 궁극적인 목적은 이러한 우주적 네트워크를 찾아가는 것이다.

지렛대 효과를 위한 다섯 번째 조건은 기술과 도구의 이용이다. 백만장자는 빠른 의사소통, 계산, 결정을 위해 컴퓨터, 인터넷, 인공지능 등의 도구를 활용한다. 필요한 정보를 즉시 얻을 수 있기 때문이다.

지렛대 효과를 위한 여섯 번째 조건은 시스템이다. 모든 백만장자는 부의 과정을 체계화하고, 효율화하고, 조직화한다. 정보 전달의 효율적인 형태는 멘토의 시스템을 배워 그대로 따르는 것이다. 부동산, 투자, 기업, 인터넷 가운데 무엇을 고르든 언제나 시스템을 배워야 한다.

멘토, 팀, 네트워크, 우주적 네트워크, 기술과 도구, 시스템이 결합해 튼튼하고 긴 지레에 힘이 가해지면 순식간에 기적이 일어날 수 있다.

샘이 사람들 앞에 놓인 그림을 가리켰다. "우리는 이 백만 달러짜리 바위를 움직여야 합니다." 그녀가 시계를 쳐다보았다. "88일 15시간 45분 안에요."

미셸은 친구들을 살짝 보았다. 다들 두려움과 흥분이 뒤섞인 표정이었다.

샘이 말을 이어갔다. "우리는 앞으로 백만 달러짜리 아이디어를 찾아서 그것을 지렛대에 올려놓아야 합니다. 지렛대는 최소한의 노력으로 무거운 물건을 들 때만 필요한 것이 아닙니다. 속도를 얻는 데도 필요합니다."

"그럼 버팀목 역할은 무엇이 하는 거죠?" 코트니가 물었다.

"버팀목은 바로 우리입니다. 우리의 헌신적인 노력이요. 사실 모든 것이 거기에 달려 있습니다."

샘은 진한 초록색 마커펜을 들고 앞에 놓인 칠판에 지렛대 그림을 그렸다. 그리고 막대를 따라 여섯 개의 화살표를 그린 뒤 그 안에 각각 단어를 채워 넣었다.

▲ 멘토　　　▲ 우주적 네트워크

▲ 팀　　　　▲ 기술과 도구

▲ 네트워크　▲ 시스템

자기 암시, 두 번째

"나는 돈을 끌어당긴다"

나는 돈을 끌어당기는 자석이다.

나는 돈을 좋아한다. 돈도 나를 좋아한다.

나는 돈을 끌어당긴다.

나는 24시간 내내 돈을 끌어당긴다.

나는 충분할 만큼 돈을 번다.

나는 현명하게 돈을 버는 방법을 알고 있다.

나는 미래에 지금보다 더 많은 돈을 가질 것이다.

내가 번 돈은 계속해서 늘어난다.

내가 번 돈은 배가 되고, 스스로 채워질 것이다.

나는 더욱더 많은 돈을 영원히 즐길 것이다.

나는 모든 필요를 채우고도 남을 만큼 돈이 많다.

나는 기꺼이 즐거운 마음으로 돈을 저축한다.

나는 현명한 방식으로 돈을 투자한다.

나의 돈은 손쉽게 스스로를 재창조한다.

나는 선한 미래를 위해 기쁘게 돈을 기부한다.

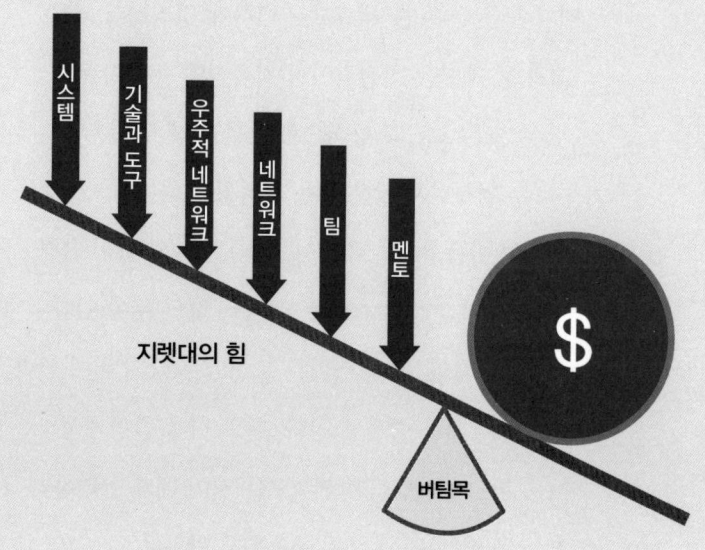

"우리는 지레에 여섯 가지 힘을 가할 거예요. pp.176-206 각각의 힘은 그리 강력하지 않을 수도 있어요. 하지만 이 힘이 합쳐지면…." 샘이 말꼬리를 흐렸다. 이번에는 듣는 이의 상상력을 북돋우기 위해서였다.

잠시 뒤, 샘이 설명을 이어갔다. "지렛대를 움직이는 첫 번째 힘은 멘토, pp.208-254 그러니까 실제로 그 일을 해 본 사람을 찾는 겁니다. 이번에는 제가 멘토입니다. 저는 훌륭하지만, 엄청나게 대단한 멘토는 아닙니다. 그래서 헌신적인 분들이 필요합니다. 여러분이 이 자리에 모인 이유지요." 그녀가 사람들을 가리켰다. "우리만으로는 힘이 부족할 수 있어요. 하지만 우리의 기술과 도구, 시스템, 연결된 네트워크를 합친다면 매우 막강한 힘을 발휘할 수 있습니다."

내가 모은 돈은 늘 새롭고 완벽하게 정리된다.

내가 번 재산은 혁신적이며 지속적인 유산이 된다.

돈은 모든 모습과 방식으로 나를 향해 달려온다.

나는 엄청나게 많은 돈을 지니고 있다.

나의 마음, 미래, 주머니, 어디든 나의 돈이 있다.

나의 지갑, 금고, 계좌, 어디든 나의 돈이 있다.

나의 사업, 투자 어디든 불어나는 나의 돈이 있다.

나는 돈을 즐겁게 한다. 돈도 나를 즐겁게 한다.

돈, 거기에 필적하는 모든 것이 내게 끌려온다.

돈은 영원히 나를 풍요롭게 만든다.

나의 모든 일은 나와 남을 위해 풍요를 창조한다.

영화 '록키'의 뒷이야기

실베스터 스탤론은 가난한 배우이자 작가로 뉴욕에 머물고 있었다. 어느 날 권투 시합을 보러 갔다가, 위대한 복서 무하마드 알리와 맞붙은 무명 선수를 보고 깊은 감명을 받았다. 그 무명 복서는 경기에서 졌지만, 챔피언 알리를 한 차례 다운시켰다. 스탤론은 그 복서의 모습에 샘이 검지 두 개를 나란히 들어 11을 만들었다. 그게 무슨 뜻인지 다들 궁금해하는 눈치였다.

"우리가 찾아낸 백만 달러짜리 아이디어가 소형 부품을 파는 것이라고 가정해 보지요. 부품 한 개를 팔면 1달러의 이익이 생깁니다. 그럼 앞으로 부품 백만 개를 팔아야 하지요. 여러분 가운데 부품 100만 개를 사들일 사람을 아시는 분 있나요?"

다들 서로의 얼굴을 쳐다보며 고개를 저었다.

"바로 그겁니다. 이 자리에 있는 우리 여섯 사람은 부품 백만 개를 구매할 사람을 알지 못합니다. 하지만 각자 100명 정도의 사람은 알고 있지요. p.322 그리고 그 100명은 각각 100명씩을 더 알고 있을 겁니다. 이런 간단한 계산법을 적용하면 우리는 단 두 통의 전화로 6만 명과 접촉할 수 있습니다. 어쩌면 미국 대통령과 접촉할 수도 있고요."

"여섯 다리만 거치면 이 세상 누구와도 연결될 수 있다는 말이네요." p.312 리니가 조용히 고개를 끄덕였다.

"맞아요. 그 6만 명 가운데 한 사람이 핵심 인물, 즉 부품 100만 개를 구매할 사람을 알고 있을 확률은 어떻게 될까요?"

"월마트 창업자인 샘 월턴 같은 사람을 말하는 건가요?" 제레미가 물었다.

"그 사람의 후계자도 가능하겠네요." 리니가 말했다.

"제레미의 말이 맞아요." 샘이 말했다. "샘 월턴이 살아 있을 때, 여러분이 사무실에 찾아가서 세계 최고의 부품을 보여 줬다고 해봅시다.

서 이 세상을 상대로 분투하는 자신의 모습을 엿보았다.

그는 당장 집으로 달려가서 사흘 밤낮을 꼬박 글쓰기에 매달렸다. 그리고 '록키'라는 제목의 시나리오 초고를 써냈다.

그때 스탤론의 주머니에 남아 있던 돈은 106달러뿐이었다. 그의 에이전트가 그 시나리오를 영화사 몇 군데에 전달했고, 한곳에서 연락이 왔다. 당시 큰 인기를 누리던 라이언 오닐이나 버트 레이놀즈를 주연 배우로 삼겠다는 조건으로, 그 시나리오를 2만 달러에 사겠다고 했다.

생각지도 못한 액수에 흥분하긴 했지만, 스탤론에겐 꿈이 있었다. 그래서 돈은 필요 없다며, 자신이 주연을 맡겠다고 제안했다. 하지만 영화사는 거절했다. "무명 배우가 등장하는 영화가 흥행할 리 없다."라는 이유에서였다. 돈이 절실하긴 했지만, 스탤론은 그 영화사의 제안을 거절했다.

영화사는 다시 8만 달러를 제시했다. 그가 주연을 맡지 않는다는 조건이었다. 하지만 스탤론은 이 제안을 다시 거절했다.

그러자 영화사가 20만 달러를 제시하며 다시 연락을 해왔다. 당대 최고의 배우였던 로버트 레드포드가 이 시나리오에 관심을 보였다고 했다. 그러나 스탤론의 대답은 한결같았다. 마침내 영화사는 30만 달러에 시나리오를 사고 싶다고 말했다. 잠시 고민한 뒤, 그는 결국 거절의 말을 건넸다. 자신을 찾아온 영화사 사람들에게 스탤론이 말했다. "그때 그랬더라면 얼마나 좋았을까 하면서 평생을 후회하고 싶지 않아요."

영화사 사람들이 다시 찾아와서 33만 달러를 제시했다. 스탤론은 말

마음에 쏙 들었다면, 그 사람은 며칠 안으로 미국 전역의 월마트에 그 부품 1,000만 개를 진열했을지도 몰라요."

그 말에 다들 고개를 끄덕였다. 그 모습을 보며 미셸은 자신을 이곳으로 이끌어준 보이지 않는 힘에 감사했다. "샘이 말한 '핵심 인물'p.186은 그 일을 가능하게 만들 능력을 지닌 사람이에요." 미셸이 덧붙였다. 그동안 열심히 배웠다는 사실을 샘에게 보여 주고 싶었다.

대견하다는 시선을 느끼며, 미셸이 말을 이어갔다. 이번에는 살짝 조심스러운 말투였다. "혹시 들어보셨나요? '오컴의 면도날'이라는 원리를요." 샘과 그 원리에 관해 두 번 토론했지만, 아직 정확하게 개념 파악을 하진 못했다. "오컴 윌리엄은 14세기 인물로, 영국의 과학자예요. 그가 말했죠. '최고의 해결책을 찾는다면 가장 간단한 것을 골라라. 대부분 그게 정답이다.' 우리 같은 경우에는 100만 명에게 부품을 한 개씩을 팔기보다는 부품 100만 개를 한꺼번에 사들일 사람을 찾는 것이 간단한 해결책이 될 수 있겠지요." 미셸은 뿌듯한 마음으로 의자에 앉았다. 샘의 말이 맞았다. 다른 사람과 나누면서 배움이 더 깊어지고 있었다.

한 시간이 흘렀다. 미셸은 피로와 흥분을 함께 느꼈다. 큰 바위를 향해 달렸던 첫날에 느꼈던 기분과 흡사했다.

했다. 자신이 주연을 맡을 수 없다면 그 시나리오를 영원히 영화로 만들지 않겠다고.

마침내 영화사는 그의 제안을 수락했다.

스탤론은 시나리오를 쓴 대가로 2만 달러를 받았다. 영화 출연료는 주당 340달러였다. 시나리오를 넘겼다면 33만 달러를 벌었겠지만, 이것저것 비용을 제하고, 에이전트 수수료와 세금을 빼고 나니 그의 손에 남은 돈은 6천 달러 정도였다. 그리고 마침내 영화가 세상에 선을 보였다.

그해 스탤론은 아카데미 최우수 남우주연상 후보에 올랐다. 영화 '록키'는 최우수 작품상, 최우수 감독상, 최우수 편집상 등 세 개 부문을 수상했다. 그 후 록키 시리즈가 거둔 수입은 10억 달러에 달한다. 그리고 실베스터 스탤론은 세계적인 스타가 되었다.

직관을 따라라. 그리고 당신의 직관을 믿어라.

다들 비슷한 기분을 느끼는 것 같았다. 눈을 비비는 사람도 있고, 테이블 위에 펜을 내려놓는 사람도 있었다. 어쨌든 그 자리는 친구들이 샘을 처음으로 만나는 자리였다. 샘과 만나는 사람들은 누구나 엄청난 배움을 얻곤 했다.

점심시간이 되었다는 샘의 말에, 각자 주변을 정리하며 자리에서 일어섰다. 그러면서 근처에 맛있는 중국 음식점을 알고 있다거나 괜찮은 멕시코 식당이 있다는 말이 오갔다. 그 말을 들으며 미셸은 슬며시 미소를 지었다.

"친구 여러분, 다 같이 점심을 먹읍시다. '세 사만다'로 이동하지요."
점심을 먹을 장소가 조금씩 구체화되어가고 있을 때 샘이 말했다.

'세 사만다'는 샘의 회사 본사가 있는 10층짜리 건물 옥상에 자리한 작은 정원이었다. 샘의 비서가 근처 식당에서 칠면조 샌드위치와 채식주의자용 샌드위치를 점심으로 이미 주문해둔 터였다. 사람들이 자리를 잡으면서 간단한 잡담을 주고받았다. 잠시 뒤 샘이 포장되어 있던 샌드위치를 꺼내 입으로 가져가며 말했다. "이 정도 음식이면 금세 해치울 수 있겠지요? 미셸이 설명을 잘하네요. 계속 이야기할 기회를 주도록 하지요." 그러면서 얼른 한입을 베어 물었다.

"그렇군요…." 미셸이 우물쭈물 말했다. 마음 편히 샌드위치를 먹을 상황이라면 얼마나 좋을까 하는 생각이 들었다. "아직 토론하지 않은 지렛대의 조건은 우주적 네트워크예요." pp.336-346

"어휴." 제레미가 한숨을 내뱉었다. "작은 선생님 등장이네요."

1분 돌아보기: 지렛대 원리

1. **지렛대는 곧 속도다.**

    1분 만에 백만 달러를 벌려면 지렛대 원리를 터득해야 한다. 가치를 높이는 행동에 지렛대 원리를 적용하면 더 쉽고 더 빠르게 돈을 벌 수 있다.

2. **막대가 길면 길수록 효과는 커진다.**

    깨달은 백만장자는 간편함과 속도가 사업의 새로운 추세임을 알고 있다. 따라서 깨달은 백만장자는 길고 튼튼한 지렛대를 만든다.

3. **백만장자들은 다섯 가지 지렛대를 이용하는 데 능숙하다.**

    ▲ 다른 사람의 돈

    ▲ 다른 사람의 경험

    ▲ 다른 사람의 아이디어

    ▲ 다른 사람의 시간

    ▲ 다른 사람의 작업

4. **백만장자는 계속해서 지렛대를 찾는다.**

    깨달은 백만장자는 끊임없이 고민한다. "이 상황, 이 기회, 이 아이디어를 어떻게 지렛대에 올릴 수 있을까?" 깨달은 백만장자가 되고 싶다면 이 말을 계속 중얼거리자. "지렛대 효과를 누리자. 지

"마음대로 생각해요." 미셸의 목소리가 살짝 높아졌다. "우린 대부분 신의 존재를 믿어요. 그렇지 않나요?"

"맞아요." 서머가 열의를 갖고 대답했다. 그런 질문에 불편한 표정을 지어 보이는 사람이 둘 있었다. 나머지는 고개를 끄덕였다.

"그 존재를 무엇으로 불러도 괜찮아요." 어느새 샌드위치는 까맣게 잊고, 미셸이 쉬운 말로 설명하기 시작했다. "우주, 하느님, 창조주…."

"신을 가리키는 말이 이 세상에 627개나 존재해요." 샌드위치를 먹으며 샘이 한마디 덧붙였다.

미셸이 설명을 이어갔다. "영혼, 천사, 수호신, p.340-342 무엇이든 상관없어요. 핵심은 이거예요. 우주적 네트워크는 보이지 않는 모든 힘이 합쳐진 것이에요. 지금 우리 주변에 있는 것, 우리를 도울 준비가 된 것들을 말해요."

제레미는 납득이 되지 않는다는 표정이었다.

"그런 네트워크가 존재한다면 어떨 것 같아요, 제레미?" 미셸이 물었다. "그것을 알아볼 방법이 있다면 어떨까요? 그게 꼭 도움이 된다고 믿으라는 건 아니에요. 그저 가능성을 인정하면 좋겠다는 말이에요."

"너무 막연하게 들려요." 제레미가 음료가 조금 남은 병을 흔들었다. "나는 컴퓨터 전문가예요. 그래서 확인할 수 있는 숫자가 편해요."

샘이 잠시 샌드위치를 내려놓았다. 자세히 설명하기 위해서였다. "이해해요, 제레미. 컴퓨터 용어를 빌려서 말해보죠. 나는 우리 모두를 연결하는 영적인 인터넷이 있다고 믿어요. 우리가 무언가를 간절하게

렛대 효과를 누리자."

5. 최대의 효과를 거두기 위한 지렛대 원리의 여섯 가지 조건은 다음과 같다.

1) 멘토

2) 팀

3) 네트워크

4) 우주적 네트워크

5) 도구와 기술

6) 시스템

순수하며 발전 가능한 목표에 지렛대 원리를 적용하라. 그러면 걸리거나 막히는 것 없이 나아갈 수 있다.

바라면, 영적인 네트워크를 통해 수많은 메일이 발송되지요. 육감이나 직관이라는 이름의 메일이에요. 이렇게 받아본 직감을 따르면 대체로 더 나은 결과를 얻을 수 있어요."

"흠, 이제 좀 알겠네요." 제레미가 말했다.

샘이 모두를 바라보며 질문을 던졌다. "자, 친구 여러분, 신은 미리 알고 있을까요? 내일 어떤 주식이 오를지, 5년 뒤에 어떤 부동산의 가치가 증가할지, 대체 어떤 사업이 성공하고 실패할지?"

"분명 알 거라고 생각해요." 코트니가 말했다. "그리고 저는 신이 존재한다는 사실을 믿어요. 신은 당연히 알고 있을 거예요." 그녀가 열심히 말했다. 예전이라면 해보지 못했을 생각이었다.

"그렇다면, 신은 벌써 우리의 백만 달러짜리 아이디어가 무엇인지 알고 있을 겁니다."p.148 샘이 말을 이어갔다.

서머가 사만다의 말을 이어받으며 속삭이듯 말했다. 마치 '아하!'의 순간을 경험하고 있는 것 같았다. "그리고 모든 핵심 인물의 이름도 알고 있고요…."

"맞아요, 우리와 백만 달러 사이에는 단 한 개의 아이디어, 단 한 사람의 핵심 인물이 있어요. 딱 그만큼 떨어져 있는 것이지요." 샘이 말했다.

멘토

다들 먹은 음식을 정리하고 포장지를 휴지통에 버렸다. "오후에도 집중 수업이 있을 거예요. 힘을 내봅시다." 샘이 계단으로 통하는 문을 붙잡고 명랑하게 말했다.

이 사람은 지치지도 않는다고 미셸은 생각했다. 서둘러 회의실로 내려갔을 때, 서머가 말했다. "참, 제가 특별한 시계를 구했어요." 작은 화면이 달린 시계가 사람들 앞에 놓였다. "최종 기한까지 남은 시간을 알 수 있어요." 그녀는 회의실 한쪽의 선반에 그 시계를 올려놓았다.

88일 22시간 51분

그 시간을 보며, 미셸은 몸을 떨었다. 서머에게 고마워해야 할지 원망을 해야 할지 알 수 없었다. 시계가 마지막 1분을 가리킬 때, 미셸은 세상에서 가장 행복한 사람이 되어있거나 가장 불행한 사람이 되어있을 것이다.

다음 세 시간은 브레인스토밍으로 채워졌다. '우리의 백만 달러짜리 아이디어는 과연 무엇일까?'라는 질문에 대한 열띤 토론이 이어졌다. 그들은 '독특한 것, 약한 것'이라는 훈련을 시작했다. 덕분에 백만 달러짜리 아이디어로 탈바꿈할 수 있는 각자의 재능과 관심사를 알 수 있었다. 제품이나 서비스를 창조할 때 걸림돌이 될 자신의 약점도 알아보았다. 어떤 아이디어도 거부당하지 않았다.

"콘웰의 다이아몬드p.166를 기억하세요." 샘이 코치했다. "우리가 이

멘토와 강력한 지렛대 효과

현명한 사람과 마주 앉아 나누는 한 번의 대화는
책을 보며 한 달 동안 공부하는 만큼의 가치가 있다.
- 중국 격언

멘토라는 단어를 사전에서 검색하면 '신뢰할 수 있는 현명한 조언자, 혹은 스승'이라는 설명이 나온다. 일반적으로 멘토를 지칭하는 다른 용어는 '코치'다. 멘토의 도움 없이 위대한 성공을 이룬 사람은 찾아보기 힘들다. 다음은 멘토가 꼭 필요한 이유다.

첫째, 너른 시야를 갖게 한다. 우리는 종종 사물에 너무 가까이 다가선다. 그래서 객관적으로 보지 못하고 상황이 만드는 공포, 흥분, 의심, 불안, 혼란, 압박감에 사로잡힌다. 하지만 멘토는 일정한 거리를 두고 사물을 바라본다. 세월의 흐름 속에서 쌓아온 경험은 지혜로 축적된다. 멘토는 평생에 걸쳐 겪었던 경험을 통해 지혜를 나누어 준다.

둘째, 효율적으로 일하게 한다. 멘토는 우리가 깨닫지 못하는 틈새를 메워 준다. 우리가 새로운 과제를 마주할 때, 멘토는 그간의 경험을 바탕으로 뒤얽힌 부분을 단순하게 바라보며 우리를 올바른 길로 이끈다. 또한, 함정에 빠지지 않게 돕고 예상되는 위험을 알려준다. 즉 멘토는 미 가진 아이디어, 혹은 우리가 아는 누군가의 아이디어를 찾아야 합니다. 그 아이디어가 무언가의 비결, 특별한 도구, 게임이나 책의 소재가 될 수 있어요."

오후 4시까지 차트 열두 장이 모두 채워졌다. 샘은 그 차트로 회의실 벽을 도배했다.

15분 동안 휴식을 가진 뒤, 샘이 간단한 설명을 했다. "드림팀을 구성하는 목적은 아이디어를 찾기 위해서만이 아닙니다. 그 아이디어가 타당성이 있는지도 확인해야 하지요. 팀원 중에 누군가는 기회를 포착하는 데 천부적인 소질이 있어요. 다른 누군가는 장애를 알아채는 재능이 있지요. 모두 우리에게 필요한 능력입니다. 지금부터 팀을 두 개로 나눌 거예요. 토끼 팀과 거북이 팀이죠."

샘, 미셸, 서머로 구성된 토끼 팀은 회의실에 남았다. 제레미, 코트니, 리니로 구성된 거북이 팀은 샘의 개인 사무실로 자리를 옮겼다. 거북이 팀이 할 일은 100명의 연결자 명단을 작성하는 것이었다. 거북이 팀이 그 일을 해내는 동안, 토끼 팀은 회의실에서 백만 달러짜리 아이디어 리스트를 정리하도록 했다. 실현 가능성이 큰 순서대로 열 가지를 고르라는 지시였다. p.322

한 시간 뒤, 거북이 팀이 다시 회의실로 불려 왔다. 그들의 임무는 '반대를 위한 반대'였다. 아이디어가 하나씩 등장할 때마다 발생할 수 있는 문제점을 지적해야 했다. 이 과정을 통해 가장 문제가 적은 아이디어 세 개를 추릴 수 있었다. 그런 다음 발생할 수 있는 모든 문제점

우리가 과제를 탐색할 때 힘들지 않도록 돕는다. 시간, 돈, 감정을 허비하며 고통스럽게 치러야 할 대가를 줄이고, 더 높은 단계에 오르도록 도와줄 디딤돌이 되어준다.

셋째, 참고 견디게 해준다. 새로운 기술을 배우기 위해서는 반드시 거쳐야 할 과정이 있다. 실패를 통해 우리가 무언가에 능숙해질 때까지 참고 견딜 힘을 멘토가 가르쳐 준다. 멘토 없이 성공한 사람은 없다. 워런 버핏의 이야기를 들어보자.

워런 버핏은 세계에서 가장 부유한 투자자다. 그의 재산은 수십억 달러에 이르는 것으로 알려져 있다. 대학 4학년 때 그는 벤저민 그레이엄이 집필한 주식 투자의 고전 『현명한 투자자』를 읽었다. 이 책을 읽고 마치 위대한 산과 마주친 느낌을 받았다. 벤저민 그레이엄이 컬럼비아 대학에서 교편을 잡고 있다는 것을 알게 된 그는 당장 그 대학에 등록했다. 그리고 원하는 강의를 듣고, 경제학으로 석사 학위를 받았다.

대학을 졸업한 뒤, 워런 버핏은 벤저민 그레이엄이 운영하는 투자 회사에 지원했다. 입사 제안이 번번이 거절당하자, 나중에는 무보수로 일하겠다고까지 말했다. 3년이 흐른 뒤, 그는 마침내 원하던 회사에 들어갈 수 있었다. 그리고 2년 동안 벤저민 그레이엄이 그의 멘토가 되어주었다.

스물다섯이 되던 해, 워런 버핏은 고향인 오마하로 돌아갔다. 그곳에서 일곱 명의 투자자와 함께 '버핏 투자조합'이라는 회사를 세웠다.

에 대비해 임시 대책을 만들었다. 세 가지 아이디어가 효과를 발휘하지 못할 경우를 예상해 대비책을 마련한 것이다.

마지막으로, 샘은 토끼 한 명과 거북이 한 명을 짝지어 세 개의 조를 만들었다. 각 조가 아이디어 하나씩을 맡아 실행을 책임지기로 했다.

첫 번째 조는 샘과 리니로, 부동산 투자를 맡았다. 샘에게는 전문 분야였고, 리니는 공인중개사 자격증을 보유하고 있었다. 사실 이 두 사람이 부동산 투자를 맡는 건 당연한 일이었다.

두 번째 조는 제레미와 서머였다. 두 사람은 제레미의 컴퓨터 지식을 바탕으로 온라인 판매가 가능한 제품이나 서비스를 찾는 일을 맡았다.

세 번째 조는 미셸과 코트니가 짝이 되었다. 이들은 코트니의 유통업 노하우를 이용하기로 했다. 판매할 제품의 범위를 대여섯 개로 좁혀보기는 했지만…, 적당한 제품을 찾을 수가 없었다.

"효과적인 아이디어를 한 가지만 선택해서 힘을 집중하면 어떨까요?" 서머가 물었다.

"다각적인 수입 흐름이 필요합니다. p.404 이 아이디어 가운데 어느 것이 효과적일지 아무도 알 수 없어요. 그러니 세 개를 다 시작해 보는 게 좋습니다. 백만 달러를 한꺼번에 벌지 못할 가능성도 커요. 부동산으로 20만 달러, 온라인 판매에서 50만 달러, 유통업을 통해 30만 달러를 벌어들일 수도 있을 거예요. 어쩌면 한 가지는 성공하지 못할 수도 있습니다. 그러니 아이디어 찾기를 멈추지 마세요. 우리 주위에서 백만 달러짜리 아이디어가 떠다니고 있을 수도 있거든요. 언제나 주변

그가 주식에 처음 투자한 돈은 100달러에 불과했다. 5년이 지나기 전에 워런 버핏은 백만장자가 되었다. 그리고 역사상 가장 훌륭한 주식 투자가가 되었다.

혼자서는 시너지를 창출할 수 없다는 사실을 기억하자. 시너지를 내려면 최소 두 명이 필요하다. 깨달은 백만장자들은 모두 멘토를 갖고 있다. 그리고 멘토의 필요성을 잘 알고 있다. 그들에게 멘토는 지렛대 원리의 중요한 조건이다.

멘토를 얻는 법

나약한 사람에겐 울타리를 친 뒤에야 밭이 보이고,
지어진 다음에야 집이 보인다.
강한 사람의 눈에는 이미 집과 밭이 보인다.
그의 눈은 놀랍도록 신속하게 부를 창출한다.
태양이 구름을 만드는 것처럼 빠른 속도로 말이다.
- 랄프 왈도 에머슨

위대한 사람에 관해 연구해보면, 그들이 한 명 이상의 대가를 멘토로 삼아 가르침을 받았다는 사실을 알게 된다. 당신이 위대하고, 유명하고, 성공적인 인생을 살고 싶다면 반드시 뛰어난 멘토를 얻어야 한다.

을 돌아보아야 합니다."

리니의 얼굴에 의문이 떠올랐다. 샘의 말에 전적으로 동의할 수 없다는 표정이었다.

샘이 설명을 이어갔다. "리니, 방금 새 차를 뽑았다고 상상해 봐요. 그 차를 몰고 가다 보면 당신의 차와 똑같은 모델과 색상의 차와 반드시 마주칠 겁니다. 왜 그런 일이 생길까요? 그전에는 그런 차를 거의 보지 못했는데, 새 차를 몰고 갈 때 똑같은 차들이 어떻게 그렇게 눈에 들어오는 걸까요?" 샘은 잠시 사이를 두었다. "우리의 생각이 자석과 같기 때문이에요.p.136 일단 뭔가를 느끼게 되면 이전에는 알지 못하던 것들을 끌어당기게 됩니다. 감정적으로 충전되면 생각이 깨어나는 것이지요. 의식 밑에 가려져 있던 것들이 바깥으로 나오는 겁니다. 분명히 말하지요. 백만 달러짜리 아이디어는 우리 주변을 떠다니고 있습니다. 지금 이 순간에도."

샘이 두 손을 머리 위로 올려 허공에서 떠도는 생각을 잡는 동작을 했다. "그저 알아채기만 하면 되는, 우리 주위를 떠다니는 아이디어는 무엇일까요? 그것을 깨닫는 순간, 1분 만에 백만장자가 될 수 있습니다. 당장 실천만 하면 됩니다!"p.26

날이 저물었다. 마침내 해산할 시간이 되자 샘이 그들에게 당부했다. 연결 가능한 100명의 명단을 완성하고, 직관을 이용해 그 명단을 두 그룹으로 나누라고. A그룹은 핵심 인물로 인도할 가능성이 가장 큰 열 명으로 구성하고, B그룹은 나머지 사람들로 구성해야 했다.

멘토에게 가르침을 받는 기간은 보통 2년 이상이다. 대가가 보유한 모든 정보를 받아들이고, 그들의 경험과 비법을 모두 익히고, 그들이 만나는 모든 사람을 만나고, 그들이 연구해왔고 연구하고 있으며 앞으로 연구할 것들을 모두 연구해야 한다. 또한, 당신은 대가들이 생각하는 방식을 배워야 한다. 그들과 똑같은 결과를 얻기 위해서는 그들이 인식하는 스타일을 익혀야 하는 것이다.

모든 대가는 사소한 일을 처리해줄 조수를 고용한다. 시간을 최대한 효율적으로 사용하기 위해서다. 그런 역할이라도 기꺼이 해내려는 자세가 필요하다. 누구보다 빠르고, 누구보다 긍정적으로 그 일을 해내라. 더 해보겠다고 계속 제안하라. 멘토가 필요로 할 요구사항을 예상하라.

마크는 벅민스터 풀러 박사의 제자였으며, 연구 조수로 일하고 있었다. 마크는 범세계적으로 생각하고, 종합적으로 사고하며, 보다 살기 좋은 세상을 만들어야 한다는 것을 풀러 박사에게 배웠다. 마크는 멘토의 가르침을 받아들이기 위해 밤낮으로 애썼다. 때때로 풀러 박사는 연구에 몰두하느라 가족과의 약속을 잊곤 했다. 그 약속을 일깨워주는 것 또한 마크의 역할이었다.

대학원생이었던 밥은 스티븐 R. 코비 박사의 제자였다. 코비 박사는 수십억 달러 규모의 기업 '프랭클린-코비'의 공동 소유주이자 기업 철학의 대가였다. 밥은 코비 박사에게 목표의 힘에 관해 배웠다. 당시 밥이

"잊지 말아요." 일행을 회의실 밖으로 안내하며 샘이 말했다. "자, '오컴의 면도날'이 뭐였죠?"

모두가 한목소리로 우렁차게 대답했다. "최고의 해결책을 찾는다면 가장 간단한 것을 골라라. 대부분 그게 정답이다!"

86일…

'백만장자 독수리 부대'라고 스스로 이름 붙인 이들이 '큰 바위'에 모여 있었다.

"독수리는…." 샘이 제자들을 향해 말했다. "동물의 왕국에서 가장 날카로운 눈을 가진 존재입니다. 그들은 뛰어난 직관을 지녔고, 수십 미터 상공에서 먹이를 찾아내고, 보금자리와 새끼를 용감하게 지켜냅니다. 독수리는 스스로의 힘으로 생존을 쟁취한 당당하고 위엄 있는 생물입니다."

샘의 개인 훈련장인 '큰 바위'에 미셸 이외의 다른 팀원들이 온 것은 이번이 처음이었다. 8시가 조금 넘은 이른 시각임에도 사방에 따스한 햇볕이 가득했다. 제레미를 뺀 나머지 팀원은 다들 얌전히 샘 앞에 앉아 있었다. 생각하는 척하며 평평한 돌 위에 누워있던 제레미가 코를 골기 시작했다. 서머가 이따금 그를 쿡쿡 찔렀다. 아무래도 제레미는 아침 일찍 일어나는 데 익숙하지 않은 모양이었.

"어제 나비 효과p.24에 대해 말한 걸 다들 기억하고 계실 겁니다. '오품었던 목표는 책 쓰기였다. 6년 뒤, 밥이 쓴 책은 〈뉴욕타임즈〉 베스트셀러 1위 도서가 되었다. 그가 거둔 성공에 감동한 코비 박사는 자신이 쓴 책의 초고에 대한 조언을 부탁했다. 그 책 『성공하는 사람의 7가지 습관』은 세계적인 베스트셀러로 이름을 떨쳤고, 제자였던 밥은 스승의 멘토가 되었다.

당신이 터득하고 싶은 분야를 정하라. 그 분야의 전문가가 되겠다고 결심하라. 그리고 위대한 멘토의 제자가 되어라. 숨을 쉬기 위한 공기를 갈구하듯 그런 멘토를 간절히 염원해야 한다. 그래야 길이 열린다.

사업을 할 때 당신은 부족하거나, 평균이거나, 조금 낫거나, 뛰어난 사람 가운데 하나일 것이다. 사업을 한다면 탁월해야 한다. 그러려면 한 분야에 능통해야 한다. 그렇게 하기 위한 가장 **빠르고**, 안전하며, 쉬운 방법은 그 분야의 대가에게 지도받는 것이다. 대가의 모든 것을 흡수하고, 당신의 꿈을 열망하고, 당신의 팀을 만들고, 당신만의 아이디어를 찾아라.

그렇게 할 때, 부가 당신에게 이끌려올 것이다.

늘 내가 일으킨 작은 변화가 나중에 큰 결과로 돌아올 수 있다'라는 것이죠. 브레인스토밍을 해봅시다. 우리가 생활에서 일으킬 수 있는 작은 변화에는 어떤 것이 있을까요? 인생을 바꿀 1분의 습관, 1분의 행동, 1분의 생각 같은 것들로요."

서머가 힘차게 말했다. "목표를 눈앞에 생생하게 그리라는 말씀이 마음에 남았어요." p.102

"맞습니다." 샘이 말했다. "1분 동안 꿈을 생생하게 그리면 그렇게 된 모습으로 자신을 자석처럼 끌어당길 수 있어요." p.106

"목표를 적어보면 어떨까요?" 리니가 물었다. "가장 의미 있는 목표 여섯 가지를 적는 데 1분밖에 걸리지 않을 거예요. 하지만 머리와 가슴에 그 목표를 새길 기회가 되겠지요."

"멋지네요. 또 다른 의견이 있나요?"

미셸도 나서서 대답했다. "운동이요. 오늘 아침처럼요. 물론 1분 넘게 걸릴 수 있어요. 하지만 그 시간이 많은 변화를 가져오지요."

토론이 이어지며 수십 가지 대답이 나왔다. 기도, 명상, 호흡, 고무밴드로 부정적인 생각 튕기기, 육감 알아채기 등등.

"명함을 건네는 방식으로도 나비 효과를 일으킬 수 있습니다. 어떤 문화권에서는 명함 전달을 매우 중요하게 여깁니다. 언제나 두 손을 사용하지요. 명함을 한 손으로 건네는 걸 실례라고 생각하기 때문입니다. 또한, 그들은 명함 뒷면에 평생 목표를 적어둔다고 해요."

"인상적이네요!" 샘의 말에 귀 기울이기 시작한 제레미가 말했다.

뜻밖의 멘토

골리앗과의 싸움은 다윗에게는 뜻밖의 행운이었다.
- 덕 위드

이런 말이 있다. "배울 준비가 되어있는 사람 앞에 스승이 나타난다."

왜 이런 말이 나온 걸까? 사실 멘토는 어디에나 있다. 우리가 알아보지 못할 뿐이다. 누군가가 온 힘을 다해 배우고자 할 때 비로소 곁에 있었던 멘토가 모습을 드러낸다.

멘토는 크게 세 가지 유형으로 나뉜다. 첫째, 뜻밖의 멘토, 둘째, 가까이 있는 멘토, 셋째, 영웅적인 멘토다.

멘토와의 관계는 대개 우연히 형성된다. 뜻밖의 발견은 '우연히 행운을 발견하다'라는 뜻이다. 먼저 당신이 마음을 열고 가르침을 받아들일 자세가 되어야 한다. 당신이 마주치는 모든 사람은 큰 뜻을 이루게 해줄 무언가를 '우연히' 당신에게 알려줄 수 있다. 아무리 사소한 만남도 멘토 관계를 가져다줄 가능성이 있다는 사실을 늘 기억하자.

그리고 당신도 누군가의 멘토가 될 수 있다. 우연히 누군가에게 새로운 깨달음을 전달할 수도 있기 때문이다. 이야기를 나눌 때, "이 사람들 가운데 나의 멘토는 누구일까?"하고 항상 신경 써서 살펴보아라.

샘은 고개를 끄덕였다. "악수도 긴 인상을 남길 수 있어요. 누군가와 악수할 때 상대의 눈 색깔을 확인하기 전까지 절대 손을 놓지 마세요. 간단한 습관이지만, 상대에게 진지한 관심을 기울이고 있다는 걸 알려줄 좋은 방법이에요. 일단 친해지면 굳게 악수하는 관계에서 가볍게 팔을 건드리는 사이로 발전할 수 있을 거예요. 나는 포옹을 좋아해요. 몇 초밖에 걸리지 않지만, 한층 깊이 있는 접촉을 할 수 있지요. 참, 상대의 이름을 잊어선 안 돼요."

"어쩌지요. 저는 이름 외우기에 영 재주가 없어요." 서머가 걱정하며 말했다.

"자꾸 그런 생각을 하면 영원히 그렇게 되고 말아요." 샘이 격려했다. "조금씩 '이름 외우기에 익숙해지고 있다'라고 생각해요. 곧 그렇게 될 테니까. 이름을 외우는 건 상대에게 가장 중요한 선물이에요. 돈도 들지 않지요. 그리고 자신을 위한 선물도 될 수 있어요. 만약 새로 만나는 사람의 이름을 외우면 1,000달러가 생긴다고 상상해 봐요. 어떨 것 같아요?"

"어떻게든 외울 방법을 찾아야죠." 제레미가 몸을 일으키며 말했다.

"좋아요. 사람들과 마주하는 순간을 소중하게 여기고, 더 좋은 방법을 찾으세요. 그 작은 변화가 큰돈을 안겨줄 거예요." 잠시 말을 멈춘 뒤 샘이 설명을 이어갔다. "돈 이야기도 해보지요. 돈을 쓸 때 언제나 1분 동안 생각하세요. 백만장자는 다들 그렇게 합니다. p.370 물건을 제대로 사고, 빚을 지지 마세요. 미리 계획을 세우면 싸게 살 수 있어요.

뜻밖의 멘토가 언제나 사람인 것은 아니다.

　위험한 질병

　　　직업을 잃는 일

　　　　　강력한 감동을 주는 책

　　　　　　　생명체와의 우연한 만남

　이 모든 것을 포함해 인생의 방향을 바꾸게 할 모든 것이 뜻밖의 멘토가 될 수 있다.

　위대한 해양 미술가 와이랜드는 말한다. "고래의 눈을 한 번이라도 본 사람은 다시는 예전의 인생으로 돌아갈 수 없다."

　당신의 인생에 우연히 다가서는 '뜻밖의' 멘토를 매일매일 살펴라. 당신이 안고 있는 문제가 좋은 멘토가 되어줄 수 있다는 사실을 기억하라. 그 문제들은 고난의 모습으로 당신을 성장시킨다.

　당신은 뜻밖의 멘토에게 무엇을 배우게 될까?

할인을 요구하고, 항상 영수증을 확인하세요. 일반 경비를 사업 운영 경비로 전환할 방법을 연구하는 것도 좋아요. 1분 동안 생각하고 현명하게 지출하면 백만장자가 될 수 있습니다. 금전적인 문제를 겪는 사람은 계획성이 없는 경우가 많아요. 그러니 매번 하루씩 늦고, 1달러씩 부족하지요."

샘이 설명을 이어갔다. "삶을 바꾼다고 크게 달라질 필요는 없습니다. 매일 조금씩만 바뀌면 돼요. 나비의 날갯짓 몇 번이 여러분을 원하는 사람으로 변화시킬 테니까요."

'큰 바위'에서 강의를 마친 뒤, 샘은 팀원들을 한 줄로 세웠다. 그런 다음 자기 암시를 큰소리로 외치게 했다.

팀의 자기 암시 p.294를 함께 외치자 계곡에서 메아리가 되돌아왔다.

"올바른 꿈을 지니고…."

꿈을. 꿈을. 꿈을.

"올바른 팀과 함께…."

팀과. 팀과. 팀과.

"나는 붙잡을 수 있다…."

있다. 있다. 있다.

"기적을!"

기적을. 기적을. 기적을.

가까이 있는 멘토

이만큼의 실력을 갖추기 위해
내가 얼마나 노력했는지 안다면,
내 실력이 그리 대단해 보이지 않을지도 모른다.
— 미켈란젤로

두 번째 유형은 늘 가까이 있는 멘토다.

잠시 당신의 삶을 돌아보자. 운동 코치, 특별히 좋아하는 친척, 가까운 친구 등 일 대 일로 가르침을 준 멘토들이 주변에 수없이 있었을 것이다. 밥은 자신과 함께 일했던 멘토를 마흔두 명까지 꼽았다. 몇 년간 이어진 관계도 있고, 단 몇 분 동안의 만남도 있었다. 하지만 그들 모두 인생의 중요한 전환점에 그를 찾아 왔다. 그들 중 많은 숫자가 저절로 나타났지만, 그가 도움을 요청해 직접 찾아낸 이들도 있었다.

백만장자라는 목표 지점에 이르기까지 당신은 수십 가지 가르침을 필요로 할 것이다. 자신에게 어떤 태도, 생각, 기술, 습관, 능력, 전략이 부족한지 알게 되었다면? 그럴 때 바로 날마다 얼굴을 마주할 만큼 가까운 곳에 있는 멘토가 필요하다.

가까이 있는 멘토가 저절로 모습을 보이지 않는다면, 그들을 찾아 나서야 한다. 어떤 방법을 쓰는 것이 좋을까?

85일…

미셸은 너무 겁이 났다. 어금니가 덜덜 떨릴 지경이었다.

그녀는 코트니와 함께 디어 크리크의 골든 하우스로 가는 길이었다. 니키와 한나는 엄마를 발견하지 못할 테지만, 드디어 아이들을 볼 수 있었다. 세인트 제임스 어린이 합창단이 곧 도착할 예정이었다. 노인들을 위한 공연이 이어지는 사이, 미셸은 문 뒤에 살짝 숨어서 아이들을 지켜볼 참이었다.

혹시 나쁜 일이 벌어지지는 않을까 미셸은 두려웠다. 에릭슨 부부에게 들키는 것은 아닐까? 합창단을 태운 버스가 추돌 사고를 일으키진 않을까? 기디언의 죽음으로 미셸은 깨달았다. 자신과 가족을 지켜주는 보호막이 무척이나 얄팍하다는 사실을. 그런 일이 벌어지기 전까지 그녀는 그렇게 과민한 엄마가 아니었다.

골든 하우스는 도시 외곽에 널찍하게 자리 잡은 현대식 건물이었다. 근처 주차장에 차를 세우고 두 사람은 안으로 들어갔다.

"그 안에 든 건 뭐야?" 미셸이 양손으로 움켜쥔 하얀 쇼핑백을 가리키며 코트니가 물었다. 두 사람은 로비에서 골든 하우스의 사회봉사 소장으로 일하고 있는 서머를 기다리고 있었.

"아이들에게 줄 선물이야." 그녀의 가슴이 설렘으로 떨려왔다.

"말썽이 생기진 않을까?" 언제나 현실적인 코트니가 미간을 찌푸렸.

"어떻게 해서든 전하고 말겠어." 미셸의 말투는 확고했다.

1. **부족한 자원의 목록을 만든다.** 목표를 달성하는 데 꼭 필요하지만, 당신에게 없는 자원을 목록으로 만들어라.

2. **접촉 가능한 사람들로 네트워크를 형성한다.** 아마도 당신은 해결책을 지닌 사람이나 그럴만한 다른 사람을 알고 있을지 모른다. 그들에게 연락해서 정중하게 물어라. "혹시 해답이나 해결책이 있을까요?" 혹은 "해답을 알고 있는 사람이 있을까요?" 목록을 만들어서 전화를 걸어라. 그리고 소개해 준 사람의 이름을 대고 다시 위의 질문을 건네라.

3. **탐색의 범위를 넓힌다.** 당신에게 부족한 것을 알아내면 정보검색을 통해 잠재적인 멘토의 이름을 알아낼 수 있다. 보수를 지급하면 그들이 좋은 해결책을 알려줄 것이다.

기억하라. 당신이 단순한 해답 이상의 것을 찾고 있다는 사실을. 당신은 멘토와의 관계를 통해 성공의 길을 걷고자 한다. 이런 유형의 관계에는 적지 않은 비용이 든다. 하지만 입학하기 힘든 학교에 내야 하는 수업료보다는 훨씬 적은 비용이다.

멘토를 발견했을 때 기억해야 할 사항이 있다. 그 사람도 자신의 목표를 성취하느라 충분히 바쁠 것이다. 멘토가 되어달라는 당신의 부탁을 들어주기란 쉽지 않은 일이다. 그들과 마주할 수 있는 유일한 방법은 멘토가 원하는 것을 알아내서 그것을 성취하도록 돕는 것이다. 그러면 멘토가 당신의 가치를 인정하고 도움의 법칙(당신이 내 등을 긁어주면, 나도 당신의 등을 긁어 주겠다)에 따라 자연스럽게 당신의 목표 달성을 도울 지난 일 년 동안 미셸은 거의 매일 밤 꿈속에서 니키와 한나를 만났다. 아이들은 바다에 표류해 있거나 불이 난 집 2층에 갇혀있었다. 악몽이 지나가면, 기디언을 비롯한 온 가족이 한집에 모여 사는 달콤한 장면을 보기도 했다. 그런 꿈에서 깨어날 때면 그녀는 다시 아픈 이별을 겪어야 했다. 골든 하우스의 주방 문틈으로 무대 위의 아이들을 훔쳐보면서, 이것이 서글픈 꿈인지 달콤한 꿈인지 헷갈렸다. 볼 수는 있지만, 만지거나 이야기를 나눌 방법은 없었다. '죽었다면 아마 이런 느낌이겠지.' 아이들은 둘 다 흰색과 푸른색의 세인트 제임스 교복을 입고 있었다. 그러고 보니 꿈속에서 만날 때마다 두 아이 다 그 옷을 입고 있는 모습이었다.

니키의 머리는 에릭슨의 서재 벽에 걸린 사진보다 짧았다. 길었던 한나의 적갈색 머리는 어깨 길이로 정돈되어 있었다.

합창단 공연이 끝나기 전에 미셸은 주방을 빠져나왔다.

공연이 마무리된 뒤, 서머가 마련한 간단한 파티가 열렸다. 덕분에 미셸은 리니를 만나 잠시 아이들 소식을 전해 들을 수 있었다. 그들은 아무도 없는 휴게실에 마주 앉았다. 소파와 의자, 카드 테이블, 텔레비전, 정리가 잘 된 책장이 어우러진 안락한 공간이었다.

"별로 여유가 없어." 리니가 안타까워하며 말했다. "단장이나 운영진

것이다.

먼저 주어라. 머지않아 당신도 받게 될 것이다.

영웅적인 멘토

당신의 영웅이 누구인지 내게 말해준다면
앞으로 펼쳐질 당신의 인생을 내가 말해줄 수 있다.
- 워런 버핏

세 번째 유형은 영웅적인 멘토다. 그들은 위대한 삶을 살아낸 영웅으로, 당신의 챔피언이며, 역할 모델이고, 영감의 원천이 되어준다.

기업 경영이나 투자, 종교적인 측면에서 당신의 영웅을 찾아보자. 그들은 살아있는 사람일 수도 있고, 이미 고인이 된 이들일 수도 있다.

일반적으로 이런 리더들은 보통 사람들과 접점이 없다. 하지만 우리에게는 영웅적인 멘토에게 다가갈 방법이 있다. 바로 다양한 정보를 통해 그들의 용기, 지혜, 통찰력에 접근하는 것이다. 성공적인 사람들의 삶과 가르침을 열심히 연구해보자.

1. 존경하는 사람의 전기와 자서전을 읽어라.

이 날 찾을지 모르거든." 그녀가 뒤쪽을 잠시 돌아보았다.

임시교사인 리니는 일주일에 며칠씩 세인트 제임스에 출근했다. 하지만 니키와 한나를 마주칠 기회가 없어서 이렇다 할 새로운 소식을 전해주지 못했다. 그런데 지난주부터 음악부에서 일하게 되어 합창 연습에 참여해 아이들을 두 번씩 만날 수 있었다.

"말씀하세요." 미셸이 말했다. "제가 주변을 살필게요."

리니가 한숨을 쉬었다. "미셸, 아이들의 담임 선생님을 만났어. 이야기를 들어보니 문제가 있대. 특히 한나에게."

"문제라고요?" 미셸의 심장이 갇힌 새의 날개처럼 요동쳤다.

"그게 말이야…." 리니가 팔짱을 꼈다. "한나가 화장실 사고를 몇 번 일으켰대."

"왜요?" 미셸이 놀라서 물었다. "지금까지 그런 일이 단 한 번도 없었어요. 분명히 무슨 이유가 있었을 거예요. 하긴, 제 잘못도 있지요…."

리니의 표정이 어두워졌다. "감당하기 어려운 일들이 일어났잖아. 기디언이 세상을 떠났고, 학교를 옮겼고…."

"말씀해주세요."

"애들 할머니가 한나의 담요를 없애 버렸대." 리니가 머뭇거리며 말을 전했다.

미셸은 너무 놀라서 잠시 아무 말도 하지 못 했다. 그러다가 다급하게 하얀 쇼핑백을 리니의 손에 들려주었다. "아이들에게 이걸 좀 전해

2. 위인이나 명사의 일대기를 보여 주는 프로그램을 시청하라. 도전과 좌절, 인내와 헌신, 노력과 끈기를 배울 수 있을 것이다.
3. 그들에 대한 정보나 인터뷰를 읽어라.
4. 그들과 관련된 장소에 방문하라.
5. 그들의 사진이나 그림을 잘 보이는 곳에 붙여 놓아라.

마지막으로, 당신이 좋아하는 과거와 현재의 영웅을 모아 이상적인 팀을 만들도록 하라. '나의 드림팀'을 구성하고, 그들과 직접 대화하는 상상을 해라. 당면한 문제에 대해 그들은 어떤 말을 건넬까? 어떤 조언을 해줄까? 명상을 통해 '나의 드림팀'이 전해주는 영감과 지혜를 끌어내라.

나의 드림팀

_____   _____
_____   _____
_____   _____
_____   _____
_____   _____

주세요."

"뭔지 물어봐도 될까…?"

미셸은 두 손으로 얼굴을 가린 채 무너지듯 소파에 앉았다. "새로운 사업 때문에 기디언은 출장이 잦았어요. 설명회에 가는 걸 싫어했지만 하는 수 없었지요. 집을 비우는 동안 아이들이 아빠의 목소리를 들을 수 있도록 녹음본을 남겨 놓곤 했어요. 책을 읽기도 하고, 노래를 부르기도 하고, 기도를 하기도 했지요."

"그렇구나." 리니가 쇼핑백을 들여다보았다.

"그이는 손재주가 좋았어요. 기발한 물건을 만들어 팔아보자는 아이디어도 그래서 나왔던 거예요. 기디언이 세상을 떠날 무렵에 녹음 장치가 들어있는 베개를 만들었어요. 아이들이 머리를 올려놓으면 자동으로 목소리가 나오는."

"세상에, 너무도 사랑스러운 생각인걸." 리니가 감탄했다.

미셸은 가까스로 기운을 냈다. "그걸 만들 때 옆에서 작업을 도왔어요. 덕분에 제 목소리가 녹음된 베개를 두 개 만들 수 있었지요. 아이들이 집에 가져갈 수 있도록 일부러 작게 만들었어요. 각각 다른 이야기를 녹음했지요. 에릭슨 부부에게 발각될 경우를 대비해서 개인적인 이야기는 담지 않았어요. 이건 그저…."

"잘 될 거야." 갑자기 낯선 목소리가 들려왔다.

미셸의 가슴이 두방망이질을 쳤다. 너무 겁이 나서 고개를 들 수가 없었다. 안토니 에릭슨이 등 뒤에 있을 것만 같았다. 아니면 경찰일지

절벽이 남긴 교훈

로키산맥의 울퉁불퉁한 산길을 따라 오르다 보면 절벽 하나가 눈앞에 나타난다. 그 절벽 위쪽에는 세 개의 호수가 있다. 라인햄 호수라 불리는 이곳에는 큼지막한 무지개송어가 가득하다. 안타깝게도, 이 호수에 가기 위해서는 가파르게 서 있는 위험천만한 암벽을 올라야 한다.

당신은 그 암벽을 오르겠다고 결심한다. 가이드가 절벽 위쪽에 서서 당신에게 지시 사항을 전달한다. (혼자서 이 일을 해내고 싶지는 않을 것이다) 당신의 손가락은 바위틈을 꽉 붙잡고 있고, 당신의 발은 90미터 높이의 낭떠러지 위에서 달랑거린다. 가슴이 두근거리고, 아래를 내려다보면 안 된다고 자신을 다독인다. 바위틈에 얽혀있는 나무줄기와 뿌리를 이용해 당신은 힘겹게 절벽 위로 올라선다.

절벽 꼭대기에 다다르니 소나무 숲으로 둘러싸인 세 개의 깊고 푸른 호수가 있다. 이곳에서 하는 낚시는 환상적이다. 낚싯대를 던질 때마다 물고기가 올라온다. 수십 마리의 무지개송어가 햇빛에 은빛 비늘을 반짝이며 당신이 던진 미끼를 차지하려고 다툰다.

호숫가에서 보낸 놀라운 시간이 끝나고, 당신이 가이드에게 애원한다. 헬리콥터든 뭐든 간에 어떻게든 절벽을 피해 내려가고 싶다고. 하지만 그런 방법은 불가능하다고 가이드가 설명한다. 어쨌거나 당신은

도 몰랐다. 천만다행으로 목소리의 주인공은 휠체어에 앉아 있는 할머니였다. 작동 버튼 위에 마디 굵은 손가락을 올려놓고 있었다.

"이 방에 계신 줄 몰랐어요." 미셸이 안도의 한숨을 내쉬며 말했다.

"베개는 안 돼. 그건 분명해." 할머니는 멍하니 혼잣말을 이어갔다.

미셸은 리니를 보았다. 리니는 어색해하는 표정이었다. 그녀도 자신과 마찬가지 생각을 하는 것 같았다. 이 불쌍한 노인은 치매에 걸린 채로 다른 세상을 헤매고 있었다.

"베개는 집에서만 쓰는 물건이지. 베개로 만들면 그들이 허락하지 않을 거야." 뭔가 재미있는 일이 떠올랐는지, 할머니는 혼자 킬킬거리기 시작했다. 미셸과 리니는 어리둥절한 표정으로 얼굴을 찡그리며 서로를 쳐다보았다.

"장난감은 말이야, 장난감처럼 생겨야 해." 할머니가 실없는 말을 이어갔다. "우린 그렇게 했어. 내가 사장이었을 시절엔."

마지막 말에 미셸이 다시 그쪽을 보았다. 휠체어에 앉아 있는 할머니는 체구가 작았다. 듬성듬성 남아 있는 머리카락은 가늘고 곱슬곱슬했으며, 서리가 앉은 듯 새하얬다. 하지만 할머니의 목소리는 확신에 차 있었다.

리니가 아랫입술을 깨물었다. "합창단으로 돌아가 봐야 해."

미셸의 어깨가 축 처졌다. 니키와 한나가 떠올랐지만, 다른 방법이 없었다. "베개를 부탁해요."

"걱정하지 마." 리니가 미셸을 가볍게 안아주며 토닥였다.

몸서리치는 모험에 대한 기억을 간직한 채 절벽을 내려온다.

훗날, 이 절벽이 남긴 교훈을 당신은 골똘히 생각한다.

▲ **첫 번째 교훈: 용감한 이들만 갈 수 있는 곳에 최고의 낚시터가 있다.** 누구나 가기 쉬운 호수의 물고기는 빨리 사라진다. 그런 호숫가에는 언제나 줄지어 앉아 있는 낚시꾼이 있다. 물고기가 작기도 하고, 잡기도 힘들다. 반대로, 가기 힘든 곳에 있는 호수에는 커다란 물고기가 넘쳐난다. 하지만 그곳에 도달하려면 절벽을 올라야 한다. 위험할 수 있지만, 더 큰 보상을 얻을 수 있다. 부자가 되고 싶다면 절벽을 찾아서 그곳에 올라라.

▲ **두 번째 교훈: 언제나 안내자와 함께하라.** 초보자인 당신에게 절벽은 가파르고 위험하다. 하지만 당신을 안내하는 안내자에겐 익숙한 장소일 뿐이다. 당신이 인생에서 마주하는 절벽이 무엇이든 간에-많은 이들 앞에서 연설을 하든, 중요한 고객에게 물건을 팔든, 새로운 사업을 시작하든-그 절벽을 이미 정복한 멘토를 찾아서 그의 안내를 받아라.

▲ **세 번째 교훈: 두려움을 똑바로 바라보라.** 동화 속 이야기처럼 공주와 맺어지려면 용을 해치워야 한다. 당신이 마주할 가장 거대한 용은 두려움이다. 두려움과 더불어 사는 법을 배운다면 이 세상은 당신의 것이다. 지금 당신을 괴롭히는 두려움을 똑바로 바라보라.

"니키는 분명 어떻게 해서든 몰래 가지고 들어갈 거예요." 미셸이 소파에서 일어나며 리니의 손을 꼭 잡았다. 그렇게 하면 아이들을 좀 더 붙잡아 둘 수 있는 것처럼.

"정직하지 못한 일을 가르치고 싶진 않아요. 하지만…." 리니가 살짝 손을 뺐다. "미셸, 어쩔 수 없는 일이라는 걸 우리도 알아." 그녀는 휠체어를 탄 할머니를 쳐다보며 큰 소리로 말했다. "그만 가 볼게요." 그래야 할머니가 자신의 목소리를 들을 수 있는 것처럼.

"내 이름은 릴리야." 할머니가 좀 더 큰 목소리로 다정하게 말했다. "릴리 왈크작. 악수를 하고 싶은데, 지금은 힘들어. 일주일에 한 번씩 찾아오는 여학생이 방금 손톱 정리를 해주고 매니큐어도 발라줬거든."

"만나 뵙게 되어 반갑습니다." 리니가 우물쭈물 말했다. 리니가 서둘러 떠나는 모습을 보며 미셸은 새하얀 쇼핑백에서 눈을 떼지 않았다.

"그 베개에 관해 난 진지하게 의견을 밝혔어…. 그래, 이름이 뭐라고 했지?"

정신이 번쩍 든 미셸이 대답했다. "미셸 에릭슨이에요." 악수를 하려고 손을 내밀었다가, 매니큐어를 발랐다는 할머니의 말이 떠올랐다. 그녀는 릴리 할머니에게 친절을 건네고 싶었다. 아마도 많은 사람이 할머니를 무시했을 것이다. '사만다라면 이럴 때 어떻게 했을까?' 아마도 할머니를 가엾게 여기고 함께 시간을 보냈을 것이다. 누군가를 위해 좋은 일을 하면 기분이 좋아진다고 가르쳤을 게 틀림없었다.

그때 서머가 자동문을 열고 들어왔다.

점심 식사에 백만장자를 초대하라

빠르게 부자가 되는 가장 좋은 방법은
당신이 부를 쌓는 것이 그들에게도 이익이 된다는 사실을
분명하게 보여 주는 것이다.
– 장 드 라 브뤼에르

한 달에 최소한 한 명씩 백만장자를 찾아내라. 직접적인 만남, 전화, 혹은 이메일로 인터뷰를 요청하라. 그 백만장자의 지혜를 빌려라. 그 사람에게 다음 질문을 하라. 그리고 대답을 메모하라. 그 일을 실천하는 동안 당신에게 마법 같은 일이 일어날 것이다.

1. 최초의 100만 달러를 벌었던 방법은 무엇인가요?
2. 그 일을 해내는 데 얼마만큼의 기간이 걸렸나요?
3. 지금이라면 그 일을 해내는 데 얼마나 걸릴까요?
4. 그 당시 당신이 사용했던 시스템은 무엇인가요?
5. 그 시스템을 다른 사람이 사용하도록 허락할 수 있나요?
6. 지금 누군가를 지도해 당신 정도의 성공에 이르게 하려면 얼마나 걸릴까요?
7. 백만장자가 되기 위해 무엇을 하라고 권하고 싶은가요?

"미셸, 여기 있었구나." 그러고는 휠체어에 앉아 있는 할머니를 보았다.

"릴리 할머니, 두 분이 벌써 인사를 나눴네요."

"맞아. 지금 막….'"

"릴리 할머니는 수다가 대단해." 마치 할머니가 곁에 없는 것처럼 서머가 말했다. "조심해. 귀청이 떨어질지도 몰라."

"늙은이를 그렇게 추켜세우지 마." 할머니가 투덜댔다. "에이, 이번엔 애교로 봐주세요." 서머가 릴리 할머니의 어깨를 다정하게 어루만졌다. "미셸, 할머니가 기가 막히게 재미있는 이야기를 해주실 거야. 하지만 지금은 듣고 있을 시간이 없어. 코트니가 어서 널 보내라고 난리야. 다시 일하러 가야 한다고." 서머가 목소리를 높이며 말했다. "릴리 할머니, 이제 미셸을 데리고 갈게요."

"내 걱정은 할 것 없어." 할머니가 심술궂게 말했다. "난 여기에 드라마를 보러 왔거든." 할머니가 휠체어를 몰고 미셸이 있는 쪽으로 다가왔다. 그러고는 테이블 위에 놓인 리모컨을 집어 들었다.

서머가 미셸의 팔을 끌어당기며 로비로 나왔다. 세인트 제임스의 스쿨버스가 주차장을 빠져나가는 모습이 창밖으로 보였다.

"때마침 구해줘서 고마워." 미셸이 말했다.

"샘의 사무실에 돌아갈 필요가 없었다면 좀 더 이야기를 나눠도 괜찮았을 텐데. 재미있는 할머니거든. 연세는 많지만, 뇌세포는 멀쩡해."

8. 지금까지 배운 것들 가운데 가장 중요한 교훈은 무엇인가요?
9. 삶에서 무엇을 가장 소중하게 여기나요?
10. 세상을 떠난 뒤 어떤 사람으로 기억되고 싶나요?
11. 당신의 습관 가운데 가장 중요한 것은 무엇인가요?
12. 활용할 시간이 부족해서 놓친 기회가 있나요?

인터뷰를 마친 뒤 지금까지 얻은 대답을 조용히 되새겨보라. 그리고 자신에게 질문을 던져라.

1. 이 백만장자와 나눈 대화 가운데 가장 공감이 되는 것은?
2. 나는 어떤 통찰력 또는 '아하!'를 지니고 있는가?
3. 이 인터뷰 결과를 토대로 내가 해야 할 구체적인 행동은 무엇인가?
4. 이 사람의 특질이나 자질 가운데 내가 모방할 수 있는 것은 무엇인가?

"난 그분이 치매에 걸려서 자신만의 세상에서 살고 계신 줄 알았어. 사장이었다고 하면서, 장난감 이야기를 하시더라고…."

"장난감?" 서머가 얼른 말을 받았다. "릴리 할머니는 장난감의 여왕이었어. 얘기하셨지?"

"아니."

"10년 전에 하스브로에 매각하기 전까지 완구 회사를 운영하셨어. 할머니가 만든 장난감을 아직도 그 회사에서 팔고 있지. 도기 서프라이즈라고, 너도 들어봤지?"

"알아. 한나가 어릴 때 늘 갖고 놀던 거야."

"그 장난감 하나로 천만 달러 넘게 버셨대. 할머니만 그 이야기를 하시는 게 아니라, 다른 사람들도 그 이야기를 했어."

"그런 분이 왜 여기 계시는 거야?"

"아들이 리버데일에 산대. 가까운 곳에서 살고는 싶지만, 아들이랑 같이 지내고 싶지는 않으신가 봐. 그래서 골든 하우스를 고르신 거야. 이 지역에서 노인들을 가장 잘 돌봐주는 곳이니까."

"내가 할머니를 오해한 것 같아." 미셸이 말했다.

"나도 처음에 너랑 똑같은 실수를 했어." 서머가 솔직하게 털어놓았다. "그런데 상사가 한 가지 비밀을 알려줬어. 형편이 어려운 노인 열 분이 골든 하우스에서 지낼 수 있도록 릴리 할머니가 경비를 대주고 계신대. 익명으로 말이야."

그 이야기를 듣는 순간, 강렬한 깨달음이 스쳐 갔다. '아하!'가 틀림

가슴으로 배우기

한 번에 한 명씩 다가서서, 한 번에 한 명씩 가르쳐라.
모두가 받아들일 때까지.
– 마크 빅터 한센

돈 울프는 변화 전문가로, 학습에 두 가지 유형이 있다고 말한다. 머리로 배우는 것과 가슴으로 배우는 것이다.

지금의 교육 체계는 머리로 배우는 것, 즉 정보 전달이 학습의 주류를 이룬다. 교사는 말하고, 학생은 듣고, 그것을 기록한 뒤 시험을 쳐서 점수를 받는다. 이런 방식에서는 암기와 주입이 전부다.

가슴으로 배우는 학습 방식에서는 학생들에게 스스로 답을 찾게 만든다. 진행 과정은 느리지만 깊이 있는 배움을 얻을 수 있다.

머리로 배우기	가슴으로 배우기
지적	감성적
머리	가슴
구조적	창조적
진지함, 호기심	엄격함, 능동성
답을 들음	답을 발견함

없었다. "서머, 네가 만든 100명의 연결자 명단에 릴리 할머니도 들어 있어?"

"아니, 왜?"

미셸이 서머를 보았다. 그 순간, 두 사람이 입을 모아 말했다. "오컴의 면도날!"

84일…

코트니가 다급하게 문을 열고 회의실에 들어와 테이블에 둘러앉은 사람들 곁에 앉았다. 잠을 설친 것 같은 모습이었다. 샘이 시계를 들여다보았다. 오전 8시 10분이었다.

"아기 독수리 여러분, 안녕하세요." 샘이 말을 꺼냈다. "어제 우리는 크게 한 걸음 나아갔습니다. 오늘은 낮 12시까지밖에 시간이 없어요. 나는 회의 참석차 덴버에 가야 해요. 미셸은 점심 약속이 있고요. 먼저 각 조의 진전 상황을 보고받도록 할게요. 오늘 아침에 미셸과 나는 리니가 출근하기 전에 전화로 잠시 회의를 했습니다. 우리의 부동산 프로젝트에 관해서는 잠시 뒤에 보고하겠습니다. 일단, 어제 회의가 끝난 뒤 '아하!'를 경험한 사람이 있나요?"

코트니가 기다렸다는 듯 말을 쏟아냈다. "어젯밤에 도통 잠이 오지 않았어요. 새벽 2시까지 이런저런 생각을 하고 있는데, 갑자기 머릿속에 번쩍하고 생각이 떠올랐어요. '맞아, 이거야!' 하는 말이 저절로 터

반복	직관
수동적 개입	적극적 개입
억제	허용
두려움	신뢰
최고가 됨	최선을 다함
지식	이해
이런!	아하!
이러면 안 돼!	멋진걸!

지금 우리는 많은 정보에 비해 변화가 부족하다. 정보가 모자라서 문제가 생기는 게 아니다. 이미 알고 있는 것을 행동으로 옮길 능력이 부족하다. 가슴으로 배우는 과정을 익히면 학습 내용을 공책이 아닌 가슴과 온몸의 세포에 기록한다. 그래서 타고난 삶을 살리는 행동이 맑은 샘처럼 자연스럽게 흘러나온다. 힘들지 않을 뿐 아니라 강요받을 필요도 없다.

이 세상을 창조한 신은 경험한 뒤 바꿀 수 있도록 우리 삶을 설계했다. 그렇다. 정보만으로는 당신을 백만장자로 만들 수 없다. 우리가 할 일은 당신이 백만장자가 될 수 있도록 변화시키는 것이다.

가슴으로 배우기의 주된 목표는 당신이 '아하'를 경험하게 하는 것이다. '아하'는 당신의 생각이 넓어질 때, 그로 인해 당신이 뭔가를 깨달을 때 다가온다. 그 순간이 다가오면 머릿속에 반짝하고 불이 들어온져 나오더라고요. 작년에 가게에서 판매할 물건을 찾으려고 시카고에서 열리는 선물용품 박람회에 간 적이 있어요. 그때 어떤 여자가 부스 앞을 지나가는 사람들에게 책을 한 권씩 나눠 주더라고요. 사람들이 제목을 보고 책을 펼치더니 다들 웃음을 터뜨리는 거예요. 저도 궁금해서 그쪽으로 갔지요. 그랬더니 그 여자가 저한테도 책 한 권을 주더라고요. 앨런 프란시스 박사가 쓴 『남자가 여자에 대해 알고 있는 모든 것』이라는 책이었어요. 책을 펼쳐 봤더니, 안쪽이 텅 비어 있었어요. 96쪽이나 되는 책에 단어가 단 한 개도 없더라고요. 완전 백지였어요."

테이블 주위에 앉아 있던 여자들이 한꺼번에 웃음을 터뜨렸다.

"프란시스 박사라는 사람은 원래 없었어요. 그 책의 진짜 저자는 그 책을 내게 준 그 여자였어요. 신디 캐시먼이요."

"그러니까 당신이 하는 말의 핵심은…?" 제레미가 물었다.

그 말에 회의실에 모여앉은 여자들이 다시 한번 크게 웃었다.

"내 말은…." 자신이 실수했다는 것을 깨닫고 제레미가 다시 말했다. "이 일이 우리와 무슨 관계가 있냐는 거였어요."

"지금 그 말을 하려고요." 코트니가 손가락 하나를 들어 올리며 말했다. "그래서 제가 그 저자에게 물었어요. '판매는 잘 되나요?' 그랬더니 '끝내준다'라고 하더라고요. 여성복 가게에서 그 책을 대량주문한대요. 충동구매 제품으로요. 그 여자는 권당 50센트에 그 책을 인쇄해서 1달러 50센트에 팔고, 여성복 가게에서는 2달러 95센트에 판매한대요. 그 책이 몇 권이나 팔렸을까요?" 코트니는 잠시 말을 멈췄다. "100만 권

다. 당신은 혼잣말로 이렇게 외치게 될 것이다. "아하!"

떠올려보라. 오늘 당신은 무엇을 떠올리며 '아하!'라고 말했는가?

자기 암시, 세 번째

"나는 백만장자 멘토들을 끌어당긴다"

나는 훌륭한 멘토를 끌어당긴다.
내가 준비되면, 그 사람이 불쑥 나타난다.
멘토의 가르침이 내가 원하는 성공으로 나를 이끈다.
멘토는 가장 중요한 성공 비결을 기꺼이 나에게 나눠준다.
나는 확신을 지니고 멘토의 조언을 구한다.
가장 중요한 돌파구가 필요할 때, 멘토는 직관으로 해결책을 알고 있다.
목표를 향해 출발할 때 멘토는 내게 꼭 필요한 것을 알고 있다.
멘토는 나와 연결된 시간을 즐겁게 여긴다.
내가 찾는 진실을 지닌 사람과 함께하는 것은 무척 신나는 일이다.
나의 능력, 재능, 자원을 알고 내보이도록 멘토는 기꺼이 나를 격려한다.
내가 알고 있는 것보다 더 많은 가능성을 멘토는 발견해낸다.

이에요. 한 글자도 들어있지 않은 빈 책을 팔아서 백만장자가 된 거예요!"

"그거야말로 내가 바라던 방식이야." 서머가 말했다.

여자들의 놀림에서 벗어난 제레미가 대화에 끼어들었다. "100만 달러를 벌어들일 빈 책 이야기를 듣고 나니 뭔가가 떠올랐어요. 브루클린 다리를 판매한 남자 이야기요."

"브루클린 다리는 팔 수 없어요." 언제나 현실적인 코트니가 말했다.

"맞아요." 제레미가 맞장구를 쳤다. "그런데 폴 하투니언이라는 사람이 그 일을 해냈어요. 다리의 일부분을 팔아서 돈을 벌 방법을 궁리해냈지요. 실제로 있었던 이야기예요. 하투니언은 병원 쪽에서 일을 했는데, 늘 행운이 찾아오길 기다렸어요. 어느 날 뉴스를 보다가 브루클린 다리를 보수하는 장면을 보았지요. 인부들이 다리를 받치는 낡은 목제 기둥을 잘라내고 있었어요. 그때 한 가지 아이디어가 떠올랐지요. 그는 당장 공사 현장으로 달려가서 감독에게 물었어요. 낡은 목재를 살 수 있느냐고요. 당연히 공사 감독은 좋아했어요. 쓸모없는 목재를 처리할 방법이 생겼으니까요. 하투니언은 그 낡은 목재를 몽땅 집으로 가져왔어요. 그러고는 가로 세로 2.5센티미터에 3밀리미터 두께의 조각으로 잘랐지요. 그리고 공식 증서 하나를 만들었어요. '이 증서를 보유한 사람은 브루클린 다리 또는 그 일부를 매입했음을 증명한다'는 내용이었지요. 나뭇조각은 풀로 그 증서에 붙였고요. 그런 다음 엄청난 일을 벌였어요. 미국 전역의 수백 개 언론사에 기사를 보낸 거예

온화하면서도 지속적인 멘토의 가르침은 나의 성취를 돕는다.

멘토는 내 안에 숨어있는 최상의 자질을 끌어내는 법을 안다.

나는 가능한 한 자주 가까이에 머물며 멘토를 직접 연구한다.

멘토가 예전에 그러했듯, 나도 즐겁게 배우며 언제나 책임을 다한다.

멘토가 직접 쓴 책이나 추천서를 모두 읽고, 연구하며, 적용한다.

멘토의 친구, 동료, 사랑하는 사람들을 모두 만나서 소중한 인연을 맺는다.

나의 성장을 돕는 멘토와 함께 내 삶은 영원히 의미를 드높인다.

온전하며 부유한 삶을 추구하는 멘토의 열망을 나는 알고 있다.

멘토 없이 위대하게 된 사람은 아무도 없다는 사실을 나는 잘 안다.

내 평생에 걸쳐 위대한 영감을 주는 멘토를 가질 것이다.

누군가의 멘토가 되는 방법을 나는 멘토에게 배우고 있다.

기회가 되면 다른 누군가의 멘토가 되어줄 것이다.

나의 멘토가 되어준 억만장자
: 로버트 앨런이 직접 겪은 일

열아홉이 되던 해, 나는 평생토록 기억에 남을 경험을 했다. 그해 여

요. 자신이 얼마 전에 브루클린 다리를 사들였는데, 원하는 사람에게 그 일부를 팔겠다고요. 인터뷰 요청이 쏟아졌고, 다들 자세한 내용을 알고 싶어했어요. 그는 나무 조각 수천 개를 각각 14달러 95센트에 판매했지요. 배송료와 포장비로 2달러를 더 받았고요. 쓸모없는 나무 기둥이 700만 달러가 된 거예요. 물론 사기를 친 것도 아니었어요."

"멋진 이야기예요, 제레미." 샘이 말했다. "제가 하려던 말이 이거예요. 100만 달러짜리 아이디어는 생각지도 못했던 곳에서 나오거든요."

코트니가 손을 들며 말했다. "조금 전에 이야기한 '빈 책'과 연결된 '아하!'가 떠올랐어요. 우리 팀을 위한 완벽한 100만 달러짜리 아이디어예요. 생각해 보세요. 그 여자 혼자서 빈 책 100만 권을 팔았어요. 책 한 권을 만들어서 우리의 네트워크로 판매한다면 100만 권은 거뜬하지 않을까요?"

"100만 권이라…. 사람이 엄청나게 많아야겠는데요." 서머가 말했다.

미셸이 얼른 끼어들었다. "살만한 회사를 찾아내고, 각 회사에서 100권씩만 구매해줘도…."

제레미가 재빨리 계산해냈다. "1만 군데의 회사와 접촉하면 되겠네요."

"너무 많은데요." 서머가 말했다.

샘은 흐뭇하게 미소지으며 팀원들의 브레인스토밍을 지켜보았다. 조금 뒤, 그녀가 입을 열었다. "단 하나의 고객에게 100만 권을 모두 판매하면 어때요? '오컴의 면도날'이지요."

름에 나는 로키산맥 루이스 호수 근처에 본부를 둔 그레이하운드 관광 버스 회사에서 운전기사로 일했다. 한번은 필리핀에서 온 부유한 관광객의 안내를 맡았다. 로페즈 부부와 열두 명의 가족, 친구와 비즈니스 파트너로 구성된 일행이었다. 로페즈 가족은 필리핀에서 방송국, 신문사, 전자 회사 등 수십억 달러 규모의 기업체를 여럿 소유하고 있었다.

 일정이 끝나갈 무렵, 안내를 담당했던 내게 로페즈 씨가 정중하게 요청했다. 그들과 여행을 함께하자는 초청이었다. 나는 얼떨떨했다. 다음날, 새 옷 몇 벌이 든 배낭을 메고 얼마 되지 않는 돈을 주머니에 넣은 채 나는 억만장자 관광객의 일원이 되었다. 마치 동화 속 주인공이 된 기분이었다.

 우리는 일단 샌프란시스코에 있는 로페즈 가 소유의 대규모 저택에서 며칠 동안 머물렀다. 그런 다음 비행기를 타고 마닐라로 이동했다. 그곳에서 하인, 요리사, 운전기사를 포함해 사치의 끝을 달리는 호화로운 시간을 보냈다. 며칠 뒤 필리핀 남부의 다바오에서 북부에 있는 바기오에 이르기까지 필리핀 각지에 자리 잡은 로페즈 가의 저택을 순례했다. 엄청난 규모의 저택에서 생활하고 번쩍거리는 자동차를 타며 부유한 삶을 체험하는 무척이나 인상적인 시간이었다.

 그리고 몇 주 뒤, 그들과 함께 도쿄로 갔다. 그곳에서 나는 돈 한 푼 쓰지 않고 로페즈 씨가 선물해 준 수준 높은 시간을 즐겼다. 그 후에 이어진 환상적인 하와이 관광을 체험한 뒤, 나는 마침내 집으로 돌아왔다.

회의실이 순식간에 고요해졌다. 너무 거창한 생각이었기 때문이다.

"어떤 회사가 책을 100만 권이나 사겠어요?" 이 아이디어의 당사자인 코트니가 언제나처럼 현실적인 목소리로 물었다.

그 말을 들으며, 미셸은 생각했다. '**질문이 커야 결과도 크다.**'

"직원 숫자가 100만 명이 넘는다면…." 침묵을 깨고 마침내 제레미가 말했다.

"아니면 100만 명 이상의 고객이 있거나…." 서머가 덧붙였다.

샘이 끼어들었다. "100만이라는 숫자에 너무 매달릴 필요는 없어요. 적당한 가격에 좋은 책 10만 권을 살 회사가 지구상에 열 개 정도는 있지 않을까 생각해 보자는 거지요."

이 말에 몇 명이 고개를 끄덕였다. 코트니가 말했다. "어떤 회사는 종이 집게에 그보다 더 많은 돈을 쓰기도 하는걸요."

미셸은 양손으로 턱을 받친 채 아이디어의 핵심을 짚으려고 애썼다. "운송 문제를 생각해 봐야 해요. 100만 권을 인쇄하고, 운송까지 해야 하니까요. 90일 만에 그 일을 해내는 게 쉽지는 않을 거예요."

자기 차례가 오기를 기다렸던 제레미가 마침내 자리에서 일어나 말하기 시작했다. "숙녀 여러분, 제 솜씨가 필요한 때가 되었군요." 소매 안에 든 게 없다는 걸 보여 주려는 마술사처럼, 그가 와이셔츠의 소맷부리를 잡았다. "인쇄하지 않아도 됩니다. 운송할 필요도 없어요. 디지털 도서를 만들면 되거든요. 이메일을 통해 책을 보내고, 한 권에 1달러를 받는 겁니다. p.494 그렇게 하는데 얼마나 드냐고요? 거의 한 푼도

그 후 7년이라는 세월이 눈 깜짝할 사이에 흘렀다. 나는 대학을 졸업했고, 업무차 샌프란시스코에 갈 일이 생겼다. 잠시 시간을 내어 그 저택에 들렀을 때, 나는 로페즈 씨의 사망 소식을 접했다. 그리고 남은 가족의 삶이 이전과 크게 달라졌다는 소식을 함께 들었다.

로페즈 가족을 따라 여행을 다녔던 때에서 채 몇 년이 지나지 않아 필리핀에 독재 정권이 들어섰다. 정부는 계엄을 선포했고, 수많은 언론사와 방송국을 손아귀에 넣었다. (합법의 탈을 쓴 절도 행위였다) 나라 전체가 혼란에 빠진 그때, 한 방송국 사장이 납치되는 사건이 벌어졌다. 그리고 얼마 뒤, 미국에 머물고 있던 로페즈 씨에게 한 통의 전화가 걸려왔다. 필리핀에 있는 재산 모두를 포기하지 않으면 아들이 죽을 거라는 협박이었다. 납치된 사람이 바로 로페즈 씨의 아들이었다. 그 노신사가 전 재산을 포기하는 데 단 1초도 걸리지 않았을 것이라고 나는 확신한다. 아들은 풀려났고, 로페즈 씨의 재산은 깡그리 필리핀 정부의 몫이 되었다.

상상해 보라. 자식의 목숨을 구하기 위해 전 재산을 포기해야 하는 순간을. 그런 경우가 닥친다면 우리는 반드시 더 멀리, 더 넓게 보아야 한다.

시간이 흐르고, 나는 점점 나이를 먹어갔다. 운이 좋아서 성공을 거머쥐기도 했고, 운이 나빠서 실패의 쓴맛을 보기도 했다. 그 어떤 순간이든 나는 로페즈 씨를 떠올렸다. 그가 몸소 보여 준 소중한 가르침이 내 삶을 지탱하는 기둥이 되어준 것이다.

들지 않아요. 이윤이요? 권당 1달러죠. 어때요?" 묘기를 끝낸 마술사처럼, 그가 두 손을 마주쳤다. "이 방법을 쓰면 100만 달러를 벌 수 있지요."

"그 과정을 모두 해낼 수 있겠어요?" 미셸이 제레미에게 물었다.

"흠…. 살짝 녹슬긴 했지만, 2주 정도 인터넷을 살펴보면 우리 조가 해야 할 일을 확정 지을 수 있을 겁니다." 그가 한 손을 들어 올려 서머와 하이파이브를 했다.

바로 그거였다! 다들 한데 모여 디지털 도서로 만들만한 십여 개의 주제를 의논했다.

회의가 끝날 무렵, 샘의 직원이 노트북 두 대를 가지고 왔다. 그 가운데 한 대 앞에 앉아서 제레미가 손목을 풀었다. 그러고는 서머가 지켜보는 가운데 키보드를 경쾌하게 두드리기 시작했다.

83일…

"함께하는 점심 식사를 허락해 주셔서 정말 감사해요, 틸리 할머니."

미셸과 코트니가 틸리 할머니 양쪽에 자리를 잡았다. 디어 크리크에 새로 문을 연 업사이드 카페라는 고급 레스토랑이었다. 막 오후 1시가 되어갈 무렵이었다. 20분 전에 도착한 두 사람은 카페 앞에 나란히 서서 골든 하우스 승합차에서 내리는 할머니를 맞이했다.

"괜찮아, 가볍게 외출하는 걸 좋아하거든." 틸리 할머니는 푸른색 벨

1분 돌아보기: 멘토

1. 성공한 사람에겐 언제나 멘토가 있다.

   멘토 덕분에 우리는 폭넓은 시야, 효율적인 시간 운영, 참는 법을 배울 수 있다.

2. 멘토는 강력한 지렛대 효과를 발휘한다.

   멘토의 경험을 배워 백만장자의 산으로 가는 가장 빠르고, 안전하며, 쉬운 길을 걸을 수 있다.

3. 멘토는 어디에나 있다.

   당신이 만나는 모든 사람이 당신이 원하는 목표를 도울 수 있는 무언가를 '우연히' 가르쳐 줄 수 있다.

4. 멘토가 꼭 사람일 필요는 없다.

   생명을 위협하는 질병, 실직, 감동적인 책, 동물과의 우연한 만남 등 인생 노선을 바꾸게 하는 모든 것이 멘토가 될 수 있다.

5. 멘토와의 관계를 끊임없이 이어가라.

   당신에게 부족하다고 느껴지는 점, 태도, 생각, 기술, 습관, 기법, 전략 등을 메꿔줄 수 있는 멘토를 찾아라.

6. 당신에게 영향을 준 현재와 과거의 영웅으로 상상의 드림팀을 만들어라.

   그들과 직접 대화할 수 있다고 상상하라.

벳 운동복을 걸친 산뜻한 차림새였다. "내 옷차림이 실례가 되는 건 아니겠지? 이 나이쯤 되면 근사한 것보다 편한 게 좋거든."

"보기 좋으세요." 미셸과 코트니가 입을 모아 말한 뒤 마주 보며 미소지었다.

음식을 주문한 뒤 곧바로 사업 이야기가 시작되었다. 다행히 할머니는 신경 쓰지 않는 눈치였다.

할머니는 곧바로 살아온 이야기를 꺼내놓았다. 대통령의 초대로 백악관에 갔을 때 턱이 뾰족한 부통령에 대해 끊임없이 충고했다는 이야기를 비롯해 가끔 옆길로 새기도 하면서 흥미로운 모험담을 들려주었다. 할머니의 목소리는 보통 사람들보다 두 배는 컸기 때문에 주위 사람들까지 끌어들였다. 근처 테이블에 앉아 있던 사람들이 몸을 기울여 할머니의 이야기를 듣기 시작했다. 정치인 논평보다 재미있었던 것은 '강아지 뇌 조립 키트' 같은 실패한 장난감에 관한 회고담이었다. 사실 실패한 예는 그리 많지 않았고 간격도 길었다. 그런 이야기를 들으면서, 미셸은 기디언이 몰두했던 빗나간 사업 아이디어들을 떠올렸다.

주문한 음식이 테이블에 오를 무렵 세 사람의 웃음소리는 주변으로 점점 더 퍼져갔다. 할머니는 사람들의 관심을 한껏 즐기는 눈치였다. "그렇게 해서 1,100만 달러를 벌었어. 단 한 가지 아이디어로 말이야." 웨이터가 음식을 놓아주는 동안 틸리 할머니가 킬킬 웃었다. 그러고는 '더 이상의 관심은 필요 없다'라고 말하듯 여왕처럼 위엄 있게 주변을 둘러본 뒤 몬테 크리스토 샌드위치를 작게 자르기 시작했다.

7. 최소한 한 달에 한 명의 백만장자를 찾겠다는 목표를 세워라.

직접적인 만남, 전화, 이메일을 통해 인터뷰를 요청하고 백만장자의 지혜를 빌려라.

8. 최고의 멘토는 진정한 변화를 일으킨다.

당신은 가슴으로부터 깨달음을 얻고 경험으로부터 배움을 얻을 것이다.

"골든 하우스에서 처음 뵈었을 때, 제가 만든 베개에 관해 의견을 말씀하신 게 그 이유였군요." 미셸이 말을 꺼냈다.

"맞아. 베개로 만들면 그들이 수락하지 않을 거거든. 모양을 다르게 해야 해. 인형이라든가 장난감 곰 같은 것으로 말이야. 어쨌든 베개는 안 돼."

"그런데 '그들'은 대체 누구예요?"

"완구 회사 사람들이지 누구야. 베개 형태로는 신상품 위원회를 통과하지 못해. 거기서는 세상 최고의 아이디어를 한 달에 수백 건씩 검토하거든. 내가 그 위원회에 있어봐서 알아. 완구 회사 사람들은 장난감을 팔지 베개는 관심 없어."

"그 베개에 관심을 두게 되신 이유는 무엇인가요?"

"아주 좋은 질문이야. 그동안 나는 수만 가지 아이디어가 쓰레기통으로 직행하는 걸 봐왔어. 내가 직접 버린 것도 무척 많지. 이윤 문제를 떠나서, 그 과정을 통과해 진열대까지 가는 아이디어가 극소수에 불과하다는 것도 잘 알아. 직접적인 경험을 통해서 말이야. 다시 말해 나는 최고의 장난감이 될 수 있는 몇 가지 원리를 터득하게 되었지."

"저희에게도 그 원리를 가르쳐주세요." 코트니가 정중한 태도를 유지하며 곧바로 말했다. 그나마 그녀는 샌드위치를 조금이라도 먹고 있었다. 하지만 미셸은 너무 긴장한 나머지 한 입도 삼킬 수가 없었다.

"그때 그 방에서 베개에 관한 설명을 엿들으면서 그런 생각이 들더라고. '나도 저런 걸 만들어서 손자랑 손녀한테 주고 싶군. 내 목소리를

팀

녹음하면 좋겠어.' 하면서 말이야. 그런 생각이 든다는 건 최고의 아이디어가 될 수 있다는 징조야. 최고의 아이디어는 직접 써보고 싶다는 생각을 하게 만들어. 외손녀 캐롤라인이 애틀랜타에 살고 있거든. 그 애가 이 장난감을 끌어안고 내가 읽어 주는 잠자리 동화를 들을 수 있다면 참 좋겠다는 상상을 해보았지."

미셸은 문득 니키와 한나를 떠올렸다. 그 베개가 무사히 침실에 들어갔을까.

틸리 할머니가 아이스티를 꿀꺽꿀꺽 들이켰다. 그 소리도 작지 않았다. "난 그걸 부드러운 곰 인형으로 만들었으면 좋겠어…. 몸통을 큼직하게 하는 거야…. 작은 베개처럼 보이도록 말이야. 베개 생각으로 다시 돌아가 보면…, 색상은 여러 가지로 하고…, 정말 흥미로울 것 같아." 할머니가 잠시 말을 멈춘 채 먼 곳을 보았다. 새카만 눈동자가 반짝거렸다. "발에 작은 버튼을 달아서 녹음기가 작동하게 하면 좋겠어. 내가 한창 사업을 할 땐 그런 종류의 장난감을 만드는 게 쉽지 않았어…. 혹시 '말하는 트리샤'를 알아? 아마 모를 거야. 워낙 옛날이거든."

할머니가 웃으면서 아이스티를 좀 더 마셨다. "그 장난감은 작동도 잘 안 되고, 가격도 너무 비쌌어. 하지만 요즘은 장난감에 필요한 그런 기술들을 쉽게 구할 수 있잖아. 모두 개발되어 있으니까. 빠르고, 값싸고, 믿음직하지. 이 모든 생각이 당신의 이야기를 듣고 있는 30초 동안 섬광처럼 머릿속을 스쳤어. 하지만 내 말에 관심을 보이지 않았지." 그

드림팀이 만드는 강력한 지렛대 효과

혼자만의 힘으로 성공을 이루는 건 불가능하다. 여러 사람이 함께 추진할 때 비로소 성공할 수 있다. 성공은 경쟁이 아니다. 수많은 성공이 세상에 널려 있다. 같은 꿈이나 목표를 가진 이들과 한 팀이 되어 일하도록 하라. 팀은 당신이 쓸 수 있는 지렛대의 한 형태다. 팀은 더 빠르게, 더 쉽게 성공할 수 있게 해준다. 팀은 시너지 효과를 가져온다. 각자 따로 일할 때보다 여러 사람이 함께 일할 때 훨씬 더 많은 것을 성취할 수 있다.

여럿이 함께 일하면 믿기 힘들 정도로 큰 힘이 발휘된다. 비슷한 생각을 보유한 성공 지향적인 사람들과 함께하는 것, 다시 말해 드림팀을 구성하는 것은 성공에 이르는 가장 놀라운 방법이다. 위대한 성공을 거둔 이들은 누구나 자신만의 드림팀을 갖고 있다.

드림팀을 만들면 일 측면에서 즉각적인 해결책이 보인다. 드림팀은 당신의 생각이 위대한 방향으로 확대될 수 있도록 해준다. 당신의 목표가 무엇이든 드림팀이 그 목표를 향해 갈 수 있도록 당신을 돕는다.

당신의 드림팀은 어떤 색깔을 지니고 있어야 할까? 성공적인 드림팀이 되려면 당신과 같은 목표를 지닌 한 명 이상의 사람이 필요하다. 눈앞의 상황과 주변을 진지하게 살필 수 있는 파트너가 필요하다. 마때 일을 떠올리면 화가 난다는 듯 할머니가 콧방귀를 뀌었다. "그러니까…."

미셸이 다급하게 끼어들었다. "관심이 없었던 게 아니에요. 그저…, 그날은 너무 슬퍼서…. 죄송해요. 할머니께 무례하게 굴려던 건 절대 아니에요."

"틸리 할머니." 코트니가 목소리를 가다듬었다. "그러니까 할머니는 미셸의 생각이…, 그러니까 그 베개를 장난감으로 만들면 시장성이 있다고 생각하시는 거죠?" 그녀는 눈썹을 치켜뜬 채 열정적으로 할머니를 보았다.

"말했잖아." 할머니가 손가락 끝으로 맵시 있게 치즈를 닦으며 아주 조금은 안달 난 목소리로 말했다. "매력을 느꼈다고. 장난감 아이디어에 관해서라면 난 최고의 전문가야."

"그런데 비슷한 것들이 벌써 나와 있지 않나요? 녹음 장치가 들어있는 장난감이요." 코트니가 물었다.

"물론이지. 카페만 해도 여기저기에 수도 없이 있잖아? 그런데도 사람들은 '조니스 자바 조인트'말고 '스타벅스'에 가잖아. 안 그래?"

"조니스 자바 조인트는 처음 들어요." 미셸이 말했다.

"그렇다니까. 장난감은 뭔가 특별한 점이 있어야 해. 그런 면에서 당신의 아이디어는 독특해. 부모의 목소리가 아이들의 귀에 속삭인다는 점에서 말이야. 자장가를 부를 수도 있잖아. 여기를 울리는 무언가가 있을 거야." 할머니는 한 손으로 가슴을 두드렸다. "일 때문에 자주 집

음과 머리, 두 가지 측면에서 함께 조화를 이룰 수 있는 사람이 필요하다. 항상 주위를 살펴 최고의 사람을 찾아내자. 그리고 그들에게 당신의 팀에 합류해 달라고 부탁하자.

새로운 팀원이라면 누구나 3개월의 검증 기간을 거쳐야 한다. 그 사람이 이기적이거나, 부정적이거나, 자기중심적이라는 사실이 드러나면 팀을 떠나야 한다. 드림팀은 당신이 직접 만드는 소중한 팀이다. 어떤 예외도 적용되어서는 안 된다. 가장 중요한 것은 팀원의 자세다. 그것이 팀을 성공으로 이끌거나 망가트릴 수 있다. 팀원은 팀 내부에 즐거움을 주는 동시에 팀에 이바지하겠다는 마음을 지녀야 한다. 팀원 모두가 사명감을 지니고 헌신적인 태도로 기쁘게 일할 때 비로소 성공을 거둘 수 있다.

기억할 것은 당신과 각 팀원과의 관계는 가까워야 한다는 사실이다. 팀이 일군 결과로 말하라. 당신의 드림팀이 어떻게 운영되는지 결과가 말해줄 것이다.

올바른 팀을 보유하고 있다면, 성공에 걸림돌이 되는 나쁜 습관을 팀원들이 지적하고 당신이 그것을 고칠 수 있도록 도울 것이다. 팀원들은 당신이 아는 것보다 더 많은 것을 당신에게서 본다. 당신이 지치면 그들이 곁에서 응원해 줄 것이다.

깨달은 백만장자는 자신만의 드림팀을 가지고 있다.

을 비워서 죄책감을 느끼는 부모가 많지. 그러니 아이들을 위해 뭔가를 남겨 두고 싶을 거야. 홍보만 잘하면 히트 상품이 나올 수도 있어."

미셸과 코트니는 놀란 눈으로 서로의 얼굴을 바라보았다.

"확실해." 틸리 할머니가 말을 이어갔다. "그런 게 하나 터지면 로켓을 타고 솟아오르는 기분이 들어. 무엇과도 바꿀 수 없는 기분이지. 상점이 문을 열기도 전에 수많은 부모가 줄을 서기 시작해. 장난감이 동나기 전에 먼저 사려고 말이야. 싸움이라도 할 기세로 다들 기다리는 장면을 떠올려봐. 내가 과장해서 말하는 거 같지? 엄마 곰이 얼마나 사나워질 수 있는지 몰라서 그래." 할머니가 킬킬대며 주름진 손을 비볐다.

"틸리 할머니." 미셸이 간절하게 물었다. "당장 이 일을 시작한다면, 장난감을 시장에 내놓을 때까지 얼마나 걸릴까요?"

"흠, 첫 번째 단계는 시제품을 만드는 거야. 보통 2주 정도 걸리지. 그다음에는 신상품 위원회 사람 중 하나를 만나야 해. 하스브로나 마텔과 접촉하는 게 좋겠지. 완구업계의 큰손이거든. 그런 다음엔 그 사람들이 고민할 시간을 줘야 하지. 잘 풀리면 한 달 안에 답을 얻을 수 있어. 내가 아는 사람들이 있거든. 신상품 위원회의 승인을 얻으려면 3주가 더 걸려. 그런 다음 계약을 체결하고…."

아무리 빨라도 6개월 이상 걸리는 여정이었다. 90일로는 어림도 없었다. 틸리 할머니의 목소리가 카페 곳곳에서 들리는 말소리와 식기류 부딪히는 소리에 묻혀 아득하게 멀어져갔다. 미셸이 코트니를 보았다.

당신의 드림팀

신은 인간을 불완전한 존재로 창조했다. 당신과 팀은 손전등과 건전지의 관계다. 손전등이 제대로 작동하려면 좋은 건전지가 필요하다. 팀은 수익을 비롯해 재능, 자원, 인맥, 목표, 돈, 능력을 당신이 잘 구현하도록 돕는다. 팀은 당신의 삶을 밝힌다. 팀원들과 함께 만들어가는 좋은 관계는 금전적, 사무적, 육체적, 정신적, 감정적, 가족적인 측면에서 훌륭한 지렛대 효과를 발휘한다. 올바른 팀을 가지고 있을 때, 당신은 힘을 얻고, 격려받고, 권한을 지니고, 더 짧은 기간에 더 많은 일을 해낼 수 있다. 함께 힘을 모으면 각자가 지닌 잠재력을 한층 끌어올릴 수 있다. 힘을 모을 때 모두가 더 많이 성취한다.

일곱 개의 화살을 한 개씩 부러뜨리는 건 쉽다. 하지만 그것을 한데 모으면 좀처럼 부러지지 않는다. 두 명 이상이 힘을 합치고 조화를 이룰 때 위대함이 다가온다. 당신과 팀을 이룰 사람들을 찾아 나서라. 드림팀은 한 사람의 생각에서 시작된다. 그 사람이 다른 사람을 끌어들여서 목표를 향해 함께 나아가게 만든다. 이는 두 사람이 함께해야 100퍼센트 관계가 만들어지는 부부와 일맥상통한다. 부부는 굳게 결속되어 있으며 함부로 그 관계를 막을 수 없다.

당신만의 팀을 만들어라. 탁월하고, 예리하고, 똑똑하고, 지혜롭고,

코트니도 더는 식사를 하지 못했다.

"둘 다 내 말을 이해하지 못하는 것 같은데." 할머니가 슬쩍 화를 냈다. "반드시 성공할 아이디어를 당신들이 갖고 있다는 말을 하고 있는데 말이야."

미셸은 크게 숨을 들이쉬었다. 그러고는 자신이 처한 상황을 비교적 간단하게 설명하기 시작했다. 틸리 할머니는 별다른 감흥을 보이지 않으며 설명을 들었다. "저한테는 90일밖에 없어요. 이제 83일이 남았고요."

할머니가 무덤덤하게 말했다. "90일이고 83일이고 간에 어차피 불가능해."

마치 주먹으로 턱을 한 대 맞은 것처럼 '불가능'이라는 단어가 미셸에게 꽂혔다. 그때 갑자기 샘의 정원에서 들었던 이야기가 떠올랐다. 아이를 구하기 위해 자동차를 들어 올린 엄마의 이야기 말이다. 지금 자동차 밑에 깔린 건 바로 내 아이들이었다. 순간 머릿속에 한 가지 아이디어가 스쳤다.

"할머니, 잠깐만 저하고 게임을 해봐요. 할머니의 손녀 캐롤라인이 납치되어 몸값을 치러야 한다고 상상해 보는 거예요. 90일 안에 장난감 곰을 시장에 내놓지 않으면 손녀를 다시는 보지 못해요."

"아이고, 무슨." 할머니가 가슴에 손을 얹었다. "그런 고약한 말은 꺼내지도 마."

미셸은 그 말을 못 들은 척 이야기를 이어갔다. "범인이 손녀를 영원

협조적인 사람들을 끌어들여라. 성장하고, 빛나고, 발견하고, 호기심과 잠재력으로 가득 찬 열정적인 사람들을 골라라. 각각의 팀원은 비전과 가치관을 당신과 공유해야 한다. 새롭게 팀원을 뽑을 때는 90일의 검증 기간을 거친 뒤 기존 팀원들이 만장일치로 찬성할 때만 받아들인다. 긍정적인 생각을 지닌 이들로 팀을 구성하는 것이 가장 중요하다. 긍정적인 사람들은 우주적 에너지에 다가갈 수 있는 영혼의 힘을 지니고 있다. 부정적인 사람들은 풍선에 뚫린 구멍과 다름없다. 구멍 뚫린 풍선이 얼마나 높게 날 수 있겠는가. 정기적인 팀 회의가 당신의 삶을 더 나은 방향으로 이끄는 우선 사항이 되도록 하라. 팀 회의는 활기차고 풍성하며, 서로를 격려하는 분위기 속에서 팀원 각자와 팀 전체에 유익함을 주어야 한다. 회의가 제대로 진행되면 각 팀원의 능력, 재능, 자원이 놀랄 만큼 커진다. 각자의 삶도 즉시 좋은 방향으로 개선된다. 드림팀은 가치 있고, 중요하며, 모두에게 도움이 된다. 이로 인해 긍정적인 깨달음을 얻을 수 있다.

훌륭한 드림팀

드림팀은 두 명 이상이 어떤 목표, 행동 또는 결과를 얻기 위해 협조

히 데리고 갈 거라고 협박하고 있어요. 방법은 한 가지뿐이에요. 그 기간 안에 장난감 곰을 시장에 내놓을 수 있으시겠어요?"

틸리 할머니는 말이 없었다. 상상력이 풍부한 할머니의 머릿속에 위험에 처한 손녀의 모습이 생생하게 그려지고 있는 게 틀림없었다. 입술을 오므린 채 눈을 감고 있던 할머니가 살살 고개를 저었다. 그러고는 잠시 뒤에 고개를 끄덕이더니 다시 저었다. 얼마 후, 다시 고개를 끄덕였다. 마침내 눈을 뜬 할머니가 말했다. "두꺼운 고무줄을 당기는 것보다 더 긴장되는 일정이 될 거야. 한 치의 오차도 있어서는 안 돼." 할머니가 먼 곳을 바라보았다. 이번에는 눈동자가 흐릿했다.

"꼭대기에 있는 사람의 마음을 훔쳐야 해." 잠시 후, 할머니가 설명을 시작했다. "무슨 말이냐고? 우리 아이디어가 너무나 대단해 보여야 한다는 거야. 그 사람들이 몇 달째 붙잡고 있던 프로젝트를 제치고 우리 아이디어를 추진하게 만들어야 한다는 뜻이지. 그래야 장난감이 시장에 나올 수 있어. 그런 대단한 힘이 있는 사람은 꼭대기에 있는 이들뿐이지."

할머니가 꾸룩꾸룩 소리를 내며 남은 아이스티를 빨대로 마셨다. "그 사람들이 검토하는 장난감이 1년에 몇 개인지 알아? 하스브로는 3,500개를 검토한다고. 그중에서 1,500개가 신제품위원회를 통과해서 2차 검토를 받지. 그 가운데 상품화되는 건 많아야 열다섯 개 정도야. 확률로 따지면 1퍼센트가 안되지. 그렇게 무사히 진행된다고 해도 일 년이 넘게 걸려…"

하고 조화를 이룰 때 만들어진다. 역사적으로 볼 때 모든 업적이나 성과는 드림팀을 통해 이루어졌다. 예수에게도 드림팀이 있었다. 예수는 열두 명의 팀원을 직접 골랐고, 그 후 세상이 달라졌다. 라이트 형제는 인류 최초로 비행기를 만들어 불가능의 영역이었던 하늘을 날았다. 앤드루 카네기는 자신을 중심으로 팀을 구성해 세계 최고의 철강 회사를 만들었다. 또한, 카네기는 전 세계에 3천 개 이상의 공공도서관을 만들어 인류애를 표현했다. 빌 게이츠와 폴 앨런은 마이크로 소프트를 창업해 큰 부를 일구었고, 대규모 자선사업을 벌이고 있다.

위대한 발명가로 손꼽히는 토머스 에디슨도 팀원과 함께했다. 그 가운데 유명한 사람이 헨리 포드다. 에디슨의 뉴저지 연구소가 불탔을 때, 포드는 다음 날 아침에 찾아가 75만 달러짜리 수표를 건네며 건물을 다시 지으라고 격려했다. 이자를 받기 위해 돈을 빌려준 게 아니었다. 포드는 그저 친구가 다시 힘을 내어 일을 시작하기를 바랐다.

많은 위대한 성공이 드림팀과 함께할 때 가능했다. '팀'이라는 단어가 주는 안정감과 기적의 힘을 떠올려보라. 우리가 알고 있는 또 다른 드림팀은 누구일까?

월트 디즈니와 그의 동생 로이 디즈니, 헬렌 켈러와 앤 설리번, 마이클 조던과 펄 잭슨, 릴리 톰린과 제인 와그너, 스티븐 스필버그와 조지 루카스, 잭 캔필드와 마크 빅터 한센.

위대해지려면 당신만의 드림팀을 만들어라. 준비되지 않아도 상관없다. 지금 당장 드림팀을 만드는 일에 착수하라. 팀을 구성한 때는 아그러고는 얼굴을 찌푸렸다. "안 되겠어." 고개를 저으며 할머니가 말했다. "길이 안 보여…."

"손녀의 일이라고 상상해 보세요." 미셸이 불쑥 말했다.

할머니가 입을 벌리고 미셸을 쳐다봤다. 그러고는 한참 동안 생각에 잠겼다. "그렇다면 도리가 없지. 그까짓 확률이 무슨 상관이야. 손녀가 납치되었다면 무슨 방법이든 찾아야지."

미셸은 다시 희망이 생기는 느낌이었다.

할머니가 삐딱한 표정으로 검지를 들어 올렸다. "그렇다고 돕겠다는 의미는 아니야. 전화 몇 통을 돌릴 때까지는 말이야. 우리 창업 멤버 가운데 몇 사람이 지금도 하스브로에서 일해. 상당히 높은 자리에 있는 사람도 있고. 물론 사장도 잘 알지." 할머니가 손톱으로 탁자를 두드렸다. 얼마 전에 바른 매니큐어가 벌써 벗겨진 게 보였다. "그 사람이 솔깃할 뭔가를 말해야 해. 하스브로는 아동 자선 사업을 크게 하지. 매년 수백만 달러를 기부하거든, 당신 말이야, 수익의 일부를 하스브로의 프로젝트에 기부할 수 있겠어?"

"그럼요." 미셸이 즉시 대답했다. "안 그래도 번 돈의 10퍼센트를 기부할 곳을 찾고 있었거든요." p.144

할머니는 천천히, 그리고 계속 고개를 끄덕였다. "나한테 신세를 진 사람 중에 시제품 제작을 도울 사람이 하나 있어."

미셸은 놀란 눈으로 할머니를 보았다. 그 작은 할머니가 눈앞에서 조금씩 다른 사람으로 변하고 있었다. 허리는 더 꼿꼿해지고, 포크를 더는 사람부터 시작하도록 하라. 믿고, 존경하고, 부러워할 동료를 발견하라. 당신과 함께하고 싶어하고, 당신의 약점을 보완해줄 능력자를 찾아내 핵심 인물로 받아들여라. 성장하면 더 많은 팀원을 뽑거나 새로운 팀을 구성하라.

 둘 이상의 사람이 각자의 꿈을 결합해 드림팀을 구성하면 마법 같은 일이 벌어진다. 가장 이상적인 당신의 드림팀에 받아들이고 싶은 사람들의 이름을 아래에 적어보도록 하자.

_____ _____ _____

_____ _____ _____

_____ _____ _____

_____ _____ _____

함께하는 드림팀

사귀는 사람을 보면 그 사람의 인생을 알 수 있다.
- 안토니 로빈스

앞에서도 말했듯이 다른 이들과 함께 목표를 추구하면 이점이 크다.

우아하게 다루었으며, 눈빛도 더는 흐릿하지 않았다.

미셸이 코트니를 보았다. 그녀도 할머니의 변화를 알아챘는지 궁금했다.

"내 안에 승리할 게 아직 남았나 봐." 틸리 할머니가 남은 샌드위치 한 조각을 입에 털어 넣었다. "늙어빠진 노인네가 아직도 완구업계에 폭풍을 일으킬 수 있는지 알아보는 것도 재미있겠군."

82일…

샘이 뒤쪽에 있는 아파트 건물을 가리켰다. "여기에요. 내가 초반에 투자했던 주요 투자처 중 하나지요."

출근해야 하는 리니를 제외하고 나머지 팀원들 모두 초록색 2층 건물 앞에 반원을 그리고 서 있었다. 미셸은 창문 모양으로 세대를 구분할 수 있었다. 프렌치 도어가 철제 발코니로 이어지고 있었다. 큰 창문은 거실이나 침실 창문이 틀림없었다. 화장실 창문은 좀 더 작았다. 하얀색 창이 초록색 건물과 산뜻하게 대조를 이루고 있었다.

샘이 웃으며 말했다. "건물의 외관을 보면 제가 좋아하는 뉴올리언스가 떠올라요. 그것 때문에 이 건물을 산 건 아니지만요."

출입구에 붙어 있는 팻말에 '단풍나무 정원'이라는 글씨가 새겨져 있었다. 그 건물은 중심가에서 몇 블록 떨어진 한적한 길가에 자리하고 있다. 길가에 늘어선 커다란 단풍나무가 그늘을 만들어 따가운 아침

당신의 재능이 아무리 뛰어나도 혼자서는 '시너지 효과'를 낼 수 없다. 잘 정돈된 팀은 언제나 개별적인 성과를 능가하는 결과물을 낸다. 드림팀이 중요한 이유가 바로 이 때문이다.

하지만 사람들을 당신의 팀으로 초대하는 것에는 부정적인 측면이 존재할 수 있다. 그들은 당연히 시너지 효과의 핵심 요소인 재능과 시각을 가져온다. 그와 동시에 가치관도 가져온다. 가치관은 인생의 방향을 결정하는 핵심적인 믿음이며, 존재의 본질을 정의하는 요소다. 드림팀은 가치관이 같아야 한다. 결과를 창조하는 과정이 팀원들의 가치관과 조화를 이룰 때 비로소 의미가 생기기 때문이다. 돈을 아무리 많이 벌어도 가치관을 공유하지 못하면 분열되고, 망가지며, 실망이 뒤따른다. 가치관에 따라 살지 못하는 것은 좌절이 아닌 진정한 실패다.

다시 한번 말하지만, 새로운 팀원을 드림팀에 받아들일 때 반드시 3개월의 검증 기간을 거쳐야 한다. 그 기간 동안 새로운 팀원을 관찰할 수 있다. 그 사람은 팀이 요구하는 성실성, 열정, 사랑, 사명감을 지녔는가? 기꺼이 변화할 의지를 지녔는가? 당신의 가치관에 공감하고, 그 중요성을 이해하는 사람을 찾는 게 쉽지는 않다. 하지만 뚜렷하게 알려주고 실천하는 모습을 꾸준히 보여 주면 그 사람의 생각이 바뀔 수 있다. 새로운 팀원은 당신의 가치관을 익혀서 자신의 행동에 조화시킨다. 그렇게 되면 당신은 강력한 동료이자 위대한 팀원을 얻게 된다.

그 사람이 당신의 핵심적인 가치관을 받아들이지 못하면 팀에서 내보내야 한다. 쉬운 일은 아니지만, 그렇게 하는 것이 모두에게 좋다.

햇살을 가려주었다.

샘이 말을 이어갔다. "이 건물을 매입하기 전까지는 주로 단독주택이나 연립주택 같은 작은 건물을 거래했어요. 그러다가 나의 네트워크에 있는 친구가 이 아파트 이야기를 해주었지요. 40채짜리 건물, 생각해 본 적도 없었어요. 돈을 마련할 방법도 몰랐고요. 그래서 멘토에게 전화를 걸었지요…."

미셸은 숨을 죽인 채 다음 말을 기다렸다. 샘이 누군가의 지시나 충고를 받는다는 게 상상이 가질 않았다. 다른 사람들도 놀란 표정을 지었다.

이런 분위기를 눈치채고 샘이 말했다. "맞아요, 나한테도 멘토가 있었어요. 여러분도 언젠가 누군가의 멘토가 될 거예요." 샘이 입고 있던 카프탄의 소매를 걷어 올렸다. "어쨌든 나는 멘토와 함께 공인중개사를 찾아갔어요. 여러 번 캐묻는 과정에서 속 이야기를 듣게 되었지요. 건물주가 최근에 이 건물을 콘도미니엄으로 개조하기 위해 신청했다가 거절당했다는 사실을 알게 된 거예요. pp.298, 422 '아하!' 멘토가 말했어요. '큰돈은 언제나 큰 거절 뒤에 숨어 있지.'라고요."

샘은 미셸을 보며 뜻 모를 미소를 지었다.

"멘토가 한 말은 너무 많은 사람이 금맥을 몇 센티미터 앞에 두고 채굴을 중단한다는 뜻이었어요. 우리는 더 열심히 조사했지요. 얼마 뒤, 반대하는 사람이 누군지 알아냈어요. 진보적인 시의원 중 일부였지요. 돈 많은 개발업자가 멀쩡한 아파트를 개조해서 임대인을 내쫓는 걸 막

당신의 역할은 조종간을 잡고 팀이 나아갈 방향을 결정하는 것이다. 그 사람이 자신의 가치관과 조화를 이루는 다른 팀을 찾아갈 수 있도록 놓아주자.

드림팀 만들기

꿈과 팀과 아이디어만 있으면
영구적인 수입 흐름을 만들 수 있다.

우리는 모두 창조적이며 능력이 뛰어나다. 하지만 드림팀을 구성하면 부분의 합이 전체보다 훨씬 커진다. 시너지 효과가 발휘되는 것이다. 조화로운 사람들이 함께 일하면 누구든 혼자일 때보다 훨씬 많은 것을 해낼 수 있다. 좋은 팀과 함께하면 더 나은 아이디어와 계획을 갖게 되고, 더 좋은 방향으로 일을 해내게 된다.

최고의 드림팀을 만들기 위해 객관적인 평가 도구를 이용하기도 한다. 이 과정에서 자연스럽게 당신의 약점이 드러나고, 그것을 개선하기 위해 애쓸 것이다. 하지만 우리는 당신이 지금 그대로 있기를 요구한다. 그래서 당신을 평가하고, 강점을 찾아내어 그것을 이용하고자 한다.

기 위해서였어요. 이유를 알고 나서 우리는 지혜를 모으기 시작했어요."

"당신의 멘토는 누구였나요?" 미셸이 조심스럽게 물었다.

샘이 고개를 저었다. "그건 중요하지 않아요, 나비 부인. 게다가 그분은 자신의 존재가 알려지는 걸 원치 않거든요. 하지만 여러분 중 누군가가 덴버에 갔다가 병에 걸리면, 물론 그런 일은 없어야 하겠지만, 그분의 이름이 들어간 병원에 가게 될 거예요."

"알려지는 걸 참 원치 않는군." 제레미가 중얼거렸다.

샘은 제레미의 말을 못 들은 척 이야기를 이어갔다. "받아적을 필요는 없어요. 수치에 대해선 나중에 다시 알려줄게요. 어쨌든 아파트일 때 이 건물은 한 채에 2만 5천 달러의 가치가 있었어요. 그런데 콘도미니엄으로 개조하면 7만 5천 달러로 가치가 뛰었지요. 한 채당 차익이 5만 달러였어요. 모두 40채니 차액을 합하면 200만 달러였지요. 우리는 이 돈을 해방시킬 방법을 찾기 시작했어요."

첫 번째 단계는 건물 매입 의사를 밝히는 것이었다. 샘은 값은 관계없으니 90일 안에 거래를 마치자고 협상했다. 다음 단계는 건물에 입주한 모든 세입자를 찾아가서 거절할 수 없는 제안을 건네는 것이었다. 그녀는 그들에게 세입자가 아닌 주인으로 살 수 있는 방법을 제안했다. 가격은 시장가보다 2만 5천 달러나 낮은 5만 달러였다. 샘은 그들을 위해 일찌감치 은행 융자를 알선해 두고 승인까지 받아 둔 상태였다. 그들은 서류에 서명만 하면 되었다. 계약금도 필요 없었다. 월

일단 당신 자신부터 평가해보자. 그러면 일과 관련해 어떤 강점을 지녔는지 알 수 있다. 강점을 알아내면, 당신의 약점을 보완할 능력을 지닌 사람을 찾아라. 이런 방식으로 '취약한 부분'에서 손을 떼고, 그 부분을 다른 사람에게 맡길 수 있다.

중요한 것은 팀원 각자가 자신이 가장 잘하는 일을 할 수 있는 환경을 제공하는 것이다. 그럴 때 최대의 결과를 도출하는 가장 효율적인 팀을 만들 수 있다.

당신의 강점을 알고 나면 팀에 어떤 유형의 사람들이 필요한지 알 수 있다. 객관적인 자료에 따라 드림팀을 구성하고 나면, 누구에게 어떤 행동을 구체적으로 요구해야 할지 파악이 된다. 팀원 각자의 강점만을 활용하고 약점은 피함으로써 얻는 이점은 부를 구현하는 당신의 능력을 확대할 수 있다.

잘 정돈된 팀은 언제나 개별적인 성과를 능가하는 결과를 낸다. 팀원의 능력을 잘 파악해 당신의 팀을 정돈하자. 이 과정을 제대로 수행하면 당신은 무적이 될 것이다.

상환금은 사실상 임대료보다 적었다. 세입자들은 단 한 푼도 들이지 않고 2만 5천 달러를 이익 본 상태로 집주인이 될 수 있었다.

샘은 질문을 던지며 이야기를 마쳤다. "이런 제안을 받는다면 여러분은 어떤 대답을 할까요?" "아니라고는 대답하지 못할 것 같은데요." 제레미가 웃으면서 큰 소리로 말했다.

세입자들을 일일이 찾아가 모두 승자가 될 수 있다고 설득하는 데 3주일이 걸렸다. 다음 시의회가 열렸을 때 회의실은 사람들로 가득 찼다. 세입자들이 한 사람씩 앞으로 나가서 이 거래에 찬성한다고 말했다. 열 명쯤 의견을 발표했을 때였다. 앞 못 보는 신사 한 분이 마이크 앞으로 안내되었다. 몇 년 동안 거주했기 때문에 아파트의 모든 모퉁이와 계단을 알고 있다고 했다. 그는 월세를 더 낼 형편도 못 되지만, 무엇보다 두려운 건 새로운 건물 모퉁이를 익히는 것이라고 말했다. 하지만 제안된 계획이 승인되면 그는 이 아파트의 주인이 될 수 있었다. 월 상환금은 25년간 고정되고, 이후에는 완전히 자기 소유가 된다. 이사 갈 필요가 없는 것이다.

"시의회는 곤란에 빠졌어요. 찬성표를 던지면 세입자 40명이 행복한 집주인이 될 것이고, 건물의 재산세도 세 배나 올려 받을 수 있었지요. 반대표를 던진다면 40명의 성난 유권자를 포함해 그 가족과도 마주해야 했어요. 결국, 바람직한 결론이 났지요. 모두 찬성표를 던진 거예요."

샘이 설명을 이어갔다. "승인을 얻고 나니 그 건물의 가치가 세 배로 뛰었어요. 은행은 기꺼이 융자를 해주었지요. 90일 안에 잔금을 치렀

네 가지 작업 유형

앨런 파덴과 마리 웨스트의 연구에 의하면, 프로젝트를 진행하는 과정은 다음 네 가지 범주로 구분된다.

해결

문제를 해결하거나 기회를 잡기 위한 선택, 혹은 아이디어에 대한 브레인스토밍

전략

가장 적합한 아이디어를 선택하고, 그에 따른 실행계획 수립

분석

해결 부분에서 잘못될 수 있는 사항을 파악

결과

실행계획을 구체적인 시스템으로 전환하고 완수

이 네 가지 작업 유형에 어울리는 네 가지 타입의 작업자가 있다.

고, 우리는 두 달 동안 개조 공사를 했어요. 그리고 멘토와 나는 100만 달러를 벌었지요."

오토바이가 지나가는 동안 샘이 잠깐 말을 멈췄다. "매우 바람직한 거래였어요. 모두가 승리할 수 있었으니까요. 세입자도, 시의회도, 은행도 말이지요."

말이 이어졌다. "깨달은 백만장자가 된다는 것은 이윤을 남기지 않는다는 의미가 아니에요. 모두가 승리하는 방식으로 해결책을 찾는다는 뜻입니다."

샘이 '깨달은 방식으로' 돈 버는 사람의 특징을 설명하기 시작했다. 도중에 질문도 하고, 각자의 의견도 말할 수 있었다. 그녀는 이기적인 목적으로 돈을 벌 때와 깨달은 방식으로 돈을 벌 때의 차이점을 알려주었다.

"깨달은 방식으로 돈을 번다는 것은 정직한 부, 즉 진실하게 돈을 번다는 뜻입니다. 원칙에 따라 부를 쌓는다는 것이지요. 아무리 많은 돈을 벌 수 있다고 해도, 손대면 안 될 일이 있습니다. 깨달은 부는 관계된 모든 사람이 승리하는 방식입니다. 균형 잡힌 부라고도 할 수 있지요. 가족까지 희생시키면서 추구할 가치는 이 세상에 존재하지 않습니다. 깨달은 방식으로 추구하는 부는 지렛대 효과를 발휘합니다. 우주적 네트워크가 충분히 작동할 때, 누적된 경험과 지혜가 하나의 임무에 집중될 때 그 일은 더 밝게, 더 쉽게, 더 빨리 진행됩니다. 이러한 방식이 여러분이 가야 할 유일한 길이지요."

토끼 타입

닥치는 대로 생각을 내뿜는 아이디어맨이다. 아이디어를 내놓는 건 좋아하지만, 일단 내놓고 나면 그 아이디어에 대해 지루함을 느낀다. 이런 타입의 사람들은 매우 창조적이다. 뒷마무리를 제대로 못 한다는 불평을 다른 사람들이 할 수도 있다.

올빼미 타입

성공을 위해 전략을 세우고, 일의 우선순위를 정하는 과정을 즐긴다. 누군가가 아이디어를 내놓으면 그 아이디어를 실현할 후속 단계를 즉시 내놓는다. 인맥 형성과 실행계획 수립을 좋아하는 수완가다.

거북이 타입

서두르지 않고 천천히 갈 때 시합에서 이긴다고 믿는다. 새로운 아이디어를 의심하고 종종 반대한다. 전통과 입증된 해결책을 신뢰하고, 조금이라도 위험한 일에는 절대 손대지 않는다. 문제점을 지적하고, 잘못되어가는 부분이 없는지 늘 감시한다. 개념 구축 단계에서 대부분의 실패를 모의실험을 통해 드러낸다. 그로 인해 팀의 시간과 비용을 절약한다.

다람쥐 타입

세부 지향적인 사람이다. 단계별 작업에 능하다. 방법을 찾고, 논리적으로 사고하며, 꼼꼼하게 행동한다. 모든 일을 조직화하여 원활하게 큰 바위에서 들었던 내용이 포함되어 있었기 때문에 미셸은 으쓱한 기분이 들었다. 중요한 내용을 다시 들을 수 있다는 생각에 감사하고 겸허한 마음도 생겼다.

서머가 물었다. "너무 궁금해요. 앞 못 보는 그 신사는 어떻게 되었나요?"

샘이 오른쪽 아래층의 한 집을 가리켰다. "지금도 저 집에 살고 있습니다." 무성하게 자라있는 화초가 발코니를 뒤덮고 있는 집이었다.

"자, 현장학습은 이것으로 마치고 사무실로 돌아갑시다. 점심을 먹기 전에 해치워야 할 일이 많아요."

"죄송하지만 저는 이만 가봐야 해요." 코트니가 말했다. "옛말에도 있잖아요. 주인이 없다면 누가 가게를 살피겠어요. 제가 주인이니까 가게에 잠시 나가봐야 하거든요. 나중에 다시 올게요."

잠깐이지만 미셸은 마음이 편치 않았다.

하지만 샘은 흔들리지 않았다. "토론 내용을 녹음해둘게요. 나중에 듣도록 해요."

"오늘 오전에 그 건물 앞에서 만나자고 했던 이유는 뭘까요?" 회의실에서 샘이 차트를 넘기며 물었다. 그러고는 1이라는 숫자를 앞쪽에 써놓고 제자들의 대답을 기다렸다.

진행한다. 단계별 작업과 기대치를 정확하게 알려주면 훌륭하게 일을 해낸다.

드림팀에는 네 가지 타입에 해당하는 사람이 적어도 한 명씩은 있어야 한다. 대부분 지배적인 작업 유형과 보완적인 작업 유형을 하나씩 가지고 있다. 두 사람으로 팀을 구성해야 한다면 토끼 타입/올빼미 타입인 사람과 거북이 타입/다람쥐 타입인 사람, 또는 토끼 타입/거북이 타입인 사람과 올빼미 타입/다람쥐 타입인 사람으로 구성하는 게 좋다. 그러면 이상적인 팀을 만들 수 있다.

각 작업 유형의 사람을 골고루 갖추면 팀을 여러 가지 방식으로 나눌 수 있다. 한가지 유형이라도 부족하면 위기가 닥칠 것이다. 만약 두 가지 유형이 부족하면 커다란 실패를 경험하게 될 것이다.

당신은 이 가운데 어떤 타입에 속하는가?

균형 잡힌 드림팀

다른 사람을 부유하게 할 때 모두 부유해진다.
− 앤드루 카네기

"우리가 무엇을 찾아야 할지 보여 주기 위해서요." 제레미가 대답했다.

샘이 숫자 1 옆에 '의식 향상'이라는 글자를 썼다.

"짧은 시간에 큰돈을 버는 게 가능하다는 걸 알려주려고요." 서머가 말했다.

샘은 2라는 숫자를 쓴 뒤 '믿음 강화'라는 말을 적어넣었다.

"모두가 승리하는 방식으로 돈을 벌 수 있다는 걸 보여 주려고요." 미셸이 대답했다. 샘은 3이라고 쓰고나서 '깨달은 부'라는 글자를 덧붙였다.

그리고 나서 마커펜을 내려놓았다. "부동산으로 빠르게 현금을 버는 몇 가지 방법이 있어요. 오전에 본 건물처럼 부동산의 용도를 변경하는 것이 그 가운데 하나지요. 그 외에 다른 아이디어가 있는 사람이 있나요?"

"부동산을 수리해서 팔 수 있어요." 리니가 얼른 대답했다. "몇 년 전부터 주말을 이용해서 그 일을 하고 있어요. 남편이 손재주가 좋은 편이라 수리하는 데 드는 돈을 아낄 수 있지요."

"맞습니다. 5천 달러 정도 투자해서 칠을 새로 하고 조경을 살짝 손보면 부동산의 가치를 2만 달러 이상 높일 수 있지요. 또 다른 방법이 있을까요?"

리니의 부동산 지식이 다시 빛을 발했다. "10년 전쯤이었어요. 디어 크리크 부근에 스키장을 새로 건설한다는 발표가 났지요. 당시에 부동산 가치가 크게 올랐어요. 남편과 저는 그 기회를 놓쳤지만요."

팀원들 각자에게 해당하는 지배적인 작업 유형을 파악한 뒤 아래 칸에 이름을 적어 넣어라. 한 사람이 두 가지 작업 유형을 지닐 수 있다. 그런 경우에는 두 곳에 이름을 적으면 된다.

당신의 드림팀을 위한 작업 유형 분류

토끼 타입	**올빼미 타입**	**거북이 타입**	**다람쥐 타입**
아이디어 메이커	전략가	분석가	세부 작업자
_____	_____	_____	_____
_____	_____	_____	_____
_____	_____	_____	_____

드림팀에 한 가지라도 유형이 부족하면 그것을 채워야 한다.

당신의 팀에 토끼 타입과 올빼미 타입만 있다면 아이디어는 많은데 일이 마무리되지 않을 것이다. 새로운 일에 대한 열정은 가득한데 그 아이디어를 뒷받침할 작업이 진행되지 않았던 경우가 있는가? 그럴 때는 아이디어의 진행 속도를 늦추고 합리적인 계획을 마련해야 한다. 이때 필요한 사람이 거북이 타입이다. 계획을 효율적으로 수행하려면 다람쥐 타입도 보충해야 한다.

"그렇지요. 일어날 수 있는 일이에요. 다른 방법은요?"

"질문이 너무 많으세요." 제레미가 더는 못 참겠다는 듯 투덜거렸다. "그냥 답을 알려 주시면 안 될까요?"

"제레미, 좋은 질문이에요." 샘이 웃었다. "내가 왜 이렇게 하는 걸까요?"

미셸이 살며시 미소지었다. 분위기를 살리기 위해 샘이 하는 행동이 재미있었다.

"왜 그럴까요?" 샘이 답변을 기다렸다.

"우리 힘으로 생각하길 바라니까요." 제레미가 조금은 부루퉁한 말투로 대답했다.

"내가 왜 그런 것을 바랄까요?" 샘이 질문을 이어갔다. 그러면서 지금쯤은 제레미가 한계에 도달했다는 걸 알아챈 듯 답을 말해주었다.

"스스로 답을 찾으면 여러분이 '아하!'를 경험하게 됩니다…. 그리고 더 깊이 이해할 수 있지요."

"그래서는 진도가 너무 느려지잖아요." 제레미의 표정이 자신만만해졌다.

"나는 그걸 '천천히 빨라지기'라고 불러요."

"흠…. 그에 관해 좀 더 생각해 보겠습니다."

"다시 부동산 이야기로 돌아가 보지요." 샘이 말을 이어갔다. "부동산으로 돈을 버는 가장 좋은 방법은 싼 물건, 예를 들어 압류 처분 대상이 된 부동산 등을 매입했다가 되파는 것이에요. 나는 이것을 대규

거북이 타입과 다람쥐 타입만 있는 팀은 시스템 운영은 잘 할 수 있지만, 앞으로 나아가는 데 필요한 혁신적인 아이디어나 제품은 부족할 수 있다.

토끼 타입과 거북이 타입만 있으면 팀이 반으로 나뉘어 끊임없는 논쟁이 이어진다. 거북이 타입은 토끼 타입이 하찮은 아이디어만 늘어놓는 통제 불능의 직원이라고 여기고, 토끼 타입은 거북이 타입을 비난만 일삼는 멍청이라고 느낄 수 있다. 거북이 타입은 매번 토끼 타입의 아이디어를 짓밟는다. 그러면 함께 일하는 과정에서 양쪽 모두 좌절하고 사기가 떨어진다. 계획 실행이 힘들어지는 것이다.

소수의 토끼 타입, 다수의 거북이 타입, 올빼미 타입 한 명으로 구성된 광고회사에 매우 독창적인 토끼 타입이 부사장으로 왔다. 그 회사는 신선한 광고가 나오지 않는 탓에 새로운 광고주를 유치하는 데 어려움을 겪고 있었다. 부사장은 외부에서 올빼미 타입을 여러 명 데리고 와서 프로젝트 진행을 맡겼다. 그 결과 회사의 연간 수익이 700만 달러에서 2,970만 달러로 늘었고, 다시 4,400만 달러로 증가했다.

균형 잡힌 팀을 구성하는 것은 백만장자로 향하는 길에 나서기 위한 필수 단계다.

모 매입이라고 부릅니다. 그 좋은 예가 지금 우리가 있는 이 건물이에요. 3년 전에 사들였지요. 당시 이 건물의 소유주는 몇 가지 프로젝트 때문에 자금난을 겪고 있었어요. 급히 돈이 필요한 상황이었지요. 그래서 이 건물을 헐값에 처분해야 했어요."

샘은 그림을 그리며 거래를 설명했다. "이 건물의 가치는 100만 달러 정도였어요. 나는 현금 50만 달러를 제시했지요. 그는 기쁘게 내 제안을 받아들였습니다. 그렇지 않으면 모든 걸 잃을 상황이었거든요. 그 돈으로 그는 다른 문제를 해결했고, 지금도 사업을 잘 꾸려나가고 있어요. 시내에서 가끔 마주치는데, 언제나 그 사람이 고맙다는 인사를 건네요. 여기서 중요한 점은 내가 50만 달러를 벌었다는 겁니다. 단 하루 만에 돈을 두 배로 늘렸지요."

"하지만 우리한테는 그만한 돈이 없는걸요." 제레미가 부정적인 의견을 제시했다.

미셸은 뜨끔했다. 고무밴드를 얼마 전에 빼긴 했지만, 야부트 씨의 목소리가 들리는 듯했다. p.78 하지만 샘이 어떤 반응을 보일지 살피는 것도 흥미로웠다.

"내가 설마 보유한 현금으로 이 건물을 샀다고 생각하는 건 아니겠죠? 당연히 그렇게 하지 않았습니다. 전화 한 통으로 필요한 현금을 구하는 방법을 며칠 후에 알려줄게요. 날 믿어요, 제레미. 현금을 구하는 건 힘들지 않습니다. 중요한 건 거래할 물건을 찾는 거예요."

손가락으로 연필을 돌리며 제레미가 말했다. "비결을 가르쳐 주신다

드림팀의 속도

균형 잡힌 팀을 구성했다면, 그다음에는 무엇을 해야 할까? 팀을 최대한 효율적으로 활용해야 한다. 각 팀원이 못 하는 일은 그 일을 잘해내는 사람에게 맡기도록 하는 것이다.

이 일이 불가능해 보일지도 모른다. "그러면 누군가가 성가신 일을 모조리 떠맡게 되지 않을까요?" 그렇지 않다. 균형 잡힌 팀의 구성원은 다른 팀원이 싫어하는 일을 하는 걸 좋아한다.

예를 들어보자. 토끼 타입은 경비 보고서 제출 같은 사무적인 업무를 제때 처리하는 법이 없다. 반면에 다람쥐 타입은 작은 칸을 채우고 계산을 맞추는 데 일종의 성취감을 느낀다. 다람쥐 타입은 판매 회의 같은 것에 참석하는 데 공포감을 느낀다. 그런 것은 올빼미 타입이 선호하는 일이다.

성가신 일은 존재하지 않는다. 자신에게 맞지 않는 일이 있을 뿐이다. 각자에게 맞는 일을 서로 바꿔서 하면 된다. 자신에게 '성가신 일'을 그 일을 좋아하는 다른 팀원에게 맡기는 것이다. 이것이 모두가 승리하는 방법이다. 하기 싫은 일을 하면 지루해진다. 지루한 일을 하면 느려진다. 이렇게 일을 바꿔서 하면 세 배의 효과를 거둘 수 있다. 속도는 사업에서 매우 중요한 요소다. 다음과 같은 방법으로 팀의 속도

면야….”

"이번 예시에서 여러분이 기억해야 할 건 이겁니다." 샘은 다시 본론으로 돌아갔다. "어떤 시장이든 물건을 헐값에 처분하려는 사람이 있다는 거예요. 다급한 매도자가 있다는 것이지요. 지나치게 확장한 사업 탓에 돈이 필요하거나, 이혼으로 집이나 부동산의 가치를 분리할 필요가 있는 사람들, 나는 그런 이들을 동기가 높은 매도자p.424라고 부릅니다. 바로 우리가 찾는 사람들이지요. 그들이 우리의 도움을 기다리고 있습니다."

샘이 손가락 하나를 들어 올려 머리 위에 동그라미를 그렸다. "반경 80킬로미터 안에 처분하려고 내놓은 부동산 수천 개가 있습니다. 수천 개요. 하지만 동기가 높은 매도자의 물건은 그중에 잘 하면 한 개 정도 있을 겁니다. 지금 우리가 목표로 삼고 있는 지역에 믿기 힘들 만큼 좋은 조건의 매물이 스무 개 정도 있다고 해봅시다. 문제는 그것들이 어디에 있는지 제대로 알지 못한다는 겁니다."

"모래밭에서 바늘 찾기군요." 자신의 비유를 자랑스러워하며 서머가 말을 꺼냈다.

"그렇지요. 게다가 다른 투자자들도 똑같은 바늘을 찾고 있답니다. 자칫하다가는 놓치기 쉬워요."

"저는 이런 식의 거래가 어쩐지 불편해요." 미셸이 망설였다. "어려움을 겪는 사람을 찾아내어 이용한다는 게 바람직하지 않은 것 같아요."

"우리 아버지가 돌아가셨을 때 어머니도 그런 상황이었어요." 서머

를 크게 높여보자.

1. 각 팀원에게 그날 마쳐야 할 과제를 모두 적게 한다.
2. 각 과제 옆에 토, 올, 거, 다 등을 표시해 토끼 타입 작업, 올빼미 타입 작업, 거북이 타입 작업, 다람쥐 타입 작업으로 분류한다.
3. 자신의 유형이 아닌 것으로 파악된 과제를 그 과제에 맞는 유형의 사람과 교환한다.
4. 과제 전체가 자신이 해당하는 업무 유형과 일치할 때까지 교환 과정을 되풀이한다.

팀원의 업무 유형과 과제가 일치하는 정도에 따라 생산성이 결정된다. 이런 식으로 과제를 수행하면 누구나 더 신속하게 일을 해낼 수 있고, 더 행복해지며, 더 부유해질 수 있다.

속도감 있는 회의
: 팀이 최대의 이득을 거두려면

사람들은 대부분 회의를 싫어한다. 비생산적이고 실망스러운 과정

가 조금 가라앉은 목소리로 말했다.

"그때의 일을 자세히 말해 봐요." 샘이 권했다.

"집안 형편이 힘들어졌어요. 매달 주택 융자금을 상환하기 어려웠지요. 그래서 어머니가 집을 팔기로 했어요. 얼마 후, 누군가가 찾아와서 집을 사겠다고 했어요. 어머니는 그 사람이 말한 금액보다 더 받을 수 있을 거란 생각에 제안을 거절했지요. 하지만 두 달이 지나도 집을 팔지 못했고, 은행 상환금도 두 달째 밀렸어요."

"그래서 어떻게 되었나요?"

"그때 다른 사람이 찾아왔어요. 처음보다 적은 금액을 제안했지요. 어머니는 받아들였어요. 집을 처분할 수 있어서 기뻐하셨지요. 그때를 떠올리면, 차라리 처음 사람에게 집을 파는 게 좋았을 거란 생각이 들어요. 용돈도 더 많이 받을 수 있었을 테니까요. 어머니도 두 달 동안 마음고생하지 않아도 되었고요."

샘이 서머의 말에서 핵심을 집어냈다. "배수관이 막히면 한 시간에 100달러를 주고 배관공을 부릅니다. 소송을 당하면 30분에 100달러를 주고 변호사를 고용하지요. 맹장이 터지면 1분에 100달러를 주고 의사에게 수술을 받아요. 이들 모두 내게 닥친 문제를 해결해 주고 보수를 받습니다. 여러분은 부동산에 관한 문제를 해결해 주고 보수를 받는 겁니다. 문제에 부닥친 사람을 찾는 건 나쁜 일이 아니에요. 공정하게 거래하기만 한다면 올바른 일입니다. 내가 아파트를 콘도미니엄으로 개조한 일이 공정하지 않은 걸까요? 요약하면, 빠른 이익을 거둘 씨

이라고 여기기 때문이다. 회의가 마무리될 무렵이 되면, 참석자는 지치고 피곤한 느낌이 든다. 그러면서 결국엔 아무것도 실행되지 못할 것이라고 확신한다. 모든 위대한 아이디어는 정신없는 와중에 탄생한다. 모든 아이디어는 애초에 결함을 지니고 있다는 뜻이다. 그 결함을 무시해도 된다는 말이 아니다. 하지만 여러 사람이 함께하는 회의나 작업에서 조금이라도 결함이 엿보이는 아이디어는 실행 불가능한 것으로 치부되어 곧바로 사장된다. 그런 아이디어는 탄생 즉시 거북이 타입의 작업자에 의해 말살당하고 마는 것이다.

아이디어는 성장하고 지원받을 시간이 필요하다. 그러다가 적당한 시기가 오면 선택받고 완성된다. 이 과정은 모험을 싫어하는 거북이 타입 작업자가 걱정스러운 문제점을 지적하고, 두뇌 회전이 빠른 토끼 타입 작업자가 해결책을 내놓아 더 강한 아이디어를 만드는 것을 의미한다.

중요한 건 타이밍이다. 창조하고 상상하고 꿈을 꿔야 할 때가 있는 것이다. 모든 아이디어는 처음에는 오로지 지원만을 받아야 한다. 그런 다음에는 아이디어의 타당성을 의심하는 사람이 그와 관련한 우려와 의견을 표현할 기회가 필요하다. 이런 방식으로 일을 진행해야 당신의 드림팀이 아이디어를 제대로 키워낼 수 있다.

1. 긍정적인 분위기로 브레인스토밍 회의를 진행한다

프로젝트에 관여하는 모든 사람이 참석해야 한다. 올빼미 타입의 작앗을 품은 상황을 찾는 데 집중하라는 것입니다. p.420 일단은 정보를 수집하는 게 중요해요. 좋은 정보를 가져오면, 그것을 돈으로 바꿀 방법을 알려주도록 하겠습니다. 부지런히 움직이면 꽤 많은 현금을 가져다 줄 거래 한두 건을 발견할 수 있을 겁니다."

샘이 마커펜을 높이 들었다. "가장 큰 문제는 시간이 충분하지 않다는 것이지요."

81일…

따르르르릉….

전화기가 시끄럽게 울렸다. 잔뜩 지친 채 잠들었던 미셸은 더듬거리며 손을 뻗었다.

따르르르릉….

눈을 가늘게 뜨고 탁자 위에 놓인 싸구려 시계를 보았다. 오전 6시 30분. 평소 같으면 샘과 함께 큰 바위에 올라서 오늘의 자기 암시를 외치고 있을 시각이었다.

따르르르릉….

하지만 샘은 출장을 가서 덴버에 머물고 있었고, 미셸은 그 김에 오늘 아침 수업을 빼먹을 작정이었다.

따르르르릉…. 미셸이 마침내 전화를 받았다. "여보세요." 잠이 덜 깨서 쉰 목소리가 나왔다.

업자를 뺀 나머지 사람이 문제 해결 방법이나 고객 서비스 등 당면한 과제에 대해 10분 동안 자유롭게 아이디어를 적어본다. 그런 다음 적어놓은 아이디어를 몽땅 발표한다. 이때 누구도 부정적이거나 비판적인 말을 하면 안 된다. 참석자들은 그 아이디어를 지원하거나 발전시킬 방안만 이야기할 수 있다.

2. 진행 과정을 결정한다

아이디어 목록이 완성되면 올빼미 타입 작업자만 회의실에 남고 나머지는 모두 나간다. 올빼미 타입 작업자는 우선순위를 정하거나 실현 가능한 아이디어를 골라내는 데 천부적인 자질을 지니고 있다. 올빼미 타입 작업자는 아이디어의 뛰어남을 알아차린다. 그들은 쓸모있는 아이디어를 선택하고 결합해서 더 큰 무언가를 만드는 데 탁월하다. 올빼미 타입 작업자는 잠재력이 큰 아이디어를 제대로 골라낸다. 나머지 아이디어는 나중에 다시 있을 브레인스토밍을 위해 아이디어 은행에 저장해둔다.

3. 부족한 점을 찾아낸다

거북이 타입 작업자가 올빼미 타입 작업자와 합류해 아이디어의 결점을 찾아낸다. (토끼 타입과 다람쥐 타입 작업자는 참석하지 않는다) "이 아이디어를 살펴보고 잘못될 수 있는 것을 모두 말해주세요." 당신이 이렇게 요청함으로써 그 사람이 가장 잘 하는 작업에 착수할 수 있다. 대부분 거

"여보세요. 미셸? 내 말 듣고 있어? 여보세요?" 틸리 할머니였다.

"안녕하세요, 틸리 할머니. 일찍 일어나셨네요." 오랜만에 늦잠을 좀 자려고 했는데, 아무래도 그러기 힘들 것 같았다. 미셸은 다른 손으로 얼굴을 문질렀다.

"부지런한 새가 벌레를 잡는 법이지." 할머니가 밝게 말했다.

'하지만 치즈는 두 번째 쥐가 차지하지요.'

"어쩐 일이세요?" 미셸은 일어나 앉으며 담요를 둘렀다. 9월 초순이라 아침저녁으로 제법 쌀쌀했다.

"내 나이쯤 되면 새벽잠이 없어지거든. 중요한 건 그게 아니야. 밤새 한숨도 못 잤어. 납치범 이야기가 자꾸만 떠올라서. 전부 당신 덕분이라고. 그래서 열심히 머리를 굴렸어. 동부는 이곳보다 두 시간 빠르잖아. 그래서 내가 말했던 시제품 제작자한테 전화를 걸었어. 조니 말이야."

미셸은 전화기를 꼭 쥐었다. 가슴이 마구 뛰기 시작했다.

"사정을 말했더니 조니가 그랬어. 만사 제치고 날 도와주겠다고. 한참 생각을 주고받은 뒤에 몇 가지 쓸 만한 아이디어를 얻었어. 조니가 세 가지 타입의 시제품을 만들 거야. 여자아이를 위한 것 두 가지, 사내아이를 위한 것 한 가지. 밤을 새워서라도 빨리 완성해준대. 기록적인 속도로 시제품을 만날 수 있을 거야. 이 삼일쯤 뒤에."

"세상에." 완전히 잠에서 깬 미셸의 얼굴에 홍조가 돌았다. "정말 정말 감사합니다."

북이 타입 작업자의 경고를 못마땅하게 여긴다. 거북이 타입 작업자는 아이디어가 지닌 모든 문제점을 올빼미 타입 작업자에게 알려준 뒤 회의실을 나간다.

4. 문제를 해결한다

이제 토끼 타입 작업자가 합류할 차례다. 당신은 토끼 타입 작업자에게 문제를 해결할 방법을 제시해 달라고 요청한다. 거북이 타입 작업자가 지적하고 올빼미 타입 작업자가 동의한 문제점을 토끼 타입 작업자가 만족스럽게 해결할 때까지 이 단계를 반복한다.

자기 암시, 네 번째

"나는 드림팀을 끌어당긴다"

함께하면

나는 멋지게 성공한다.

나는 완벽한 드림팀을 끌어당긴다.

내게는 올바른 꿈과 올바른 팀이 있다.

"이걸로 뭘. 겨우 한 걸음 뗐는걸. 완구 회사의 승인을 받으려면 한참 멀었어. 하스브로에 근무하는 사람들한테 연락을 해뒀는데 아직 응답을 받지 못했어. 메시지를 남겼으니 곧 전화가 오겠지. 새로운 소식이 들리는 대로 곧 연락할게."

미셸의 머릿속에 며칠 전 회의실에서 들었던 내용이 떠올랐다. "그런데, 할머니, 다른 대안이 있을까요? 혹시 하스브로에서 승인이 나지 않는다면요."

아무 대답도 들리지 않았다.

"틸리 할머니?"

할머니가 벌써 전화를 끊은 것이다.

미셸은 자리에서 일어나 간편한 옷으로 갈아입었다. 20분 뒤, 그녀는 큰 바위 위에 서서 자기 암시를 크게 외치고 있었다.

"나는 자석이다! 나는 돈을 끌어당긴다! **나는 돈을 좋아하고, 돈도 나를 좋아한다!**"p.196

미셸은 일찌감치 회의실에 도착했다. 그런데 제레미와 서머가 먼저 와 있었다. 그들 앞쪽에 컴퓨터 두 대가 나란히 놓여있었고, 한창 일에 몰두하고 있는 모습이었다. 서머는 근무 시간을 오후로 조정해서 지난 사흘 동안 제레미와 함께 계속 인터넷을 뒤졌다. 아무것도 없는 상태

나는 기적을 이룰 수 있다.

누구나

나의 약점과 강점을 잘 안다.

내가 약한 부분에 강한 사람을 끌어당긴다.

나의 드림팀은 같은 목표를 바라본다.

우리는 한마음이다.

우리는 존중하고, 의지하며, 신뢰한다.

기적을

나의 드림팀은 필요한 자원에 접근한다.

그 자원은 자본, 정보, 시장을 포함한다.

그 자원은 통찰력, 인맥을 포괄한다.

우리는 별로 힘들이지 않고 일한다.

언제나 거침없이 함께 일한다.

끌어당길 수 있다

나는 지원받고 있다.

온 세상이 나를 지원해준다.

나는 긍정적이며 올바르게 자신과 다른 사람을 지원한다.

다른 사람들도 온전한 사랑으로 나를 지원한다.

에서 정보를 만드는 것보다 기간을 훨씬 단축할 수 있기 때문이었다. 그들의 목표는 어디까지나 필요로 하는 사람들에게 정보를 전달해 가치 있는 서비스를 제공하는 것이었다. 그들이 추진 중인 아이디어 가운데 하나는 미셸이 제공했다. 딸 때문에 고생하는 델핀을 보고 생각해낸 것으로, 학습 장애아의 부모들이 무료로 정보를 얻는 사이트를 열고 광고비로 비용을 충당하고자 했다.

"잘 되어가나요?" 미셸이 물었다.

"어, 안녕, 미셸." 제레미가 고개를 슬쩍 저었다. 집중력이 흩어졌다는 표시였다. "제법 진전이 있었어요. 어제 당신이 틸리 할머니를 만나는 동안 우리는 할 일을 셋으로 나눴어요."

틸리 할머니와의 만남. 미셸은 입이 근질거렸다. 코트니와 함께 할머니를 만나서 세운 계획을 제레미와 다른 사람들에게 얼른 말하고 싶었다. 아침에 받았던 전화 이야기도 하고 싶었지만, 그건 잠시 보류하기로 했다. 출근하는 동안 곰곰이 생각한 끝에 그러는 것이 좋겠다는 결론을 내렸다.

제레미가 자리에서 일어나 회의실 앞쪽으로 갔다. 어제 차트가 어지럽게 놓여있던 자리가 깔끔하게 정돈되어 있었다. 새 차트 위에 굵은 글씨로 깔끔한 제목이 쓰여 있었다.

중독자를 찾아내자 p.488

나의 삶은 기적으로 가득 차 있다.

나는 내 삶을 잘 정돈한다.

모두가 나를 이롭게 할 것을 잘 안다.

나는 관계, 우정, 가족을 소중히 여긴다.

나는 한 걸음씩 계속 나아진다.

함께 승리하는 부동산 회사

마샬 터버는 버몬트에서 어린 시절을 보내고 미국 동부에서 대학을 다녔다. 그리고 법과 대학원에 다니기 위해 샌프란시스코로 왔다. 샌프란시스코에 막 도착했을 때, 그는 빅토리아풍의 건물이 주는 고전적인 아름다움에 매혹되었다.

대학원 재학 중에 마샬은 할머니에게 1만 달러를 빌려서 첫 건물을 사들였다. 하이트 애쉬버리 지역에 있는 낡은 빅토리아풍 건물이었다. 그 지역의 자유로운 분위기에서 아이디어를 얻어, 건물의 외관을 밝은 색으로 바꾸었다. 그러고는 바로 매각해서 큰 이익을 얻었다.

그때 그에게 새로운 생각이 떠올랐다. 샌프란시스코의 빅토리아풍 건물들을 채색하여 도시를 더욱 아름답게 만들고 싶다는 아이디어였

"제목이 이상해 보일지도 모르지만, 내 생각엔 이게 괜찮을 것 같아요. 내가 도박 중독에서 벗어나 회복 중이라는 걸 다들 알잖아요. 누군가는 이 제목을 못마땅해할 수도 있어요. 하지만 나한테는 중독이 매우 익숙한 개념이에요. 처음 시작은 주식 단타 매매였어요. 나는 정보를 획득하는 데 중독된 상태였지요. 시장, 새로운 매매 시스템, 최신 주식 정보를 닥치는 대로 찾아 헤맸어요. 정보를 얻으려고 온갖 노력을 기울였지요. 책을 사고, 세미나에 가고, 정기적으로 간행되는 소식지를 구독했어요. 그걸 위해 25달러, 50달러, 100달러를 쓰는 것쯤은 아무것도 아니었지요. 일주일에 책을 서너 권은 읽었고, 사소한 정보라도 발견하면 그것으로 몇 시간은 버텼어요. 그 시간이 지나면 중독 증세가 다시 나타났지요. 만족이란 걸 몰랐어요. 내 말이 이해가 되나요?"

미셸은 걱정이 되었다. 지금 하는 일이 제레미의 중독 증세를 다시 꺼내는 건 아닐까 하고 말이다.

그녀의 마음을 알아챘는지 제레미가 말했다. "아니에요. 걱정 말아요. 12단계 치료 프로그램 덕분에 이제는 괜찮아졌어요. 그 경험에서 뭔가를 깨달아야 했지만, 나는 그러지 못했어요. 어쨌거나 갑자기 이런 생각이 들었어요. '아하! 다들 중독되는구나!' 누구든 말이지요. 생각해 봐요. 골프, 게임, 인형 수집, 운동, 달리기, 영화, 동영상. 사람들은 모두 뭔가에 중독된 상태에요."

"그렇네요." 미셸이 말했다. "문화평론가 같아요."

"한창 계획 중인 인터넷 사업과 관련해서 중독자들을 찾아봐야겠다

다. 그는 혼자서는 자신의 꿈을 이룰 수 없다는 것을 알았다. 드림팀이 필요했다. 그는 곧바로 몹 카실과 빌 레이먼드를 발탁해서 완벽한 드림팀을 만들었다.

몹은 아주 드문 인재로, 매우 조화로운 사람이었다. 세부적인 내용을 책임지는 걸 좋아하면서도 전체를 볼 줄 알았다. 그는 회계와 대출 신청 등의 업무를 처리했다. 그와 동시에 건물을 보면 한눈에 개조 비용을 정확하게 예측해냈다. 한편, 빌은 대인 관계에 있어서 완벽했다. 그는 고용한 사람들을 지속적으로 가르쳤고, 그렇게 교육한 이들을 따분한 빅토리아풍 건물을 개조하는 데 끊임없이 투입했다. 같은 꿈과 열띤 사명감으로 똘똘 뭉친 세 사람은 '호손/스톤 부동산 회사'를 세웠다.

이후 3년 동안 그들은 100채 이상의 건물을 개조해서 매각했다. 대부분 샌프란시스코에 있는 건물이었다. 그들이 건물을 사들이는 기준은 한결같았다. '우리가 이 건물의 가치를 신속하게 올릴 수 있는가?' 즉시 가치를 높일 수 없다면 그 건물은 구매하지 않았다.

샌프란시스코 바깥에서 추진한 프로젝트도 있었다. 캘리포니아 벤추라에 자리 잡은 287채짜리 아파트 건물이었다. 그들은 이 건물을 사서 콘도미니엄으로 개조했다. 세입자들에게 시장가보다 훨씬 낮은 가격에 팔았지만 큰 이익을 남겼다. 원래 이 아파트는 콘도미니엄 개조 신청을 한 차례 했던 적이 있었다. 하지만 시의 허가를 받지 못했다. 그런데 재신청 청문회가 열렸을 때 그 자리에 참석한 수백 명의 세입는 생각이 들었어요. 특정한 분야나 물건을 끊임없이 추구하는 사람들이요. 우리가 지렛대 효과를 누리려면 그런 사람들을 찾아내야 해요. 장단점을 따지거나 주위의 의견을 묻지 않고 바로 구매하는 사람들 말이에요. 나 같은 중독자는 신속하고 빈번하게 구매에 나서요. 다른 중독자에게 정보를 알려주기도 하고요."

"솔직히 말해서…, 제레미…, 그 중독자 비유가 걱정스러워요." 미셸이 말했다.

"이해할 수 있어요…." 제레미가 고민에 빠진 듯 미간을 찌푸리다가 금세 표정이 밝아졌다. "그러면 이건 어때요? '열정적인 사람들'이요!" 두 사람의 대화에 귀 기울이던 서머가 회전의자를 돌리며 말했다. "나는 신발만 보면 열정이 가득해져."

"나도 퀼트라면 정신을 못 차려요." 미셸이 한층 편안해진 마음으로 말을 이어갔다. "나한테도 그런 면이 있는 것 같아요. 서점에서 퀼트에 관한 책을 보면 50달러를 덜컥 내놓거든요. 퀼트가 아니라면 그렇게 비싼 책을 절대 사지 않을 거예요."

"내가 바라는 게 바로 그거예요." 제레미가 말했다. "그런 부류의 사람들이 무엇에 열정을 바치는지 알아내야 해요. 서머와 내가 찾아봤는데…, 온라인에 동호회가 어마어마해요. 퀼트를 사랑하는 모임, 신발 매니아 동호회 등등. 인터넷은 사람과 사람을 완전히 새로운 방식으로 연결해요. 이 방식을 이용하면 우리도 사람들과 얼마든지 연결될 수 있어요." 제레미의 표정이 밝아졌다.

자가 콘도미니엄 소유주가 될 권리를 요구했다. 그 바람에 시 당국은 부결 결정을 철회하고 만장일치로 허가를 내주었다.

세입자들은 시장가보다 훨씬 낮은 가격으로 콘도미니엄이 될 자신의 집을 샀다. (하나의 승리) 그 건물의 가치가 높아진 덕분에 시 당국은 세금을 더 많이 거두게 되었다. (하나의 승리) 이 프로젝트를 발견한 부동산업자는 높아진 가치의 일부를 얻었다. (하나의 승리) 호손/스톤 부동산 투자 회사는 10만 달러를 투자했고, 90일 만에 300만 달러를 벌 수 있었다.

깨달은 백만장자는 가치를 높이는 데 집중한다. 깨달은 백만장자는 승리하는 사람이 많아질수록 더 좋은 결과를 얻는다는 것을 안다.

"이 새로운 접근 방식을 어떻게 사용할 건가요?" 미셸이 곧바로 물었다. 예전 같으면 절대 하지 못할 질문이었다. 하지만 사만다에게 그런 일 처리 태도를 배웠다.

"이게 바로 나의 '아하!'입니다." 제레미가 주먹을 번쩍 들었다. "좋지 못한 경험에서 깨달은 교훈이지요. 이제야 알았어요. 사업하는 사람들은 대부분 자신이 직접 만든 제품과 서비스에 집중해요. 그걸 다른 사람에게 팔려고 노력하지요. 그런 식으로는 힘들어져요. 그런데 중독자들, 열정적인 사람들 말이에요, 이런 사람들한테는 굳이 팔려고 애쓸 필요가 없어요. 주식 매매에 관한 새로운 책을 발견하기만 해도 나는 어느새 계산대 앞에 서 있었거든요. 나 같은 사람의 모임을 많이 알아내서 원하는 것을 미리 제시하는 게 중요해요. 그 사람들은 굶주린 상태에요. 거의 아사 직전이지요. 굶주린 물고기로 가득 찬 연못을 찾아내어 그들이 원하는 걸 알아내는 겁니다. 그걸 낚시에 매달아 물속에 넣고 물고기가 몰려드는 걸 지켜보기만 하면 되는 거예요."

흥분한 제레미가 목청을 높이자 미셸은 불안해졌다. 하지만 자신도 그와 별반 다르지 않다는 걸 금세 깨달았다. 3개월 안에 새로운 장난감을 출시하겠다는 계획에 가슴이 뛰지 않았는가. 미셸은 서머의 반응을 살폈다. 하지만 그녀는 별다른 생각이 없는 것 같았다. 그저 제레미를 흐뭇하게 바라볼 뿐이었다.

미셸이 물었다. "그런 식의 사업이 일반적인 사업과 어떻게 다르지요?"

1분 돌아보기: 드림팀

1. **꿈을 이루려면 반드시 팀이 필요하다.**
   성공에 이르는 길은 한 사람이 단독으로 추진 가능한 프로젝트가 아니다.
2. **시너지 효과는 1 더하기 1 이상의 가치를 만든다.**
   팀이 만드는 시너지는 기대 이상의 지렛대 효과를 발휘한다.
3. **가치관은 인생을 바른쪽으로 이끄는 핵심 요소다.**
   돈을 아무리 많이 번다고 해도 가치관을 공유하지 못하면 분열, 기능장애, 실망이 뒤따를 뿐이다.
4. **깨달은 백만장자의 가치관을 알아본다.**
   올바르게 돈을 번 백만장자를 조사하여 당신이 추구해야 할 핵심 가치를 발견하라.
5. **새로운 팀원은 반드시 3개월의 검증 기간을 거쳐야 한다.**
   당신이 추구하는 핵심 가치를 공유하지 못하는 사람은 능력이 뛰어나다 하더라도 드림팀의 구성원이 될 수 없다.
6. **당신의 타고난 강점을 알아낸다.**
   그런 다음 당신의 약점을 보완할 능력을 지닌 사람을 찾아낸다. 그러면 당신은 취약한 부분에서 손을 떼고 그 일을 잘 하는 사람에게

"그건 말이죠…." 제레미가 답답하다는 듯 자신의 머리카락을 흐트러트렸다. "방금 말한 이유 때문이에요. 대부분 제품이나 서비스를 먼저 만든 뒤 중독자를 찾아요. 우리는 중독자를 먼저 찾고, 그다음에 팔 것을 만들 거예요. 왜일까요? 생명이 달려 있으니까요. 우리한테는 90일밖에 없어요. 사람들이 원하는 걸 추측할 시간이 부족하지요. 그래서 내놓는 순간부터 성공할 거리를 찾아야 해요. 그래서 서머와 나는 중독성이 매우 강한 긍정적인 행위의 목록을 만들었어요."

그가 서머를 보았다. 그녀는 이제 머리카락을 손가락으로 말고 있었다. "서머." 자신의 이름을 부르는 날카로운 목소리에 그녀는 번쩍 정신을 차렸다. 제레미가 차트를 펼쳐 목록을 보여 주었다. p.494

운동	다이어트	돈
골프	수집	게임
<u>스포츠</u>	임신	커피
종교	먹을거리	초콜릿

"매슬로우의 욕구 단계를 활용했어요." 제레미가 자랑스러워하며 말했다. "들어본 적 있지요?"

"네." 미셸이 대답했다. "정확한 순서는 기억나지 않지만요. 사람들의 욕구가 식품이나 건강 같은 본질적인 것에서 출발해 사랑이나 자기 존중 같은 심리적인 것으로 이동한다는 이론이었어요."

맡길 수 있다.

7. **당신이 어떤 작업 유형에 속하는지 파악한다.**

   토끼 타입, 올빼미 타입, 거북이 타입, 다람쥐 타입 가운데 어느 유형에 속하는가? 다른 팀원들의 유형도 알아보도록 하자. 드림팀 구성에 있어 매우 중요한 단계다.

8. **성가신 일은 존재하지 않는다.**

   자신에게 맞지 않는 일을 하고 있을 뿐이다. 팀이 수행해야 할 과제에 접근할 때 팀원의 작업 유형을 반드시 고려해야 한다.

9. **모든 위대한 아이디어는 혼란스러워 보인다.**

   아이디어 초창기에 필요한 것은 조건 없는 지원이다. 그런 다음 타당성에 의심을 품은 사람이 우려를 표현할 기회가 있어야 한다. 이런 식으로 할 때 말로 그치지 않는 제대로 된 지원을 할 수 있다. 최고의 결과를 얻으려면 속도감 있게 회의를 진행하라.

"맞습니다." 제레미가 고개를 끄덕였다. "오직 소수의 사람만이 자기실현이라는 사치를 누릴 수 있지요. 중요한 것은 모든 단계에 열정적인 집단이 있다는 거예요. 적게는 서너 명, 많게는 수백만 명으로 구성된 집단이 수천 개 있어요. 신에 관해 토론하는 사람들, 비밀 결사단이 세계를 지배할 때를 대비해 방공호를 짓겠다는 사람들 등등이요."

서머가 낄낄댔다. "나는 '초콜릿에 죽고 못 사는 모임'이 제일 맘에 들어요. 그 사람들의 좌우명은 이거예요. '내가 초콜릿을 실컷 먹지 못했다는 말을 죽은 뒤에 듣고 싶지 않다'였어요."

제레미가 차트를 두드렸다. "하지만 우리가 원하는 건 그런 모임이 아니에요. 우린 정보를 팔 거예요. 정보는 더 경제적이고, 더 신속하지요. 디지털화하는 게 가능해요. 더 좋은 건 돈이 한 푼도 들지 않는다는 거예요."

"어떻게 그런 일이 가능하지요?" 미셸이 물었다.

"인터넷은 쉽게 이용할 수 있는 정보로 가득해요. 누구나 퍼다 쓸 수 있는 퍼블릭 도메인이 그 예지요. 그런 걸 만들어서 알린 뒤 정보를 무료로 전달하면, 우리는 곧…." 제레미가 두 여성을 향해 멋지게 인사하는 시늉을 했다. "99퍼센트의 이윤을 거둘 수 있지요."

미셸이 숨을 들이쉬었다. 아직은 현실성이 없어 보였지만, 분명히 매력적인 제안이었다. "긍정적이면서도 도움이 되는 정보가 필요해요."

"그 점에 대해선 염려 말아요." 제레미가 강조했다.

그는 현실적인 접근 방식을 설명하기 시작했다. 앞으로 2주 동안 그

네트워크

런 집단을 찾아서 회원 명단을 보유한 사람과 접촉할 거라고 했다. 그 다음 2주 동안은 시장 조사에 나설 예정이었다. 어떤 정보가 필요한지, 사람들이 얼마를 내고자 하는지, 지불 방식은 무엇인지, 얼마나 신속하게 정보를 원하는지, 정보를 어떤 방식으로 받아보고 싶은지 등등. 그리고 다음 30일 동안은 '거절할 수 없는 정보 모음'을 만들어 내겠다고 했다.

제레미는 산뜻 상기된 얼굴로 숨을 가다듬었다. "충분히 희망적인 이야기에요. 너무 오랫동안 떠들었군요. 그런데 미셸, 장난감 프로젝트는 어떻게 되어가나요?"

"나도 궁금해하고 있던 참이야!"

샘의 목소리였다. 덴버에서 막 도착한 그녀가 샛노란 무늬가 매력적인 아프리카 전통 의상을 걸친 채 회의실에 들어서고 있었다. 미셸은 회의실 구석에 자리를 잡았다. 거짓말을 하고 싶은 건 아니었지만, 직관이 그녀에게 말했다. 흥분해서 길게 이야기하지 말라고.

틸리 할머니의 배경 등등, 다들 대략적인 이야기는 알고 있기 때문에 할머니를 설득해서 프로젝트에 합류하게 하긴 했지만, 성공은 아직 먼 이야기라는 말만 했다.

그때 리니가 다급하게 들어섰다. "어머나, 진도를 많이 나간 건가요? 오늘은 출근하지 않는 날이었어요. 지금까지 현장을 돌아보고 왔지요." 그녀도 제법 흥분한 상태였다.

"하고 싶은 말이 정말 많아요!" 코트니가 회의실에 들어오면서 말했

네트워크의 강력한 지렛대 효과

관계는 그것에 투자한 두 사람을 포함한다.
따라서 혼자 투자한 것보다 가치가 두 배 빨리 커진다.
– 케빈 켈리 『새로운 경제의 새로운 규칙』 중에서

당신이 지닌 관계 네트워크는 지렛대 효과를 발휘한다. 인맥이 많으면 많을수록 지렛대 효과도 커진다.

두 사람이 무슨 투자를 했든지 간에 그 관계에는 강한 유대가 존재한다. 관계가 사라지면 양쪽 모두 자신이 투자한 것을 포함해 상대가 투자한 것도 잃게 된다.

네트워크를 확장하는 한 가지 원칙은 '약한 유대감'이다. 많은 이들이 본능적으로 긴밀한 동료 의식이나 강한 유대를 중요하게 여긴다. 하지만 오히려 약한 유대감이 더 중요할 때가 많다.

새로운 정보를 찾는다고 해보자. 당신은 곧 알게 된다. 긴밀한 관계에 있는 사람들이 당신과 비슷한 정보를 지녔다는 사실을. 그들의 경험과 시각은 당신과 흡사하다. 그들이 지닌 대부분의 정보는 당신이 이미 아는 것들이다. 반면에 당신과 유대가 약한 사람들은 본질적으로 다른 세계에서 살아간다. 당신이나 당신의 친구들이 접하지 못하는 정보를 알고 있을 가능성이 크다. 우리는 정보가 중요한 시대에 살고 있다. 100만 달러 프로젝트에 더 많은 시간을 쏟기 위해 그녀는 점원을 한 명 더 고용했다.

샘이 테이블에 다가와서 미셸 옆자리에 앉았다. "아기 독수리 여러분, 둥지가 시끌벅적하네요." 그녀는 사람들에게 테이블로 모이라고 손짓했다. "비서 스테파니가 아주 맛있는 음식을 가지고 올 거예요. 이 어미 독수리가 덴버 최고의 식당을 발견했거든요. 여러분 모두 특별식을 대접받을 자격이 있습니다. 내 소식을 전하기 전에 각 조의 이야기를 먼저 듣도록 하지요. 자, 어느 조부터 시작할까요?"

여전히 흥분 상태인 제레미가 손을 들었다. 그리고는 서머와 함께한 작업을 설명했다. 샘은 흡족해 보였다. 잠시 뒤 미셸과 코트니를 바라보았다.

미셸은 생각했다. 이제 때가 되었다고. 점심 식사를 함께하며 틸리 할머니와 나눈 이야기를 코트니가 차분하게 설명했다. 미셸은 그냥 듣고만 있었다. 코트니의 말이 끝나갈 무렵, 미셸이 아침에 전화 받은 이야기를 꺼냈다. 시제품을 제작하게 되었다는 소식도 함께.

"와!" 다들 감탄사를 내뱉었다. 가장 중요한 단 한 사람을 제외하고. 미셸은 걱정스러워하며 무표정한 샘을 바라보았다.

"미셸." 조금 뒤 샘이 입을 열었다. "솔직히 말할게. 나는 이 장난감 프로젝트가 걱정스러워. 대기업은 생각처럼 움직여주지 않거든. 결과를 낼 수 없는 일에 귀중한 시간을 낭비하고 싶지 않아."

'내 열정을 확인해보려는 걸까?' 미셸은 손가락으로 테이블 가장자

다. 유대감이 느슨한 네트워크를 잘 이용하면 무한히 많은 이익을 얻을 수 있다.

말콤 글래드웰의 저서 『티핑 포인트』에 '연결자'라는 단어가 나온다. 연결자란 많은 이들을 알고 있는 사람을 말한다. 즉 약한 유대감의 전문가다. 연결자는 광범위한 네트워크를 만드는 데 필수적인 호기심, 자신감, 사교성, 정열을 갖고 있다. 또한, 이 세상을 하나로 묶는 데 재능이 뛰어나다.

사회심리학자 스탠리 밀그램 교수는 사람들의 연결 상태를 알아보는 흥미로운 실험을 했다. 그 결과 6단계 분리 개념이 등장했다. 사회적 네트워크를 통해 대여섯 단계만 거치면 누구와도 연결된다는 의미다.

대다수가 본능적으로 약한 유대 관계를 키우려 하지 않는다. 하지만 많은 돈을 빠르게 벌기 위해서는 이 기술을 익히는 게 좋다. 약한 유대의 강점을 터득해야 한다.

당신의 네트워크가 커질수록 더 많은 지렛대 효과를 누릴 수 있다는 걸 기억하라.

리를 두드렸다. "우리에게 우주적 네트워크ₚ.₃₃₈를 가르쳐 주셨잖아요. 우리는 신호를 보냈고, 그 사람들이 나타났어요. 경험과 인맥을 갖춘 완구업계의 대가를 우연히 만날 확률이 과연 얼마나 될까요?"

샘은 여전히 의심스러운 표정이었다.

"틸리 할머니가 일에서 손을 뗀 지 10년이 넘은 건 맞아요." 미셸이 솔직하게 말했다. "하지만 지난해까지 세계적인 완구 회사의 고문을 맡았어요. 시간이 부족하고 실현 가능성이 적다 는 걸 저도 알아요. 그런데 어쩐지 될 것 같은 느낌이 강하게 여기를 두드려요." 그녀가 자신의 왼쪽 가슴을 가리켰다.

샘의 표정이 비로소 부드러워졌다. "독수리는 동물 세계에서 가장 날카로운 눈을 지녔어. 수십 미터 상공에서도 먹이를 발견하지. 좋아. 틸리 할머니 쪽 인맥이 일을 추진하는 동안, 신속하게 현금을 벌 다른 가능성을 열심히 찾아야 해. 예상했던 일은 일어나지 않고, 단서를 찾아 나섰던 다른 일에서 오히려 기회가 생기기도 하거든. 사실 육감은 논리로 설명하기 힘들어. 전혀 관계없던 인맥과 연결되고, 그게 엉뚱한 기회를 가져오지. 그 기회를 우리가 부딪힌 사람의 친척이 갖고 있고. 뭐 이런 식이야. 내가 그 일을 해낼 운명이었던 거지."

샘은 설명을 멈추지 않았다. "우주적 네트워크를 잘 알 거야. 당신이 필요로 하는 것, 당신을 올바르게 인도하는 것이 그 안에 있어. 상상했던 길이 아니더라도 결과에 도달할 수 있지. 도달할 수만 있다면 어떤 길로 가느냐는 중요하지 않을 거야. 그렇지?" 샘이 미셸을 지긋이 보

네트워크로 부자가 될 수 있다!

　네트워크를 이용해 당신도 부자가 될 수 있다. 백만장자가 된 사람은 누구나 100만 달러짜리 명함첩을 갖고 있다. 물론 당신도 가능하다. 네트워크를 잘 활용하는 사람은 정보, 지원, 조언이 필요할 때 언제든 연락을 취할 수 있도록 인맥을 개발하고 키운다.
　많은 돈을 신속하게 벌려면 좋은 결과를 빨리, 유능하게, 계속해서 만들 수 있는 사람과 관계를 맺어야 한다. 리 아이아코카가 파산 위기에 처한 크라이슬러 자동차를 맡았을 때, 그의 손에는 그동안 관계를 유지해 오던 자동차 업계 종사자 200명의 명단이 들려있었다. 그는 알았다. 크라이슬러를 신속하게 제자리로 돌려놓기 위해 누구에게 연락해야 하는지. 그의 명함첩이 결과를 만드는 열쇠였다. 부자가 되려면 당신도 명함첩을 만들어야 한다. 각 업계에서 두각을 드러내는 슈퍼스타는 몇 명뿐이다. 그들을 연구할 필요가 있다. 그들이 쓴 책을 읽고, 그들의 연설을 듣고, 그들의 영상을 보면서 그들과 가까워져야 한다. 전국적인 규모로 열리는 업계 회의에 참석하면 그들을 만날 수 있다. 그들이 해내야 할 필요가 있는 과제나 임무를 대신해 주겠다고 나서라. 그리고 훌륭하게 해내어 당신의 자질을 보여 주어라. 오늘날 두각을 보이는 모든 슈퍼스타는 업계의 대가들에게 열심히 가르침을 받았다. "그러니까 내 육감은 당신의 육감과 조금 다르다는 말이야. 하지만 우리 두 사람 다 우주적 네트워크와 함께해야 해. 가끔은 이런 샛길에 황금이 숨어있곤 하거든. 내 말이 맞지?"

미셸이 천천히 고개를 끄덕였다. 그때 샘의 비서 스테파니가 회의실 문을 열고 먹음직스러운 음식으로 가득한 수레를 밀고 들어왔다.

다들 샘에게 감사함을 표하며 음식 앞으로 달려갔다. 너무 배가 고팠던 미셸은 한동안 먹는 데 집중했다. 하지만 다른 사람들은 한창 음식을 먹으면서도 이야기를 계속 이어나갔다.

리니가 음식을 크게 베어 문 뒤 말했다. "샘, 당신이 말한 일이 진짜로 생겼어요. 어제 학교를 마치고 집으로 가다가 부동산 중개업소에 들렀어요. 내게 공인중개사 자격증이 있어서 한때 그곳에서 일했거든요. 매물 목록을 살피기 시작했는데, 2년 정도 그쪽 일을 하지 않았더니 처음엔 좀 어색했어요. 시간이 지나면서 조금씩 옛 실력이 되살아나더라고요. 브렌던이라고, 친구가 거기서 일하는데 마침 날 도와줬어요."

"그 사람이 마침 그 시간에 있었다는 말이네요." 제레미는 어쩐지 불만스러워하는 말투였다.

리니가 서류가방을 테이블 위에 놓더니 그 안에서 파일 몇 개를 꺼냈다. "목록을 훑어보면서 100만 달러 이상인 건 제외했어요. 흔치 않은 부동산은 찾는 사람이 별로 없어서 신속하게 팔리지 않거든요."

리니의 말이 너무 빨라서 미셸은 다 알아듣지 못했다. 하지만 그녀는 계속 빠르게 말을 이어나갔다.

았다. 그들의 위대함에 다가서서 그들을 능가하는 것이 당신의 목표가 되어야 한다. 그들에게 가르침을 받는 동안 당신이 만나는 사람들의 이름, 주소, 전화번호를 챙겨 두어라.

그리고 자신을 호감 가는 사람으로 가꿔라. 남들보다 인상 깊게 악수하는 법, 상대의 시선을 끄는 눈인사, 당신의 존재를 빛나게 할 방법을 궁리하라. 도울 수 있는 모든 사람에게 도움을 주어라. 필요한 것보다 조금 더해서 하늘을 감동시켜라. 절대 녹슬지 않는 관계를 맺고, 시간이 지나면서 더 의미 있는 관계로 발전시켜라. 직접적인 만남, 전화, 메시지, 이메일로 연락을 계속 주고받아라. 소풍, 파티, 행사, 세미나를 주최하고 매번 고객과 친구들을 초대하라.

미국 연설가협회 회장을 지낸 카벳 로버트는 말한다. "사람을 얻으려면 접촉해야 한다." 당신이 가꿔나갈 네트워크의 중심은 당신이다. 사실 모든 비즈니스는 사람을 통해 이루어진다. 따라서 네트워크가 곧 당신의 가치가 된다. 모든 전기나 자서전에서 이 사실을 발견하게 될 것이다.

당신이 따라 하고, 연구하고, 더불어 성장하고, 대화하고, 함께 시간을 보내고 싶은 사람 200명의 명단을 작성하라. 당신이 얼마나 빠르게 그들을 닮아가는지 알게 되면 놀랄 것이다. 그들과 관계를 맺으면 당신도 자연스럽게 중요한 사람이 되어간다. 네트워크 안에서는 서로를 쉽게 알게 된다. 그러니 당신을 널리 알려라. 누구나 좋아하고, 신뢰하고, 존경하고, 부러워하는 사람이 되어라. 당신은 이 세상을 의미 있는 곳

"일단 융자금 잔액이 얼마 안 남은 부동산부터 살펴봤어요. 대부분의 부동산중개소가 매물의 융자 정보를 기재하지 않아요. 재융자가 복잡하다고 생각해서 그러는지도 모르지요…. 어쨌든 융자금 잔액이 크지 않은 부동산이 155개나 있더라고요. 그래서 매도자가 융통성을 보일 수 있는 단서를 찾아서 그 물건들을 일일이 살펴봤어요."

"어떤 단서들이죠?" 샘이 일부러 대답을 유도했다.

리니가 서류 파일을 뒤적였다.

"단서가 많은 편은 아니었어요. 그래도 그 가운데 열 개는 융통성이 엿보였어요. 그래서 어젯밤에 중개사들에게 전화를 걸었어요. 지불 조건을 변경할 의사가 있는지 알아보려고요. 사실 지불 조건은 공인중개사의 생각을 말해주는 경우가 많거든요. 대개 부동산 중개인이 매도자에게 자금 조달 방법에 대해 조언해요. 창의적인 공인중개사라면 매도자들의 의향을 미리 알아봤을 거란 생각이 들었어요."

"무엇을 알아냈나요?" 샘이 물었다.

"일단 네 명과 통화를 했어요. 여섯 명에겐 메시지를 남겼고요. 그 와중에 흡족한 정보를 발견했어요. 원하는 걸 정확하게 말했거든요. 90일 이내에 현금화할 수 있는 부동산을 찾는다고요. 제 느낌이 틀리지 않았어요…. 표시해둔 부동산 중에서 조건이 맞는 게 없더라고요. 제가 원한 건 사흘 이내에 현금으로 거래를 마친다는 조건으로 시장가보다 30퍼센트 이상 싸게 살 수 있는 물건을 찾는 것이었어요."

한창 음식에 집중하던 제레미가 갑자기 고개를 번쩍 들었다. '현금'

으로 만들기 위해 태어났다. 강력한 네트워크를 지닌다면 그 일을 좀 더 쉽게 해낼 수 있다. 준비되었든, 그렇지 않든 간에 지금 당장 시작하라.

확장된 네트워크

네트워크만이 우리 고유의 자산이다.
언젠가는 이 말이 우리 모두에게 해당할 것이다.
- 팀 샌더스

사회적으로 유용한 네트워크를 키우는 전통적인 방식은 한 번에 한 사람씩 늘리는 것이다. 하지만 이 방법은 매우 느리다. 네트워크로 연결된 세상에서는 네트워크를 네트워크하는 사람들이 가장 큰 지렛대 효과를 얻는다. 그렇게 함으로써 더 큰 사회적 네트워크와 관계를 맺을 수 있다.

사람 단위가 아닌 네트워크 단위로 관계를 맺으면 '약한 유대'와 흡사하게 느슨한 관계가 형성된다. 이 세상에는 수없이 많은 네트워크가 있다. 그것들이 보유한 관계의 그물은 거대하다.

당신은 무엇에 관심을 두고 있으며, 어떤 것을 경험했는가? 당신이 재치 있게 이야기할 수 있는 주제를 골라 목록을 만들어라. 그런 다음이라는 말 때문이었다. "샘, 이렇게 일을 나누는 게 마음에 들어요. 다른 분들의 말이 다 이해 가는 게 아니거든요. 그래도 '현금'은 귀에 쏙 들어오네요. 이제는 정말 궁금해요. 구하기 쉽다는 현금이 도대체 어디서 나오는지. 내 통장은 지금 엉망진창이거든요."

"초보적인 투자자는 다들 그런 생각을 해요." 샘이 말했다. "자신의 현금, 자신의 신용만을 사용해야 한다고 여기니까요…."

"누군가가 내 신용을 조회하면 거래는 즉시 끝날 거예요." 제레미가 강조했다.

"저도 마찬가지예요." 미셸도 말했다. 그걸 모르는 사람이 있는 것처럼.

"사람들이 부동산을 사지 못하는 건 바로 그런 태도 때문이에요." 샘이 제레미와 미셸 쪽으로 고개를 돌렸다. "현금으로 1천만 달러를 신용 거래할 수 있다면 어떨 것 같나요? 상상해 봐요…." 샘이 제레미를 똑바로 보았다. "…그 돈으로 당신이 찾아낸 부동산을 마음대로 살 수 있다면 자신감이 얼마나 붙을 것 같나요?"

"그러면, 음…, 한층 자신 있게 거래할 수 있겠지요." 제레미가 대답했다. 빈정대듯 말했지만, 인정한다는 태도였다.

"바로 그겁니다. 지금 당장 협상하면 당신은 힘을 내지 못할 거예요. 정직하지 않다는 생각도 들 거고요. 부동산을 매입할 수단이 없는 건 사실이니까요. 신용, 현금, 고정 수입, 어느 면으로 봐도 은행에서 대출받을 자격이 없지요. 이런 생각이 당신의 몸짓, 자세, 말, 눈을 통해

그 목록과 연결된 네트워크를 찾아라. 전문적인 네트워크를 포함해 그 이상을 찾아라. 인터넷을 검색하면 효율적으로 네트워크를 찾아낼 수 있다. 찾다 보면 미처 몰랐던 네트워크를 발견하게 될 것이다.

시험 삼아 '로하스'라는 단어를 검색해보라. (로하스란 건강하고 안정적인 삶의 방식을 뜻한다) 이 단어와 관계된 네트워크가 생각보다 많다는 사실을 알게 될 것이다. 당신은 이 네트워크와 연결되어 있는가? 이 네트워크와 관계 맺는 것이 도움이 될까? 이러한 '약한 유대 네트워크'는 다양한 정보를 얻는 데 유용하다.

약한 유대 네트워크를 강화하기 위해 쓸 수 있는 한 가지 방법은 네트워크에 속한 사람들이 소중하게 여기는 것을 무료로 제공하는 것이다. '주는 것이 얻는 것'이라는 신념이 네트워크를 만들어가는 기본이 되어야 한다. 그래야 주목을 받고 믿음을 얻을 수 있다. 아무런 보상도 바라지 말고 그냥 주어라. 네트워크 구축에 뛰어난 사람들은 대단한 보상을 바라지 않는다. 인정받고 신뢰를 얻는 것만으로 이미 보상을 받은 셈이기 때문이다. 인정과 신뢰를 얻고 있다면 당신이 필요로 할 때 언제든 네트워크를 이용할 수 있다.

네트워크를 만들고 나면 그 네트워크를 어떻게든 유지해야 한다. 네트워크 구축에 있어 가장 중요한 점은 신속하게 인맥을 형성하고 최대한 느리게 끊는 것이다.

무의식중에 상대방에게 전달됩니다. '나는 사기꾼이다'라고 광고하는 것과 다름없지요. 제레미, 협상하려면 자신감을 갖춰야 해요. 은행에 현금을 넣어둔 것처럼 말이에요. 자, 그러면 현금은 어디서 구할까요? 우리 주변에 널려 있습니다. 다른 사람의 은행 계좌에 들어있는 수십억 달러가 높은 이자로 운용되고 싶어서 몸살을 내고 있죠. 제레미, 나는 그런 방식으로 거래합니다. 내 돈은 쓰지 않아요. 신용을 쓰는 것도 아니고요. 나는 다른 사람의 돈을 씁니다. 그게 바로 지렛대 효과라는 거예요." p.186

"대단하시네요." 제레미가 계속 빈정거렸다. "하지만 우리 같은 사람한테 누가 그만한 돈을 빌려줄까요?"

"지금은 알려주지 않겠습니다. 그런데 여러분 가운데 한 사람이라도 놀라운 거래를 찾아오면 전화 한 통으로 현금을 만들 방법을 제시할게요. 믿어봐요, 틀림없으니."

"그 번호에는 관심이 가네요." 제레미는 여전히 삐딱했다. 미셸은 걱정스러웠다. 혹시나 샘이 자신들을 이용하고 있다는 생각을 하는 건 아닐까.

"핵심은 이겁니다." 샘이 말을 이어갔다. "발견하라, 자금을 조달하라, 신속하게 되팔아라. p.424 먼저 질 좋은 거래를 찾아내야 해요. 그런 다음 필요한 자금을 조달하지요. 최종적으로 이윤을 남기고 신속하게 팔면 됩니다."

리니가 대화에 끼어들었다. "아무래도 내가 첫 단계에 근접한 것 같

100만 달러 가치의 명함첩

멧캐프의 법칙
: 네트워크의 가치는 사용자 숫자의 제곱에 비례한다

당신에게 있어 다이아몬드 땅은 무엇인가? 재능, 기술, 기회 등 다양할 것이다. 그것이 당신의 명함첩일 수도 있다. 우리가 명함첩에 100만 달러의 가치를 부여하는 것도 바로 그 이유다.

일반적으로 사람들은 250명 내외의 인물을 알고 있다. 그 250명 또한 각자가 가꾼 다이아몬드 땅 한가운데에 살고 있음을 기억해야 한다. 그리고 이 250명도 각각 250명 이상의 사람을 알고 있다. 즉 당신은 62,500명의 사람과 즉각적으로 연결될 수 있다.

네트워크의 가능성은 무한하다. 따라서 명함첩을 만들고 키워가는 것이 매우 중요하다. 100만 달러 가치의 명함첩을 만드는 법은 어렵지 않다.

먼저 가치 있는 명함첩을 만들기 위해 노력하라. 함께 일하고, 함께 성장하고, 함께 부자가 되고 싶은 사람의 이름을 하루에 한 명씩 추가하라. 다양한 분야에서 다양한 인맥을 만드는 것을 목표로 삼아라.

▲ 명함첩에 있는 사람들과 최소한 1년에 두 번 정도 연락을 취하라. 이메일, 전화, 메시지, 또는 직접 만나는 것으로 관계를 유지하라.

네요. 내 친구 브렌던이 부동산 전문가예요. 내가 원하는 바를 정확하게 이해하고 나 대신 열심히 찾아보고 있답니다."

그 이야기를 들으며 미셸은 우주적 네트워크가 존재한다는 걸 느꼈다.

"내 생각엔 말이에요." 샘이 말했다. "리니가 말한 대로 부동산을 살피는 데 30-45일이 걸릴 거예요. 그 건물을 팔기까지 6주 정도가 남겠지요. 촉박하긴 한데, 세 건 정도 찾을 수 있으면 좋겠네요. 한 건당 5만에서 10만 달러 정도 이윤을 남기면, 분명 목표에 보탬이 될 거예요."

"정말 90일 안에 부동산으로 25만 달러를 벌어들일 수 있을까요?" 서머가 숨죽인 채 물었다.

"평소 같으면 어림없지요." 샘이 대답했다. "별일 없을 때는 다들 목숨을 걸고 달려들지 않으니까요. '이걸 해 보고 안 되면 저걸 하면 될 거야' 대부분 이런 식이에요. 조금만 힘들면 전원을 꺼버리지요. 성공하지 못한 건 운이 나쁘거나 다른 사람 때문이라고 불평해요. 지금 나는 미셸을 돕기 위해 이 일을 시작했어요. 하지만 여태껏 모든 일에 삶을 걸었어요. 실제로 내 목숨이 거기에 달려 있으니까요." 그녀는 빙그레 웃었다. "여러분이 날 따른다면 난 항상 그렇게 일할 거예요."

미셸은 웬만큼 배가 불러서 접시를 옆으로 밀어 놓았다.

사만다도 그런 모양이었다. 그녀가 일어나더니 앞쪽에 붉은 글씨로 크게 썼다.

▲ 명함첩에 있는 사람들에게 A부터 D까지 등급을 매겨라.
▲ A등급은 가장 큰 데이터베이스와 가장 큰 잠재력을 지닌 사람들이다.
▲ A등급의 사람과 관계를 다지는 데 가장 많은 시간을 쓰도록 한다.
▲ 명함첩 속 명단을 최상급 인맥인 'A' 등급 100명으로 압축한다.

명함첩은 사업에 꼭 필요한 데이터베이스의 출발점이 된다. 모든 돈이 그곳에 들어있다고 해도 과언이 아니다. 사업을 할 때 지렛대 효과를 거두는 최고의 방법은 큰 데이터베이스를 가진 사람과 접촉해 그들의 데이터베이스에 제품이나 서비스를 추천하겠다는 합의를 얻는 것이다. 데이터베이스를 가진 사람들에게 집중하면 큰 효과를 거둘 수 있다.

큰 규모의 인적 네트워크를 가질 때 승리할 수 있다.

자기 암시, 다섯 번째

"나는 백만장자다"

나는 백만장자다. 나는 백만장자처럼 사고한다.

정해진 날짜

결과

다른 선택이 없음

"미셸에게는 정해진 날짜와 결과만 있습니다. 앞으로 나아가야 할 방법뿐이에요. 이런 상황에서 자신만 믿고 있을 수는 없어요. 도와줄 힘을 모아야 합니다. 우리는 왜 미셸을 도우려 할까요? 이것 외에는 선택지가 없기 때문이에요. 사람들은 이럴 때 최고의 능력을 발휘합니다. 누구나 미셸을 돕지는 않겠지요. 하지만 올바른 사람이라면 기꺼이 그렇게 할 겁니다. 우리는 큰 게임을 할 거예요. 그래서 많은 이들이 우리 팀에 참여하게 될 것입니다."

"샘." 제레미가 끼어들었다. "전할 소식이 있다고 하지 않으셨나요?"

"맞습니다. 이제 포크를 놓고 귀를 기울여주세요. 집중해주시기 바랍니다."

샘이 설명하기 시작했다. 그녀는 지역 계획 위원회에서 근무하는 친구에게 전화를 걸었다. 중요한 개발 계획은 그 사무실을 거쳐 지역 위원회로 넘어가 최종 승인을 받았다. 현재 리버데일의 대형 쇼핑몰이 신규 건설을 위해 투표를 앞두고 있었다.

"이 내용 중 일부는 언론을 통해 공개되었어요. 그런데 친구가 말하기를 위원회가 이 안을 거부하라는 정치적인 압력을 받고 있대요. 그런데 통과될 거라는 소문이 돌고 있지요. 만약 이 안이 통과되면 주변

나는 백만장자처럼 말한다. 나는 백만장자처럼 걷는다.
나는 백만장자처럼 믿고, 느끼고, 행동한다.

나는 백만장자의 주파수에 자신을 맞춘다.
나는 풍요롭고 부유하게 생각하도록 내 마음을 살핀다.
나는 듣고자 하는 사람 모두에게 무한한 가능성을 말한다.
나는 백만장자가 읽는 것을 읽는다.
나는 백만장자의 전기와 자서전을 충분히 받아들인다.
나는 백만장자의 지혜, 통찰력, 이해력을 내 것으로 만든다.

나는 낮에 100만 달러 가치의 사업체를 만드는 생각을 한다.
나는 밤에 100만 달러 가치의 사업체에 관한 꿈을 꾼다.
나는 100만 달러 가치의 사업체를 만드는 것을 즐긴다.
나는 정직하게, 성실하게, 바람직하게 수백만 달러를 벌어들인다.
나는 나의 돈을 지혜롭게 관리한다.
나는 돈의 주인이며, 돈이 나의 주인이 아니다.

나는 봉사하는 것을 즐긴다. 나는 봉사를 통해 무한한 보상을 주는 긍정적인 자세를 기른다. 나는 계속 성장하며 점점 더 나은 봉사를 해 낸다. 나는 더 많이 봉사하고, 더 많은 돈을 번다.

의 부동산 가격이 큰 폭으로 오를 거예요. 쇼핑몰 근처의 주거용 부동산이 사무용 공간으로 개조되겠지요. 지금까지는 상업 지구가 만들어질 이유가 없었지만, 건너편에 대형 쇼핑몰이 생기면 그런 건물들이 많아질 겁니다."

샘이 좀 더 자세히 설명해주었다. "간단한 예를 들어볼게요. 아파트 한 채를 임대할 때 한 달에 1천 달러가 든다고 해보지요. 그 공간을 소형 사무실로 개조하면 매달 2천에서 3천 달러를 임대료로 받을 수 있습니다. 부동산 가치가 두세 배 오르는 셈이지요. 벌써 투자한 사람들이 있다고는 하지만, 우리가 힘을 모아 뒤져보면 잠자는 부동산을 틀림없이 찾을 수 있을 거예요. 미셸, 틸리 할머니의 전화를 기다릴 동안 이 일대를 알아보도록 해요. 지도를 보면서 쇼핑몰 예정지 부근을 샅샅이 살펴보는 거예요." 샘은 회의실 한쪽 벽을 가리켰다. "이곳에 지도를 붙여 놓도록 하겠습니다. 이 지역 부동산의 모든 소유주와 체계적인 접촉을 해야 합니다. 집마다 방문할 수도 있어요. 대부분 개발 계획을 듣고 최고가를 부를 겁니다. 우리는 1,000건 가운데 낮은 가격에라도 팔고자 하는 서너 건을 찾아야 해요."

전부 다 알아듣지는 못했지만, 미셸은 굳건하게 고개를 끄덕였다.

"주목해주세요, 독수리 용사 여러분." 샘은 이어서 말했다. "우리의 네트워크가 커질수록 일이 덩달아 복잡해질 거예요. p.310 동기가 높은 매도자를 찾는 열 가지 방법이 있습니다. p.426 리니는 공인중개사를 통해 낚싯줄 몇 개를 내려놓았어요. 광고를 활용하는 것도 한 가지 방법

나는 변화를 사랑스럽게 여긴다. 나는 진정한 기쁨을 누리며 백만장자의 산을 오른다. 나는 그 산에 부의 근원이 있음을 안다. 나는 그 산이 나를 기다리고 있음을 알고 있다. 나는 진정한 행복과 풍요에 이르는 여행을 다른 사람이 떠나도록 돕는다.

백만장자는 성장하고, 봉사하고, 나누면서 풍요를 얻는 길이다. 백만장자는 균형 잡힌 삶을 향한 여정이다. 백만장자가 되는 것은 좋은 일이다.

끈질김이 가져다준 성공

공장장이며 발명가인 조지 드 메스트럴은 알프스에 살았다. 어느 날, 개를 데리고 산책을 나섰다. 돌아와서 살펴보니 뾰족뾰족한 씨앗이 옷에 잔뜩 붙어 있었다. 그는 짜증을 내며 그 씨앗을 뜯어냈다. 그러다가 문득 궁금해졌다. 대체 어떤 원리로 그 씨앗이 그렇게 잘 달라붙는지.

그는 씨앗 하나를 현미경으로 들여다보았다. 수없이 돋아있는 작은 갈고리가 보였다. 벨크로라고도 불리는 찍찍이 테이프의 아이디어가

이에요. 다이렉트 메일을 발송하고, 물론 법원에도 가봐야 하지요. 우리는 이제 막 시작했을 뿐이에요. 이 과정은 마치 거대한 깔때기와 같습니다. 맨 위쪽에 가능성 있는 거래가 흘러들어오지만 결국 남는 건 5퍼센트 정도밖에 되지 않지요…. 스무 건 가운데 하나만 건져도 다행이라 할 수 있어요. 지금부터 30일 동안 1,000건의 부동산을 검토하는 게 우리의 목표입니다. 그러면 필요한 단서들이 수백 개 정도 드러날 거예요. 무척 성가신 일입니다. 자잘한 실패도 많을 거고요. 자칫 성공할 듯 보이다가 결국 실패하는 일도 있을 겁니다. 하지만 한두 건의 거래는 가치 있을 거예요. 전화벨이 울리기 시작하고, 사람들도 몰려들겠지요. 이곳에 쇼핑몰을 옮겨놓은 것처럼 말이에요."

리니가 갑자기 허리를 세웠다. "아무래도 전화가 온 것 같아요." 모두의 눈길이 쏠리자, 리니가 휴대 전화를 꺼내 들고 복도로 나서며 말했다. "브랜던이에요. 잠깐 통화하고 올게요."

리니가 회의실을 비운 동안 샘이 팀원들에게 지시를 내렸다. 제레미와 서머는 계속 인터넷에서 100만 달러 가치의 바늘을 찾으라고 했다. 미셸은 법원에 가봐야 했다. 사만다는 광고문구 작성을 맡았다. 각자의 임무를 되새기고 있을 때 리니가 들어왔다.

"적당한 물건 하나가 나왔대요." 그녀가 흥분한 목소리로 말했다. "미셸, 함께 가 보자. 이 부동산을 살펴본 뒤 법원에 데려다줄게."

시작된 순간이었다. 벨크로의 개념은 간단해 보이지만 그것을 상업적으로 생산하기란 쉽지 않았다. 메스트럴은 비웃음을 샀고, 결국 파산했다. 하지만 그는 포기하지 않았다. 그는 프랑스의 섬유 전문가를 찾아갔다. 하지만 그들도 그를 비웃었다. 마침 한 직조공이 그의 아이디어에 관심을 보였다. 두 사람은 함께 작업을 해보았다. 직조공은 천을 짜는 작은 기계를 써서 아주 작은 갈고리가 여럿 달린 면 조각과 아주 작은 고리가 수없이 달린 면 조각을 만들어냈다. 두 조각을 합하자 금세 서로 달라붙었다.

이제 남은 과제는 그런 천을 기계로 생산하는 것이었다. 메스트럴은 천을 짜는 솜씨가 좋은 스위스의 제조업자를 찾아냈다. 하지만 작업이 너무 어렵다며 그 사람은 금세 포기했다.

하는 수 없이 메스트럴은 혼자서 작업에 몰두했다. 몇 개월 동안 실험한 끝에 적외선을 이용하면 실용적이고 튼튼한 고리를 만들 수 있다는 사실을 알아냈다. 그러나 또 다른 난관에 부딪히고 말았다. 그 고리를 만들려면 새로운 기계를 설계해야 했다. 몇 개월이 흘렀지만, 해결책을 찾을 수가 없었다. 결국, 모든 재정 후원자들은 지원을 끊고 그를 떠나갔다. 절망한 메스트럴은 산속에 들어가서 통나무집에 머문 채 연구를 계속했다.

산에서 내려온 그는 직기 제조업을 하는 옛 친구를 다시 만나서 새로운 접근 방식을 의논했다. 마침내 두 사람은 효과적인 기계를 만들 수 있었다. 다행히 한 투자자가 나섰다. 메스트럴은 그 새로운 섬유에 벨

79일…

미셸은 샘과 함께 큰 바위로 향했다. 두 사람이 함께하는 길은 며칠 만이었다. 이른 아침의 가을 풍경이 그들을 맞았다. 산허리를 물들인 나무가 무척 아름다웠다. 평소처럼 목표와 자기 암시를 외친 뒤 바위 위쪽에 나란히 앉았다.

고민이 깊었던 미셸은 어서 샘과 의논하고 싶었다. 이전에는 상상도 못 했던 분야들이 머릿속을 채운 탓에 너무나 혼란스러웠다. 장난감, 부동산, 인터넷, 이 모든 것이 뒤섞여서 뇌가 엉망이 된 느낌이었다. 자신이 이 모든 사안의 중심이 되어야 할 텐데, 도무지 그럴 자신이 없었다. 자신을 돕는 이들을 궁지에 몰아넣고, 그들의 시간을 헛되게 만들까 봐 두려웠다. 마음이 자꾸만 쪼그라들었다.

하지만 샘이라면 뭐든 해결책을 내줄 것 같았다. 곁에 나란히 앉아 있던 샘이 흘러가는 구름을 바라보며 입을 열었다.

"당신 남편의 이름이 참 흥미로워. '기디언'이 무슨 뜻인지 알고 있어?"

"아니요, 몰라요."

"바로 '위대한 전사'라는 의미야."

미셸이 신기해하며 물었다. "그런 걸 어떻게 아세요?"

"며칠 전 밤이었어. 성경을 읽다가 우연히 구약에서 그 이름을 발견했어. 영웅 기드온의 이야기였지."

크로라는 이름을 붙였다. 광택 나는 섬유인 벨벳과 갈고리라는 의미의 크로셰에서 따온 이름이었다. 마침내 그는 벨크로의 특허를 획득했고, 그후 매년 6천만 미터 이상의 벨크로를 판매하기에 이르렀다. 삼십 년의 시간이 흐른 뒤, 그 기업의 연간 총매출은 2억 5천만 달러를 넘어섰고, 3천 명 이상의 종업원을 고용했다.

8년에 걸친 조지 드 메스트럴의 끈질김이 가져온 결과였다.

"그렇군요."

"기드온은 이스라엘 민족이 미디안인의 통치를 받을 때의 사람이야. 미디안은 이스라엘 남쪽, 지금의 사우디아라비아 자리에 있었지. 이스라엘 민족은 7년 동안 미디안인의 핍박 아래 괴로움을 겪었어. 비참한 삶을 이어가며 하나님에게 기도를 올렸지. 그런데 어느 날 앞마당에서 밀 타작을 하고 있던 기드온 앞에 천사가 나타난 거야."

"엄청나게 놀랐겠어요." 미셸이 말했다.

샘은 소리 내어 웃었다. "천사가 가난한 농부에게 말했어. '용사여, 신이 너와 함께 하실 것이다.' 기드온이 주위를 둘러보았지. '저 말입니까?' '그렇다. 바로 그대다.' 기드온이 물었어. '제가 대체 무엇으로 민족을 구하겠습니까? 우리 집안은 이 부족 가운데서 가장 힘이 약하고, 저는 아버지의 아들 중에서 가장 모자란걸요.' 그러자 천사가 말했어. '네 힘으로 미디안인을 무찔러라. 내가 너와 함께하겠다.' 이렇게 말이야."

"그래서요?" 미셸이 부쩍 관심을 보였다.

"지금부터가 흥미롭지. 기드온이 3만 2천 명의 군사를 모았어. 그러자 천사가 말했어. '너무 많구나. 이래서는 너희의 힘으로 미디안을 무찔렀다고 자만할 게 틀림없다. 지금 가서 두려워하는 자를 돌려보내라.' 그래서 2만 2천 명이 집으로 갔어. 결국, 1만 명이 남았지."

미셸은 놀라워하는 표정을 지었다.

샘이 검지를 들어 올리며 말을 이었다. "하지만 그게 끝이 아니었어.

1분 돌아보기: 네트워크

1. **관계 네트워크는 지렛대 효과를 가져온다.**

   인맥이 많으면 많을수록 지렛대 효과는 더욱 커진다.

2. **네트워크를 확장하는 좋은 방법은 '약한 유대감'을 활용하는 것이다.**

   사람들은 본능적으로 긴밀한 동료 의식과 강한 유대감에 중점을 둔다. 하지만 대부분의 경우에서 약한 유대가 더 중요하다.

3. **약한 유대의 강점을 깨달아야 한다.**

   대부분 약한 유대 관계를 소홀히 여긴다. 신속하게 많은 돈을 벌기 위해서 이 관계를 넓혀나가야 한다.

4. **네트워크를 네트워크할 때 가장 큰 지렛대 효과를 누릴 수 있다.**

   네트워크의 가치는 사용자 숫자의 제곱에 비례한다.

5. **네트워크를 확장할 때 '주는 것이 곧 얻는 것'이라는 말을 기억해야 한다.**

   네트워크에 속한 사람들에게 소중한 정보를 무료로 제공하자. 당신은 곧 주목받고 신뢰받을 수 있다. 아무 보상도 바라지 마라. 그냥 주어라.

6. **네트워크를 만들고 나면 어떻게든 그것을 유지해야 한다.**

   네트워크 확장의 핵심은 신속하게 인맥을 형성하고 최대한 느리게 인맥을 끊는 것이다.

천사가 말했지. '아직도 많구나. 그들을 강으로 데리고 가라. 물 앞에 무릎을 꿇는 자는 보내고, 두 손으로 물을 떠서 마시는 자는 남겨라.' 이제 3백 명이 남았어. 그제야 천사가 약속했지. 그 인원으로 승리할 수 있게 해주겠다고."

샘은 잠깐 사이를 두었다가 말을 이어갔다. "그날 밤 기드온은 사람들을 데리고 골짜기로 갔어. 그곳에 미디안 군대가 있었지. 적군은 메뚜기떼만큼 많았고, 그들의 낙타는 해변의 모래처럼 끝도 없었어. 기드온의 군사들은 조용히 골짜기를 포위했어. 그들이 지닌 건 무기가 아니었어. 그저 횃불을 감춘 항아리와 나팔만 들고 있었지. 기드온이 신호하자 군사들은 들고 있던 항아리를 부수고 나팔을 불면서 소리 질렀어. '신의 칼과 기드온의 칼을 받아라.' 골짜기 안의 막사에서 편하게 잠자고 있던 미디안 군대는 나팔 소리에 놀라서 벌떡 일어났어. 바깥을 보니 골짜기가 횃불로 포위되어 있었지. 그들은 혼란에 빠진 채 서로 싸우기 시작했어. 아군끼리 싸움을 한 거지. 겨우 살아남은 사람은 도망치기 바빴어. 그날 밤에 죽은 미디안 군사가 12만 명에 이르렀지."

"세상에." 미셸이 감탄했다.

"당신이 감동하는 이유를 알고 있어, 나비부인. 당신도 두려워하며 말했잖아. '기드온처럼 연약한 제가 혼자 힘으로 어떻게 안토니 에릭슨의 군대를 무찌르겠나이까?'하고 말이야."

그 말에 미셸이 슬며시 웃었다.

"기드온과 함께한 이가 누구였는지 기억하도록 해. 신이 당신과 함

우주적 네트워크

께한다면 무엇이든 해낼 수 있어. 그런 영적인 기반이 없다면 당신이 아무리 강해도 결국 전쟁에서 지게 되겠지."

"그럴게요…." 미셸이 곰곰이 생각하며 대답했다.

"나는 이것을 영적인 수학이라고 부르곤 해. p.144 신이 함께할 때 우리는 무한수로 곱한 힘을 갖게 돼. 신이 함께하지 않으면 0으로 곱한 힘을 갖게 되지. 1에 무한수를 곱하면 무한수가 돼. 1,000,000에 0을 곱하면 0이 되지. 내가 번 돈의 십 분의 일을 기부하는 것도 그 이유 때문이야. 신이 내 편이 되어 주시길 바라거든."

미셸은 앉은 채로 생각에 잠겼다. 무엇보다 세상을 떠난 남편의 이름에 그런 의미가 있다는 게 뭉클했다.

잠시 후, 샘이 손을 뻗어 미셸을 일으켰다. "내려갈 때야. 모두를 위해 흥미로운 훈련을 준비했거든. 늦지 말자고."

78일…

다들 회의실에 모여 있었다. 각자의 앞에 우아하게 포장된 작은 상자가 놓였다.

"열어보도록 해요." 샘이 활짝 웃었다.

뚜껑을 여니, 금색으로 각자의 이름이 돋을새김 된 산뜻한 명함 500장이 들어있었다. 이름 아래쪽에는 '백만장자 독수리'라는 직함이 있었다.

"감동이 밀려오네요. 고맙습니다." 제레미가 감사를 전했다.

우주적 네트워크, 그 강력한 지렛대 효과

다른 이익을 키우는 데 당신의 시간과 관심을 바쳐라.
그러면 이 우주가 꼭 알맞은 시기에 당신을 도울 것이다.
- R. 벅민스터 풀러

깨달은 백만장자는 알고 있다. 풍요에 영적인 차원이 있다는 사실을. 이 보이지 않는 세계가 무한한 부의 원천임을 그들은 이해한다. 이 원천과 결합할 때 당신도 무한한 풍요의 세상에 들어설 수 있다.

끝없는 부를 가져다주는 우주적 네트워크에 어떻게 다가서야 할까? 21번째와 22번째 '아하!'를 통해 우리는 기부의 중요성을 설명했다. 당신의 이익을 환원하는 과정을 통해 모든 일의 가치를 확대할 수 있다.

우주적 네트워크를 탐색하는 또 하나의 방법은 정직함을 지키는 것이다. 장기적인 성공을 보장하는 열쇠가 바로 정직이다.

영적인 차원을 인정하면 당신의 삶이 스트레스에서 멀어진다. 그리고 성공이 펼쳐질 때 감사의 감정이 충만해진다.

부에 포함된 영적인 요소를 수용하고, 우주적 네트워크를 인정하면 강력한 지렛대 효과를 누릴 수 있다.

깨달은 백만장자는 모두 우주적 네트워크가 자신을 부의 길로 이끌었음을 겸허하게 인정한다.

"자, 뒤쪽을 보세요." 샘이 말했다.

명함 뒷면에 '1,000달러'라는 글씨가 박혀있었다.

"무슨 뜻인가요?" 서머가 물었다.

"좋은 질문입니다. 여러분이 이 명함을 건네면 그 사람도 똑같은 질문을 할 거예요."

다들 동의하는 표정이었다.

"그럴 땐 이렇게 대답하도록 하세요. '이 명함은 1,000달러의 값어치가 있습니다. 그러니까 잘 간직하세요. 저는 부동산 투자자입니다. 주변에 급히 부동산을 처분하고 싶어하는 분이 계시면 저한테 연락해 주세요. 당신이 소개한 부동산을 매입하게 되면, 정보를 주신 대가로 1,000달러를 드리도록 하겠습니다.'라고요."

"와, 액수가 제법 크네요." 코트니가 말했다.

"우리가 얻을 이익에 비하면 아무것도 아닙니다. 적어도 2만 5천 달러를 벌 수 있다는 확신이 없다면 부동산을 매입하지 않을 거예요. 그만한 돈을 벌 수 있다면 정보를 제공한 사람에게 그 정도를 주는 것도 괜찮을 거예요."

코트니가 고개를 끄덕였다.

"여러분에게 숙제를 드릴게요." 샘이 말을 이어갔다. "이 지역에서 더 많은 정보를 얻어야 해요. 메시지를 빨리 퍼트릴수록 유리합니다. 백화점, 식당, 세탁소, 주유소, 은행, 어디든 가세요. 거기서 최소 한 사람과 접촉하세요. 상대의 명함을 얻을 수 있다면 받아오세요. 그 사

우주적 힘, 그 놀라움

대체 우리는 무엇이 부족해서
바로 옆자리의 또 다른 세상을 보지도, 듣지도 못하는가?
- 프랭크 허버트 「듄」 가운데서

오스카 수상작 〈불의 전차〉는 달리기를 할 때 신의 존재를 느끼는 육상 선수에 관한 영화다. 이 제목은 성경 속 이야기에 바탕을 두고 있다.

성경에 따르면, 유대인 예언자 엘리샤에게 노한 시리아 왕이 그를 잡기 위해 많은 수의 군사를 보낸다. 엘리샤의 하인이 아침에 눈을 떠보니, 강력한 군대가 마을을 이미 포위하고 있었다.

하인이 엘리샤에게 달려갔다. "주인님, 어찌하면 좋습니까?"

그러자 엘리샤가 말했다. "두려워할 것 없다. 우리와 함께하는 이가 저들과 함께하는 이들보다 많으니."

그때 하인은 아마도 이렇게 중얼거렸을 것이다. "말도 안 돼. 저들은 수천 명이고 우리는 단둘이라고!" 하지만 엘리샤는 기도했다. "신이시여, 그의 눈을 열어주소서." 그러자 하인의 눈앞에 지금까지 보이지 않던 광경이 펼쳐졌다. 수없이 많은 불의 전차가 두 사람을 둘러싸고 있던 것이다.

만약 눈이 열린다면 당신은 무엇을 볼 수 있을까?

람에게 당신을 설명하고 명함을 건네세요. 평소에 다니던 곳뿐만 아니라 매일 새로운 장소에 가서 사람을 만나세요. 명함을 하루에 다섯 장에서 열 장씩 사용해야 합니다. 그 명함이 어떤 결과를 가져올지 누구도 짐작할 수 없어요."

"샘, 너무 심한 것 같아요. 이러면 사람들이 싫어하지 않을까요?" 리니가 불만스러워했다.

"그럼 이렇게 상상해 보세요. 당신이 명함을 적절하게 사용하면 제가 한 장당 100달러를 준다고요."

"명함 열 장을 사용하면 1,000달러가 생기는 건가요?"

"그렇지요." 샘이 말했다. "그래도 다른 사람의 시선을 의식할까요?"

"그런 식이라면, 안 그렇겠지요…. 열 장도 넘게 사용할 것 같아요." 리니가 웃었다.

제레미가 속삭이듯 말했다. "만나는 사람마다 한 장씩 전부 줘야겠군."

"이런 말이 있어요. '다른 사람은 당신에게 별 관심이 없다. 이 사실을 알게 되면 다른 사람의 시선이 덜 신경 쓰일 것이다'라고 말이지요." 샘이 소리 내어 웃었다.

"이 명함이 한 장당 100달러를 벌어다 준다고요?" 미셸이 놀라워하며 물었다.

"500장을 사용했다고 해봅시다. 그 가운데 한 장이 부동산 거래로 이어지고, 우리에게 5만 달러의 이익을 안겨준다면, 한 장당 100달러

열대의 바다에서 스노클링을 해본 사람은 알 것이다. 또 다른 세상을 보는 기분을. 물속을 들여다보는 순간, 색색의 물고기와 낯선 생물이 산호초와 함께 자아내는 놀라운 세상이 눈 앞에 펼쳐진다. 우리가 바닷속 찬란함을 발견하지 못했다고 해서 그 색깔이 존재하지 않는 것은 아니다. 작가 웨인 다이어의 비유를 빌리면, 우리가 머무는 물질계는 1천 개의 방이 있는 대규모 저택의 한 귀퉁이일 뿐이다. 물리적 감각을 초월해서 우리가 찾아야 할 것들이 여전히 많다.

우리는 그 영적인 세계를 '저세상', '또 다른 세상', '영혼의 세상'으로 부른다. 생각해 보자. 또 다른 세상, 혹은 보이지 않는 세상이 우리 주위에 존재하는가? 영적인 세계와 우리를 갈라놓은 얇은 장막이 있는가? 불러 주기를 애타게 기다리는 보이지 않는 존재가 있는가? 당신 주위에도 불의 전차가 있는가? 혹은 당신을 응원하는 천사가 있는가?

맞다. 이것이 터무니없게 들릴 수도 있다. 하지만 이것은 엄연히 사실이다. 당신은 혼자가 아니다. 당신 주변에 강력한 지원 시스템이 있다는 사실을 깨닫도록 하라.

당신을 둘러싼 보이지 않는 세계, 당신의 열망을 돕고자 기다리는 세계가 있음을 우리는 믿는다.

의 이익으로 볼 수 있지요. 그러니 여러분이 명함 한 장을 건넬 때마다 미래의 돈 100달러를 버는 것과 같아요. 이해하겠지요? 열심히 접촉하면 결국 보답이 돌아옵니다."

"그렇군요." 다들 고개를 끄덕였다.

"광고의 원리도 같아요." 샘이 설명을 이어갔다.

"솔직히 말해도 될까요?" 서머가 끼어들었다. "광고를 내는 게 탐탁지 않아요. 혹시나 질문을 받으면 뭐라고 대답해야 할지 모르겠어요."

"무슨 말인지 이해해요, 서머." 샘이 탁자 위에 놓인 전화기를 가리켰다.

"만약 광고를 보고 누군가가 전화를 걸 때마다 내가 당신에게 100달러를 준다면 어떨 것 같나요?"

"얼른 전화를 받겠지요."

"그들이 건넨 질문에 대답하지 못하는 게 신경 쓰일까요?"

"아니요, 100달러가 생기는 걸요."

"하긴, 그렇게 전화를 받다 보면 대답도 쉬워지겠네요." 제레미가 웃으며 말했다.

"맞아요, 제레미." 샘이 미소를 보였다. "이번 달에 우리가 할 모든 접촉, 우리가 받을 모든 전화, 우리가 쓰게 될 모든 편지는 은행에 들어갈 미래의 돈입니다. 자, 당장 밖으로 나가서 미래의 돈을 벌어봅시다. 오늘은 토요일입니다. 답답한 회의실에서 얼른 벗어나세요. 지금부터 세 시간 동안 조별로 거리를 돌도록 하세요."

당신에게 주어진 우주적 네트워크

신이 뚜렷한 신호를 보내 주면 얼마나 좋을까!
스위스 은행 계좌에 돈이 들어오는 것처럼 말이다.
- 우디 앨런

지렛대 효과를 제대로 누리기 위해서는 당신이 방송국이 되어 주파수를 늘려갈 필요가 있다.

우주적 네트워크는 무한한 힘과 가능성을 지닌다. 당신은 세상의 중심이다. 당신의 생각을 주파수를 통해 널리 퍼트려라. 당신의 상상력이 미래를 만든다. 잘못된 메시지가 주파수를 통해 퍼져나가면 잘못된 결과가 찾아온다. 올바른 메시지를 꾸준히 내보내면 곧 올바른 결과를 얻을 것이다.

첫째, 앞에서 설명한 대로, 당신에겐 멘토가 필요하다. 어떤 분야에서 빠른 성공을 거둔 사람들에게 지름길이 무엇인지 배워야 한다. 지금까지 만나본 성공한 사람들은 모두 그들과 조화를 이루고 도움과 영감을 주는 위대한 멘토를 갖고 있었다.

둘째, 당신에게 필요한 또 하나의 주파수는 드림팀이다. 드림팀은 당신을 포함해 최소한 한 명의 다른 사람으로 이루어진다. 헌신적인 드림

"진짜로 나가라고요?" 제레미가 물었다.

그러자 샘이 100달러짜리 지폐 두 장을 꺼내 테이블 한가운데 올려놓았다. "명함을 가장 많이 나눠준 조가 이 돈의 주인입니다. 세탁소에 명함 한 뭉치를 놓아두고 나오는 건 반칙입니다. 반드시 누군가의 손에 전달하세요. 그리고 상대에게 명함을 받아오면 특별 점수를 드리겠습니다." 샘이 시계를 들여다보았다. "12시 30분까지 아래층 식당으로 오도록 하세요. 점심은 제가 살게요."

그래도 아무도 움직이지 않았다. 독수리들은 어리둥절한 표정이었다. 그때 미셸이 싱긋 웃으며 코트니에게 말했다.

"게임이 시작되었어." 코트니가 얼른 가방을 들고 문을 향해 재빠르게 다가갔다.

15초 뒤, 회의실이 텅 비었다.

샘과 리니가 식당 한쪽에 앉아 있었다. 하나둘씩 안으로 들어오기 시작했다. 시계는 어느새 12시 45분을 가리키고 있었다.

"세상에, 이럴 수가." 미셸 옆자리에 털썩 앉으면서 서머가 말했다. "세 시간 동안 만난 사람이 석 달 동안 만난 사람보다 많아요. 이상하게 쳐다보는 사람도 있지만, 대부분 기분 좋게 대해 주더라고요."

"맞아요." 미셸이 고개를 끄덕였다.

팀이 당신을 기꺼이 도울 때 비로소 기적이 일어난다. 위대함은 언제나 팀을 통해 발휘되는 법이다.

셋째, 사람과의 관계와 네트워크는 드림팀과 결합할 때 그 효과가 극대화된다. 마치 딱 맞는 능력을 지닌 형제들이 당신의 눈앞에 나타나는 것처럼 말이다. 당신이 지닌 100만 달러짜리 명함첩이 언제나 다양한 방식으로 당신을 도울 것이다.

우리가 속해있는 이 우주는 항상 당신을 시험한다. 그리고 반성할 기회를 준다. 당신이 내보낸 메시지는 메아리로 돌아온다. 문제는 반성할 기회가 즉각 생기는 게 아니라는 점이다. 그러다 보니 원인과 결과를 살피는 게 쉽지 않을 때도 많다.

혼자서 일하면 한 사람이 모든 것을 책임져야 한다. 그러면 느리고, 힘들고, 고통스러운 시간이 이어진다. 멘토, 팀, 네트워크가 제대로 갖춰지면 당신의 힘은 눈에 띄게 커진다. 그러면 우주적 네트워크도 중요한 작용을 하게 된다. 이전에는 존재를 알아채기 힘들었지만, 이제는 우주적 네트워크가 제공하는 최상의 결과가 눈 앞에 펼쳐진다. 팀이 의미 있는 큰 꿈을 지니고, 팀원 모두가 긍정적인 생각으로 그 꿈을 향해 달려갈 때 우주적 네트워크가 힘을 발휘하기 시작한다.

다른 방식으로는 이런 결과를 얻을 수 없다.

"어떤 식당의 지배인은 우리에게 나가 달라고 했어요. 그런데 나중에는 우리 명함을 받아갔어요." 코트니가 말했다. "여기 증거가 있어요. 그 지배인의 명함이에요." 그녀는 우아한 손짓으로 테이블에 명함을 내려놓았다.

"독수리 용사 여러분, 훌륭합니다. 각 조의 점수를 계산해 보지요."

샘과 리니가 나눠 준 명함은 서른다섯 장, 받아온 명함은 스물세 장이었다. 그래서 총 58점을 얻었다. 미셸과 코트니는 명함 서른 장을 나눠주고 열여덟 장을 받아왔다. 48점이었다.

제레미와 서머는 일부러 마지막 순서를 기다렸다. 그러고는 자신만만하게 자신들의 결과를 발표했다. 서머가 가방을 열어 받아온 명함 다발을 꺼냈다. 다들 그걸 보고 어리둥절한 표정을 지었다.

제레미가 말했다. "우리 조의 점수는 363점입니다. 두 시간만 더 있었어도 우리 명함을 모두 나눠줄 수 있었을 거예요."

"제레미 덕분이에요." 서머가 설명했다. "어디를 가야 사람들을 많이 만날 수 있을지 곰곰이 생각했어요. 그러다가 마리포사 플라자 호텔을 떠올렸지요. 제레미가 거기서 일했다고 했어요. 그곳에 도착했더니 세 가지 모임이 열리고 있었어요. 마침 휴식시간이라 로비가 수백 명의 참가자로 북적거렸지요. 우리는 거기서 부동산 세미나를 발견했어요. 세미나 주최자도 만날 수 있었지요. 그 사람에게 부동산 투자자라고 우리를 소개했어요. 수백만 달러를 움직일 수 있다고 말했지요." 서머가 자신만만하게 샘을 보았다. "그렇게 말해도 되는 게 맞지요?" 샘

자기 암시, 여섯 번째

"나는 주는 사람이다"

이 세상에는 주는 사람과 받는 사람이 있다.

나는 주는 사람이다.

나는 주는 것을 좋아한다.

나는 주는 것을 사랑한다.

나는 주는 것을 삶의 방식으로 삼는다.

나는 의미 있는 목표를 위해 아이디어를 낸다.

나는 좋은 일을 제대로 해낼 수 있는 곳에 나의 돈을 준다.

나는 많은 것을 주며, 그것이 더 많은 것들을 창조한다.

나는 다른 사람들도 주는 것을 즐기도록 응원한다.

나는 다른 부자들이 주는 것을 보람있게 여기도록 돕는다.

나는 주는 기쁨을 널리 퍼트려 인간의 존엄성을 재창조한다.

나는 주는 것이 진리로 가득한 신의 길이라 믿는다.

나는 주는 행위를 통해 자신을 완전하고 충만하게 만든다.

나는 주는 기쁨을 통해 남다른 삶을 꾸려나갈 수 있다.

나는 줄 수 있기에 백만장자가 되는 것이 즐겁다.

이 고개를 끄덕였다.

제레미가 이어서 말했다. "샘, 전화 한 통화로 그만한 돈을 구할 수 있다는 당신의 말을 믿기로 했어요. 고맙게도 세미나 주최자가 참석자들에게 우리를 소개해주었지요. 우리가 말했어요. 적합한 거래라고 생각되면 그들을 파트너로 삼거나, 정보 제공 대가로 1,000달러를 지급하겠다고요. 그 방 전체가 정보 사냥꾼으로 가득한 느낌이었어요. 다들 큰 관심을 보이더라고요."

서머가 흥분하며 끼어들었다. "조금 초조하긴 했어요. 그렇게 많은 사람 앞에 서 본 게 처음이었거든요. 참석자 숫자가 250명 정도 되었어요. 한 명당 명함 한 장씩 총 250장을 나눠주고, 175장을 받았어요. 거기서 나온 뒤에 각자 더 많은 곳을 공략하기로 했지요. 제레미는 다른 호텔에 가 보기로 했고, 저는 쇼핑몰과 식당을 집중적으로 방문했어요. 그러다 보니 처음 보는 사람에게 말 걸기가 쉬워지더라고요."

"뭐라고 말했어?" 미셸이 신기해하며 물었다. 수줍음이 많은 친구가 그런 일을 해냈다는 게 너무 신기했다.

"처음에는 어떻게 말을 꺼내야 할지 우물쭈물했어. 그러다가 사실대로 말하기로 마음먹었지. 우리가 90일 안에 100만 달러를 벌어야 한다고. 그리고 백만장자에게 개인 지도를 받고 있다고 말이야." 그녀가 샘을 보았다. "하지만 당신의 이름을 말하지는 않았어요."

샘이 고맙다는 듯 서머를 향해 고개를 끄덕였다.

"그렇게 말했더니 몇 사람은 계속 대화를 나누고 싶어했어요. 우리

나는 수백만 달러를 벌어들인다.
나는 수백만 달러를 저축한다.
나는 수백만 달러를 투자한다.
나는 수백만 달러를 준다.

가 하는 일을 알고 싶다고요. 그런데 시간이 별로 없어서 이렇게 말했어요. 명함을 주면 90일 뒤에 전화를 걸어서 결과를 알려주겠다고요." 서머가 극적인 효과를 위해 잠시 말을 멈췄다. "어떤 사람은 이런 말을 하기도 했어요. 이틀 동안 함께 시간을 보내면서 우리가 하는 일을 설명해주면 1,000달러를 주겠다고요." p.494

"그건 말이야, 서머." 코트니가 끼어들었다. "네가 너무 매력적이어서 그랬을 거야."

다들 소리 내어 웃었다.

"그런 게 아니야." 서머가 버럭 화를 냈다. "그 사람 옆에는 아내가 있었어. 두 사람 다 내게 개인 지도를 부탁했다고. 못 믿겠다는 거야? 누군가가 내게 1,000달러를 제안했다는 걸 말이야."

"미안해, 서머. 그런 뜻이 아니었어…."

"잠깐만요!" 제레미가 목소리를 높였다. 코트니의 사과가 중단되었다. 모두의 눈길이 그에게 쏠렸다. 제레미가 먼 곳을 보며 홀린 듯이 말했다.

"지금까지 일주일 넘게 100만 달러짜리 아이디어를 찾아 헤맸어요. 그런데 그게 바로 여기 있었다니, 세상에…."

"무슨 뜻이에요, 제레미?"

"말도 안 돼…." 제레미가 자신도 모르게 감탄을 내뱉었다. 그의 머릿속에 '아하!'가 점점 뚜렷해지는 모양이었다.

"제레미?" 마치 환각에 빠진 것 같은 그를 서머가 조심스럽게 불렀다.

1분 돌아보기: 우주적 네트워크

1. 영적인 차원을 받아들여라.

   부의 영적인 요소를 받아들이는 것은 깨달은 백만장자가 누릴 수 있는 가장 강력한 지렛대 효과다.

2. 우주와 신의 세계는 무한한 풍요의 원천이다.

   보이지 않는 세계가 더 큰 힘을 갖고 있다. 우주와 신이 부여하는 무한한 풍요의 원천에 다가갈 때 당신도 무한히 풍요로워진다.

3. 무한히 풍요로운 우주적 네트워크를 탐색하는 열쇠는 정직이다.

   다른 어떤 것도 그만한 효과를 발휘하지 못한다. 정직은 반드시 장기적이며 튼튼한 성공을 보장한다.

4. 기부는 매우 효과적이다.

   당신이 얼마나 벌어들이느냐는 상관없다. 수입의 10퍼센트를 지역사회, 종교단체, 당신이 선호하는 인도적인 목표에 기부하라. 우주적 네트워크가 당신을 도울 것이다.

5. 영적인 차원을 인정하면 스트레스를 덜 받게 된다.

   당신의 삶에서 스트레스가 사라질 뿐 아니라, 당신이 성공의 길을 걸을 때 깊은 감사가 마음속에 가득 차게 될 것이다.

"여러분, 죄송해요. 해볼 게 있어요. 먼저 가 볼게요." 그는 당황해하는 사람들을 뒤로한 채 얼른 식당을 나섰다.

77일…

미셸이 골든 하우스 휴게실에 뛰어들어갔다. 틸리 할머니가 리모컨을 든 채 커다란 TV 화면을 들여다보고 있었다. "여기 계셨네요." 반가운 마음에 미셸의 목소리가 커졌다.

"어이쿠, 지금은 안돼." 할머니가 얼굴을 찡그렸다. "드라마가 곧 시작될 거야. 내가 진짜 기다리던 거라고."

미셸은 휠체어에 앉아 있는 할머니 옆에 가만히 다가갔다. "틸리 할머니, 걱정했어요. 오전 내내 메시지를 남겼는데도 아무 연락이 없어서요. 방에도 계시지 않는다고 해서 이렇게 직접 찾아 왔어요."

할머니가 무심하게 말했다. "내가 어딜 갈 수 있겠어."

미셸은 맘속으로 생각했다. '언제든 세상을 떠날 수 있는 연세인걸요.' 그래도 입 밖으로 그 말을 꺼내지는 않았다. "그래도…."

"미안해. 그런데 좀 기다려 줘. 내가 유일하게 좋아하는 드라마거든."

미셸은 한숨을 내쉬며 뒤쪽에 놓인 소파로 향했다. 그러고는 미모의 두 여성이 기억을 잃은 남자를 두고 싸우는 장면을 인내심을 발휘하며 지켜보았다.

6. 불가능해도 좋다. 당신만의 꿈을 꾸어라.

우주적 네트워크는 우주의 힘과 당신을 사랑으로 연결한다. 당신의 드림팀이 의미 있는 목표를 향해 나아갈 때, 모든 팀원이 그 꿈을 실현하겠다는 열정을 지닐 때 우주적 네트워크가 작용하기 시작한다.

중간광고가 시작되자, 마침내 할머니가 미셸을 돌아보았다. "어제 온종일 아들네 집에 있었어. 거기 가면 말이야…. 아니야, 사업 이야기를 하자고. 어제 아침에 시제품이 도착하긴 했어. 그런데 도무지 마음에 들지 않더라고."

"어쩌면 좋아요…."

"맞아. 나도 무척 속상했어."

"그래도 그냥 쓰면 안 될까요?"

"그럴 수는 없어. 우리한텐 단 한 번의 기회뿐이야. 그러니 처음부터 완벽해야 해."

"하지만 방법이 없는걸요."

"아들네 집에 그래서 간 거야. 거기에 가기 전에 옷감 파는 가게에 들러보려고. 참, 예전에는 나도 시제품을 직접 만들곤 했어."

"할머니가 직접 바느질을 하셨다고요?"

"아니, 나는 그런 데 소질 없어. 골든 하우스에서 함께 지내는 다른 노인네한테 부탁했지. 지금 한창 시제품을 만들고 있을 거야. 엘리너의 솜씨는 여전해. 듣는 건 예전만 못하지만. 한두 시간 지나면 두 개가 완성될 거야. 내가 드라마를 본다고 해서 손 놓고 있었다고 생각하는 건 아니지?"

"그럼요."

"참, 어제저녁에 잭 모리스라는 노인과 식사를 했어. 몇몇 기업의 고문 변호사로 한참 동안 일했었지. 내가 '말하는 곰 인형' 이야기를 여기

기술과 도구

저기 해두었거든. 잭이 그러더라고. 자선사업 기금 조성에 딱 맞는 제품이라고. 복도 끝 방에서 지내는 그 사람 친구도 자선사업 전문가래. 그러면서 박애 자본주의라는 말을 꺼내더라고. 자본주의와 박애주의의 합작품이라고 말이야. 알아듣겠지? 당신은 최저 도매가로 자선 단체에 그 장난감을 제공하면 돼. 그리고 당신과 자선 단체가 이익을 반씩 나누는 거야. 모두가 승리하는 셈이지. 당신 친구 샘이 이 제안을 받아들일까?"

"그럼요. 꼭 찬성할 거예요. 너무 감동했어요. 정말 감사합니다."

"그리고 복도 너머에 사는 내 친구가 그랬어. 자기 아들이 수출입 전문가래, 홍콩에 아는 사람이 있는데 우리가 말만 하면 전자 제품을 싼 값에 주겠대."

"저는 뭘 하면 될까요?"

"아무 걱정 하지 말고 기도나 열심히 해. 내가 마술을 부려볼 테니. 근 10년 동안 이렇게 신나는 일은 처음이야. 며느리한테 재봉틀을 빌렸는데 그게 말썽이었어. 뭔 놈의 설명서가 그렇게 복잡한지, 다 읽는 데 한 시간이나 걸렸다니까."

"하스브로의 친구분은 아무 연락이 없나요?"

할머니는 고개를 저었다. "통신 수단이 다양해졌다지만 예전보다 연락하기가 더 힘들어졌어. 참 우스운 일이지. 그래도 지금까지 계속 연락을 주고받았으니 조만간 소식이 올 거야."

"뭐니 뭐니 해도 할머니가 제일 멋진 분이세요." 미셸이 틸리 할머니

백만장자의 기술과 도구

산업 혁명이 시작된 이래로 기업은 한 사람의 것이 되기에 너무 거대해졌다. 탁자 한 개는 한 사람의 힘으로 만들 수 있지만, 자동차 한 대를 만들기 위해서는 기업 전체가 필요하다.

우리는 정보가 지배하는 세상에서 살아간다. 다행히 생산 도구가 다시 우리 손에 들어왔다. 축하카드 한 장에 부착된 칩 속에 방 한 개 크기의 초창기 컴퓨터보다 더 많은 기능이 들어있다. 이제는 누구든 컴퓨터를 이용해 대단한 일을 해내곤 한다. IBM이 개인용 컴퓨터를 출시하며 내세운 광고문구가 의미심장하다. "이것으로 당신이 기업이 될 수는 없다. 하지만 기업을 위협하기엔 충분하다." 인터넷은 정보의 장벽을 없앤다. 당신은 24시간 문을 여는 상점을 개설할 수 있고, 온종일 사람들과 접촉할 수 있다. 칼럼니스트 다니엘 H. 핑크는 이것을 '디지털 민주 경제'로 부른다. 그가 자신의 저서『자유로운 시장 질서가 온다』에서 말했다. "저렴한 컴퓨터, 전 세계와 소통하는 통신망이 어디에나 있는 시대가 왔다. 이제 누구나 손쉽게 무엇이든 생산할 수 있다."

당신도 이러한 도구를 적극적으로 활용해야 한다. 이 도구들은 지렛대 효과를 극대화하는 깨달은 백만장자의 필수 장비. 도구를 소유하고 사용법을 익혀라. 정보 세상의 승자가 될 수 있는 도구를 당신이 원의 손을 잡았다. 그때 중간광고가 끝났다. 두 사람은 그렇게 대화를 마무리했다.

76일…

제레미가 오전 7시까지 모여달라는 부탁을 했다. '지구를 흔들어 놓을 소식'을 발표하겠다면서. 다들 제시간에 회의실에 도착했다. 리니는 학교에 출근하기 위해 7시 45분에 떠나야 했다. 그래도 회의에 참석했다.

회의실에 들어서면서 미셸이 슬쩍 미소를 지었다. 제레미와 서머는 한쪽 구석 설치된 컴퓨터 두 대 앞에서 작업하는 중이었다. 하지만 그들의 영역은 어느새 확장되어 있었다. 플립 차트가 회의실 중앙까지 놓여 있었고, 여기저기에 눈에 띄는 포스터와 아이디어를 휘갈긴 종이가 붙어 있었다.

제레미가 사람들 앞에 서서 말했다. "다들 오셨지요? 좋습니다. 이제 시작하지요." 제레미가 눈앞에서 왔다 갔다 했다. 동물원 우리 속 호랑이 같았다. 미셸은 그의 걸음걸이가 예전보다 훨씬 자신감에 차 있는 걸 느꼈다. 심지어 우아하게 보이기도 했다. 그는 깔끔하게 이발하고 옷도 제법 갖춰 입은 상태였다. '저기에 넥타이까지 매면 제법 근사하겠는걸.' 미셸은 생각했다.

미셸은 다른 사람과 함께 의자에 앉아 다음 말을 기다렸다. 샘은 테활하게 사용하면 당신의 팀, 당신의 멘토, 당신이 속한 집단이 커다란 힘을 발휘할 수 있다.

이제는 누구도 말을 타고 출근하지 않는다. 세상이 달라진 것이다. 기술의 발달을 인정하고 익숙하지 않은 도구를 쓰는 법을 익혀야 한다.

베티 폭스의 이야기를 해보자. 베티의 남편은 삼십 대 초반에 세상을 떠났다. 두 아들과 함께 살아가야 하는 베티에게 별다른 유산도 남기지 못했다. 베티는 여러 직업을 전전하며 힘겹게 살았다. 은행 출납원으로 근무하기도 하고, 아동복 회사에서 사무원으로 일하다가 그 회사가 부도나는 경험도 했다. 실업수당에 의존해서 살던 그녀는 소규모 대금 청구 대행 회사에 다시 취직했다. 그곳에서 예순일곱이 될 때까지 꾸준히 일했지만, 그 회사가 다른 곳으로 이전하면서 다시 실직자가 되었다.

집에서 머무는 베티를 위해 아들이 TV에 인터넷을 연결해 주었다. 익숙하지 않은 세상에 발을 디딘 그녀는 조심스럽게 웹서핑을 했고, 나중에는 '베티 할머니'라는 제목을 붙인 웹사이트를 만들었다. 웹 세상을 만나고 1년이 채 되지 않은 때였다. 생각지도 못하게 그 웹사이트의 인기가 높아지자, 한 회사에서 큰돈을 주고 이 사이트를 사들였다. 그녀가 평생 벌었던 돈보다 훨씬 큰 금액이었다.

베티 폭스는 예순일곱에 새로운 기술에 도전했다. 당신도 충분히 할 수 있다.

이불 가장자리에 걸터앉아있었다. 다들 제레미가 며칠 동안 몰두한 걸 알고 있었다. 미셸은 잔뜩 흥분해 있는 그가 뭔가 대단한 말을 해주기를 바랐다.

제레미가 서머를 흘끗 보더니 말을 시작했다. "지금부터 15분 정도 제 말을 집중해서 들어주세요. 그런 다음에 어떤 질문을 해주셔도 됩니다. 제가 미쳤다고 비난해도 좋고요. 물론 그런 일은 일어나지 않을 테지만요."

그가 말을 이어갔다. "지난번에 제가 했던 말을 기억하실 겁니다. 무료 정보를 재가공해 온라인에서 팔겠다는 이야기요. 약간의 설명을 덧붙이겠습니다. 설명이 필요 없는 분도 계시겠지만, 다 같이 이해하기 위한 일이니 양해해주세요. 서머와 저는 제일 먼저 목록을 작성했습니다. 수많은 기업이 돈과 시간을 써서 이런 일을 합니다. 직접 우편을 발송하기도 하고, 이메일이나 메시지를 활용하기도 하지요."

서머가 끼어들었다. "저는 수학에 젬병이지만, 우리한테 시간이 별로 없다는 건 알아요."

제레미가 설명을 이어갔다. "일주일 내내 이 일에 매달렸어요. 화장실에 가는 시간도 아까울 지경이었지요. 그래서 마침내…, 100만 명의 이메일 주소를 얻어냈습니다."

회의실에 모여 있던 사람들이 환호성을 질렀다.

"어떻게 그런 일을 해낸 건가요?" 리니가 물었다.

"제법 간단한 일이었어요." 그가 자신감을 내보였다. "좀 더 설명해

설득

설득의 기술을 터득하면 전 세계 수백만 명의 사람에게 긍정적인 영향을 줄 수 있다. 당신도 익힐 수 있다. 당신이 이 책을 읽고 있는 이유가 바로 그것이다.

위대한 스승이나 지도자는 생각을 효과적으로 전달하고 의도를 제대로 설명하기 위해 이야기를 도구로 삼곤 한다. 이야기는 마음에서 마음으로, 영혼에서 영혼으로 누군가의 생각을 전달한다. 강력한 단어로 머릿속에 그림을 그리게 하는 것이다.

이야기에서 중요한 것은 흐름이다. 다음 예를 만나보자. 두 명의 신도가 목사에게 똑같은 내용의 질문을 했다. 하지만 얻은 답변은 달랐다. 한 신도가 물었다. "기도하면서 음식을 먹어도 될까요?" 목사가 펄쩍 뛰었다. "절대 안 됩니다. 신을 모독하는 행위입니다."

다음날 다른 신도가 목사를 찾아갔다. "음식을 먹으면서 기도해도 될까요?" 그러자 목사가 흐뭇해하며 대답했다. "당연하지요. 사도 바울이 말했습니다. 쉼 없이 기도하라고."

두 신도는 같은 내용의 질문을 했다. 하지만 이야기의 흐름이 달랐다. 그래서 다른 결과를 얻은 것이다. 설득을 잘하는 사람이 되려면 이야기의 흐름을 잘 조절할 수 있어야 한다. 그래야 원하는 대답을 얻을 보지요. 고객 리스트를 확보하기 위해 여기저기 알아보면서 재판매할 정보도 찾아보았습니다. 정부 웹사이트를 검색하다가 이런 것들을 찾아냈어요."

그가 가리키는 차트에 몇 가지 제목이 줄지어 있었다.

- 새 자동차를 구매할 때 가격 협상하는 법
- 성장하는 사업을 위한 마케팅 전략
- 자동차 보험료를 낮출 수 있는 9가지 방법
- 주택 안심 보험료를 낮출 수 있는 12가지 방법
- 파워 달러 마트: 돈도 벌고 지구도 살리는 유용한 정보들
- 신용카드 다루기: 신용에 대한 착오에 이의를 제기하는 방법
- 돈을 아끼는 6가지 방법: 일상 경비를 줄이는 실용적인 해결책
- 투자 사기: 그들의 방식을 파악하고 피하는 법
- 금융 설계사를 고를 때 반드시 물어야 할 10가지

"이런 정보들을 누구나 무료로 이용할 수 있습니다. 완전히 공짜지요. 그 이유가 무엇일까요?" 그가 곧바로 말했다. "세금을 써서 수집한 정보거든요. 퍼블릭 도메인이라고 해서 누구나 마음대로 쓸 수 있는 정보입니다. 제레미 카발리에리와 백만장자 독수리 용사들 모두 포함해서요."

"이게 어떤 방식으로 쓰이나요?" 미셸이 심각하게 물었다. "복사해

수 있다.

설득에 도움이 되는 또 다른 방법은 되묻기다. "당신은 백만장자가 되는 것을 강력히 원합니다. 그렇지 않나요?" 이런 방식으로 들어야 할 대답을 미리 염두에 두는 것이다. 특히 말을 거는 사람이 고개를 천천히 위아래로 끄덕이면서 살며시 미소를 지으면 설득력이 한층 높아진다.

유머도 메시지에 강력한 힘을 부여한다. 더글러스와 링컨이 대통령 선거를 앞두고 토론회에서 맞붙었다. 더글러스가 링컨을 향해 말했다. "당신은 두 얼굴을 가진 사람이에요." 그러자 링컨이 껄껄 웃으며 말했다. "두 얼굴을 가졌다면 이렇게 못생긴 얼굴로 지내겠습니까?" 링컨은 자신을 낮추는 통찰력 있는 유머를 구사했다. 그리고 대통령이 되었다. 그 후 링컨은 노예 제도의 비도덕성을 밝히며 국민을 설득했다. 설득력 있는 의사 전달 방식과 깊이 있는 확신이 노예 해방 선언을 가져온 것이다.

마샬 터버가 밝힌 설득 비법은 세 가지다. 밝음, 어두움, 반복이다. 당신이 권하는 방식으로 행동하면 긍정적인 미래가 기다리고 있다고 밝은 단어로 묘사한다. 당신이 권하는 방식으로 행동하지 않으면 우울한 미래가 펼쳐질 거라고 어두운 단어로 말해준다. 그리고 그 사람이 당신의 말을 이해할 때까지 반복적으로 메시지를 전달한다. 마치 광고처럼 말이다.

당신도 누군가를 설득할 수 있다. 말의 힘을 믿고 설득력 있는 단어를 구사해 좋은 결과를 얻을 수 있다.

서 판매하는 게 효과가 있을까요?" 얼마 전에 그가 잠깐 설명했던 아이디어가 떠올랐다.

"원래는 그럴 생각이었습니다." 그는 애정이 담뿍 담긴 눈으로 눈앞의 제목을 훑었다. "부분적으로는 충분히 활용할 계획입니다. 하지만 이것들은 우리가 발견한 금융 정보의 맛보기일 뿐이지요."

제레미가 웃으면서 설명을 이어갔다. "일단 이 제목을 클릭하면 당장 정보를 얻을 수 있습니다. 어쨌든 우리의 주제는 돈입니다. 초콜릿처럼 사람들이 가장 많은 관심을 기울이는 분야지요."

샘이 슬쩍 흥미를 보이며 말했다. "그 말이 맞지요."

"시간이 가면서 우리는 돈에 대해 점점 더 많은 것을 배우고 있습니다. 이 일의 시작은 정보의 재포장이었지만, 전문 지식을 제공한다는 우리의 목표는 지켜질 겁니다. 최근에 우리는 괜찮은 내용의 소책자 하나를 만들었어요. '돈이 나를 좋아한다'라는 제목이지요. 내용을 구성할 때 품이 들 뿐이지 출판 비용은 걱정할 필요가 없습니다. 인터넷을 통해 판매할 계획이거든요."

"그런 일이 가능한가요?" 미셸은 신기해했다. 그녀의 남편 기디언은 컴퓨터를 다루는 데 능숙했다. 하지만 그녀는 그런 방면엔 별 소질이 없었다.

"프로그램만 설치하면 됩니다. 그런 걸 대신해줄 회사들이 있거든요."

"아웃소싱이라고 하죠." 서머가 덧붙였다.

누구든 원하는 것이 있다

　백만장자가 되는 길은 사람들에게 의욕을 불어넣는 길이다. 다시 말해 대중의 행동 아래 숨겨진 욕구를 식별해내는 방법을 배우는 것이라 할 수 있다. 대중 연설가 지그 지글러는 말했다. "다른 사람이 원하는 것을 가질 수 있도록 충분히 도우면, 당신도 원하는 것을 모두 가질 수 있다." 누구나 원하는 것이 있다. 그들이 원하는 것을 알아내 그것을 주기만 하면 된다.

　효과적으로 듣는 것은 무척 어려운 기술이다. 사람들이 진정으로 원하는 바를 알아내려면 몸의 귀와 마음의 귀를 모두 기울여야 한다. 직접 물어보아 답을 얻는 방법도 있다. 때때로 이런 직설적인 접근 방식이 효과를 발휘하기도 한다. 어떨 때는 좀 더 깊이 탐색해야 한다. 그 사람의 조수, 비서, 동료, 친구, 친척들과 이야기해 보는 것이다. 이렇게 질문을 해나가다 보면 그들이 필요로 하는 것을 생각보다 빠르게 알아낼 수 있다.

　때로는 전문가의 도움도 필요하다. 한 친구는 출판사와의 갈등을 해결하기 위해 컨설턴트를 고용했다. 그 친구는 자신이 쓴 글을 책으로 내고 싶어했다. 하지만 출판사 사장은 그 일을 반대했다. 어느 날, 그 친구와 산책하던 컨설턴트가 잠시 멈춰 서서 말했다. "눈을 감고 1분

"고객에게 돈을 받을 때 외부에서 만든 프로그램의 도움을 받을 거예요. 신용카드 결제 시스템이 필요하거든요. 고객이 돈을 내면 보기 좋게 만든 책을 이메일로 보내는 거지요. 웹진도 괜찮고요."

"웹진에 대해 간단히 설명을 해주었으면 좋겠어요." 샘이 말했다.

"웹진은 이메일을 통해 발송하는 잡지예요. 누군가가 우리에게 이메일 주소를 남기면 잘 정리된 정보를 정기적으로 보내 주는 것이지요."

"저도 그런 걸 받은 적 있어요. 제가 소속된 중소기업 협회에서 가끔 보내 주더라고요." 코트니가 끼어들었다.

"의도는 좋은데, 무슨 수로 사람들한테 이메일 주소를 받아내겠어요?" 미셸이 걱정하는 말투로 물었다.

"사실 그것 때문에 고민하고 있었습니다. 그때 마침 여왕 독수리님이…." 제레미가 샘을 향해 우아하게 고개를 숙였다. "우리에게 명함 돌리기 과제를 부여하셨지요. 여러분, 혹시 기억나세요? 어떤 사람이 서머에게 개인 교습을 해달라고 부탁했었잖아요. 1,000달러를 지급하겠다면서요."

서머의 눈이 반짝거렸다.

"서머에게 그 말을 들었을 때, 머릿속에서 퍼즐 조각이 딱 맞아떨어졌어요! 우리가 책 한 권을 팔아서 이윤을 낸다고 생각해보세요. 권당 10달러의 이윤을 남겨도 100만 달러를 벌려면 10만 권을 팔아야 합니다. 그래서 다른 아이디어를 떠올렸어요. '샘과 함께하는 시간'을 파는 거예요. 내세우는 제목은 '깨달은 백만장자 코칭'입니다. 이틀에 걸쳐

만 생각해 보세요. 당신이 그 출판사 사장이라고 상상해 보면서요. 한 가지 질문을 해볼게요. 당신이 책 출판을 반대하는 이유는 무엇인가요?" 그 친구가 대답했다. "나는 이 출판사에 2천만 달러를 쏟아부었습니다. 168명이나 되는 직원이 나를 바라보고 있지요." 이내 그 친구는 자신의 책이 그 출판사에 별다른 이득을 가져다주지 못할 것이란 사실을 이해했다. 상대의 입장이 되어보자 반대하는 이유를 금세 깨달은 것이다.

마크가 한 대기업 사장에게 전화를 걸었다. 사업에 관해 의논하기 위해서였다. 그런데 상대는 퉁명스러운 태도를 보였다. 거만하기까지 했다. 하지만 마크는 금세 전화를 끊지 않았다. 상대의 말을 들으면서 이면의 의도를 파악했다. 그 사람은 분명 원하는 게 있었다. 주의 깊게 들어보니, 세계화할 수 있는 혁신적인 비즈니스를 바라는 게 엿보였다. 마크가 말했다. "당신이 원하는 걸 돕는다면, 만남을 허락해 주시겠습니까?" 그는 흔쾌히 수락했다. 마크는 그를 기꺼이 도왔고, 뉴욕에 갔을 때 그를 직접 만날 수 있었다. 그는 마크에게 뉴욕을 주름잡는 대단한 인물들을 소개해주었다. 마치 기적 같은 일이었다.

마크가 마음을 열고 귀를 기울이지 않았다면 그런 만남이 이뤄질 수 있었을까?

누구든 원하는 것이 있다. 이 사실을 기억하라. 그것을 발견할 때 길이 보인다.

열리고, 참가비는 1,000달러에요. 샘이 지정하는 기관에 수익의 10퍼센트를 기부하고, 그 대가로 샘이 시간을 내주는 거지요."

"그러면 돈에 관한 책은 포기하는 건가요?" 리니가 시계를 들여다보며 물었다.

"아닙니다! 이렇게 진행할 거예요. 그동안 중소기업이나 금융 설계, 개인 자금 관리를 다루는 웹진 20여 곳과 접촉했어요. 그들이 보유한 고객을 모두 합하면 100만 명 정도로 파악됩니다. 앞으로 일주일 동안 여러 웹진을 통해 우리 웹사이트를 홍보할 겁니다. 웹사이트에 들어오는 모든 사람들에게 '돈이 나를 좋아한다'를 무료로 제공할 예정이에요. 대략 2만 5천 명에서 5만 명 정도의 사람들과 접촉할 수 있을 거라 예상합니다. 그보다 더 될 수도 있고요. 최종적으로 10만 개 이상의 이메일 주소를 알아내는 것을 목표로 하고 있어요. 그 사람들에게 거부하기 힘든 제안을 할 겁니다. 우리의 여왕님이신 사만다와의 세미나를 제안하는 것이지요. 1인당 참가비가 1,000달러니까, 10만 명 가운데 1퍼센트만 참가해도 목표 금액을 달성할 수 있어요!" p.514

"대단한데요." 리니가 휘파람을 불었다. "여러분, 미안합니다. 먼저 실례해야겠어요. 학교가 끝나는 대로 다시 올게요." 그녀가 가방을 챙겨 얼른 회의실을 나섰다.

학교를 떠올리니 미셸의 가슴이 아파왔다. 리니가 가르치는 교실 너머에 있을 것이다. 그녀의 목숨과도 같은 아이들이….

"이만하면 나도 입이 무겁지요?" 샘이 싱긋 웃었다. "제레미와 나는

깨달은 백만장자의 7가지 기술

어떤 사람은 다른 사람보다 열 배나 많은 돈을 번다. 그 이유는 무엇일까? 열 배 더 열심히 일해서? 열 배 더 똑똑해서? 그 이유 때문이 아니다. 그들이 7가지 돈 버는 기술에 능숙하기 때문이다. 누구나 그 기술을 익힐 수 있다. 부자들이 돈을 버는 7가지 기술은 다음과 같다.

▲ 돈 버는 기술 첫 번째. 돈을 소중히 여긴다.

부자들은 단돈 1달러도 소중하게 여긴다. 아무리 적은 돈도 종잣돈이 될 수 있기 때문이다. 도토리 한 알이 땅에 떨어져서 거대한 떡갈나무로 성장한다. 단돈 1달러도 거대한 돈 나무로 자랄 수 있다. 도토리 한 알을 깨면 그 안의 떡갈나무도 죽는다. 종잣돈도 그렇다. 부자들은 1달러가 단 하루 만에 100만 달러로 자랄 수도 있다는 걸 안다. 그래서 단돈 1달러를 쓰는 일에도 신중함을 보인다.

▲ 돈 버는 기술 두 번째. 돈을 관리한다.

부자들은 단돈 1센트까지 일일이 관리한다. 돈을 쓸 때마다 보통 사람들보다 몇 가지를 더 고려한다. (1) 부자들은 가장 가치 있는 것을 사기 위해 여기저기 살핀다. (2) 부자들은 할인을 요구하고 기대한다.

또 다른 세미나도 떠올렸어요. 5,000달러를 내면 1년 동안 멘토링을 해주는 프로그램이에요. 신청자가 있을지는 잘 모르겠지만."

"샘, 겸손이 지나치시네요." 제레미가 말했다. "일생을 바꾸는 경험이 될 텐데요. 사실 더 받아도 될 거라고 생각해요. 자, 여러분, 모두 이해하셨지요?" 제레미가 양손을 펼쳤다. "이것이 제가 제시하는 가장 간단한 해결책입니다. 바로 '오컴의 면도날'이지요."

75일…

세계 두 번째 규모인 완구 회사의 본사는 로드아일랜드 프로비던스 외곽에 자리하고 있었다. 직선이 강조된 고딕 스타일의 2층 벽돌 건물이었다.

미셸은 그 건물이 '오즈의 마법사'에 등장하는 에메랄드 시티 같다고 생각했다. 노란 벽돌길을 따라가다 보면 마침내 마주치게 되는 그 건물 말이다. 그녀와 틸리 할머니는 힘겨운 여정 끝에 마침내 이곳에 도착했다. 덴버가 규모가 큰 도시라고는 하지만 이곳까지 오는 직항편이 없어 시카고에서 비행기를 갈아타야 했다. 공항 직원의 도움과 휠체어 전용 시설이 있었음에도 미셸은 이번 기회에 깨달을 수 있었다. 휠체어를 타고 여행하는 것이 얼마나 힘든 일인지를. 다행스럽게도 틸리 할머니는 오는 내내 즐거워했다.

틸리 할머니의 휠체어가 건물 안으로 들어가는 동안 미셸은 신경 써

(3) 부자들은 반드시 영수증을 확인한다. (4) 부자들은 합법적으로 세금 공제 혜택을 받을 수 있는 경비로 모든 지출을 처리하기 위해 노력한다. (5) 부자들은 자신이 얼마를 쓰는지 일일이 알고 있다. (6) 부자들은 그날 쓴 영수증을 매일 모아 둔다. 이런 행동을 하는데 단 1분밖에 걸리지 않는다. 하지만 이런 습관으로 금전적인 안정을 거둘 수 있고 마음의 평화도 얻게 된다.

▲ 돈 버는 기술 세 번째. 돈을 저축한다.

부자들은 현명하게 지출하며, 남는 돈을 저축하는 것을 즐긴다. 그들은 벌어들인 돈 가운데 최소한 10퍼센트는 반드시 저축한다.

▲ 돈 버는 기술 네 번째. 현명하게 투자한다.

부자들은 투자 시스템을 지니고 있다. 당신의 계좌에 돈을 담는 양동이가 있다고 상상해 보자. 첫 번째 양동이는 비상시를 위해 필요한 돈을 담아두는 곳이다. 안전한 은행을 골라 계좌를 만들고, 최소한 3개월분의 생활비가 모일 때까지 수입의 10퍼센트를 그곳에 담아둔다. 첫 번째 양동이가 다 차면 세 개의 양동이를 더 만든다. 보수적인 투자, 적당히 공격적인 투자, 매우 공격적인 투자라는 양동이다. 이 셋 중 하나에 돈을 담는다. 전문성을 갖춘 투자 전문가의 조언을 받아 이 세 가지 유형의 펀드에 당신의 돈을 투자하도록 하라. 잊지 않도록 은행 계좌에서 돈을 자동이체하는 게 좋다.

서 자동문 열림 장치를 누르고 있었다. 안내 데스크 앞에서 두 사람은 방문자 이름표를 받았다. 할머니가 입고 있는 검은색 정장 상의에 이름표를 달면서, 미셸은 애정 어린 눈길로 할머니를 보았다. 할머니는 평소와 다르게 곱게 화장을 하고 있었다. 무척 신경 쓴 느낌이었다. 할머니의 무릎 위에는 곰 인형이 놓여 있었다. 엘리너 할머니의 도움으로 완성한 시제품이었다. 생각만큼 우아해 보이지는 않았지만, 극적인 효과는 줄 수 있다고 미셸은 애써 마음을 다독였다. 밝은 보라색의 윗몸은 지나치게 컸고, 꿰맨 자국은 고르지 않았다. 곰 인형의 눈이 되어준 새카만 단추는 너무 촌스러웠다. 하지만 미셸은 마음을 다잡았다. 할머니의 인맥이 없었다면 이 자리에 올 기회도 없었을 터였다. 시제품을 만들 때 기술적인 부분에서 제레미가 도움을 주었다. 코트니가 부드러운 목소리로 녹음하던 광경을 떠올리니 불안한 마음이 조금은 잦아들었다.

회의실은 로비에서 30미터쯤 떨어진 곳에 있었다. 할머니는 길을 훤히 알았고, 미셸은 그 뒤를 따라갔다. 할머니가 가리키는 문을 열었을 때 미셸은 깜짝 놀랐다. 회의실 크기가 상상보다 작았기 때문이었다. 공간 구성도 단순했다. 가구라고는 탁자와 의자뿐이었다.

회의실에서 먼저 기다리던 위원회 관계자 두 사람이 틸리 할머니와 미셸에게 인사를 건넸다. 질 랜슨은 자그마한 체구의 50대 여자로 게임 사업 본부를 맡고 있었다. 30대 후반의 젊은 남자인 폴 마셜은 국제 장난감 구매 담당자였다. 조금 뒤 회의실로 사람들이 모여들었다. 다

▲ 돈 버는 기술 다섯 번째. 꾸준히 돈을 번다.

부자들은 직업 외에도 다양한 수입 흐름을 갖고 있다. 당신도 이 책을 통해 당신의 수익을 다방면으로 증가시키는 방법을 익힐 수 있다.

▲ 돈 버는 기술 여섯 번째. 자신을 보호한다.

부자들은 다양한 방식으로 자신을 철저하게 보호한다. 주식회사, 유한 책임 회사, 법인 등이 종종 활용된다. 당신이 직접 백만장자가 될 필요는 없다. 당신 명의의 재산을 많이 갖고 있지 않아도 얼마든지 백만장자의 삶을 누릴 수 있다.

▲ 돈 버는 기술 일곱 번째. 기꺼이 나눈다.

부자들은 매우 관대하게 자신의 돈을 필요한 곳에 나눠준다. 최소한 수입의 10퍼센트를 기부에 할애한다. 부자가 되는 법은 어렵지 않다. 돈을 나누어주면 가장 빠르게 돈이 불어난다. 돈을 관대하게 나누어 주는 것은 우주가 기꺼이 움직일 수 있도록 연료를 공급하는 행위다. 당신보다 오래 남게 될 선행을 펼쳐라. 다른 이들이 열매를 수확하도록 돈의 나무를 심어라. 진짜 부란 그런 것이다.

들 반가워하며 할머니를 끌어안았다. 그 자리에 모인 사람들 모두 어떤 식으로든 틸리 할머니와 연관되어 있었다. 함께 일했던 사람도 있고, 할머니의 전설을 들으며 성장한 사람도 있었다. 그들의 따뜻한 태도를 보며 할머니의 명성을 새삼 확인할 수 있었다. 할머니가 예측하면 열 개 중 아홉 개는 성공했다는 이야기도 사실이었다.

중역 몇 명이 다른 회의를 마치고 오는 동안 20분 정도 여유가 있었다. 할머니는 사람들과 안부 인사를 주고받았다. 미셸은 곁에서 말없이 있었다. 아는 사람도 없었거니와, 다시 불안한 마음이 몰려왔기 때문이었다. '어떻게 저렇게 느긋할 수 있을까?' 편안한 표정의 할머니를 보며 미셸은 생각했다. 누구 못지않게 애를 써준 할머니를 지켜보며 미셸은 아이들을 떠올렸다.

신상품 개발 담당자가 도착하자 회사의 대표가 간단하게 할머니를 소개했다. 마침내 할머니가 이야기할 차례였다.

틸리 할머니는 곰 인형을 손자라도 되는 듯 품에 꼭 껴안고 있었다. "여러분, 이렇게 만나서 반갑습니다. 오랜만에 이 자리에 다시 서니 무척 기쁘군요."

미셸은 눈을 감았다.

"…지난 10년 동안 생각했습니다. 날 닮은 장난감이 한 개쯤은 더 있지 않을까 하고요. 오늘 그 장난감을 소개할 수 있게 되었어요. 바로 이것이지요."

미셸이 가만히 눈을 떴다. 앞쪽에 있는 할머니의 얼굴이 내면의 빛으

풍요를 가져오는 협상

깨달은 백만장자는 원칙을 갖고 협상에 임한다. 핵심은 결핍이 아니라 풍요에 있다. 깨달은 백만장자는 협상이 필요한 모든 거래에서 모두가 이익을 볼 수 있는 방향으로 상대와 협력한다. 이런 거래에서는 누구도 손해 보지 않는다.

모든 '협상'은 '풍요의 바다'에서 태어난 창조적인 행위다. 따라서 깨달은 백만장자는 오직 풍요만 얻는다. 다시 말해, 깨달은 백만장자는 언제나 윤리적이고, 정직하며, 모두가 이기는 협상을 해낸다. 깨달은 백만장자는 봉사 정신으로 협상에 임한다. 모두의 삶을 지금보다 풍요롭게 만들기 위해 협상하는 것이다. 그들의 목표는 다른 사람들을 부유하게 하면서 자신도 부유해지는 것이다. 다른 사람을 희생하면서까지 이익을 좇는 것이 그들의 목표가 아니다. 그들은 가능한 것을 확대하는 데 목표를 둔다. 성공은 협상 후에 각자의 몫이 이전보다 얼마나 커졌느냐로 가늠할 수 있다.

협상은 관련된 모든 이들에게 축복으로 기억된다.

로 반짝이고 있었다. 휠체어도 반짝임을 가리지 못했다. 미셸은 그런 할머니의 모습을 감격스럽게 바라보았다.

"저는 늘 생각했어요. 아이와 부모가 함께 행복해지는 장난감이 있었으면 하고요. 세상에 수많은 봉제 인형이 존재하는 걸 저도 알고 있습니다. 온갖 기계 장치가 장난감에 적용되었지요. 제 손녀는 동영상을 보며 체스를 배우더군요. 그렇다고 해서 이 곰 인형의 특별함이 줄어들지는 않습니다."

할머니는 뺨으로 살며시 곰 인형을 눌렀다. 그러자 부드러운 목소리가 흘러나왔다. "우리 착한 아기, 엄마도 얼른 보고 싶단다. 잠시 자고 있으렴. 곧 가도록 할게."

다들 그 메시지를 조용히 들었다. 아이에 대한 사랑이 회의실 전체에 스며들었다. 여운이 잦아들길 기다렸다가, 할머니가 이 장난감이 가져올 경제적 이익을 설명했다. 베개 역할을 할 수 있는 독특한 디자인과 친근한 겉모습, 그리고 목소리 녹음 기능까지. 간단한 메시지뿐 아니라 노래를 불러 주거나 기도를 들려줄 수도 있다고 위원들 앞에서 자세히 말했다.

덧붙여서, 수백만 개가 판매되었다는 액자 이야기도 했다. 조부모들에게 인기를 얻었던 그 제품은 할아버지와 할머니의 사진과 함께 메시지를 녹음할 수 있었다. 이 장난감은 거기에 더해 아이들에게 포근함까지 선사할 수 있었다.

"여러분도 일하다 보면 출장을 가야 할 때가 있을 거예요. 아직 어린

행동 관리

깨달은 백만장자는 시간을 소중하게 여긴다. 정해진 시간 동안 더 많은 일을 해낼 수 있는 10가지 비결을 소개한다.

▲ 비결 1. 중요한 일 몇 가지에 집중한다.

당신이 하는 일의 85퍼센트는 결과의 15퍼센트에만 영향을 끼친다. 그 반대의 경우도 있다. 따라서 일을 할 때는 중요한 것 몇 가지에만 집중하는 것이 좋다. 그래야 목표에 더 빨리, 더 손쉽게 도달할 수 있다.

▲ 비결 2. 미루는 법을 배운다.

성공하기 위해서는 미뤄둘 필요가 있다. 미뤄둘 때는 반드시 제대로 해야 한다. 일의 85퍼센트는 미뤄두고 중요한 15퍼센트에 매달리도록 하라. 실패하는 사람들은 정반대로 한다. 그들은 중요한 15퍼센트를 미뤄두고 그렇지 않은 85퍼센트에 매달린다.

▲ 비결 3. '해야 할 일' 목록을 없앤다.

15/85 목록을 만들어라. 우선순위가 높은 항목을 위쪽 15퍼센트 칸

자녀에게 여러분은 해와 달처럼 커다란 존재지요. 매일 아침 출근할 때도 아이를 떼놓기가 쉽지 않을 거예요. 떨어지기 힘들어하는 아이들에게 이 장난감을 안겨주세요. 다정한 당신의 목소리를 손쉽게 들을 수 있으니까요."

나이든 남자 하나가 빙그레 웃으며 말했다. "끌리긴 하네요. 그런데 우리 아이들이 벌써 성인이라…."

"당신에게도 곧 손주가 생길 거예요." 틸리 할머니가 말했다.

미셸은 조심스럽게 위원들의 표정을 살폈다. 제법 호의적인 얼굴이었다. 하지만 할머니는 이게 첫 단계에 불과하다고 미셸에게 미리 경고했다. 그들의 숙고는 아무리 한다 해도 지나침이 없었다. 지금 문제점이 발견되지 않는다 해도 도매상, 소매상, 고객 등 어떤 단계에서 지적할 점이 드러날지 모르기 때문이었다.

신상품 개발팀 담당자가 손을 들었다. "혹시나 녹음해둔 부모의 목소리를 아이들이 간섭으로 느끼진 않을까요? 저 혼자만의 생각일지 모르지만요."

미셸은 할머니의 답변이 통하길 기도했다.

"바쁜 부모라면 잔소리를 녹음해둘 마음이 들 수도 있겠지요. 우리가 녹음 가능 시간을 1분으로 두었어요. 잔소리하기에는 부족하지만, 사랑을 전하기에는 충분한 시간이지요. 부모들은 다들 바빠요. 특히 일하는 부모들은 눈코 뜰 새 없습니다. 바쁜 와중에 할애하는 그 1분이 내 아이에게 포근함을 안겨줄 수 있어요."

에 적고, 우선순위가 낮은 항목을 아래쪽 85퍼센트 칸에 적어라. 그런 다음 15퍼센트 칸에 적힌 일만 해라.

▲ 비결 4. 일을 마치면 자신에게 상을 준다.

마이클 르뵈프 박사의 책 『세상에서 가장 위대한 관리 원칙』에 그런 내용이 나온다. "보상받는 일은 잘 된다." 당신이 긍정적인 일을 해내면 자신에게 상을 주도록 하라. 그러면 더 많은 일을 덜 힘들게 해낼 수 있다.

▲ 비결 5. 두려운 일을 먼저 한다.

목록에 있는 일 가운데 무엇을 하기가 가장 두려운가? 그것을 가장 먼저 해야 한다. 일과가 시작될 때 자신에게 물어라. "오늘 할 일 중에 가장 두려운 일은?" 그리고 그 일로 하루를 시작하라. 두려운 일을 해내도록 자신을 훈련하면 더 어려운 일을 해내야 할 때도 망설임이 줄어든다.

▲ 비결 6. 매일 계획을 세운다.

하루에 몇 분씩 계획을 위한 시간을 투자하라. 계획은 리허설과 같다. 아무리 유명한 배우라도 무대에 오르기 전에 수십 번의 리허설을 거친다. 리허설을 하지 않고 인생의 무대에 서는 일이 없어야 한다.

"녹음에 익숙한 사람도 있지만, 그렇지 못한 사람도 있을 텐데요." 곱슬머리에 노란 넥타이를 맨 신사가 말했다.

할머니가 즉시 해결책을 내놓았다. "그 점도 미리 고려해두었습니다. 부모들이 즉시 활용할 수 있는 소책자를 함께 제공할 계획이에요. 1분 길이의 대본집이지요." 그 소책자는 축복의 말을 포함해, 1분 길이의 잠자리 동화, 동요 가사 등이 포함될 예정이었다. 거기서 더 나아가 어둠, 재난, 죽음 등 아이들이 두려움을 갖는 대상과 용변 가리기, 수줍음 등 심리적인 문제에 관한 것들도 담아낼 것이다. 이를 위해 유명 심리학자의 자문도 받을 것이라고 할머니는 덧붙였다.

미셸은 혼자서 살며시 웃었다. 사실 할머니가 꺼낸 심리학자 이야기는 아직 아이디어 단계였다. 하지만 할머니는 한 걸음 더 나아갔다. "소책자는 시작에 불과해요. 웹사이트를 통해 추가로 대본을 제공할 계획입니다. 부모들이 무료로 내려받을 수 있도록 할 거예요." 그러고는 미셸을 향해 살며시 윙크했다.

날카로운 인상의 여자가 녹음 모드의 문제점을 지적했다. "누군가가 그 곰 인형에 엉뚱한 메시지를 녹음해 놓으면 어떡하죠? 부모의 목소리를 정성껏 녹음해두었는데, 누군가가 장난을 치면요? 요즘 청소년들이 워낙 짓궂어서 말이에요."

그러자 제품 개발부 소속 직원이 나섰다. "변경 불능 모드를 넣으면 해결되지 않을까요? 그러면 염려할 필요가 없을 겁니다."

그 후로도 회의는 한동안 이어졌다. 미셸과 틸리 할머니는 수많은 질

▲ 비결 7. 규칙적으로 몸을 움직인다.

운동은 당신이 더 쉽게, 더 오래 일하도록 돕는다. 운동을 하면 건강이 좋아지고 수명이 늘어난다. 운동은 신체뿐 아니라 정신도 건강하게 만든다.

▲ 비결 8. 시간을 아껴서 사용한다.

뭔가를 할 때는 그 일에만 집중하라. 이것저것 함께 해내려고 하면 한 가지도 제대로 해낼 수 없다. 할 일을 제대로 해내고 나면 충분히 휴식을 취하라. 몸도, 뇌도 재충전할 시간이 필요하다.

▲ 비결 9. 그날의 목표를 적는다.

대중 연설가 브라이언 트레이시는 자신에게 가장 중요한 목표 다섯 가지를 매일 적었다. 이 일을 습관으로 만들면 시간을 효율적으로 사용할 수 있다.

▲ 비결 10. "안된다."라고 말한다.

'안된다'는 말을 하지 못한 채 다른 사람의 골칫거리를 떠안을 필요는 없다. 때로는 안된다는 말을 할 수 있어야 한다.

문에 시달려야 했다. 기술적인 문제점이 어느 정도 해결되니, 이번엔 디자인과 마케팅 문제가 제기되었다. 미셸은 자신이 지금 대단한 전문가들과 함께하고 있다는 사실을 실감했다.

회의의 주제는 어느새 출시 시기로 옮겨갔다. "무슨 일이 있어도 90일 안에 생산이 이루어져야 해요." 할머니의 말에 다들 말도 안 된다는 표정을 지어 보였다. "아무리 서둘러도 최소 1년은 걸립니다." 노란 넥타이를 맨 남자가 그렇게 말했지만, 할머니는 개의치 않는 표정이었다. 최고위층의 의지가 있다면 당장 생산할 수도 있다는 확신이 있어서였다. 불가능하다는 사람들의 의견이 빗발쳤지만, 할머니는 어쩐지 자신만만해 보였다.

회의가 마무리될 무렵에는 곰 인형의 이름을 놓고 토론이 이어졌다. 수백 개의 이름이 거론되는 동안 미셸은 그저 듣고만 있었다. 전문가들이 어련히 알아서 잘 할까 믿는 마음이 있었기 때문이다. 그러다가 미셸이 자신도 모르게 말했다. "혹시 '언제나 곰'은 어떨까요?"

사람들의 반응이 나쁘지 않자, 미셸은 용기를 내보았다. "아이들 아빠는 늘 출장으로 바빴어요. 집을 떠나있는 날이 많았지요. 그 사람은 늘 아이들에게 입을 맞추며 말했어요. '걱정하지 마. 잠시 보이지 않더라도 아빠는 언제나 너희와 함께할 거야.'"

어느새 가슴이 먹먹해졌다. 미셸은 힘겹게 말을 이어갔다. "이 장난감이 아이들에게 알려줄 거예요. 언제나 엄마 아빠가 함께한다는 걸."

니키와 한나도 곧 자신과 함께할 거라고 미셸은 생각했다.

1분 돌아보기: 도구

1. **이제는 개인도 힘을 지닐 수 있다.**

    컴퓨터와 인터넷은 더 이상 특권층의 전유물이 아니다. 이제는 누구나 저렴하고 성능 좋은 장비로 인터넷에 접속해 전 세계의 정보를 얻어낼 수 있다. 개인이 생산 수단을 소유하는 시대가 온 것이다.

2. **첨단 도구를 소유하고 사용하자.**

    깨달은 백만장자가 되기 위해 쓸모있는 정보를 모으는 건 필수적이다. 인터넷을 통한 정보검색에 익숙해지자. 성공하기 위해서는 반드시 이런 도구에 익숙해져야 한다. 이를 통해 지렛대 효과를 극대화할 수 있다.

3. **설득의 기술을 터득하라.**

    설득의 기술을 익히면 전 세계 수백만의 사람들에게 긍정적인 영향을 줄 수 있다. 이야기의 흐름을 살피고 적당한 어휘를 고르자. 사람들은 자신을 설득하여 올바른 방향으로 이끌어 줄 누군가를 원한다. 당신이 그 역할을 해낼 수 있다.

4. **부자들은 7가지 돈 버는 기술에 능숙하다.**

    ▲ 기술 1. 돈을 소중하게 여긴다. 단돈 1달러라도 종잣돈이 될 수 있다.

73일…

미셸은 지방 법원에 찾아갔다. 은행 융자 상환금 연체자를 조사하기 위해서였다. 지난 한 달간 연체자가 수십 명에 달했다. 그 사실을 알게 된 뒤 자신이 겪은 일이 떠올랐다. 미셸도 연체금을 상환할 길이 없어서 결국 집을 내놓아야 했다.

연체자들의 부동산은 몹시 다양했다. 값비싼 저택, 저렴한 주택, 콘도미니엄, 연립주택 등 종류가 많았다. 30분 넘게 그런 집의 소유주를 메모하던 미셸은 직감을 이용하기로 마음먹었다. 이 많은 정보를 논리적인 방식으로 정리하려면 너무 많은 시간이 걸렸다. 미셸은 우주적 네트워크의 도움을 받기로 했다. 비판적인 생각은 거둔 채 서류를 한 장씩 넘겼다. 그저 마음에 들지 않는다는 이유로 많은 부동산을 지나쳤다.

그리고 마침내 200건의 채무 불이행 부동산 가운데 세 건의 정보를 골라냈다. 그중 한 건이 유독 눈에 밟혔다.

그 집의 융자금 잔액은 3만 5천 달러였다. 상환금이 석 달 연체된 탓에 2주 뒤면 강제로 집을 내놓아야 할 상황이었다. 미셸은 그 집의 주소를 메모했다. 법원에서 그리 멀지 않았다. 그 집의 상태가 어떤지, 자산 가치는 어느 정도인지 파악하기 위해 직접 찾아가 보기로 했다.

그 집을 왜 선택했냐고 나중에 리니가 물었을 때 그녀는 대답하기 곤란했다. 설명할 수 있는 건 숫자보다 집 뒤에 숨은 사연이 보였다는 것

▲ 기술 2. 돈을 관리한다. 단돈 1센트까지 자신이 직접 통제한다.

▲ 기술 3. 돈을 저축한다. 벌어들인 돈의 10퍼센트 이상을 저축한다.

▲ 기술 4. 현명하게 투자한다. 자신의 돈을 투자하는 시스템을 키워나간다.

▲ 기술 5. 꾸준히 돈을 번다. 직업 이외에도 다각적인 수입 흐름을 만든다.

▲ 기술 6. 자신을 보호한다. 법인을 이용해 자신과 재산을 보호한다.

▲ 기술 7. 기꺼이 나눈다. 수입의 10퍼센트 이상을 의미 있는 곳에 기부한다.

5. 깨달은 백만장자는 원칙을 갖고 협상에 임한다.

핵심은 결핍이 아니라 풍요다. 깨달은 백만장자는 협상을 통해 거래에 참여하는 모든 사람이 이익을 볼 수 있도록 상대와 협력한다. 이런 거래에서는 누구도 손해 보지 않는다.

6. 깨달은 백만장자는 시간을 소중하게 여긴다.

그들은 중요하게 여기는 몇 가지 일에 집중한다. 당신이 하는 일의 15퍼센트가 결과의 85퍼센트를 좌우한다. 중요한 일 몇 가지에 집중하자. 목표에 더 빨리, 더 손쉽게 도달할 수 있다.

뿐이었다. 집주인의 모습을 알 수는 없지만, 도와달라는 누군가의 목소리가 들리는 것 같았다.

리버데일 남쪽에 자리 잡은 그 집은 그 집은 조경이 깔끔한 연립주택이었다. 소유주는 제인 자스코, 혼자 사는 할머니였다. 겉으로 보기에는 건물의 상태가 괜찮았다. 창 몇 군데에 '팝니다'라는 글씨가 붙어 있었다.

미셸은 적어온 사항을 다시 보았다. 1차 담보 3만 5천 달러 외에 다른 빚은 없었다. 따라서 2주일이 지나면 이 건물의 소유주가 재산의 상당 부분을 손해 볼 상황이었다.

떨리는 마음을 가라앉히며 미셸은 정문으로 다가갔다. 기디언이 세상을 떠나고 살던 집을 내놓아야 할 상황이 되었을 때 얼마나 힘들었는지 떠올랐다. 서머의 어머니가 집을 팔던 때의 이야기도 기억났다.

그녀는 초인종을 누른 뒤 옷을 단정하게 매만졌다. 기다렸지만 아무 대답이 없었다. 다시 초인종을 누르고 한참 기다린 뒤 드디어 문이 열렸다. 안쪽에서 등이 살짝 굽고 왜소한 백발의 할머니가 나왔다. 영문을 몰라 하면서도 약간 심술궂은 표정이었다. 틸리 할머니보다 몇 살 아래였지만, 입고 있는 낡은 실내복과 집 안에서 풍겨 나오는 퀴퀴한 냄새로 볼 때 상황이 좋지 않은 것 같았다. 할머니의 정신 상태도 조금 흐릿해 보였다.

미셸은 평소보다 큰소리로 천천히 말했다. "안녕하세요. 저는 미셸 에릭슨이에요." 재빨리 운전 면허증을 보여 주었지만, 할머니는 보지

시스템

않았다. "자스코 할머니 되시지요? 귀찮게 해 드려 죄송합니다. 지방 법원에서 서류를 살피다가 할머니의 집이 처분 예상 건물로 분류된 것을 보았어요."

자스코 할머니의 목소리는 걸걸했다. "그런 말을 하며 찾아온 사람이 한 둘이 아니에요. 당신이 벌써 열 번째에요. 그때마다 나는 말했어요. 잘못 알고 온 거라고. 나는 모아 둔 돈을 전부 털어서 이 작은 집을 샀어요. 남편의 연금이 들어올 때 가장 먼저 하는 일이 이 집의 상환금을 내는 일입니다." 할머니는 마디 굵은 손으로 옷을 여몄다. "그런 일은 없을 거예요."

첫 번째 거절. 미셸은 속으로 생각했다. "미리 연락드리지 않고 불쑥 찾아와서 죄송합니다. 하지만 저는 할머니가 혹시 집을 잃으실까 봐 정말 걱정이 돼요. 상환금을 내신 게 맞나요? 영수증은 갖고 계시고요?"

"이만 가봐요." 할머니가 불쾌해하며 문손잡이를 잡았다.

두 번째 거절. 하지만 이런 일을 지나칠 수는 없었다. 미셸이 한쪽 발을 문에 살짝 밀어 넣은 채 파일을 펼쳤다. "할머니, 죄송해요. 이 서류 좀 봐주세요. 주소가 맞는지 확인해보세요. 제가 오늘 지방 법원에서 떼 온 거예요."

"돋보기가 없어요." 문이 닫히지 않자 할머니는 당황스러워했.

"제발 가지고 오세요. 이 서류를 꼭 보셔야 해요. 안 그러면 곤란을 겪으실지도 몰라요."

성공적인 시스템

상상해 보자. 당신은 몹시 지쳐있다. 하지만 몇 시간 뒤 중요한 식사 약속이 있다. 당신은 잠시 쉬기로 한다. 곁에 있는 사람에게 한 시간 뒤에 깨워달라고 부탁한다. 그 친구는 그러겠다고 대답한다.

2시간 뒤, 그 사람이 당신을 깨운다. 놀란 당신이 말한다. "1시간 전에 깨웠어야지!" 그 사람은 당황해한다. 당신이 2시간 후에 깨워달라고 부탁한 줄 알았다고 말한다. 정신없이 외출 준비를 하며, 당신은 후회한다. 차라리 알람을 맞춰 놓을 걸 그랬다면서. 그러면 이렇게 허둥거리지 않았을 것이다.

당신이 옳다. 이 일을 분석해보면 시스템의 문제라는 걸 알 수 있다. 그 사람이 당신을 잘못 깨운 건 잘못된 의사소통이 원인이다. 정확히 알아듣지 못했거나, 당신이 잘못 전달한 것이다.

그 사람을 탓하는 것도, 자책하는 것도 바람직하지 못하다. 개인적인 책임을 지겠다는 마음으로 상황을 바라보는 것이 훨씬 발전적이다. 그렇다면 당신은 무엇을 올바르게 해야 할까? 바로 시스템이다.

에드워즈 데밍 박사는 통계학을 전공한 학자로, 일본에서 품질 관리 운동을 확립시켰다. 수십 년 전만 해도 일본산 제품은 매우 조악했다. 하지만 지금 일본은 기술 강국으로 자리 잡았다.

이 가운데 어떤 말이 자스코 할머니를 움직였는지 알 수 없었다. 어쩌면 돋보기를 가지고 오는 게 미셸을 쫓아낼 최고의 방법이라고 느꼈는지도 모른다. 잠시 집에 들어갔던 할머니는 돋보기를 코에 걸치고 왔다. 기다리는 동안 미셸은 할머니가 다시 거절할까 봐 걱정스러웠다. 조금 떨리는 손으로 서류를 받아든 할머니는 가만히 그것을 들여다보았다. 서류를 읽으면서 할머니의 입술이 움직였다. 무슨 말인지 이해하지 못할 게 뻔했다. 법을 다루는 문서는 단어부터가 낯설었다. 미셸은 얼른 형광펜을 꺼내 채무 불이행, 통지, 체납, 재산 몰수와 같은 중요한 단어를 색칠했다.

불길한 단어를 알아챈 할머니가 여전히 걸걸하지만 애처로움이 깃든 목소리로 물었다. "이게 정말 정부 서류가 맞아요? 가짜 서류로 노인들을 등쳐먹는 사람들이 있다고 해서요."

미셸이 간절하게 말했다. "할머니, 이건 진짜예요. 이 집에 관한 서류요. 저는 진심으로 할머니를 돕고 싶어요."

자스코 할머니는 굽은 손가락을 이마에 댔다. "어떻게 이런 일이 벌어진 거지?"

미셸은 그 이유를 알 것 같았다. 이제는 의심이 좀 덜해진 것 같아서 그녀가 다시 물었다. "기록을 좀 봐도 될까요?"

이번에는 안으로 들어갈 수 있었다. 집안 여기저기에 생활의 흔적이 가득했다. 부엌 한쪽 벽은 기름때가 덕지덕지 묻어 있었고, 바닥은 일찌감치 벗겨진 상태였다. 거실 바닥에 깔린 카펫은 얼룩덜룩했고,

데밍 박사는 무엇으로 그렇게 큰 변화를 일으켰을까. 데밍 박사는 통계적 분석을 바탕으로 중요한 사실을 알아냈다. 실패의 94퍼센트는 사람들 때문에 일어나는 게 아니었다. 시스템이 문제였다. 제아무리 의욕적인 사람들이 모여있어도 잘못된 시스템 아래에서는 실패를 거듭할 수밖에 없었다.

지금까지 사업을 하며 돈을 벌지 못했다면 자신을 비난할 게 아니라 근본적인 원인을 찾아야 한다. 금전적인 자유의 창조 여부는 당신이 사용하는 시스템에 달려 있다는 걸 기억하자.

깨달은 백만장자는 돈 버는 일을 시작하기 전에 성공적인 시스템부터 갖춘다. 올바른 시스템은 엄청난 지렛대 효과를 가져온다.

이것이 시스템의 본질이다.

전문화된 부의 시스템

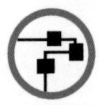

당신에게 부를 가져다주는 시스템은 매우 다양하다. 그리고 모든 시스템은 한 가지 역할을 위해 존재한다. '당신의 시간, 에너지, 돈을 아끼기 위해서'다.

시스템을 보유한 사람은 시간, 에너지, 돈을 아낄 수 있다. 시스템이 낡은 커튼엔 먼지가 한가득 쌓여 있었다. 자스코 할머니는 작은 테이블 앞으로 미셸을 데리고 갔다. 뜯지도 않은 우편물이 산더미처럼 쌓여 있었다. 찍혀있는 날짜를 확인해보니 벌써 몇 달이 지나 있었다. 할머니의 허락을 얻어 의심 가는 우편물을 뜯어 보았다. 잠시 뒤, 미셸은 한숨을 쉬며 최선을 다해 상황을 설명했다. 할머니의 융자 상환금은 밀린지 한참 되었다. 상황이 심각했다. 유일한 해결책은 융자금 잔액 3만 5천 달러를 한꺼번에 갚는 것이었다. 우편물을 좀 더 살펴본 결과, 약간의 수입이 있기는 하지만 3만 5천 달러를 마련할 방법은 없어 보였다.

그녀는 조심스레 말을 골랐다. 문제의 원인은 자스코 할머니의 착오에 있었다. 솔직하게 말하긴 했지만, 할머니가 치매 초기 단계일 가능성은 꺼내지 않았다. 어쨌든 미셸은 생각지도 못한 상황에 부딪혔다.

그녀는 정직하고 간절하게 말했다. "할머니, 어떻게든 도와드리고 싶어요."

자스코 할머니는 이마를 문질렀다. "어떻게 해야 할지 도무지 모르겠어. 정말 나를 도울 수 있어? 찾아온 사람 중에 날 돕겠다고 나선 사람은 아무도 없었어. 어떤 사람은 너무 덩치가 크고 험상궂었어."

미셸은 할머니의 팔을 감싸며 힘껏 말했다. "꼭 도울게요. 약속드려요."

어떻게든 차 한잔을 대접하겠다고 자스코 할머니가 고집을 부렸다. "당신은 좋은 사람이야." 할머니가 찻잔을 내밀었다. "처음 본 순간부

없다면 성공은 불가능하다.

소규모 세미나가 열렸다. 강사가 탁자 위에 보석 감정 전문가용 확대경과 반짝이는 보석 50개를 올려놓고 말했다. "이 안에 다이아몬드 한 개가 있습니다. 나머지는 정교하게 가공된 큐빅입니다. 다이아몬드를 찾아내시는 분께 그것을 드리도록 하겠습니다. 자, 누가 해보시겠습니까?"

다들 손을 들었다. 그러자 강사가 말했다. "제한 시간은 1분입니다."

한 사람씩 나서서 다급하게 다이아몬드를 찾기 시작했다. 하지만 그 짧은 시간에 진짜 보석을 판별하기란 쉽지 않았다. 다들 포기했을 무렵 강사가 나섰다. 그는 보석 50개를 뾰족한 부분이 위로 오도록 하여 한 줄로 세웠다. 그런 다음 위쪽에서 들여다보며 진짜 다이아몬드를 골라냈다. 그 모든 과정에 딱 1분이 걸렸다.

궁금해하는 사람들에게 그가 설명을 해주었다. "큐빅은 만들어진 보석이라 모두 똑같은 형태로 빛을 굴절시킵니다. 자연이 만든 다이아몬드만 조금 다른 방식으로 빛을 굴절시키지요. 그래서 나란히 놓기만 하면 굳이 확대경을 쓰지 않고도 맨눈으로 구별할 수 있습니다."

시스템을 알게 된 사람들이 너나없이 한 번 더 해보고 싶다고 나섰다.

강사가 말했다. "안타깝지만 기회는 지나갔습니다. 여러분은 시스템을 몰랐고, 저는 알고 있었습니다. 그래서 다이아몬드를 구별해낼 수 있었던 것입니다."

부자들은 오랜 세월 동안 시행착오를 거쳐 개발한 '돈 버는 시스템'을 갖고 있다. 지금부터 효과가 입증된 100만 달러짜리 시스템을 소개터 알 수 있었어."

미셸은 찻잔을 들여다보았다. 갈색 액체에 무언가가 떠 있었다. 분명히 찻잎은 아니었다. "어떻게 해야 하지?" 할머니의 목소리가 가라앉았다. "그런 돈은 나한테 없는걸. 가족도 없는데, 어디로 가야 하지?" 할머니의 말소리가 어느새 흐느낌으로 바뀌었다.

미셸은 테이블 옆에 놓인 접이식 의자에 앉아서 자스코 할머니의 손을 잡았다. "이제는 믿으시겠어요? 제가 도울 수 있어요." 할머니의 눈을 들여다보면서 미셸은 기다렸다.

"정말 날 도울 수 있어? 정말로?" 할머니는 간절했다. "내 곁엔 아무도 없는걸."

미셸은 긴 숨을 내뱉었다. 첫 번째 장애물은 넘은 것 같았다. 두 사람 다 승리할 수 있는 방책을 갖고 있긴 했지만, 자스코 할머니가 동의해야 가능한 일이었다. 미셸은 정체 모를 액체가 담긴 찻잔을 든 채 최선을 다했다. 자신이 3만 5천 달러를 내겠다고. 그리고 자스코 할머니가 골든 하우스로 옮길 수 있도록 돕겠다고 말이다. 그곳에 가면 청구서도, 요리도, 청소도 신경 쓸 필요가 없었다. 지금 할머니에겐 그런 일이 벅찼다. 한쪽에 가득 쌓인 요금 청구서를 보니, 가스나 전기가 끊어질 날도 머지않은 상황이었다. 하긴, 집을 잃고 나면 그런 건 문제라고 할 수도 없었다. "가까운 친구가 골든 하우스에서 일해요. 그 친구가 할머니를 잘 보살펴드릴 거예요. 그곳에서는 일주일에 두 번씩 소풍도 가요. 도서관도 있고, 친구분들도 많아요. 자원봉사자들이 자주

할 것이다.

그 가운데 한 가지는 당신에게 효과가 있을 것이다. 자세한 소개에 앞서 간단한 탐색을 해보자.

100만 달러 중간탐색

당신은 이미 백만장자일 수 있다. 당신이 돈 버는 시스템을 갖추고 있는지 알아보도록 하자.

당신은 회사에서 급여를 받고 있는가? 아래 항목들 가운데 경험한 것이 있다면 골라보자.

평생 순수입이 100만 달러를 넘는다.
전 재산의 총 가치가 100만 달러를 넘는다.
연간 순수입이 100만 달러를 넘는다.

당신은 커미션을 받는 영업직 사원인가? 아래 항목들 가운데 경험한 것이 있다면 골라보자.

방문해서 책도 읽어 드려요. 그리고….”

할머니는 놀란 표정이었다. 마치 천국의 풍경을 전해 듣는 것 같았다. “그래도 이 집은….”

“알아요.” 미셸이 할머니의 손을 토닥였다. “이 집을 살짝 수리해서 제대로 값을 받게 할게요. 비용은 제가 부담해요. 이 집이 팔리면 할머니와 제가 이익을 반씩 나눌 거예요.”

“그게 가능할까?” 자스코 할머니가 물었다.

“물론이죠.” 미셸이 대답했다. “제가 서류를 만들어올게요. 거기에 우리 두 사람이 서명하면 돼요. 만약을 대비해야 하니까요…. 제가 최선을 다하겠다는 다짐이에요.” 미셸은 할머니도 최선을 다하겠다고 마음먹길 바랐다.

“고마워요.” 할머니가 말했다. “진심이야.”

그 후로 3일이 지났다. 그 집의 감정가는 10만 달러 정도였다. 수리하는 데 최소한 3천 달러가 들 것 같았다. 새로 페인트칠을 하게 되면 2천 달러가 더 필요했다.

“그러니까요, 샘.” 미셸은 샘의 개인 사무실에 있었다. 가방에서 수첩과 펜을 꺼내며 말했다. “비결 좀 알려주세요. 갚을 돈 3만 5천 달러에 수리 비용까지 그 돈을 모두 어떻게 구해요? 전화 한 통이면 필요한

평생 총매출이 100만 달러를 넘는다.

연간 총매출이 100만 달러를 넘는다.

평생 순수입이 100만 달러를 넘는다.

연간 순수입이 100만 달러를 넘는다.

전 재산의 총 가치가 100만 달러를 넘는다.

당신은 기업체의 소유주인가? 아래 항목들 가운데 경험한 것이 있다면 골라보자.

평생 총매출이 100만 달러를 넘는다.

연간 총매출이 100만 달러를 넘는다.

평생 순수익이 100만 달러를 넘는다.

연간 순수익이 100만 달러를 넘는다.

월간 수입이 100만 달러를 넘는다.

전 재산의 총 가치가 100만 달러를 넘는다.

돈을 마련할 수 있다고 여러 번 말씀하셨잖아요. pp.432, 454 이제는 알려주세요. 전화번호요."

샘이 의자에 편안하게 기대며 말했다. "나비 부인, 제대로 된 거래만 있으면 현금은 얼마든지 빌릴 수 있어. 거기만 봐도 금세 찾을 수 있잖아."

미셸은 샘이 가리키는 신문의 광고면을 펼쳤다. 우선 금전 대출에 관한 광고가 줄지어 있었다. 대형대출기관도 있고, 소형대출기관도 있었다. 사채업자도 보였다.

샘이 말했다. "이게 가장 빨라. 돈을 빌려주겠다는 사람이 넘쳐나지."

"하지만…." 미셸이 말했다. "저한테는 대출자격이 없는걸요. 신용등급이 너무 낮아요. 아시잖아요." 그녀가 찡그린 얼굴로 말을 이었다. "처음부터 제레미와 제가 그 점을 분명히 말씀 드렸…."

"거래의 참맛이란 말이야…." 샘이 미셸의 말을 잘랐다. "그들이 당신의 신용등급에 아무 관심이 없다는 데 있어. 당신이 소유한 부동산의 가치만 따지거든. 알아보았다던 그 부동산은 융자금 잔액이 가치의 절반에 못 미쳐. 그러니 다들 돈을 빌려주려고 나서겠지."

"제가 정말 몰라서 묻는 건데요, 이게 그 사람들한테 무슨 이득이 되는 거죠?"

"복잡할 건 없어. 그들은 높은 이자를 요구해. 수수료도 먼저 떼고 돈을 빌려주지. 지금 전화를 걸면 10-20퍼센트의 이자를 요구하고, 수수료도 그만큼 청구할 거야."

돈을 버는 이상적인 시스템

이상적인 모습을 보이는 다각적 수입 흐름에는 5가지 특징이 있다.

1. **제로 현금** 현금이 필요 없다. 절대적으로 현금이 필요 없는 것이 아니다. 당신의 돈이 투입될 필요가 없다는 말이다. 현금을 전혀, 혹은 거의 들이지 않고 부동산을 사들이는 방법이 수십 가지에 달한다. 어떤 시대든 사업의 대가들은 현금을 쓰지 않는 창조적인 방식을 잘 알고 있다. 억만장자 앤드루 카네기는 중요한 사업체 대부분을 자기 돈 한 푼 들이지 않고 사들였다. 사실 아메리카 대륙도 자기 돈 한 푼 들이지 않고 매입한 사례다. 콜럼버스는 먼 바닷길에 나서는 데 필요한 돈을 스페인 왕실에게 빌렸다. 당신도 그런 방법을 익힐 수 있다.

2. **제로 손실** 당신의 돈을 많이 투입하지 않으면, 어떤 거래든 손실을 최소화할 수 있다. 성공하면 할수록 그만큼 손실을 피할 수 있고, 당신의 자산을 보호할 가능성도 커진다. 주식회사, 유한 책임 회사, 법인 등을 이용해 당신의 부채를 줄이는 법을 배우게 될 것이다. 손실 없애기를 목표로 삼아야 한다.

"수수료요?"

"당신이 이 부동산을 이용해 4만 달러를 빌리면 수수료를 10퍼센트 정도 뗄 거야. 4천 달러가량 되겠지."

"네?" 미셸이 놀라서 목소리를 높였다.

"다 생각하기 나름이야." 샘이 소리 내어 웃었다. "그 돈이 아니면 부동산을 살 방법이 없잖아. 6만 달러의 이익도 놓치겠지. 그래, 정확히는 3만 달러. 이익을 반씩 나눈다고 했으니." "흠…." 미셸은 다시 광고를 보았다.

"이 사람들은 당연히 대가를 원해. 자녀들의 학비를 이런 식으로 빌려 쓸 순 없을 거야. 이런 돈은 얼른 갚을 수 있을 때만 써야 해. 당신의 경우라면 별문제 없을 거야. 이 부동산에 대해 4만 5천 달러를 빌리면 4만 5백 달러를 받겠지. 4천 5백 달러는 수수료니까. 그 돈으로 1차 담보권자에게 3만 5천 달러를 갚고, 나머지로 그 집을 수리해서 되파는 거지."

미셸은 이 거래가 새롭게 보였다. "이 부동산을 사들일 돈을 정말로 누군가가 빌려준다는 거네요."

"정답이야." 샘은 잘 손질된 자신의 손톱을 들여다보았다. "그 사람들 입장에서도 손해 볼 게 없어. 그 부동산이 당분간 팔리지 않으면 수익이 더 크지. 이자 소득이 늘어날 테니까."

"저는 엄청난 손해를 보게 되겠지요."

"계획대로만 되면 괜찮을 거야. 아니면 그 부동산을 사들일 방법이

3. **제로 시간** 시간을 전혀 투자하지 않는다는 의미가 아니다. 자동으로 프로젝트가 움직이도록 만들어야 한다는 뜻이다. 저작 활동을 예로 들어보면, 당신은 책 쓰기를 목표로 두고 책 판매는 전문가에게 신속하게 맡기는 것이 좋다. 그러면 다음 프로젝트에 집중할 수 있다. 창조 행위에 집중할 수 있는 시스템을 고안하자. 당신이 시간을 투입하지 않아도 거대한 현금 흐름이 이어지는 것을 주된 목표로 삼도록 하자.

4. **제로 관리** 관리는 당신의 시간을 송두리째 빨아들이는 끝없는 '할 일' 목록이다. 전문적인 집단에 당신이 해야 할 일을 위임하는 것을 목표로 삼자. 최선의 시스템을 갖추자. 목표 실현에 필요한 자원과 인맥을 충분히 갖춘 우두머리처럼 행동하도록 하자.

5. **제로 에너지** 삶은 곧 에너지다. 에너지가 투입되는 곳이 당신의 삶이라는 말이다. 삶이 끝나갈 때 보람을 느낄지, 후회를 느낄지는 투자한 에너지에 달려 있다. 잘 투자한 에너지는 큰 보상으로 돌아온다.

당신은 깊은 생각과 성실한 노력의 대가로 높은 수익을 원한다. 큰 이익을 거두는 사람이 많지만, 자신의 미래와 재산에 관해 깊이 생각하는 사람은 드물다. 위대한 사업을 일군 리더들은 이런 드문 생각을 했던 사람들이다. 전기와 자서전을 통해 이런 생각을 당신의 것으로 만들자. 당신의 삶을 '제로화'하는 법을 배우는 것이 무엇보다 중요하다.

없잖아."

미셸은 광고를 다시 보았다. 거인과 싸울 생각에 조금 겁이 났다. 그때 문득 좋은 아이디어가 떠올랐다. "샘, 차라리 당신한테 돈을 빌릴게요. 그 많은 수수료를 남들한테 안겨줄 필요가 없잖아요. 그 대신 수수료를 조금 깎아 주세요."

"우리 아기 독수리, 이제는 얼른 둥지를 떠나야 해. 나한테 기대면 약해질 수밖에 없어. 지금 필요한 건 실제 세계에서 부동산 게임을 배우는 거야. 무일푼에서 일어날 방법을 익히면 내가 함께할 수 없는 사정이 생겨도 당신은 부자가 될 수 있어. 그리고 한 가지 더." 샘이 미셸을 안아주었다. "당신은 내 자랑이야. 물론 아직은 백만장자가 아니지. 하지만 곧 그렇게 될 거야. 난 믿어. 지금 당신은 깨달은 백만장자의 길을 걷고 있거든. 온 우주가 도울 거야. 그 부동산 이야기를 들어보니, 할머니가 당신을 돕는 게 아니라 당신이 할머니를 돕고 있었어. 모든 걸 잃을 수도 있었는데, 할머니가 새 삶을 찾게 되었잖아."

"고맙습니다." 미셸이 부끄러움을 느끼며 겸손하게 말했다.

서류 대행 담당자가 미셸과 자스코 할머니가 서명할 서류를 들고 골든 하우스로 찾아 왔다. 이곳으로 옮긴 뒤 할머니의 상태가 제법 좋아졌다. 서명할 때 손이 조금 떨리던 할머니가 수표를 건네받으며 감격

잠자는 동안 돈을 벌려면

부자들은 다음 두 가지 진실을 항상 기억한다.

▲ 진실 1. 다각적 수입 흐름은 중요하다.

똑똑한 사람들은 다양한 원천에서 흘러나오는 다각적인 수입 흐름을 개발해야 한다는 걸 잘 안다. 다각적인 수입 흐름을 갖게 되면 하나의 흐름이 메말라도 걱정할 필요가 없다. 조정할 시간이 있기 때문이다. 이것이 안정적이며 안전한 길이다. 지금 당신은 삶으로 흘러들어오는 다각적 수입 흐름을 보유하고 있는가?

▲ 진실 2. 나머지 수입은 꼭 필요하다.

나머지 수입은 당신이 그 자리에 있지 않아도 계속 흘러들어오는 반복적인 수입 흐름을 말한다. 다시 말해 당신이 자는 동안에도 돈을 번다는 말이다. 예를 들어, 은행 계좌에 있는 돈의 이자가 나머지 수입이다. 나머지 수입은 당신이 노력하지 않아도 하루 24시간 당신의 계좌로 계속 흘러들어온다.

당신의 수입 가운데 몇 퍼센트가 나머지 수입인가? 나머지 수입이스러운 목소리로 말했다. "미셸, 당신이 날 살린 거야." 그러면서 덧붙였다. "여기 있으니 너무 좋아."

미셸은 그 말에 보람이 밀려왔다. 그러면서 자기 몫의 수표를 받아들자 만감이 교차했다. 어쩐지 기분이 묘했다. 기디언과 함께 작은 사업을 꾸려갈 때는 이만한 돈을 만져 본 적이 없었다. 사실 이만큼은 처음이었다. 옅은 바탕에 검은색 잉크로 쓰인 $29,014.62라는 숫자가 보였다. 100만 달러는 아직 멀었지만, 그래도 이게 시작이었다. 이것보다 더 어려운 상황의 부동산을 발견하면 머지않아 더 큰돈을 벌 수 있을 것이다.

처음 벌어들인 돈의 10퍼센트는 약속한 대로 기부하기로 했다. 미셸은 그 돈을 가난한 대학생들의 장학금으로 제공하기로 마음먹었다. 남은 돈의 일부는 창업을 위해 샘이 충당한 비용 일부를 갚는 데 쓰일 예정이었다. 나머지는 미리 찾아둔 부동산의 매입 자금으로 사용하기로 했다.

샘은 계속 강조했다. 이것은 숫자로 하는 게임이라고. "던져 놓은 낚싯줄이 많을수록 물고기를 잡을 확률이 높아집니다. 상상할 수 있는 모든 방법을 동원해 그들에게 다가가야 합니다. 광고, 이메일, 지방 법원 방문, 은행 문의, 검색 등등 어느 것이든 알아보세요. 부지런히 움

있으면 한차례 열심히 일한 대가로 몇 달 혹은 몇 년 동안 이어지는 꾸준한 수입 흐름이 생긴다. 한 가지 노력에 대해 반복적인 대가가 생기는 것이다. 이는 매우 좋은 일이다.

듀라셀 건전지 포장에는 한때 작은 크기의 건전지 테스트 장치가 붙어 있었다. 그 장치를 발명한 사람이 여러 회사와 접촉했지만 대부분 거절당했다. 하지만 듀라셀은 독창성을 알아보았다. 건전지 팩 하나당 겨우 몇 센트를 받기로 합의했지만, 결국 그 사람은 수백만 달러를 벌었다. 가장 좋은 점은 한 번의 노력으로 지속적인 수입 흐름이 생긴 것이다. 오랫동안 그 사람의 계좌에는 꼬박꼬박 현금이 흘러들어왔다.

당신이 돈을 위해 일하는 것이 아니라, 돈이 당신을 위해 일하도록 해야 한다. 그렇게 하는 방법에는 다음과 같은 것들이 있다.

저축

채권

배당금이 있는 주식

장기적인 성장 가능성을 지닌 주식

소유한 주택 가격의 상승

부동산 투자 – 단독주택, 다세대주택, 상업용 부동산

사업체 소유

커미션

프랜차이즈 수수료

직여야 겨우 발견할 수 있습니다."

며칠 뒤, 팀원 모두 샘의 방갈로에 모였다. 부동산 소유자 300명에게 보낼 우편물을 만들기 위해서였다.

편지 쓰기는 미셸이 맡았다. 업무적인 내용이었지만, 그들이 당면한 담보권 문제에 대해 진심으로 염려하는 마음을 담아 조심스럽게 썼다. 바로 얼마 전에 미셸도 그런 일을 겪었다.

우편물에 자신들의 사진을 넣자는 것도 미셸의 아이디어였다. 깔끔한 옷을 입고 나무 아래에 함께 모여 찍은 사진이었다.

"응답하는 사람이 몇이나 될까?" 리니가 물었다. "글쎄, 한 스무 명 쯤?" 미셸이 조심스레 대답했다.

"그건 꿈일 뿐이에요." 샘이 웃으며 끼어들었다. "이 300통의 편지에 한두 건만 좋은 거래가 성사돼도 운이 좋은 거지요. 아마 이 사람들은 이런 제안을 여러 차례 받았을 거예요. 다른 투자자와 거래한 사람도 있을 거고요. 우리가 직접 주소를 쓰는 것도 그런 이유에서예요. 관심을 끌 확률이 높아지니까. 정성껏 쓰도록 하세요."

팀원들은 벽난로 앞에서 밤늦게까지 봉투에 주소를 적어넣었.

그리고 샘이 옳았다. 그렇게 많은 편지를 보냈지만, 막상 돌아온 대답은 몇 없었다. 다행히 그 응답 가운데 미셸과 리니가 진행할 수 있는 다음 프로젝트가 있었다. 그 매도자는 편지를 받은 후 직접 전화를 걸어왔다. 그녀는 이혼한 상태로, 다섯 아이를 키우고 있었다. 이혼 당시 거주하던 집에서 남편 몫을 떼어 주고, 그 집에서 계속 살고 있었다.

영업 컨설팅 – 발생 수입의 일정 비율

명사 추천

데이터베이스 소유 – 관련 정보의 임대나 판매

저작료 – 음악, 영화, 소프트웨어, 게임, 발명, 특허

하루 24시간 판매 가능한 웹사이트

네트워크 마케팅

자기 암시, 일곱 번째

"나는 다양한 수입원을 끌어당긴다"

내게

둘 이상의 수입원이

필요하다는 사실을 잘 안다.

나는 언제나 현명한 돈의 길을 선택한다.

나는 그것을 **다양한 수입원의 지혜**라고 부른다.

나의 첫 번째 수입 흐름을 주요 수입원이라고 지칭한다.

주요 수입원이 안정적이고 영구적이 될 때까지 그곳에 집중한다.

아이들에게 안정감을 주기 위해서였다. 대가족이 생활하기에 크기도 적당했다.

그녀는 그 집을 담보로 은행에서 돈을 빌렸다. 남편 몫의 재산을 떼어 주기 위해서였다. 하지만 아이들을 키우면서 상환금을 내기가 무척 빠듯했다. 얼마 후 그녀가 다니던 병원이 재정난에 처했다. 그 바람에 직장을 잃었고, 상환금도 낼 수 없었다.

그날 이후 우편함이 편지로 가득 찼다. 집을 헐값으로 사겠다는 내용이었다. 그러면 신용을 회복할 수 있을 거라는 위협적인 편지 사이에서 그녀는 미셸의 편지를 발견했다. "사진도 보고 편지도 보았어요. 그래서 전화를 걸었어요." 그녀는 울먹이고 있었다. "아파트로 이사 가려고 해요. 그런데 돈이 없어요. 곧 두 번째 상환금을 연체하게 될 거예요. 그러면 제 신용은 엉망이 되겠지요."

미셸과 리니는 그 여자를 만났다. 그러면서 어떻게든 돕겠다고 말했다. 그녀는 직장을 구하고 있었다. 하지만 집을 유지하는 건 버거웠다. "아이들이 방을 같이 쓰도록 하려고요." 그녀가 말을 이었다. "우선순위를 다시 정할 거예요. 이혼 전과 똑같이 지내려고 엄청나게 애썼어요. 이제는 현실을 똑바로 보려고요."

이사하기 위해 물리적, 금전적 도움이 절실했다. 실직한 뒤 밀려있나는 주요 수입원을 존경, 사랑, 애정, 기쁨으로 대한다.

그리고 한 번에 하나씩 새로운 수입원을 추가한다.

다양한 수입원은 나를 기쁘게 한다.

새로운 수입원이 내 머릿속에

떠오르는 즉시

종이 위에

쓴다.

내가 찾아 헤맬 때 비로소 다양한 수입원을 발견할 수 있다.

나는 다양한 수입원의 우선순위를 정해서 차근차근 착수한다.

멋진 비즈니스 계획을 작성한 뒤 다양한 수입원을 진행할 예정이다.

모든 자원과 드림팀의 도움으로 다양한 수입원을 성공적으로 창조한다.

전 세계에서 다양한 수입원이 나의 삶으로 쏟아져 들어온다.

나는 온갖 좋은 것이 솟아나는 분수 아래에 서 있다.

던 공과금을 내려면 1,500달러가 더 필요한 상황이었다. 미셸과 리니는 즉시 돕겠다고 합의했다.

"한 가지 부탁을 드려도 될까요?" 안도와 걱정이 교차하는 얼굴로 그녀가 말했다. "두 분이 부동산 전문가시니, 다른 집을 찾는 걸 좀 도와주세요. 지금보다 작고 비용이 덜 드는 곳으로요." 미셸이 대답했다. "믿어 주시면 최선을 다할게요. 금방 찾을 수 있을 거예요."

다음날 곧바로 서류를 작성했다. 미셸은 이제 5만 달러짜리 집의 소유주였다. 얼른 현금화할 일만 남았다. 집이 깔끔한 편이라 미셸과 리니는 카펫을 빨고, 현관문을 칠하고, 집 앞에 '팝니다' 팻말만 세웠다. 2주일 안에 거래를 종결하는 조건으로 3만 5천 달러에 집을 팔았다. 미셸의 계좌에는 이제 6만 달러가 있었다. 그녀는 니키와 한 방에 어떤 색을 칠할지 고민하기 시작했다.

행복한 기분은 오래 가지 않았다. 그날 저녁, 틸리 할머니의 전화를 받았다. 하스브로와의 거래가 결렬되었다는 소식이었다.

너무 놀란 나머지 미셸은 한동안 아무 말도 하지 못했다. "말도 안 돼요."

"위원회가 통보했어. 그날 참석하지 않았던 간부가 이견을 제시했대. 중소 완구업체에서 비슷한 장난감을 출시했는데 실패했다더군."

"그 사람이 회의에 참석했다면 설득할 수도 있었겠네요."

"당연하지." 할머니가 화를 냈다. "그 사람이 말한 쓰레기를 나도 알아. 우리 건 그것과 근본적으로 달라. 훨씬 낫다고. 그 점을 설명했지

1분 돌아보기: 시스템

1. 실패 원인의 94퍼센트는 사람이 아닌 시스템에 있다.

    사람들은 다들 일을 잘하고 싶어한다. 따라서 사람들의 태도 탓에 실패가 발생하는 경우는 드물다. 거의 모든 경우는 잘못된 시스템이 문제다.

2. 모든 부자는 시스템을 소유하고 있다.

    오랜 시행착오를 거쳐 만들어진 이러한 시스템은 결과 예측이 가능하다. 깨달은 백만장자는 예측 가능한 시스템을 찾는다.

3. 100만 달러 중간탐색을 해보자.

    자산이 첫 100만 달러에 이르는 과정에서 당신은 몇 개의 지점을 지나가게 된다. 100만 달러 중간탐색을 해보자. 당신은 몇 가지에 해당하는가?

4. 돈을 버는 이상적인 시스템은 다섯 가지 특징을 갖고 있다.

    ▲ 제로 현금

    ▲ 제로 손실

    ▲ 제로 시간

    ▲ 제로 관리

    ▲ 제로 에너지

만, 위원회 재소집은 어렵대."

"단지 첫 번째 거절일 뿐이에요."

틸리 할머니가 소리 내어 웃었다. "그렇게 말할 줄 알았어. 사실 소식을 듣고 정말 낙담했어. 그래서 연락이 늦어졌지. 머리를 식히려고 정원에 갔는데 비공식 회의가 떠오르더라고. 완구 회사 사람들이 거절한 건에 대해 다시 수다를 떨곤 하거든."

"좋은 말씀이에요." 미셸이 말했다. "하지만 그거론 안돼요. 너무 오래 걸려요. 방법이 없을까요? 다른 회사는 어때요?"

"그게 말이야…." 할머니가 망설였다. "경쟁사가 있긴 해. 그런데 거기랑은 별로 운이 닿질 않더라고. 아는 사람도 없고."

"괜찮아요!" 미셸의 직감이 소리치고 있었다. 제대로 가고 있다고. "그 경쟁사와 꼭 거래할 필요는 없으니까요."

"맞아!" 미셸의 말을 알아들은 할머니가 유쾌하게 말했다. "다른 곳에서 관심을 보인다는 걸 하스브로에 알려보자고."

"이젠 마음 놓으세요. 그 회의에서 우린 정말 잘 해냈어요. 다시 마음을 사로잡으면 돼요."

68일…

주말이지만 다들 사무실에 나왔다. 제레미만 빼고. 여러 사람이 모인 곳에서는 집중하기 어렵다며 집에서 작업하고 있었다.

5. 부자들은 다음 두 가지 진실을 항상 기억한다.
  ▲ 진실 1. 다각적인 수입 흐름은 중요하다.
  ▲ 진실 2. 나머지 수입이 꼭 필요하다.

미셸은 그동안의 결과에 대해 스스로를 칭찬하고 싶었다. 틸리 할머니는 장난감 곰 생산을 위해 한창 애쓰고 있었고, 부동산 수익이 지금처럼 늘어난다면 곧 수백만 달러를 벌게 될지도 몰랐다.

하지만 이런 생각은 얼마 못 가서 어그러졌다. 제레미가 엉망인 모습으로 회의실 문을 벌컥 열고 들어선 것이다. "다 끝장났어요." 그는 한탄하며 말했다.

미셸은 그가 주식시장 이야기를 하는가 싶었다. 하지만 오늘은 토요일이었다. 그럼 혹시 다른 나라 시장일까?

"우리 웹사이트 말이에요." 제레미가 의자에 주저앉더니 무릎 사이에 얼굴을 묻었다. 잠시 뒤, 그가 고개를 들었다. "여러분이 뭘 상상해도 그것보다 훨씬 나빠요."

"무슨 말이에요?" 미셸이 물었다. 어쩐지 자신의 목소리가 아닌듯 했다.

"조금 전에 확인차 우리 웹사이트에 접속했어요. 그런데 이상한 메시지가 뜨는 거예요. '페이지를 사용할 수 없습니다' 그래서 알아봤더니, 세상에, 인터넷 서비스 제공업체에서 서버 업그레이드를 했다는 거예요. 덕분에 모든 웹페이지가 폭파되었어요. 우리 것뿐만 아니라 모두 다요. 처음에는 당연히 그 사람들이 백업해두었겠지 하고 생각했어요. 그런데 그것도 아니었다고요."

"제레미…." 미셸이 말했다. "그래도 당신은 백업을 해 두었지요?"

제레미가 두 손으로 자신의 머리를 감쌌다.

부동산

"세상에, 어떻게 그런 식으로 일을 망칠 수 있어요?" 서머가 기막혀 하며 냅다 소리를 쳤다.

"뭐?" 제레미는 흥분하며 벌떡 일어섰다. "그런 말을 할 자격이 있다고 생각해? 서머, 당신은 처음부터 나한테 무임승차한 거야. 이 프로젝트를 시작했을 때부터 말이야. 내 옷자락만 붙들고 있었지. 일하는 시간의 반은 피닉스에 있다는 당신 언니랑 통화하고, 나머지 반은 그 괴상한 손톱 다듬기에 썼잖아. 우리가 발표를 하던 날도 당신이 일을 다 한 것처럼 당당하게 앞쪽에 서 있었지. 명함을 돌리던 날도 그렇고…."

"대체 무슨 말이에요?" 서머도 튕기듯 일어났다. "첫날부터 당신은 잘난 척만 했어요. 우리가 신용카드 접수 문제를 처리해야 했을 때, 그리고 다른 것들을 해내야 했을 때 당신이 어떻게 했는지 알기나 하느냐고요. 팀원들한테 당신이 발견한 정부 웹사이트 목록만 내밀었어요. 내가 찾아낸 건 깡그리 무시하고요. 내가 몇 번이나 말했잖아요. 난 컴퓨터는 모른다고요. 그러니 내가 도울 수 있는 걸 알려달라고요. 하지만 당신은 귀찮게 굴지 말라는 식으로 행동했죠. 모르면 가만히 있으라는 눈빛으로요. 그런데도 감히 나를 비난해요?"

미셸은 주위를 둘러보았다. 코트니와 리니가 몹시 불편해하고 있었다. 하지만 샘은 전혀 흔들림이 없어 보였다. "자, 이제 그만하죠." 샘이 차분하면서도 충분히 압도적인 목소리로 말했다. "그만하면 두 사람 다 충분히 말한 것 같네요."

백만장자의 산 오르기

자, 이제 당신의 생각은 정돈되었다. 하고자 하는 마음도 충분하다. 그러면 어느 백만장자의 산에 올라야 할까? 백만장자의 산은 몇 가지뿐이다. 앞에서 설명한 것처럼 말이다.

백만장자의 산 각각에는 정상까지 오르는 여러 갈래의 길이 있다. 이것들 모두 부를 창조하는 특별하고 잘 정돈된 방식이다. 이 길을 모른다면 이용하는 것도 불가능하다. (자동차를 본 적 없는 사람은 그 유용성을 절대 모른다. 그것과 똑같은 이치다) 부에 이르는 다양한 길을 아는 것만으로 상상력을 불러일으킬 수 있다. 부동산부터 시작해보자.

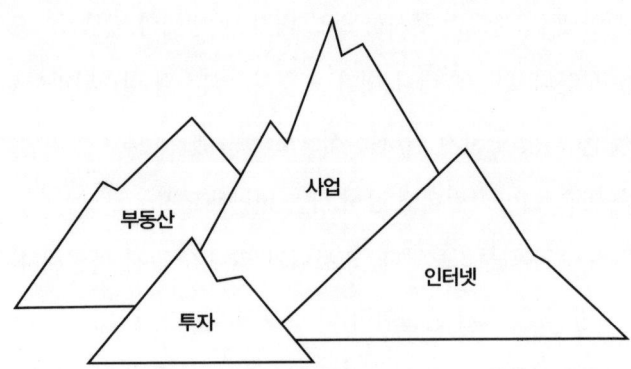

사실 미셸은 제레미와 서머의 다툼이 부끄러웠다. 하지만 그보다는 웹사이트가 더 걱정이었다.

"그럼 이제 어쩔까요?" 제레미가 팔짱을 낀 채 도전하듯 샘에게 물었다.

다들 당황해하는 표정을 지었다. 하지만 샘은 변함없었다. 그녀는 제레미가 한풀 꺾일 때까지 가만히 노려보았다. "카발리에리 씨, 일단 의자에 앉아요. 한숨 돌릴 수 있도록. 일단 당신은 책임을 져야 합니다. 지금 일어난 일에 대해."

"저 인간이 날 하찮게 여긴다고요!" 서머가 울먹이며 소리쳤다.

"아가씨, 당신 차례도 곧 돌아올 거예요. 앉아서 잠시 기다려요." 샘이 말했다. "언제나 한 번에 하나씩 하는 게 중요해요. 제레미, 데이터를 백업하지 않은 책임이 누구에게 있지요?"

"그 서버 업체요." 그가 씩씩대며 말하다가 샘의 강렬한 눈빛을 보며 움찔했다. "저도 마찬가지고요."

"이 일에서 깨달은 게 있겠지요?"

제레미의 입속에서 말이 맴돌았다. 꼭 죄지은 학생처럼 말이다. "데이터를 반드시 백업해야 합니다." 무거운 발걸음을 옮기던 그는 다시 고개를 들고 조금은 달라진 말투로 말했다. "다시 만들어 볼게요. 쉬운 일은 아니지만 처음 했을 때보다 어렵지는 않을 거예요. 그동안 배운 게 있으니까요."

그러자 서머가 불만스러운 표정을 지어 보였다. "그렇군요. 다들 내

부동산 투자 몇 번으로 백만장자가 될 수 있다

짧은 시간 안에 부동산 투자로 최대한의 돈을 벌어들이는 게 가능할까? 하나의 부동산으로 1년 안에 100만 달러를 벌어들일 수 있을까? 힘들어 보이지만 얼마든지 가능하다. 앞쪽에서 확실한 사례도 이미 말해두었다. (백만장자의 산 항목을 다시 읽어보자) 또렷하고 강력한 꿈으로 당신을 밀어붙이자. 돈, 신용, 전문지식 등을 빌려줄 멘토들로 구성된 팀을 아군으로 만들자. 그런 조건을 갖춘 다음에는 적절한 부동산을 찾는 데 온 힘을 기울여야 한다. 당신이 사는 지역은 물론 다른 지역으로도 시야를 넓히는 게 중요하다. 자신에게 물어보자. 100만 달러의 이익을 가져다줄 저평가된 부동산이 이 나라 어딘가에 다섯 개쯤은 있을까? 당연히 있다.

워런 버핏의 말을 들어보자. "성공적인 투자자가 되고 싶은가? 가치를 찾아내고, 가치를 창조하라."

다음과 같은 부동산을 찾아보자.

A. 할인된 부동산
▲ 현금이 당장 필요해서 부동산을 꼭 처분해야 하는 매도자를 찾아라.
▲ 급하게 현금이 필요해서 담보물을 할인하려는 소유주를 찾아라.

기여분은 없다고 여기는 거죠?"

"누구도 그렇게 생각하지 않아요." 일단 딱딱하게 말한 뒤 샘이 미셸에게 부드러운 태도를 보였다. "최종 판결은 미셸에게 맡기도록 하지요."

'나한테?' 미셸은 놀랐다. 자신 없다고 말하려다가 문득 샘의 의도가 느껴졌다. 중요한 도전 기회를 준 것이었다. 샘이 평생 자신의 곁에 있을 수는 없었다. 언젠가는 그런 날이 올 것이다. 혼자서 모든 것을 해내야 하는 날이. 미셸은 숨을 들이쉬었다. "좋아요. 제레미에게 먼저 물을게요. 불만스러운 점이 뭔가요?"

"말하지 않았나요? 서머는 처음부터 성실하지 않았어요. 매번 늦고, 전화를 해도 답이 없어요. 같은 내용을 스무 번 넘게 설명한 적도 있다고요."

"무슨 소리예요?" 서머가 버럭하며 반발했다.

미셸이 말했다. "힘든 거 알아요. 상대가 말할 땐 잠시 참아주세요. 기회를 줄게요. 서머, 이제 네가 말할 차례야. 사실만 말하고 비난은 잠시 멈춰줬으면 좋겠어."

"흥!" 서머가 무시하듯 입을 열었다. "제레미는 언제나 잘난 척이야. 매일같이 전문용어만 남발한다고. 그게 뭐냐고 물으면 바보 취급을 하고 말이야. 지각도 그래, 겨우 한두 번이야. 그것도 몇 분이었고. 자기가 늦은 건 생각하지 않나 보지? 그래 맞아. 제레미의 일은 언제나 중요해. 나는 그냥 곁다리일 뿐이야. 나한테 중요한 건, 아까 뭐라더라.

B. 골치 아픈 부동산

▲ 골치 아픈 임차인, 자연재해, 화재 등으로 '위기 상황에 놓인' 부동산을 팔아치워 짐을 내려놓으려는 매도자를 찾아라. 그들은 지금 재산보다 마음의 평화가 더 필요하다.

▲ 대규모의 수리가 필요한 낡아빠진 부동산을 찾아라. 종종 외부 개조만으로 그 가치를 높여 임대료를 크게 올려받을 수 있다.

C. 용도 변경을 할 수 있는 부동산

▲ 다른 용도로 바꿀 때가 된 부동산을 찾아라. 콘도미니엄으로 개조할 때가 된 아파트, 사무실로 개조할 때가 된 아파트, 상점으로 개조할 시기가 된 사무실, 건축 대지나 상업지역으로 용도 변경이 가능한 농지 등이 대표적인 예다. 부동산의 용도를 변경할 수 있다면 그 가치가 크게 높아진다.

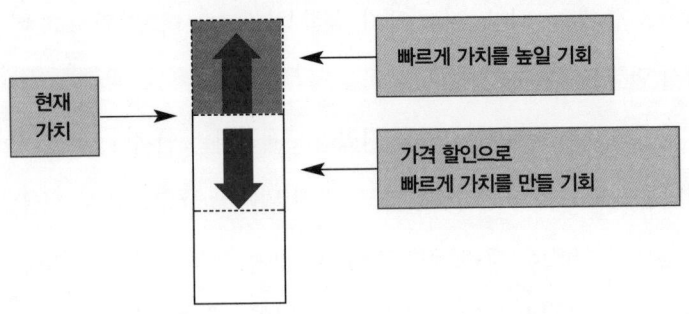

그래, 손톱 다듬는 거 말고는 없지 뭐야."

미셸이 볼 때 두 사람의 불만은 타당했다. 그렇다. 제레미는 오만한 구석이 있다. 데이터를 백업하지 않은 것도 그런 성격 때문인지 모른다. 반면에 그는 크게 생각하는 능력이 있었다. 오만함의 장점이었다. 미셸도 샘 덕분에 자신의 그런 면을 좋은 쪽으로 바꿔나갈 수 있었다. 그에 비해 서머는 산만한 편이었다. 아마도 약속에 자주 늦었을 것이다. 하지만 자신의 손톱을 가꾸느라 그런 건 아닐 것이다. 골든 하우스의 할머니들에게 매니큐어 발라드렸을지도 모른다. 미셸은 알고 있었다. 밝고 남을 잘 돌보는 서머의 성격을 말이다.

"이러면 어떨까요?" 미셸이 말했다. "샘이 처음에 설명했던 마케팅의 정의를 기억하고 있지요?"

리니와 코트니가 고개를 끄덕였다. 다들 그 질문이 제레미와 서머를 위한 것이란 걸 알고 있었다. 제레미가 말했다. "샘한테 그걸 물은 게 나였어요. 마케팅이란 관계를 만들어가는 거란 대답을 들었지요."

"맞아요." 샘이 고개를 끄덕였다.

서머도 얼른 끼어들었다. 자신도 그 설명을 잘 들었다고 말하고 싶어하는 것 같았다. "샘이 말했어요. 고객과 관계를 형성해야 한다고요. 그렇지 않으면 단 한 번의 교류로 끝난다고 했었지요. 성공하려면 다양한 교류가 필요해요."

"한 마디도 빼놓지 않았군요." 샘이 빙그레 웃었다.

"좋습니다." 미셸도 고개를 끄덕였다. "이번에는 제가 질문을 던질게

싸게 사들여 비싸게 파는 부동산

많은 이들이 부동산으로 돈을 벌었다. 앞으로도 그럴 것이다. 부동산을 이용해 어떻게 돈 한 푼 없이 수백만 달러를 벌어들일 수 있을까? 부동산 투자는 얼핏 복잡해 보이지만, 사실 세 가지 기술에 능숙해지는 것이 관건이다.

▲ 매물 찾기 : 싸게 나온 부동산 찾아내기
▲ 자금 조달 : 은행에서 돈을 빌릴 자격을 갖춰 계약금 마련하기
▲ 다시 팔기 : 이윤을 남기고 신속하게 처분하기

부동산 투자 과정에서 기억해야 할 7단계를 알아보자.

1. **가까운 곳의 주거용 부동산만 구매한다.** 당신이 거주하고 있는 곳에서 반경 80킬로미터 이내에 있는 주거용 부동산만 구매한다. 단독주택, 아파트, 연립주택 등이 매도, 재임대, 자금 조달 측면에서 수월하다. 다른 형태의 부동산은 관심 두지 말자.

2. **일정한 지역을 파고든다.** 목표 지역을 골라 그곳의 전문가가 되도

요. '소통'이란 무엇일까요?" 그녀는 슬쩍 샘을 보았다. 큰 바위에서 그 주제로 이야기를 나눈 적이 있었다.

제레미가 똑바로 서며 대답했다. "그건 말이지요…, 상대에게 뭘 하라고 말하는 걸 거예요."

"당신이 잘하는 거네요." 서머가 말했다.

"제레미, 당신이 겪는 어려움을 알 것 같아요. 제가 말해볼게요. 소통은 상대의 반응이에요."

제레미는 이마를 찌푸렸다. 무슨 말인지 모르겠다는 표정이었다.

"즉…," 미셸이 설명을 이어갔다. "원하는 반응을 얻지 못했다면 당신이 소통을 제대로 하지 못했다는 의미라는 것이지요. 제레미, 서머에게 어떤 반응을 얻고 싶은가요?"

"그녀가 강력한 팀원이 되어주었으면 좋겠어요. 내가 필요로 할 때 있어 주고, 컴퓨터에 대해 더 많이 배우고, 실수를 줄이고, 아이디어를 내주었으면 해요. 내가 지시할 때까지 기다리지 말고요."

"세상에, 그게 말이 된다고 생각해요?" 서머가 반발하자 미셸이 막아섰다.

"제레미, 지금 한 이야기를 생각해 볼게요. 서머는 당신의 비서가 아니에요. 물론 노예도 아니지요. 서머는 파트너예요. 하지만 당신은 그런 대접을 하지 않았지요."

"흥!" 제레미도 반발했다.

"자, 서머에게 원하는 반응을 얻어내려면 어떻게 하는 게 좋을까요?"

록 한다. 꾸준히 지켜보면 일정한 지역에서 1년에 3-10개 정도의 정말 싼 물건이 나온다. 그럴 때 누구보다 먼저 찾아내자. 때때로 목표 지역 부근에도 신경을 쓰도록 하자.

3. **동기가 적절한 매도자를 찾는다.** 사람들이 부동산을 팔 때 융통성을 보이는 경우가 있다. 그런 매도자를 찾는 게 좋다. 대개는 다음 10가지 경우다.

▲ 관리나 금전상의 문제로
▲ 지역, 직장, 기호, 운수, 시간, 금전적 상황 탓에
▲ 이사를 해야 하는 문제로
▲ 질병, 상속, 무지 등이 원인이 되어
▲ 비어 있어서
▲ 지역 경기가 나빠져서
▲ 소송, 담보, 파산 등의 법적 문제로
▲ 세금 문제 해결이 필요해서
▲ 긴급 자금, 조기 은퇴 등의 문제로
▲ 이혼, 사망, 부채, 별거 때문에

동기를 가진 매도자를 찾을 때 다음 방법이 자주 사용된다.
(1) 정보가 게재된 매체 조사하기, (2) 광고 내기, (3) 공인 부동산중

잠시 생각에 잠긴 끝에 제레미가 말했다. "설명할 때 인내심을 가져야겠지요."

"잘난 척도 줄이고요." 서머의 목소리가 조금 누그러졌다.

"알겠어요." 제레미가 고개를 끄덕였다. "사실 나는 컴퓨터를 잘 다루는 게 뿌듯해요. 그게 과시하는 것처럼 보인다는 건 모르고 있었어요. 서머, 나는 당신이 좀 더 적극적으로 나서주었으면 좋겠어요." 제레미가 어느새 서머를 똑바로 보며 말하고 있었다.

"한층 발전했네요." 미셸이 말했다. "소통은 쌍방향이죠. 서머, 제레미에게 바라는 반응을 말해줄래?"

"나를 존중해주었으면 좋겠어. 그리고 우리 팀이 해야 할 일에 나도 끼고 싶어."

"그런 반응을 어떻게 얻어내면 좋을까?"

"흠…, 모르는 게 있으면 자세히 설명해 달라고 부탁할게. 부끄러운 일이 아니니까. 다들 이곳에서 배우는 중이잖아? 나도 스스로의 힘으로 잘 해낼 수 있어."

"네 말이 맞아." 미셸이 동의했다. "제레미가 원치 않는 반응을 했던 이유는 서머 네가 조금은 수동적인 자세를 보였기 때문일지도 몰라. 좀 더 자세히 말해보면…,"

그때 처음으로 서머와 제레미가 서로를 보았다. 둘 다 약간 경계하는 눈치였다가 제레미가 먼저 나섰다. "서머, 내가 당신에게서 바라는 건 바로 미소예요."

개소에 연락하기, (4) 목표 지역을 돌며 직접 조사하기, (5) 친구 및 인맥 이용하기, (6) 은행에 문의하기, (7) 법원 기록 살피기, (8) 관련 커뮤니티 살피기, (9) 회계사나 변호사 등 전문가의 도움 받기

부동산 정보를 다루는 곳부터 살펴보자. 일일이 뒤지며 동기를 가진 매도자의 단서를 찾자. 특히 소형 아파트 매물, 임대 가능한 주거용 부동산 매물을 주의해서 살펴라. 융통성이 보이는 매물을 탐색하라. 문제가 있는 부동산이 아니라 문제를 지닌 사람이 소유한 좋은 부동산을 찾는 게 중요하다. 그런 다음 저렴한 부동산을 자세히 살펴서 동기가 매우 높은 매도자를 찾아낸다.

4. 5가지 핵심 질문으로 거래를 분석한다.

	좋지 않음	보통임	훌륭함
가격은?	1	2	3
부동산의 상태는?	1	2	3
금액 지급 조건은?	1	2	3
위치는?	1	2	3
매도자의 동기는?	1	2	3

총점: _____

"그런 거라면 얼마든지 멋지게 해낼 수 있어요." 그렇게 말한 뒤 서머가 평소와 다름없는 환한 미소를 지어 보였다.

"두 사람을 믿어요." 미셸이 말했다.

"아기 독수리 여러분, 이제 각자의 일로 돌아가도록 하지요." 샘이 말했다.

"할 일이 넘쳐나요." 코트니가 푸념했다. 다른 사람과 마찬가지로 긴장에서 벗어난 얼굴이었다.

잠시 동안은 웹사이트가 망가진 사실을 잊은 채 안정된 기분이 들었다. 수입 흐름의 3분의 1이 사라진 사실도 왠지 지금은 신경 쓰이지 않았다.

67일…

미셸은 잔뜩 긴장한 채 골든 하우스로 들어섰다. 틸리 할머니가 급하게 연락을 해왔기 때문이었다. 혹시 완구 사업이 불가능해지는 건 아닐까 걱정이 되었다. 그래서 할머니를 만나는 게 두려웠다. 그녀는 휴게실로 들어갔다. 처음 만난 날, 할머니를 정신 나간 노인으로 생각했던 일이 떠올랐다. 그랬던 할머니가 자신을 세계 최고의 완구 회사로 데려다주었다.

틸리 할머니는 휠체어를 탄 채 차분한 표정으로 휴게실에 들어왔다. 하지만 두 눈은 기쁨으로 반짝이고 있었다.

전화해도 좋고 직접 찾아가도 좋다. 부동산 소유자나 대리인과 이야기를 나눈 뒤 위의 다섯 가지 질문에 대답해보자. 이때 각 질문에 대해 1점에서 3점까지 점수를 매긴다. 예를 들어, 제시하는 가격이 시장가보다 낮으면 3점, 시장가와 같으면 2점, 시장가보다 높으면 1점을 주면 된다. 정확한 점수를 주기 위해 애쓰자. 채점이 끝나면 점수를 모두 더한다. 총점이 10점 이하라면 다른 부동산을 찾는 게 좋다. 11점 이상이면 눈으로 직접 부동산을 확인하라. 부동산을 직접 살펴본 뒤에도 여전히 점수가 높다면 구매를 고려해도 좋다.

5. **제로 현금 기법을 결정한다.** 물론 자신이 지닌 현금을 사용해도 좋다. 하지만 다른 사람의 자원을 사용해 부동산을 구매하는 것도 얼마든지 가능하다. 중요한 것은 동기가 높은 매도자를 찾는 것이다. 시세보다 싸게 나온 매물을 찾는 것도 당신의 몫이다. 그런 다음 제로 현금 기법 가운데 어느 것을 이용해 부동산을 구매할지 결정하자. 현금 없이 부동산을 매입하는 방법은 뒤쪽에 자세히 설명되어 있다.

6. **구매 제안서를 쓴다.** 12점 이상 받은 모든 부동산의 구매 제안서를 작성한다. 부동산을 구매할 독창적인 방법을 먼저 마련한 뒤 서면으로 구매를 제안하도록 하자.

7. **구매한 뒤 보유하거나 다시 판다.** 시작은 언제나 힘들다. 초보자인

"미셸, 우리가 해냈어!" 할머니가 환하게 미소지었다.

"네?"

"불가능한 일을 해냈다고. 그 사람들이 만들겠대. 우리 장난감을."

"거절했다고 하셨잖아요?"

"다른 회사가 우리 시제품에 관심 있어 한다는 소문을 듣고, 하스브로의 고위층이 위원회를 다시 소집했대. 생각했던 대로야. '서두르자'라는 결정이 났어. 물론 내가 사장에게 전화한 게 조금은 도움이 되었겠지만 말이야."

"이제 어떻게 되나요?"

"우리의 요구대로 계약서를 쓰지. 14일 안에 선수금을 받을 거야."

"선수금이요?"

"앞으로 우리가 얻게 될 로열티에 대한 선수금이야. 예전에 나는 10만 달러, 20만 달러, 때때로 25만 달러를 선수금으로 받았지. 그런데 요즘은 경기가 좋지 않나 봐. 그래도 제법 받아냈어. 다른 회사와의 경쟁 때문인지, 하스브로와의 인연 덕분인지는 몰라도 사장하고 통화하면서 30만 달러를 이야기했더니 무시하진 않더라고."

구체적인 숫자를 들은 건 이번이 처음이었다. 미셸은 숨이 막혔다. '30만 달러라니!'

"협상의 여지를 줬더니 사장이 즉시 답을 했어. 예전과는 달랐지. 25만 달러를 부르더군. 그래서 그냥 알겠다고 했는데, 괜찮은 거지?"

할머니의 말을 들으며 미셸은 저절로 소파에 앉았다.

당신의 제안을 기꺼이 받아들일 매도자를 찾기까지 50건 이상의 구매 제안을 해야 할 수도 있다. 경험이 쌓이면 자연스럽게 성공 확률도 높아질 것이다. 열 건 중에 한 건, 다섯 건 중에 한 건, 세 건 중에 한 건처럼 말이다.

빌린 돈으로 부자 되는 법

부동산 투자자로서 당신이 기본적으로 해결할 문제는 2가지다.

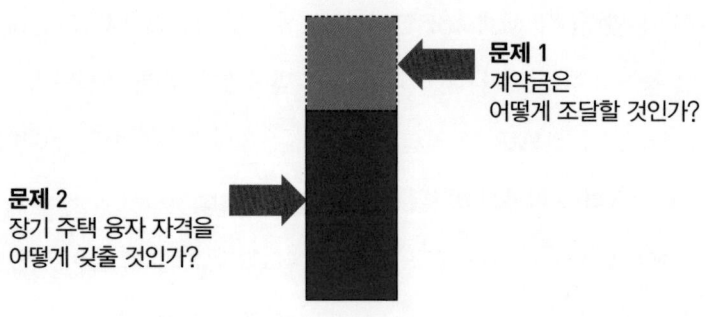

문제 1
계약금은
어떻게 조달할 것인가?

문제 2
장기 주택 융자 자격을
어떻게 갖출 것인가?

당신의 조건이 좋다면 걱정할 필요가 없다. 하지만 신용, 현금 흐름, 담보 가운데 어느 것 하나라도 부족하면 다른 사람의 자원에 의존해야

"내 예상이 맞는다면, 장차 우리 두 사람은 각각 100만 달러 정도를 벌게 될 거야. 하스브로는 확신 없이 일을 진행하는 법이 없거든."

"할머니, 너무 벅차요." 선수금의 절반을 어떻게 사용할지 미셸은 머리가 복잡했다. "그때 말씀드렸잖아요. 번 돈의 10퍼센트를 기부금으로 내겠다고요."

할머니가 말했다. "적당한 곳이 있어. 하스브로 아동병원 말이야. 로드아일랜드에 있는데, 하스브로에서도 자주 기부금을 내. 주선은 내가 할게. 사장도 기뻐할 거야."

"죄송하지만, 나머지는 언제 받을 수 있을까요?" 안토니 에릭슨에게 보여 줄 100만 달러 가운데 얼마만큼을 달성했는지 알아야 했다.

"내년 중반은 되어야 해. 매해 분기마다 꾸준히 로열티를 받게 될 거야." 순식간에 기분이 가라앉았다. 자신이 너무 순진했다고 미셸은 생각했다. "틸리 할머니, 이 돈으로 어떻게 100만 달러를 만들지요? 아직 한참 부족해요."

"걱정하지 마. 하스브로에 대량 판매권만 넘기는 거니까. 대형 체인점 판매 권한은 하스브로가 갖고, 선물용품 시장에 내놓을 권한은 우리한테 있어. 소매점과 선물용품점을 합하면 미국 전역에 수천 군데가 될 거야."

"맞아요." 미셸이 말했다. "제 친구 코트니가 가게를 하거든요. 매년 선물용품 박람회에 가요. 마케팅에 필요한 정보를 그 친구가 알 거예요. 그런데 물건은 어쩌지요?"

한다. 지금쯤 이런 의문이 들 것이다. "돈 많은 투자자가 취약한 투자자를 왜 돕겠는가?" 하지만 이 세상에는 수백만 달러를 지니고 수익성이 더 나은 곳에 투자하려는 투자자 수천 명이 있다. 그들은 좋은 부동산을 찾을 시간도, 마음도, 지식도 없다. 그들은 당신이 찾아낸 좋은 부동산의 세부 사항을 처리해 주는 것만으로 기꺼이 이익을 나눌 파트너가 되어준다. 물건이 좋으면 이야기가 좀 더 쉬워진다. 당신은 태생적으로 정보 탐색에 능숙하다. 수많은 부동산 투자자가 그렇게 시작했다.

부동산 거래에 있어 잠재적인 파트너가 되어줄 9가지 유형은 다음과 같다.

매도자	부동산 중개사	채권자
임차인	대출업자	담보권자
부동산	개인	구매자

앞으로 몇 페이지에 걸쳐 제로 현금으로 부동산을 구매하는 구체적인 방법을 알려줄 것이다. 이 방법으로 당신과 파트너 모두 승리할 수 있다.

"하스브로가 생산 물량에 우리 것도 포함하기로 합의했어. 최저 단가로 넘겨줄 거야. 물건이 미국에 도착하면 그걸 판매하면 돼."

"결제는 어떻게 해요?" 미셸이 관심을 보이며 할머니 쪽으로 몸을 기울였다.

"우리 선수금을 투자하면 돼. 그 돈이면 6만 개쯤 살 수 있을 거야. 한 개에 10달러 정도 이익이 남지. 장담하는데, 6만 개는 시작일뿐이야."

60만 달러는 큰돈이지만, 그래도 아직 부족했다. 자신이 해내야 할 부동산 거래와 인터넷을 향한 제레미의 야망이 더 필요한 시점이었다. 그래도 조금씩 자신이 생겼다.

"다음 단계는 뭔가요?"

틸리 할머니는 장난감이 아이디어에서 시작해 완구점 선반에 놓이기까지의 과정을 자세히 알려주었다. 할머니가 과거의 영광을 되살리고 전문성을 뽐낼 기회였지만, 미셸은 생산 패턴, 카운터 샘플, 총생산량 같은 대부분의 용어가 낯설었다.

할머니가 긴 설명 끝에 말했다. "당신은 엄청나게 운이 좋아. 이런 일은 100만 년에 한 번 일어날까 말까 하거든. 솔직히 말해서 내 도움인지 우주의 힘 덕분인지 모르겠어."

"둘 다일 거예요." 미셸이 말했다.

"내 몫의 칭찬은 반드시 받아 챙기지만, 그래도 오늘 밤에 감사 기도를 꼭 드리도록 해."

최고의 제로 현금 기법

95퍼센트의 매도자는 구매자가 제시하는 독창적인 대금 지급 방식을 싫어한다. 95퍼센트의 부동산 중개사는 현금 없이는 부동산을 살 수 없다고 말한다. 맞는 말이다. 95퍼센트의 경우에는 말이다.

투자자로서 당신은 신속하게 부동산을 처분해야 한다. 따라서 대금 지급에 있어 독창적인 방식을 기꺼이 수락할 5퍼센트의 매도자를 찾아야 한다. 매우 유용한 다음 기법들을 살펴보자.

매도자를 파트너로
기법 1: 가격을 올려 주고 조건을 완화한다

10만 달러짜리 부동산에 융자 상환금 9만 달러가 남아 있는 부동산이 있다고 해보자. 매도자는 어떻게 해서든 부동산을 처분하고 싶을 것이다. 하지만 중개소에 수수료를 지급하고 세금 등 부대 경비를 제하면 남는 게 거의 없다. 이때 매도자에게 이렇게 말할 수 있다.

"두 가지 제안이 있습니다. 하나는 부동산 가격을 95,000달러로 하는 것입니다. 융자 상환금을 제가 떠안고 당신에게 5,000달러를 현금으로 드리겠습니다. 다른 하나는 집값을 당신의 요구보다

63일…

미셸과 리니는 세 번째 투자 대상을 찾아서 리버데일에 갔다. 가로수가 늘어선 부유한 지역이었다. 골프 코스도 있고, 100만 달러가 넘는 집이 즐비했다. 사실 이번 일을 추진한 건 미셸이었다. 리니는 처음부터 반대했다. 미셸은 이제 한 블록 너머에 있는 '팝니다' 팻말도 알아차릴 정도가 되었다. 그녀는 얼른 차를 세웠다.

"무슨 일이야?" 리니가 물었다. "여긴 우리 능력으론 벅찬 동네야."

'팝니다' 팻말 아래에 안내지가 있었다. 미셸은 상자에서 종이를 꺼내 리니에게 건넸다. 자신도 한 장을 읽기 시작했다. 리니는 불만스러워하며 차에서 내렸다. "우리 형편으로 이런 집은 힘들어." 리니는 안내지를 들여다보며 했던 말을 되풀이했다. "미셸, 월 상환금이 엄청나. 이런 집을 사면 몇 달 지나지 않아 빈털터리가 된다고. 부동산은 내가 너보다 경험이 많잖아. 게다가 부자들은 바라는 집을 직접 짓는 걸 좋아해. 충분히 여유가 있으니까 말이야. 이 집의 상태를 봐."

미셸은 리니의 말을 이해했다. 이렇게 낡기까지 이웃 사람들이 이 집을 내버려 둔 게 놀라웠다. 잡초가 뒷마당을 덮고 있었고, 페인트는 온통 벗겨진 상태였다. 현관문 앞쪽에는 오래된 신문이 높게 쌓여 있었다. 몇 달째 빈집으로 방치된 것 같았다.

미셸은 목소리를 높였다. "이런 게 바로 우리가 찾는 집이에요. '가장 좋은 동네의 가장 나쁜 집' 말이에요. 샘이 그랬어요. 문제를 제대로 해

1,000달러 많은 101,000달러로 하는 것입니다. 융자 상환금을 뺀 대금은 현금 대신 연이율 10퍼센트의 11,000달러짜리 어음으로 드리겠습니다. 두 제안을 투자의 관점에서 비교해보지요. 현금 5,000달러를 연이율 5퍼센트 정기예금에 넣어두면 10년 뒤에 8,144달러가 됩니다. 연이율 10퍼센트인 11,000달러짜리 어음은 10년 뒤에 28,531달러가 되지요. 첫 번째 금액이 두 번째와 같아지려면 복리로 계산해도 17년이 걸립니다. 두 번째가 우리 모두에게 이익이지요. 따라서 두 번째 제안을 권하고 싶습니다."

이처럼 매도자에게 제로 현금 거래의 이점에 대해 알려줄 수도 있다.

기법 2: 돈이 아닌 재능을 활용한다

부동산 구매자가 계약금과 맞교환할 전문지식을 지닌 경우도 많다. 건축업자, 미장공, 조경업자, 변호사, 공인중개사, 보험업자, 자동차 딜러, 상점 주인 등등. 이런 전문가들은 계약금 대신 귀중한 용역을 제공하거나 할인가를 제시하는 게 가능하다. 자금이 없을 때 당신이 직접 노동을 제공하는 것도 거래 성사에 도움이 된다.

부동산 중개사를 파트너로

기법 3: 수수료를 올려 주고 현금을 깎는다

앞쪽의 예를 다시 가정해 보자. 다만 이 경우에는 매도자가 부동산을 결할 사람이 필요하다고요. 우리가 그런 역할을 해낼 수 있을 거예요."

"그래." 리니의 표정은 여전히 어두웠다. "그렇지만 그동안 번 돈을 집수리에 몽땅 쏟아부어야 할지도 몰라. 돈을 바르는 것과 마찬가지야."

"괜찮아요." 미셸이 고집스럽게 밀어붙였다. "직감이 말해주고 있어요. 이 집이라고." 그녀가 자신의 가슴을 가리켰다. "강력하게 느껴져요."

"이것 참." 리니가 혀를 찼다. "직감을 너무 믿는 거 아니야?"

잡초로 가득한 잔디밭에 서서 미셸은 전화를 걸었다. 팻말에 적힌 전화번호였다. 마침 근처에 있던 공인중개사가 전화를 받았다.

"봤지요?" 미셸이 들뜬 표정을 지었다. "이렇게 맞아 들잖아요."

조금 뒤, 검은색 차를 몰고 공인중개사가 도착했다. 50세 정도 되어 보이는 세련된 여자였다. 새치가 섞인 짧은 머리에 검은색 정장 차림이었다. 간단히 인사를 나눈 뒤 중개사의 안내를 받아 안으로 들어갔다. 미셸의 예상보다 상태가 훨씬 심각했다. 실내 장식이 아주 조잡했다. 거실은 연두색, 주방은 노랑과 주황으로 어지러웠다.

이런 내부를 앞에 두고 '고치는 게 늦어졌다'라는 건 너무 부드러운 표현이었다. 지붕에서 흘러내린 빗물이 벽에 얼룩덜룩한 자국을 남겼고, 타일은 온통 깨져 있었으며, 변기는 몇십 년 동안 한 번도 갈지 않은 채였다.

방 하나를 지나칠 때마다 리니는 고개를 저었다. 그리고 계속 한숨을

중개소에 매물로 내놓았다. 부대 경비와 중개수수료 6천 달러를 제하고 나면 매도자에게 남는 건 아무것도 없다. 이럴 때는 사실 부동산 중개사가 가장 큰 이익을 얻는 셈이다. 이럴 때 당신이 부동산 중개사에게 이런 말을 건넬 수 있다.

"이 거래는 매도자에게 오히려 손해입니다. 남는 게 아무것도 없지요. 처리가 늦어질수록 매도자는 오히려 손해를 볼 것입니다. 한 가지 제안을 해보지요. 융자 상환금을 제가 떠안겠습니다. 소유권 이전에 필요한 경비도 제가 부담하지요. 매도자는 이 거래에서 아무런 부담도 지지 않습니다. 그리고 당신이 받아야 할 수수료 6천 달러는 현금 대신 부동산을 담보로 하는 연이율 6퍼센트의 8천 달러짜리 어음으로 드리겠습니다. 그리고 그 부동산을 다시 팔 때 당신에게 다시 부탁드리겠습니다. 저는 언제든 준비되어있습니다. 당장이라도 거래가 가능합니다."

그 부동산 중개사가 다른 중개사와 수수료를 나눌 필요가 없다면, 이 기법의 성공 가능성이 한층 커진다.

채권자를 파트너로
기법 4: 매도자의 채무를 떠안는다

매도자와 협상할 때 민감한 사항을 알아두면 도움이 된다. "실례가 내쉬었다. 집 구경이 끝난 뒤, 리니가 미셸을 한쪽 구석으로 데리고 갔다. 그러면서 생각할 가치조차 없다고 강하게 말했다.

"구매 조건이 중요한 거 아니겠어요?" 미셸이 속삭였다. "만약 이 집이 1달러라면 어때요?"

"그래도 별로 내키지 않아." 리니도 목소리를 낮췄다. 하지만 미셸은 중개사에게 가서 안내지에 기록되지 않은 자세한 정보를 물었다.

중개사가 설명했다. "이 집을 산 소유주는 리버데일에 있는 다른 집에서 살아요. 그래도 1년 넘게 팔지 않았지요. 집이 계속 비어 있는 상태라 여러 번 매매 제안을 받았어요. 하지만 원하는 가격에 못 미쳐서 전부 거절했지요. 최근 감정가는 120만 달러예요. 융자금 잔액은 80만 달러고요. 집주인이 돈이 많아요. 한 달에 8천 달러 정도는 괜찮은 모양이에요. 원하는 가격에 팔릴 때까지 기다리는 중이에요." 리니가 슬며시 웃었다. "안 그래도 월 상환금이 엄청날 거라고 친구에게 말했어요. 바쁘실 텐데 이렇게 설명해 주셔서 감사합니다." 그러면서 악수하려고 손을 내밀었다.

하지만 미셸이 그 손을 가만히 내렸다. "좀 더 여쭤볼 게 있어요." 명랑한 목소리로 그녀가 중개사에게 다시 다가갔다. "융자금 이야기를 다시 해주시겠어요?"

설명을 마친 뒤 중개사가 미셸에게 말했다. "새로운 구매자가 그 정도는 감당할 수 있을 거라 믿고 있어요."

"한 가지 제안을 하고 싶어요." 샘에게 배운 것을 떠올리며 미셸이

안 된다면 한 가지 여쭤보고 싶습니다. 이 부동산을 처분하고 남는 돈으로 무엇을 하실 계획입니까? 혹시 문제 해결에 도움을 드릴 수 있을까 싶어서요." 이 질문을 통해 매도자의 사정을 알 수 있다. 당신이 그 사정을 해결할 수 있다면 현금 지급의 부담에서 벗어날 수도 있다.

앞쪽의 예시를 다시 생각해 보자. 매도자에게 갚아야 할 1만 달러의 의료비가 있다고 가정하자. 그 부채를 갚기 위해 집을 내놓은 것이다. 당신은 병원과 접촉해 매월 할부로 결제하는 방안을 제시하여 부채를 떠안을 수 있다. 그러면 매도자는 부재에서 벗어나고, 당신은 현금 없이 집을 소유하며, 병원은 밀린 의료비를 안정적으로 받을 수 있다.

모두가 이익을 보는 상황이 펼쳐지는 것이다.

임차인을 파트너로
기법 5: 임대료 및 보증금을 활용한다

보증금. 일반적으로 집주인은 첫 달과 마지막 달의 임대료를 보증금으로 낼 것을 임차인에게 요구한다. 그 주택이 팔리면 보증금은 새 집주인에게 넘어간다. 법이 금지하지 않으면 주택 구매자는 거래종결 시 이 보증금을 계약금으로 대체할 수 있다.

계약금으로 대체 가능한 보증금이 또 있다. 다음 예를 보자. 플로리다 주 탐파에 거주하는 한 투자자가 작은 규모의 상업용 부동산을 구매했다. 그 거래를 위해 7천 달러를 현금으로 내야 했다. 그는 전주인의 상황을 알고 있었다. 전기 요금 보증금으로 7천 달러를 예치해야 했

말했다. "우리는 부동산 투자자입니다. 거래만 성사되면 대금 지급을 빠르게 할 수 있어요. 80만 5천 달러를 제안 드릴게요. 그 가격에 계약할 수 있다면 기꺼이 계약금을 드리지요." 리니는 깜짝 놀라며 미셸의 소매를 잡아당겼다. 하지만 미셸은 아랑곳하지 않았다.

공인중개사는 시큰둥한 반응을 보였다. "80만 5천 달러라. 융자금 잔액을 상환하고 나면, 중개수수료와 부대 경비를 낼 돈도 부족하겠는데요."

"알고 계실 거예요. 법적으로 당신은 어떤 제안이라도 전달할 책임이 있지요. 제가 말씀드리는 금액은 80만 5천 달러입니다. 계약금으로 1천 달러를 내도록 하지요." 미셸이 정중하고도 단호한 말투로 설명했다.

"분명 부족할 거예요." 중개사가 말했다.

"여부는 집주인에게 묻지요. 이 금액을 집주인이 받아들이면 계약금을 좀 더 드릴 수도 있어요. 우리는 진지합니다. 3일 여유를 드릴 테니 의사를 타진해주세요."

사흘 뒤 공인중개사에게 전화가 왔다. 그녀의 목소리는 냉랭했다. 마침 집주인이 그 집을 떠안고 있는 데 지쳐서 매수자가 있다면 그 집을 넘길 결심을 했다고 말했다. 재산세도 그렇고, 앞으로 집값이 내려갈 것 같다고 판단한 모양이었다.

다. 그는 전력 회사에 찾아가 예치금을 현찰 대신 보증채권으로 대체하기로 협의했다. 채권 발행비용은 500달러 미만이었다. 이렇게 해결한 7천 달러를 계약금의 일부로 사용할 수 있었다.

임대료. 각 달의 1일에 부동산 구매를 완료한 구매자는 그달 치 임대료를 받을 자격이 생긴다. 융자 상환금은 대개 거래종결 후 30일 이후에 낸다. 따라서 구매자는 임대료 수입에 있어 한 달 정도 여유가 생긴다. 따라서 임대료 액수만큼 계약금에서 차감할 수 있다.

이렇게 임대료와 보증금을 활용하면 수천 달러를 계약금으로 이용할 수 있다.

기법 6: 리스 옵션을 이용한다

물건을 찾을 때 리스 옵션을 잘 살펴보는 것도 도움이 된다. 이런 주택의 경우 현금 없이 구매할 기회가 되기도 한다. 매매 옵션으로 주택을 임대하거나 리스하려는 집주인은 대개 많은 현찰 대금을 요구하지 않기 때문이다. 이들은 흔히 자신을 대신해 융자금을 상환해 줄 임차인을 찾는다. 그래서 현금을 받지 않는 매매도 고려한다.

때로는 매매 옵션을 가진 주택 리스도 도움이 된다. 예를 들어 15만 달러 가치의 빈집을 월 1천 2백 달러에 임대할 수 있다고 해보자. 이 집에 3년 뒤 16만 달러에 구매할 수 있다는 옵션이 붙어 있다면 리스가 더 경쟁력 있다. 소유에 따르는 책임에서 벗어나 잠재성을 가질 수 있기 때문이다. 3년 후에 그 집이 20만 달러가 된다면 옵션 권리를 행

"이해하기 힘드네요." 공인중개사가 중얼거리듯 말했다. "다른 세 사람의 구매 제안도 함께 전달했어요. 모두 90만 달러가 넘었지요. 그런데 딱 잘라 거절하더군요. 그러고는 두말하지 않고 당신의 제안을 받아들였어요. 이 거래를 마무리하려면 자신의 돈을 써야 하는 것도 알고 있는데도요. 이 금액이 통할 걸 알았다면 내가 그 집을 사는 건데 말이에요."

'이게 바로 직관의 힘이지.' 미셸은 으쓱한 마음이 들었다. 그러면서 중개사에 대해 생각했다. '당신의 야부트 씨가 바른 판단을 막은 거예요.'

일주일 뒤, 거래가 마무리되었다. 공인중개사의 말대로 거래종결을 위해 집주인은 많은 돈을 지출했다. 반면에 미셸은 40만 달러의 이익을 가져다줄 집을 얻었다.

그때부터 문제가 시작되었다. 인테리어업자 몇 명에게 견적을 받아보니 시장 수준에 맞게 집을 고치는 데 5만 달러 정도가 든다고 했다. 자스코 할머니의 집을 팔아서 번 돈을 전부 쏟아부어도 한참 부족했다.

그런데 막상 수리가 시작되니 그 돈으로는 어림도 없었다. 한 달 뒤, 건축 융자를 받는데도 2만 달러가 부족했다. 예전에는 빠르게 현금을 벌어준 부동산이 이제는 돈을 빨아들이는 애물단지가 된 것이다.

사해 이익을 남길 수 있다. 그렇지 않다면 그 집에서 나와 다른 리스 주택을 찾으면 된다.

대출업자를 파트너로
기법 7: 비용에 신경 쓰지 않는다

은행보다 비싼 금리로 돈을 빌려주는 대출업자들을 쉽게 찾아볼 수 있다. 부담이 크긴 하지만, 현찰을 마련할 때 좋은 대안이 될 수 있다. 이때 이자와 수수료 부담이 크기 때문에 반드시 신속하게 되팔 수 있는 거래에만 적용하도록 주의해야 한다. 다음 세 가지 경우가 일반적이다.

신용카드. 신용카드의 이자는 연 20퍼센트에 달하기도 한다. 하지만 거래 물건이 정말 좋은 경우 한 개 이상의 신용카드로 돈을 인출해 계약금을 마련할 수 있다. 혹은 매도자가 필요로 하는 것, 예를 들면 비행기 표 등을 신용카드로 구매해 계약금의 일부로 삼을 수도 있다.

부동산 담보 대출. 보트, 자동차, 기타 동산을 담보로 하여 대출을 받을 수 있다. 멋진 콘도미니엄을 사기 위해 2천 달러가 필요한 사람이 있었다. 그에게는 돈을 빌려줄 가족이나 파트너가 없었고, 저축해둔 돈도 없었다. 마침 할부 없이 구매한 새 트럭 한 대가 있었던 그는 그것을 담보로 돈을 빌릴 수 있었다.

금전 대출. 고금리로 돈을 빌려주는 대출업자는 차용자의 신용에 관심이 없다. 그들은 오직 담보물을 중요하게 여긴다. 10만 달러 가치의 집수리를 마치기 위해 미셸은 사채업자를 찾아갔다. 부동산투자를 하며 알게 된 사람이었다. 거기서 상당히 높은 이자로 5만 달러를 더 빌렸다. 안토니 에릭슨과 만날 날짜가 한 걸음씩 다가오는 시점에서 미셸은 고급 주택가에 자리 잡은 멋지게 수리한 집 한 채를 떠안고 있었다. 융자금 잔액 80만 달러에 감정가 120만 달러짜리인 집이었다. 월 상환금을 내야 할 날짜가 되었다. 은행 계좌에서 빠져나간 8천 달러를 확인하며, 미셸은 자신이 높은 동기를 가진 매도자로 신속하게 변해가는 걸 실감했다. 제레미가 계산기를 두드려보더니 그녀가 하루에 300달러씩 손해를 보고 있다고 말해주었다. 갑작스레 현실을 자각한 미셸은 이 상황이 두려워졌다.

50일…

2주 동안 미셸은 하스브로와 계약에 매달렸다. 무척 흥미롭고도 힘겨운 경험이었다. 틸리 할머니가 구두로 합의한 내용에 대해 협상해야 할 세부 사항이 수십 가지에 달했다.

계약이 완료된 뒤 미셸과 코트니는 장난감 6만 개를 팔기 위해 고객을 찾아 나섰다. 두 사람은 새롭게 제작한 멋진 시제품을 들고 몇 주 동안 선물용품 박람회를 방문했다. 그들은 100개 이상을 한꺼번에 사들일 소매업자를 원했다. 선물용품 시장은 잠재력이 큰 곳이지만, 고객을 찾기란 쉽지 않았다. 코트니는 자기 가게에서 그 곰을 팔게 될 날

주택을 현금 6만 7천 5백 달러에 살 기회를 찾았다고 해보자. 대출업자에게 연락하니 주택 가치의 75퍼센트까지 대출이 가능하다고 한다. 하지만 대가는 만만치 않다. 연 14퍼센트의 이자에 수수료 10퍼센트를 공제하겠다는 조건이다. 7만 5천 달러를 대출할 경우 수수료를 제외하고 당신의 손에 6만 7천 5백 달러가 떨어진다. 당신이 그 부동산을 9만 달러에 팔면 1만 5천 달러의 단기 이익이 생긴다. 이처럼 취득한 부동산을 신속하게 되팔 수만 있다면 금액은 신경 쓸 필요가 없다. 얼마든지 대출할 수 있기 때문이다. 단, 이 기법으로 효과를 보려면 매우 값싼 부동산을 반드시 찾아내야 한다. 그러기만 하면 현금 조달 방법은 얼마든지 있다.

담보권자를 파트너로
기법 8: 할인으로 부자가 된다

부동산을 조사할 때 그 부동산에 대한 대출 금액과 담보권자를 반드시 알아봐야 한다. 대개 담보권자는 은행이나 대출기관처럼 융통성 없는 상대일 경우가 많다. 드물게 개인이 담보권자일 경우, 창조성을 발휘할 여지가 생긴다.

개인 담보권자가 어음을 보유하고 있을 경우, 시장금리보다 낮은 이율로 장기간에 걸쳐 돈을 받는다. 이때 어음을 할인해 현금을 구하려고 할 수 있다. 몇 년에 걸쳐 돈을 받는 것보다 목돈을 손에 쥐는 것이 낫다고 여기기 때문이다.

을 기대했다. 하지만 대부분의 소규모 상점들은 그 정도 물량을 주문할 형편이 못되었다. 소량 판매를 할 수는 있지만, 최종 기한과 운송 시간을 볼 때 적합하지 않았다.

사전판매는 품이 많이 들었다. 코트니는 친분이 있는 가게 주인에게 연락했다. 선물용품 회사에도 전화를 걸었다. 덕분에 몇천 개를 주문 받을 수 있었다. 하지만 그걸로는 부족했다. 개당 10달러의 이득을 거두어도 100만 달러에는 한참 못 미쳤다. 코트니가 공항 선물용품 체인에 접근하자는 아이디어를 냈지만, 그것도 쉽지 않았다.

가장 큰 문제는 시간이었다. 대부분의 소매업체가 이미 반년 전에 크리스마스를 대비해 상품 주문을 마친 상태였다. 선물용품 박람회는 다음 해 봄을 겨냥해 장난감을 전시하고 있었다. 미셸과 코트니는 박람회를 돌며 바이어를 직접 만났다. 추가로 필요한 제품은 없는지, 리콜이나 기업 파산으로 문제가 생긴 경우는 없는지 알아보았다. 그런 경우를 발견하면 '언제나 곰'을 완벽한 대안으로 소개했다.

두 사람이 즐겨 사용한 방법은 제품에 개인적인 경험을 더하는 것이었다. 미셸과 코트니는 아이들과 떨어진 채 출장 온 엄마로 자신을 소개했다. 그러고는 완벽한 시제품에 녹음된 메시지를 바이어들에게 들려주었다. 그들도 부모나 조부모였다. 다들 제품을 마음에 들어 했다. 어떤 바이어는 새 선반을 만들어 진열할 공간을 마련하겠다고 장담했.

몸도 마음도 고달팠지만 보람 있는 시간이었다. 얼마 지나지 않아 수

예를 들어 10만 달러짜리 주택에 제1차 대출이 2만 달러, 제2차 대출이 6만 달러 걸려 있다고 해 보자. 매도자는 2만 달러의 현금을 원한다. 당신은 제2차 담보권자를 찾아가 6만 달러의 어음을 현금 4만 달러로 사겠다고 제안해 서면 동의를 받는다. 그리고 그 주택을 담보로 재융자를 받아 제1차 대출을 8만 달러로 만든다. 그런 다음 제1차 담보권자에게 2만 달러를 갚고, 제2차 담보권자의 6만 달러짜리 어음에 대해 현금 4만 달러를 지급한다. 그리고 매도자에게 현금 2만 달러를 준다. 그러면 당신은 8만 달러의 대출과 10만 달러의 주택을 소유하게 된다. 이 거래에 연결된 모든 사람이 이익을 얻었을 뿐 아니라 당신도 2만 달러의 이익을 거두었다.

가치가 높은 부동산을 찾아낸 뒤 그 부동산을 담보로 어음을 발행하는 방법도 있다. 그 어음을 개인 투자자에게 할인하여 매도하는 것이다. 제1차 담보권 4만 달러가 설정된 10만 달러짜리 주택을 발견했다고 해보자. 매도자는 8만 달러를 부른다. 당장 현금 4만 달러가 필요하다는 말이다. 당신은 6만 달러의 제2차 담보를 연이율 10퍼센트로 새롭게 설정하고, 이 신규 어음을 개인 투자자에게 할인하여 매도한다. 개인 투자자는 4만 달러에 이 어음을 사들인다. 그 결과 매도자는 현금 4만 달러를 받는다. 개인 투자자는 실질금리 15퍼센트를 넘어가는 어음을 받는다. 당신은 현금 한 푼 없이 부동산을 사들인다.

모두가 승리하는 상황인 것이다.

백 건의 주문이 들어왔다. 틸리 할머니가 옳았다! 선물용품점 직접 판매권을 지킨 것은 천재적인 생각이었다.

골든 하우스의 할머니들도 쉬지 않았다. 틸리 할머니의 친구들은 가치 있는 프로젝트에 참여한다는 걸 기뻐했다. 자녀와 손주, 그들의 친구, 친구의 친구에게 전화를 걸어 잠재적인 구매자를 찾았다. 장난감을 100개 이상 주문할 사람을 찾아내느라 다들 바쁜 시간을 보냈다.

미셸은 자선 단체와의 협정을 통해서도 함께 승리할 기회를 찾아냈다. 미국에만 5만 개 이상의 자선 단체와 기금이 있었다. "할아버지와 할머니에게 꼭 맞는 제품이에요." 미셸이 설명했다. "부모님은 물론이고, 출산 선물로도 제격이지요." 일반 판매가보다 조금 높은 가격인 25달러를 책정하면, 장난감 한 개에 10달러의 이익이 남았다. 그것을 자선 단체와 반씩 나누면 개당 5달러의 이익이 생겼다.

몇 주에 걸친 노력 끝에 미셸과 코트니는 '언제나 곰' 3만 개를 판매했다. 틸리 할머니의 예측이 거의 적중한 것이다. 순이익이 50만 달러에 달했다. 하지만 대금은 물품 인도 후에 생길 예정이었고, 아직 1만 개의 재고가 남은 상태였다.

기다리는 것 외에 다른 선택은 없었다. 미셸은 다급한 마음에 미칠 것만 같았다.

틸리 할머니는 계속 그녀를 다독였다. 장난감 공장은 중국에 있었다. 생산이 완료되면 배를 통해 미국으로 운송될 예정이었다. "그래, 기다리기 힘들 거야. 충분히 이해해. 생각해 봐. 나도 당신이 샀다는

부동산을 파트너로

기법 9: 숨은 자산을 이용해 부자가 된다

충분히 준비된 구매자는 부동산에 딸린 숨은 자산을 알아내고, 그 자산을 매도해 부동산 구입 자금에 보탠다. 숨은 자산은 가구에서 땅의 일부까지 다양하다.

가구. 창조적인 투자자가 있었다. 그 사람은 아파트 건물을 사들이기 위해 계약금 3만 달러가 필요했다. 그 건물을 점검하던 중 곳곳에 놓여 있는 오래된 가구 수십 점을 발견했다. 그는 그 가구의 가치에 주목했다. 즉시 한 골동품상과 접촉하여 계약을 맺은 뒤 돈을 빌렸다. 건물을 구매한 뒤, 가구를 팔아 빌린 돈을 갚을 수 있었다. 다른 투자자의 이야기도 있다. 그 사람은 상업용 건물을 사들였는데, 식료품점도 포함되어 있었다. 그 식료품점에는 냉장고와 냉동고 등 비품이 모두 그대로 있었다. 그는 리스 회사에 비품을 모두 판 뒤 식품점에 다시 리스하도록 주선했다. 그렇게 마련한 돈을 건물 구매에 쓸 수 있었다.

다른 자산. 플로리다에 거주하는 한 투자자는 올랜도 근처에서 가치 있는 땅을 발견했다. 그런데 매입 자금 중 5천 달러가 부족했다. 고민했지만 별다른 해결책이 없었다. 어느 날 그 땅을 둘러보다가 양치식물이 자라나는 드넓은 지역을 발견했다. 그 식물은 무척 아름다웠고, 꽃집에서 종종 사용하는 것이었다. 그는 창의성을 발휘해 양치식물 판매를 주선했다. 그리고 그 돈을 보태 땅을 사들일 수 있었다. 나중에 그 땅은 놀이공원으로 개발되어 수백만 달러의 가치를 지니게 되었다.

그 집에 페인트칠이라도 해주고 싶어. 하지만 그런다고 해도 별 도움이 안 될 거야. 이 일도 마찬가지야. 우리가 나서도 생산 속도는 빨라지지 않아. 우리 곰은 이제 거대한 완구 산업의 일부가 된 거야."

3주일 뒤, 틸리 할머니가 소식을 전해왔다. 생산을 마친 '언제나 곰'이 출항을 앞두고 있다고 했다. 21일 후면 컨테이너를 실은 배가 로스앤젤레스 항구에 도착할 예정이었다.

제품이 오기만 하면 육로를 통해 계약자들에게 전달할 수 있었다. 그로부터 사나흘 후에는 판매 대금을 받을 수 있었다. 안토니 에릭슨과 약속한 날짜를 일주일 앞둔 시점이었다. 모든 일이 제대로 맞아 들어야 했다.

예전에 미셸은 다각적인 수입 흐름에 대해 몇 시간에 걸쳐 샘과 토론했다. p.404 이제 그 필요성을 깨달을 수 있었다. '백만장자 독수리 부대'는 부동산투자에서 생각보다 수익이 적었다. 인터넷 사업도 아직 본격적인 시작을 하지 못한 상황이었다.

중국 항구에서 배가 떠난 날 아침에 샘과 미셸은 큰 바위에 올랐다. 샘이 예전에 알려주었던 격언을 다시 말했다. "만약 내게 제재소가 있다면 목재뿐 아니라 톱밥도 팔 것이다." 다각적인 수입 흐름은 성공의 필수 요건이었다.

"우리는 모든 걸 고려했어." 샘이 말했다. "실패 가능성도 예상했지. 수입 흐름을 다각화한 건 바로 그 이유야. 어느 구멍에서 황금이 나오고 어느 구멍에서 소금이 나올지 알 수 없거든. 그러니 될 수 있는 한

부동산의 일부. 부동산의 부속 대지나 건물 분할이 가능한 경우도 있다. 위스콘신의 한 투자자는 넓은 부지가 딸린 아름다운 단독주택을 발견했다. 가격은 9만 9천 달러였다. 그 사람은 부동산을 다시 측량하여 건물 양쪽에 부지 두 개를 만들었다. 한쪽 부지는 1만 5천 달러에, 다른 쪽 부지는 1만 달러에 판매를 주선하여 부동산 구매를 위한 계약금을 마련할 수 있었다.

개인을 파트너로

기법 10: 당신에게 없더라도 누군가는 갖고 있다

파트너의 재무제표를 빌린다. 강점을 지닌 파트너를 팀에 합류시켜 성공적인 투자를 이끌 수 있다. 한 창의적인 투자자는 파트너 여러 사람의 재무제표가 지닌 강점을 이용해 11채짜리 연립주택의 매매가를 20퍼센트 이상 깎을 수 있었다. 파트너가 백만장자이며, 매도자가 노련할 때 사용 가능한 방법이다.

파트너의 돈을 빌려 계약금을 치른다. 투자 파트너를 설득해 계약금의 전부나 일부를 빌릴 수 있다. 그 경우 부동산에 대한 담보신탁증서로 보증할 수도 있고 안 할 수도 있다. 주의할 점은 꼭 필요한 경우가 아니라면 파트너에게 부동산 지분을 주지 않는 것이다. 지분 공유는 투자 기간 전체를 놓고 계산해 볼 때 비용 부담이 크다.

현금 흐름, 지분 또는 기타 방식을 결합한다. 파트너의 자산을 활용해 거래를 성사시킬 수도 있다. 모텔 구매를 계획하던 한 투자자는 파트

많은 구멍을 파야 해. 그러면 뭐든 나오게 마련이거든."

미셸은 속으로 날짜를 계산했다. 배가 도착할 즈음이면 최종 기한이 채 열흘도 남지 않을 것이다.

33일…

안토니와 내기한 지 벌써 두 달이었다. 미셸은 회의실에 홀로 있었다. 이른 아침이라 아무도 도착하지 않았다. 미셸은 벽을 훑어보며 첫날의 광경을 떠올렸다. 다들 얼마나 열심히 배웠고, 얼마나 희망적이며, 얼마나 순진했던가. 그동안의 일이 눈앞에 스쳤다. 첫날의 아이디어 중 얼마나 많은 것이 실행되지 못했고, 얼마나 많은 세부 사항이 빠졌으며, 얼마나 많은 것들이 실망으로 마무리되었는지 생각났다.

물론 긍정적인 부분도 있었다. 틸리 할머니와의 만남을 생각하며 미셸은 빙그레 웃었다. 안타깝게도 두 사람의 모든 이익은 태평양을 건너고 있는 배 위에 투자된 상태였다. 부동산투자는 두 건에 성공해 꽤 많은 현금을 벌었다. 하지만 그 이익 모두를 고급 주택 한 채에 쏟아부은 상황이었다. 되돌리고 싶지만, 방법이 없었다. 제레미는 인터넷 사업으로 큰돈을 벌겠다고 계속 강조했다. 하지만 그녀는 아무 기대도 생기지 않았다. 그는 언제나 말을 앞세웠고, 성과는 없었다. 제레미를 팀원으로 삼은 게 잘못이었을 수도 있다. 얼마 전에 그는 '언제나 곰' 1만 개를 구매할 인터넷 업체를 찾았다고 장담했다. 하지만 얼마 뒤 그

너의 도움을 구했다. 그 파트너가 자신이 보유한 주식을 담보로 2만 달러를 빌려 거래에 필요한 자금을 조달해주었다.

대규모 자금과 지분을 바꾼다. 대규모 자금을 조달해 준 파트너에게는 일반적으로 부동산 지분을 나눠준다. 애틀랜타의 한 초보 투자자에겐 임대료 100달러뿐이었다. 그런데도 그는 파트너가 빌려준 2천 달러로 첫 거래를 성사시켰다. 한 아버지와 아들은 샌디에이고의 콘도미니엄을 사들일 7천 달러를 파트너를 찾아내 조달했다. 로스앤젤레스의 한 투자자는 72채짜리 아파트 건물 구매에 필요한 현금을 파트너 여러 명을 통해 확보했다. 금액에 상관없이 원칙은 같음을 기억하자.

구매자를 파트너로
기법 11: 신속하게 되팔아 부자가 된다

적합한 부동산을 찾아내면 당신은 구매 가격과 구매 시기를 명기한 법적 서류인 구매 제안서에 서명한다. 구매 제안서는 단기 옵션이다. 매도자가 일정 기간 안에 부동산을 당신에게 판매할 의무가 생기는 것이다. 예를 들어, 60일 뒤에 10만 달러짜리 주택 구매를 제안했다고 해보자. 거래가 끝난 건 아니지만, 이제 당신은 60일 동안 이 부동산에 대한 권리를 행사할 수 있다. 만약 누군가가 당신에게 이 부동산을 11만 달러에 사겠다고 제안한다면? 이 경우 당신은 1만 달러의 이익을 남기고 이 계약을 새로운 구매자에게 넘길 수 있다. 새로운 구매자가 당신을 대신해 주택 구매를 완료하게 되는 것이다. 법적 지위를 강화하는 곳이 문을 닫았다는 소식을 전해왔다.

'온통 어려운 일뿐이네.' 미셸은 한숨을 내쉬었다. 무엇보다 큰 문제는 매달 큰돈을 잡아먹는 빈집이었다.

미셸이 온갖 생각에 빠져 있을 때 샘이 들어왔다. 미셸은 샘에게 그 집에 대한 의견을 물었다. 그러자 샘이 말했다. "사실 그때 나는 속으로 반대했어."

"정말인가요?" 미셸의 목소리가 떨렸다.

샘은 고개를 끄덕였다. "난 두려웠어. 우리가 번 돈을 다 쏟아붓고 매달 엄청난 돈을 융자 상환금으로 내야 할 것 같아서. 결국 그렇게 되었지만 말이야."

고민하던 미셸이 어렵게 물었다. "어떻게 하는 게 현명한 판단일까요?"

"흠…." 샘이 말했다. "광고를 내는 것도 한 방법이야. 그 집을 리스 옵션으로 처분할 수 있을 거야. 그게 빠르면서도 최선이라고 생각해."

"그렇다고 현금이 생기진 않을 텐데요." 미셸이 말했다.

"이것 봐, 지금 손해 보고 있는 돈이 한 달에 8천 달러야. 가진 돈이 모두 떨어지면 연체가 시작되겠지. 곧 그동안 만났던 사람들과 같은 신세가 될 거야."

"리스 옵션이 뭔가요?"p.444 미셸이 물었다.

"이런 광고를 내는 거야. '리스 옵션-구입 옵션 조건으로 집을 리스 합니다' 당신 말이 맞아. 그런다고 현금이 생기는 건 아니야. 그래도 출

방안으로 구입 제안서에 있는 당신의 이름 뒤에 '그리고/또는 양수인' 이라는 말을 항상 넣도록 하라. 그러면 당신의 계약을 다른 사람에게 양도할 권리가 생긴다. (세부적인 내용은 반드시 전문가에게 확인해야 한다)

존이라는 이름의 창의적인 투자자를 살펴보자. 그는 법원 서류를 뒤져 상환금을 갚지 못해 소유권이 넘어가게 된 8만 달러짜리 부동산을 찾아냈다. 그의 전략은 신속하게 되파는 것이었다. 그는 약간의 계약금을 치르고 그 주택을 6만 달러에 확보했다. 그리고 계약금 900달러를 받고 그 주택을 8만 달러에 팔겠다는 광고를 냈다. 그 집은 곧 팔렸다. 존은 자신이 떠안는 제2차 담보에 대한 상환금의 형태로 이익을 얻었다. 지금까지 그는 이런 방법으로 수백 채의 주택을 되팔았다. 제2차 담보에 대한 누적 지분 덕분에 매달 수만 달러의 현금 흐름이 생겼다.

한 투자자는 배우자와 함께 콜로라도에 스키 여행을 떠났다. 여유 있는 시간에 그 지역의 부동산 정보를 뒤지다가 '최고의 지역에 자리 잡은 최악의 집'을 발견했다. 주변 주택의 가격은 200만-500만 달러인데, 그 집은 125만 달러였다. 매도인과 협상을 벌인 끝에 현금 90만 달러에 그 집을 사들였다. 그리고 90일 뒤에 거래를 종결하기로 구매 제안서에 서명했다. 그 90일 동안 주택을 다시 시장에 내놓았고, 115만 달러의 구매 제안을 받았다.

그가 구매 제안서에 '그리고/또는 양수인'이라는 문구를 넣어둔 덕분에 그 부동산을 새로운 구매자에게 넘길 수 있었다. 그는 단기간에

혈은 막을 수 있어."

미셸은 잘 이해가 되지 않았다. "그런 걸 원하는 사람이 있을까요?" 이제는 다 포기하는 심정이었다. "융자 상환금을 그만큼 낼 능력이면 집을 사지 왜 리스를 하겠어요?"

"현금 흐름은 괜찮은데 계약금을 낼 목돈이 없을 수 있어. 게다가 우리가 하는 투자 방식을 원하지 않을 수도 있지. 전근으로 방금 이 지역에 이사 온 독신자나 부부, 가족은 리스 옵션을 선호해. 한동안 그렇게 살면서 동네를 살피고 싶어하니까. 그러다가 그 집을 사겠다고 나설 수도 있고. 그러면 당신에게 현금이 생기겠지. 중요한 건 이 방법으로 그 집의 가치를 지킬 수 있다는 거야."

"현금을 더 빨리 마련할 방법이 없을까요?" 미셸의 머릿속에는 안토니 에릭슨과의 내기뿐이었다. "혹시 며칠밖에 시간이 안 남았을 경우를 대비해서요."

"은행에서 감정가의 최대 75-80퍼센트까지 대출을 받을 수는 있겠지."

"그러면 10만 달러는 보탤 수 있겠네요."

"시아버지와 내기할 때 현금으로 100만 달러를 벌겠다고 하지 않았으면 좋았을 텐데 말이야." 샘이 처음으로 웃어 보였다. "다음에 또 이런 일이 생기면 서류상 100만 달러를 벌겠다고 해. 그러면 우리 모두 훨씬 수월했을 거야."

미셸은 대답 대신 씁쓸한 미소를 지었다. "리스 옵션 광고를 내도록

25만 달러의 현금을 벌었다. 그는 부동산의 소유권을 취득하지도, 대출도 일으키지도, 신용상태를 점검받지도 않았다. 부동산을 소유하지 않은 상태에서 제3자에게 양도해 상당한 이익을 거둘 수 있었다.

되팔기 기법의 이점을 충분히 활용했기에 가능한 일이었다.

부업으로 시간당 120달러를 버는 법

사실 부동산 거래는 숫자 게임이다.

200개 넘는 부동산을 조사해도 장래성 있는 물건은 20개 정도뿐이다. 20개 중에 현장에 다녀올 가치가 있는 것은 10개에 불과하다. 그 10개 중 구매 제안서를 작성할 가치가 있는 것은 2-3개뿐이다. 구매 제안서도 한 번에 끝나지 않는다. 매도자가 동의할 때까지 10번 넘게 작성해야 할 때도 있다. 그래도 좌절할 필요는 없다. 투자하는 시간 대비 얻게 될 이익을 계산해 보라. 시세보다 아주 낮은 부동산을 찾아내어 협상하고 구매하는 데 100시간이 소요되고, 1만 달러의 수익을 남겼다고 해보자. 이 경우 당신은 시간당 100달러를 벌어들인다. 여유 시간을 기꺼이 투자할만한 가치가 충분하다.

숫자가 더 커질 수도 있다. 당신이 50시간을 들여 직접 그 부동산을 할게요. 그 집을 내놓은 지 3주가 되었지만 아무 소식이 없어요."

"그래. 새로운 길을 찾을 때도 됐어." 샘이 고개를 끄덕였다. "기왕 광고하려면 좋은 조건을 제시해. 자금 조달을 책임진다거나, 자산 교환도 가능하다는 걸 알리는 거지. '아름다운 집, 최고의 동네, 전체 수리 완료, 즉시 입주 가능. 교환하고 싶은 다른 자산을 보유하고 계신가요? 리스 옵션을 원하시나요?' 이런 식으로 융통성을 보여야 해."

"교환할 자산이요?" 미셸이 물었다. "저한테 절실한 건 현금인걸요."

"나도 알아. 하지만 현실을 봐야지. 당신이 지금 보유한 건 매도하기 힘든 부동산이야. 그걸 당장 현금으로 바꿀 수가 없잖아. 가치가 자꾸 떨어지고 있으니 담보로 삼기도 힘들고. 지금 정말 필요한 건 금방 팔 수 있는 다른 자산이야."

"하지만 시간이 부족해요."

"알고 있어. 그래도 당장은 별다른 길이 없어. 더듬이를 이용할 때야. 우주적 네트워크를 포함해서 모든 네트워크를 작동시켜야 해. 당신이 손 놓고 있으면 하늘도 도울 수 없어. 지금 필요한 건 행동이야. 너무 오래 기다리고만 있었어. 당장 움직이도록 해! 뭔가 일을 벌여야 상황이 움직인다고. 지금은 그렇게 할 수밖에 없어."

미셸은 한숨을 내뱉었다.

"한 가지 더 말할게." 진지한 샘을 보고 미셸은 긴장했다. "그동안 직관 사용법을 최선을 다해 가르쳤어. 이번 부동산을 사면서 당신이 말했지. 직관이 계속 그렇게 말했다고. 하지만 직관은 절대 간단하지 않

단장하면 가치를 1만 달러 가까이 높일 수 있다. 그러면 시간당 200달러의 수익이 생기는 셈이다.

일주일에 두 시간씩, 1년 동안 100시간을 투자해 그곳을 관리하면 그 부동산의 가치는 또 1만 달러 오른다. 시간당 100달러를 더 벌게 되는 것이다.

즉, 하나의 부동산을 찾고, 구매하고, 고치고, 관리하는 데 총 250시간을 투자해 3만 달러의 순수익을 거두게 된다. 이 방식으로 하면 투자 시간당 120달러를 부동산으로 벌어들일 수 있다.

만약 그런 부동산이 두 개나 세 개라면? 당신도 이 모든 일을 해낼 수 있다.

아. 연약한 불꽃과도 같지. 많은 요소의 영향을 받거든. 그 가운데 반드시 경계해야 할 두 가지가 있어. 바로 욕심과 두려움이야. 두려움이라는 악당은 당신이 꼭 해야 할 일을 막아. 욕심은 해서는 안 될 일을 밀어붙이지. 당신은 그렇게 생각할 거야. 내가 당신을 꿰뚫어 본다고. 하지만 내게도 그럴 능력은 없어. 내가 가끔 당신의 마음을 들여다볼 수 있다고 생각하지만 난 당신의 마음을 들여다볼 수 없어. 그래도 그때를 되돌아보면….”

미셸은 귀를 기울였다.

“욕심이라는 악당이 당신을 유혹했던 것 같아. 나도 그런 경험이 있어. 투자자로 처음 나섰을 때 말이야. 오만했었지. 원하는 대로 거래가 척척 이뤄지고 나니 나도 모르게 그런 상태가 되더라고. 그래도 꼭 필요한 경험이긴 해. 위대한 투자자로 거듭나려면 두어 번 곤란을 겪어봐야 하지. 그래야 안전망이 없다는 걸 깨닫거든. 실패로 많은 돈을 날릴 수도 있어. 나는 당신이 이 일로 큰 교훈을 얻었으면 해. 광고를 낸 뒤 연락을 기다리기만 해서는 안 돼. 당신의 의도를 적극적으로 알려야 해. 당신에게 멋진 집이 있고, 그걸 교환하고 싶어한다는 걸 말이야. 융자를 1달러도 받지 않은, 작은 집을 찾아봐. 누군가가 가진 40만 달러짜리 집이 당신의 집과 가치가 같으니까. 골프 코스가 있는 멋진 동네로 가고 싶어 안달 난 사람을 찾을 수도 있거든. 그러면 현금도 마련할 수 있지.”

“현금이요?” 미셸이 물었다.

1분 돌아보기: 부동산

1. **성공적인 투자자는 가치를 찾거나 창조한다.**

   이런 부동산을 찾아라.

   ▲ 싼값에 나온 부동산

   ▲ 문제가 있는 부동산

   ▲ 용도 변경이 가능한 부동산

2. **부동산 투자자로 성공하려면 다음 세 가지 기술을 익혀라.**

   ▲ 물건 검색: 시세보다 싸게 나온 부동산 찾기

   ▲ 자금 조달: 주택 융자 자격을 갖춰 계약금 마련하기

   ▲ 되팔기: 이윤을 남기고 부동산을 빠르게 처분하기

3. **부동산 투자에 필수적인 7단계 과정**

   1단계: 당신의 거주지에서 반경 80킬로미터 이내의 주거용 부동산만 구매한다. 단독주택, 아파트, 콘도미니엄, 연립주택 등이 매도, 재임대, 자금 조달에 유용하다. 다른 형태의 부동산은 들여다보지 마라.

   2단계: 좁은 범위의 목표 지역을 고르고, 그 지역의 전문가가 되자. 꾸준히 탐색하면 1년에 3-10개 정도의 정말 싼 물건이 나온다. 물건이 나오면 누구보다 먼저 그것을 발견하도록 하라.

   3단계: 9가지 방법을 활용해 동기를 가진 매도자를 찾는다. 사람들은

"당신의 큰집과 융자가 한 푼도 들어있지 않은 작은 집을 바꿀 수 있다면, 그 집을 담보로 돈을 빌릴 수 있을 거야. 이해할 수 있지?"

"알겠어요." 미셸이 망설이며 대답했다.

샘이 또렷한 말투로 말했다. "미셸, 일하다 보면 많은 경우를 만나게 돼. 위험이 닥치기도 하고, 어렵게 빠져나오기도 하지. 무엇이든 받아들이도록 해. 자, 어서 시작하는 거야."

"그럴게요." 미셸이 대답했다.

그녀가 막 회의실을 나설 때 등 뒤에서 소리가 들렸다. "먼저 광고부터 처리해. 당장 광고가 나갈 수 있도록!"

다음날 광고가 나갔다. 샘이 알려준 내용에 미셸이 살짝 양념을 쳤다.

무척 아름다운 주택

수준 높은 지역

당장 입주 가능한 완벽한 상태

교환이나 리스 옵션에 관심 있는 분을 찾습니다

협상 가능합니다

막 현관에 들어서는데 미셸의 휴대 전화가 울렸다. 샘의 비서인 스테파니였다. "미셸, 계속 전화가 와요. 그 광고가 관심을 끌었나 봐요. 자세한 설명을 원하는 분들이 있어서 일단 연락처를 받아두었어요. 지금까지 열두 명은 되는 것 같아요."

여러 가지 이유로 부동산을 팔 때 융통성을 보인다.

4단계: 다섯 가지 핵심 질문을 통해 가능성 있는 거래를 분석한다. 가격, 상태, 지급 조건, 매도자의 동기 등이 그 기준이 된다.

5단계: 제로 현금 기법 가운데 무엇을 사용할 것인지 결정한다.

6단계: 12점 이상을 획득한 모든 부동산을 대상으로 구매 제안서를 쓴다.

7단계: 검토 완료된 부동산을 구매한다. 보유하거나 신속하게 되판다.

"그분들의 연락처를 보내 주실 수 있을까요?"

"네, 그럴게요."

"고마워요, 스테파니, 다른 일이 있으면 다시 연락 주세요."

미셸은 전화를 끊고 방으로 들어왔다. 이제는 익숙해진 이곳이 모든 것의 시작이었다. 샘에게 끌려나가 큰 바위로 달려야 했던 첫날 새벽이 떠올랐다. 딱 하루를 빼면, 지난 두 달 동안 하루도 달리기를 거른 적이 없었다. 더 눕고 싶은 유혹을 몇 번 겪긴 했지만, 이제는 뛰는 게 습관이 되었다. 운동을 하고 나면 온몸에 활력이 넘쳤고, 덕분에 늦은 시각까지 버틸 수 있었다. 예전에는 저녁 식사를 마친 뒤 9시 30분이면 잠자리에 들어야 했다. 두 아이를 돌보는 게 쉽지 않았기 때문이다. 하지만 지금은 힘을 낼 이유가 있었다.

어쩌면 최종 기한이 그녀를 깨어 있게 하는지도 모른다. 니키와 한나, 그리고 기디언이 끊임없이 떠올랐다. 기디언의 영혼이 곁에서 힘을 주는 것이라고 그녀는 믿었다.

지금 미셸은 위기에 처해 있지만, 지금처럼 살아있는 느낌으로 충만했던 적이 없었다. 운동 때문일 수도 있고, 끊임없이 솟아오르는 아이디어 덕분일 수도 있었다.

이제 그녀는 세상을 다르게 바라보게 되었다. 언젠가 큰 바위에서 샘이 그랬다. "우리 삶에는 두 개의 문이 있어. '안전'이라고 적힌 문과 '자유'라고 적힌 문이야. 그런데 '안전'이 적힌 문을 선택하면 결국 둘 다 잃게 돼."

사업

처음 그 말을 들었을 때는 도무지 이해할 수 없었다. 자신이 가장 갈망하는 게 안전이었다. 자기 소유의 집에서 사랑하는 가족과 머무는 삶, 누구도 자신들을 해칠 수 없는 그런 보호막을 원했다. 하지만 두 달 동안 생각지도 못한 일들을 겪으며 미셸은 다른 세상을 경험했다. 자신이 선택하고 책임지는 삶은 이전과 달랐다. 이제 다시는 '안전'이라는 문을 선택하지 않을 것이다. 자유만이 온전한 삶을 줄 수 있었다.

핫초코 한 잔을 들고 스테파니가 보내 준 명단을 살피는데, 휴대 전화가 울렸다.

"안녕하세요. 미셸입니다."

"주택과 자산을 교환하고 싶다는 광고를 내신 분 맞지요?"

"네. 고급 주택가에 있는 아름다운 집과 교환할 자산이 있으신가요?"

"그렇습니다. 아주 귀한 남미산 루비를 보유하고 있어요. 그걸 집과 바꾸고자 합니다."

"아…, 연락 주셔서 감사합니다. 그런데 제가 원하는 자산이 아닌 것 같습니다. 저는 현금화할 수 있는 자산이 필요합니다."

"이 보석은 팔 수도 있어요."

"왜 직접 판매하지 않으세요?"

"내가 가진 보석 전부와 바꿀 집이 필요해서요. 들어가서 살 집이요."

"죄송합니다. 보석은 고려해 본 적이 없어서요."

사업으로 수백만 달러 벌어들이기

부를 신속하게 창조하는 방법 가운데 하나는 사업이다. 1년 안에 100만 달러를 벌고 싶다면 다음 세 가지가 필요하다.

꿈: 뚜렷한 목표와 확실한 이유
팀: 전문성을 지닌 파트너로 구성된 네트워크
중심 과제: 100만 달러 가치의 제품, 서비스, 아이디어

'엄청난 이익을 가져다줄' 제품은 어디에 있을까? 바로 당신 주변에 있다. 당신은 지금 다이아몬드 광산 한가운데 서 있다.

『다이아몬드의 땅』으로 유명한 러셀 H. 콘웰은 말한다.

> "당신을 중심으로 네 블록 안에 있는 사람만을 염두에 두어라. 그들이 무엇을 원하는지 알아내고, 그것을 공급하면 큰 이익을 거둘 수 있다. 부는 당신의 목소리가 들리는 범위 안에 존재한다."

'당신의 목소리가 들리는 범위'. 너무도 간단하다. 하지만 누구나 알고 있는 거대 기업도 하찮아 보이는 아이디어 하나에서 시작됐다. 미

"지금부터 생각해 보시고 연락해주세요."

"혹시 이러면 어떨까요? 서면으로 제안해주시겠어요? 동업자들과 논의해보겠습니다."

전화를 끊은 뒤 미셸은 고개를 저었다. 남미산 루비라니. 다음엔 또 어떤 게 튀어나올까? 브루클린 다리? 장난감 곰 1만 개와 그 루비를 바꿀 수 있다면 어떨까? 그녀는 혼자 웃었다.

다음 두 시간 동안 미셸은 스테파니가 보내 준 명단을 보며 통화를 했다. 마지막 번호를 누르려는데, 전화벨이 울렸다.

"미셸입니다."

"제가 찾는 분이 맞네요." 모르는 목소리였다. "미셸 에릭슨 씨지요?"

"그렇습니다."

"저는 프레드 탠디입니다. 한 달쯤 전에 당신의 편지를 받았어요. 내가 소유한 아파트 건물에 관심이 있다고요." 미셸은 기억을 되살리려 애썼다. 지난 6주 동안 전국으로 보낸 편지가 500통이 넘었다.

"좀 더 구체적으로 여쭤봐도 될까요? 몇 번지에 있는 건물인가요?"

"파킨쉽 로드입니다." 그 순간 아주 낡은 아파트 건물이 떠올랐다. 세상에, 그걸 잊고 있었다니. 술 냄새를 풍기는 아파트 관리인과 이것저것 이야기를 주고받았었다. 몽롱한 표정의 관리인은 건물 주인이 다른 주에 살고 있고, 한 번도 이곳에 들린 적이 없다고 했다.

"기억납니다. 어떤 일이신가요?"

키마우스와 애플컴퓨터에서 암앤해머 베이킹 소다와 켈로그 콘플레이크까지. 당신이라고 그런 아이디어가 없겠는가? 머릿속을 스쳤던 아이디어가 몇 달 뒤 다른 사람의 제품으로 출시된 적은 없는가? "앗, 저건 내 생각인데….'하고 후회하진 않았는가?

이제 당신의 100만 달러짜리 아이디어를 현실로 만들 때다.

다음 질문을 자신에게 던져보자.

지금 내 머릿속에 100만 달러짜리 사업 아이디어가 떠다닌다면?

주위 사람이 필요로 하는 구체적인 사업 아이템을 알게 된다면?

멋진 아이디어를 행동으로 옮기지 못하는 한 사람을 발견한다면?

그 일을 어떻게 해내고, 자금은 어떻게 조달하며, 고객은 어떻게 찾아낼지 고민하지 마라. 우선 아이디어를 찾아내기만 하자. 그것이 먼저다.

100만 달러짜리 사업을 해나가는 게 어떤 것일지 상상하자.

"그동안 외국에 있었습니다. 돌아와 보니 우편물이 잔뜩 쌓여 있었어요. 이제야 겨우 당신의 편지를 발견했지요. 내 건물에 관심이 있다고 하셔서 연락을 드렸습니다."

"그 건물을 매도할 의사가 있으신지 여쭤보려고 편지를 드렸어요. 저는 부동산 투자자입니다. 제가 드릴 수 있는 최고의 가격을 제시하겠습니다. 매도나 교환에 관심이 있으신가요?"

"교환이라고요? 흥미로운 조건이네요. 사실 나는 그 건물을 팔 생각이 없었어요. 그런데 최근에 관리인의 과실을 알게 되었어요. 임대료를 속이고, 공공요금도 내지 않고, 건물 수리도 하지 않았어요. 임차인 중 한 명이 사는 집의 전기가 끊겼다고 항의 전화를 했더라고요. 그 관리인은 사라진 상태였어요. 사실 그 건물은 아주 낡았고, 골치 아픈 상황이에요."

그 사람의 솔직한 태도가 고맙긴 했지만, 주인이 모든 것을 알고 있는 상황에서 미셸이 뭔가 말을 보태어 이득을 얻을 것은 없어 보였다.

"아내와 나는 몇 년 전에 그 건물을 샀어요. 그러고는 바깥에서 살다가 다시 그 지역으로 갈 수 있게 되었지요. 아내는 5년 동안 돌아가고 싶어했어요. 하지만 제 일 때문에 그럴 수가 없었어요. 다행히 얼마 전에 독립해서 혼자 사업체를 꾸렸어요. 돈을 많이 벌어도 가정이 희생되면 무슨 소용일까 싶더라고요."

미셸은 가슴이 두근거렸다. 이번 직감은 진짜였다. 이 사람과는 도움을 주고받을 수 있었다. 두 사람이 함께 승리할 수 있는 상황이었다.

기업가를 위한 최고의 길 10가지

미국 전역에만 수백만 개의 기업이 있다. 이 가운데 98퍼센트는 직원 100명 미만으로, 연간 수입은 평균 100만 달러 미만이다. 소수의 종업원으로 연간 순수입 100만 달러 이상의 상위 2퍼센트 기업이 되려면 어떻게 해야 할까? 그 방법을 알려주겠다. 당신이 원한다면.

먼저 기업가의 기술을 갈고닦아야 한다. 19세기 말에는 90퍼센트 이상이 중소기업이었다. 산업 혁명 기간에 많은 이들이 농촌을 떠나 도시로 왔다. 일자리를 찾기 위해. 그들은 안정적인 급료를 받는 대가로 독립성을 포기했다. 이제 우리는 허망한 삶에서 벗어나 농촌으로 돌아가야 한다. 금전적인 책임을 스스로 지던 시절로 되돌아가는 것이다.

세상은 더 많은 기업가를 강력하게 원한다. 워런 버핏이 말했다. 부를 창조하려면 두 가지 방법뿐이라고. 가치를 발견하거나, 가치를 창조하거나. 기업가는 다른 사람을 위해 큰 가치를 발견하고 창조해 이익을 얻는다. 기업가는 일자리와 재미를 창조하고, 시스템이 돌아가게 한다. 다른 사람이 문제만을 발견하는 곳에서 기업가는 가능성을 본다. 그들은 부자가 되기 위해 생각을 거듭한다. 그 과정에서 필연적으로 다른 사람의 삶을 풍요롭게 만든다. 우리의 목표는 하나다. 당신도 모르고 있던 기업가 정신을 일깨우는 것이다. 돈 버는 능력을 스스로

"탠디 씨, 마침 완벽하게 수리를 마친 아름다운 집이 한 채 있어요. 골프 코스가 있는 고급스러운 지역에 자리 잡은 집이지요. 세 번 감정을 받았고, 감정가는 120만 달러예요. 현재 융자금 잔액은 80만 달러입니다. 마침 그 집과 교환할 만한 낡은 아파트 건물을 구하고 있었습니다."

노골적인 미셸의 제안을 듣고, 그는 껄껄 웃었다. "우리가 찾던 집인 것 같네요. 내가 소유한 건물은 부동산 투자자가 보기에 약간의 수리가 필요할 거예요. 이 거래는 제 아내의 의사에 달려 있어요. 두세 달 뒤 그쪽으로 갈 예정이에요. 그때 살펴보도록 하겠습니다."

가슴이 철렁하는 느낌이었다. 미셸은 얼른 말했다. "좀 더 빨리 약속을 잡을 수 없을까요? 개인적인 사정이 있어서 일을 신속하게 처리해야 합니다."

"제 고용 계약이 두세 달 뒤에 끝나요. 그러니 방법이 없어요."

"부인의 마음이 중요하다고 하셨지요? 혹시 이 일을 위임하시면 어떨까요? 부인이 집을 보러 오셔도 좋을 것 같아요. 솔직히 말씀드릴게요. 이 부동산에 관심을 보이는 분들이 정말 많아요. 계속 연락을 주고 계세요. 어제 광고가 나갔거든요. 벌써 전화를 열세 통 받았는데, 제 직감으로는 당신이 딱 맞는 분인 것 같아요."

"재미있는 분이시군요. 솔직한 태도가 마음에 듭니다. 알겠습니다. 아내에게 위임하지요. 되도록 빨리 연락을 드리라고 하겠습니다."

통화를 마친 뒤 미셸은 속으로 빌었다. 이 일이 부디 긍정적인 방향으로 바뀌기를. 그녀는 다시 명단 속 연락처에 전화를 걸었다. 간단한 깨달을 때, 당신은 모든 사람을 잘살게 하고 가난을 내버려 두지 않을 것이다.

비즈니스 모델 몇 가지는 이미 널리 알려져 있다. 하지만 파고들어 보면 이런 모델은 수십 가지에 달한다. 기본적인 10가지 모델을 제시하겠다. 당신의 사업에 도움이 될 형태를 찾아보라.

1. 기업-개인 모델: 개인 고객에게 제품이나 서비스를 판매하는 기업 (월마트, 맥도널드)

2. 기업-기업 모델: 다른 기업에 제품이나 서비스를 판매하는 기업 (오피스맥스, 시스코푸드)

3. 기업-정부 모델: 정부 혹은 정부 기관에 제품이나 서비스를 판매하는 기업 (페드코)

4. 기업-단체 모델: 자선 단체에 제품이나 서비스를 판매하는 기업

5. 기업-기업 모델: 소유권을 사장에게 사들인 기업 (테드 터너)

6. 기업-다수의 개인 모델: 다단계 판매 기업

7. 기업-다수의 기업 모델: 기업과 기업의 합작으로 탄생한 기업

8. 직원-개인, 기업, 정부, 단체 모델: 수수료를 받는 종업원. 즉 사내 기업가 (3M)

9. 특허-개인, 기업, 정부, 단체 모델: 특허를 판매하는 기업

10. 컨설팅-개인, 기업, 정부, 단체 모델: 아이디어를 제공하는 기업

저녁 식사를 준비한 후 벽난로 앞에 잠시 앉았다. 너무 피곤해서 아무것도 넘어가지 않았다. 잠옷으로 갈아입을 기운도 없었다.

그녀는 이내 깊은 잠에 빠졌다. 밤공기 속에서 느긋하게 떠다니는 느낌이었다. 미셸은 하늘로 날아올랐다. 저 아래 반짝이는 도시의 불빛이 보였다. 더 위로, 더 위로 올라간 그녀는 수많은 불빛이 멀어지는 걸 보았다. 얼마 지나지 않아 푸르게 빛나는 지구가 발아래 놓였다. 그러고도 계속 올라가서 태양 주위를 도는 행성을 보았다. 거기서 멈추지 않고 은하계 속으로 끌려갔다. 마치 절대자의 마음속을 떠다니는 느낌이었다. 새로운 차원에서 바라본 세상은 그녀가 가진 고민을 아주 작은 것으로 줄어들게 해주었다.

동틀 무렵 그녀는 여행에서 돌아왔다. 벽난로 앞에서 곤히 잠든 여자가 보였다. 상처받으면서도 강인함을 간직한 그 여자에게 무한한 사랑을 느꼈다.

잠에서 깨어났을 때, 미셸의 눈은 촉촉하게 젖어있었다. 하지만 지난 몇 달의 그 어느 때보다 마음이 평온으로 가득했다.

23일…

며칠 동안 미셸은 프레드 탠디에게 몇 번이나 연락했다. 하지만 연결이 되지 않았다. 아무래도 아내와 함께 출장지에 있는 모양이었다.

사실 처음에는 그 사람과 연락이 닿지 않아도 괜찮다고 생각했다. 괜

마케팅을 위한 1분 계획

새로운 사업을 시작하고 싶은가? 그렇다면 다음 4단계 계획의 빈칸을 채워라. 매일 1분씩 생각하면 놀라운 결과가 펼쳐질 것이다.

1단계. 큰 그림 그리기: 나의 사업에 영향을 줄 외적 조건은?

내년에 당신의 사업이 마주할 6가지를 예상하라. 이로 인해 얻게 될 기회는 (+)에, 이겨내야 할 도전은 (−)에 적어보자.

경제	(+) _____	(−) _____
경쟁업체	(+) _____	(−) _____
기술	(+) _____	(−) _____
환경	(+) _____	(−) _____
사회/문화	(+) _____	(−) _____
법률/정치	(+) _____	(−) _____

찮은 후보자가 더 많았기 때문이다. 하지만 막상 일을 해나가다 보니 그들은 조금씩 냉담해졌다. 며칠 뒤면 다시 융자 상환금 8천 달러를 내야 하는 날이었다. 어린 시절에 들었던 한 남자의 이야기가 떠올랐다. 보물을 잔뜩 실은 배를 타고 길을 나섰지만, 결국 그 무게 탓에 배가 가라앉았다는 이야기였다. 그녀도 이 집이라는 '보물' 탓에 점점 가라앉고 있었다.

대체 그 거래를 왜 했을까? 그녀는 자신에게 거듭 물었다. '왜? 왜? 왜? 원래 하던 대로 했었더라면, 더 작은 부동산을 사들였다면. 이전에 나는 마음이 편안했어. 내가 뭘 하는지 알고 있었지.'

샘의 회의실에 홀로 앉아 있던 미셸은 자책감에 휩싸인 채 멍하니 앉아 있었다. 그때였다. 전화벨이 울렸다. 미셸은 급하게 전화를 받았다.

"탠디 씨?"

"에릭슨 부인, 안녕하세요. 제 아내가 그 동네를 잘 알고 있다고 하네요. 얼른 집을 보고 싶답니다. 그래서 이번 주말에 그쪽에 가 보기로 했어요. 집이 마음에 들면 거래를 하도록 하지요."

한창 통화를 하고 있는데, 샘이 들어왔다. 미셸이 입 모양으로 말했다.

'잘 될 것 같아요.'

샘이 알겠다는 듯 고개를 끄덕였다.

"정말 잘 되었어요. 몇 시에 도착하세요? 공항으로 두 분을 모시러 갈게요. 오전 9시 30분이요? 괜찮으시면 곧바로 집을 보러 가셔도 됩니다. 그리고 며칠 안에 제가 그 아파트를 둘러볼 방법이 있을까요? 제

2단계. 목표 정하기: 내년에 이뤄낼 나의 사업은?

금전적인 목표

첫해 매출은?
₩ _____

생산에 드는 비용은?
₩ _____

광고에 드는 비용은?
₩ _____

고정적으로 드는 비용은?
₩ _____

예상되는 이익 혹은 손실은?
₩ _____

자세한 목표

총 판매 수량은?
_____

데이터베이스 있는 고객 숫자는?
_____

품질 개선 방법은?
_____

이익을 키우는 방법은?
_____

총 기부 금액은?
_____

3단계. 고객 파악하기: 나의 고객은 누구인가? 그들이 원하는 것은?

당신의 업종에서 성공한 사람을 인터뷰하여 다음 사항을 알아내도록 하자. 이때 그 사람은 경쟁자가 아니어야 한다.

나의 고객은 어떤 사람인가?

나이 _____ 성별 _____
직업 _____ 수입 _____

가 정말 원하는 물건인지 확인하고 싶습니다."

"그럼요." 그가 말했다. "새로운 아파트 관리인에게 말해두겠습니다. 내일 아파트 몇 채를 살펴볼 수 있을 거예요. 지금 세 채가 비어 있거든요. 그 정도인 게 다행이지요. 임대료가 싼 편이긴 해요. 그러니 아파트 상태는 짐작하실 수 있겠지요."

"감정가는 얼마나 될까요?"

"아직 잘 모르겠습니다. 저도 당신처럼 감정을 세 번 받아 볼 계획입니다. 가격 협상 여지는 있어요."

"융자는 받으셨나요?"

"아니요. 완불된 건물입니다."

바로 이 사람이었다. "감사합니다. 모레 아침에 뵙겠습니다."

통화를 마친 미셸이 테이블 가장자리에 걸터앉은 샘을 보았다. "어떨 것 같아?" 샘이 물었다.

"괜찮다고 하기엔 아직 무서워요…. 어쨌거나…, 쇼핑몰 부지 건너편의 스무 채짜리 아파트에요. 건물은 무척 낡았어요. 그때 둘러봤을 땐 아파트로서는 수명이 다한 느낌이었어요. 관리인도 불성실했고요." 술에 찌들어있던 그 사람의 얼굴이 떠올랐다. "사무실로 개조하면 건물 가치는 훨씬 높아지겠지요. 일단 내일 오후에 다시 살펴보는 게 좋겠어요."

"잘하고 있네."

이 정도 격려에도 미셸은 기운이 났다. 이전의 질책이 조금은 만회되는 느낌이었다.

지역 _____

나의 고객이 원하는 것은 무엇인가?

_____

나의 고객은 왜 내 제품을 사는가?

_____

4단계. 광고 시스템: 나의 제품을 효과적으로 드러낼 방법은?

제품: 내 제품의 특별함은?
내 제품이 지닌 독특한 장점은 무엇인가?

_____

내 제품이 건네는 매력적인 제안은 무엇인가?

_____

내 제품이 지킬 확실한 약속은 무엇인가?

_____

가격: 경쟁사 제품과 비교할 때 나의 제품이 돋보이려면 어떻게 포장하고, 얼마를 받아야 하는가?

_____

20일…

방금 거래를 마친 미셸은 심한 안도감과 두려움을 함께 느꼈다. 월 8천 달러의 상환금이 포함된 골치 아픈 집을 드디어 처분할 수 있었다. 이제 미셸은 10만 달러만 들여서 고치면 재빠르게 처분할 수 있는 스무 채짜리 아파트의 주인이었다.

그 건물의 감정가는 100만 달러에 조금 못 미쳤다. 건물주인이 그 건물을 담보로 60만 달러의 융자금을 얻어 주었다. 그 돈으로 임대료와 융자 상환금을 내고 약간의 현금도 확보했다. 갑자기 생겼던 수많은 문제가 미셸에게 큰 어려움을 가져다주었다. 겨우 파국을 막긴 했지만, 미셸은 자신이 없었다. 어떻게 해야 이 흐름을 성공으로 바꿀 수 있을까?

아파트 건물로 향하는 동안 미셸은 조수석에 걱정스러운 표정으로 앉아 있었다. 운전대를 잡고 있던 샘이 말했다.

"나비 부인, 크나큰 발전이야. 겨우 두 달 만에 말이야. 이제 당신은 대다수가 절대 사지 않을 아파트 건물의 소유주가 되었어. 이제 그 건물로 무엇을 해야 할지 살펴보도록 하지."

그들은 아파트 바로 앞쪽에 차를 세웠다. 길 건너편에는 쇼핑몰 공사

유통: 비용을 아끼면서 제품을 신속하게 고객에게 전달할 방법은?

1. _____
2. _____
3. _____

광고 및 홍보: 구매 가능성이 큰 고객에게 다가가기 위해 어떤 방법을 사용할 것인가? 우선순위를 정해보자. (광고 효과는 크고 비용은 낮은 매체를 고르는 것이 중요하다)

라디오 _____   텔레비전 _____   신문 _____

우편 _____   인터넷 _____   이메일 _____

소셜미디어 _____   홍보물 _____   그 외 _____

판매: 구매 가능성이 큰 고객을 실제 구매자로 만들 방법은? 우선순위를 정하자. (비용은 낮고 이익은 큰 방법을 고르는 게 중요하다)

전화 주문 _____   텔레마케팅 _____   인터넷 _____

직접 판매 _____   집단 판매 _____   우편 _____

도매 _____   그 외 _____

판촉: 고객에게 내 제품을 처음 접할 기회를 줄 방법은?
_____

가 한창이었다. 주변의 주택은 거의 빈 상태로, 철거를 앞두고 있었다. 그녀의 건물은 상업용 부동산으로 중요한 위치를 차지할 것이다. 하지만 단기간에 현금화할 수 있을지는 알 수 없었다.

차에서 내린 샘이 건물 앞을 오가며 주변을 살폈다. "잠깐 들어가 보도록 하지." 걸음을 옮기며 그녀가 말을 이었다. "나 같으면 이렇게 할 거야. 이 건물은 손을 많이 봐야 해. 당신에겐 시간이 없지. 그러니까 쇼핑몰의 소유주를 알아보자고. 그들의 부동산 담당자를 만나보는 거지. 분명히 투자 목적으로 쇼핑몰 주변의 부동산을 찾고 있을 거야. 재개발이 끝나면 부동산 가격이 치솟을 테니까. 이 건물을 사무실 용도로 바꾸면 큰돈이 될 수도 있어. 그런데 우리가 원하는 건 신속하게 부동산을 파는 거야. 모두가 승리하는 또 다른 예가 될 수 있겠어."

"무슨 말씀인지 잘 모르겠어요."

"지금 이 건물의 가치는 100만 달러야. 이 거리가 완전히 재개발되고 이 건물을 사무용 건물로 개조하면, 200만 달러 이상으로 가치가 오르겠지. 아마 150만 달러 정도에 이 건물을 팔 수 있을 거야. 즉, 미래의 이익을 포기하고 지금 당신 몫을 받아내는 거지."

"그 값에 사지 않겠다고 하면 어쩌지요?"

샘이 날카로운 눈빛을 보냈다. "그럴 땐 어떻게 해야 할까?"

"그렇다면…, 다른 개발업자를 찾아야겠지요. 아주 빠르게." 샘이 고개를 끄덕였다. "이쪽과 저쪽, 부동산을 전부 샅샅이 뒤져야 해. 이 건물에 관심 있는 개발자를 찾을 수 있을 거야."

마케팅 정보: 내 제품의 1년 목표를 달성하기 위해 마케팅 정보를 분석할 방법은?

_____

전문가: 마케팅 효과를 끌어올리기 위해 도움을 청할 전문가는?

_____

1분 마케팅의 놀라움

마케팅은 당신의 사업을 살려줄 산소와 같다. 마케팅 전문가 댄 케네디의 광고문구를 보자.

광고문구 #1: 음악을 즐기는 삶을 살아라
광고문구 #2: 음악이 당신의 삶이 된다

언뜻 보면 비슷하지만, 그 차이는 엄청나다. 두 번째 광고문구가 8배나 많은 호응을 얻었기 때문이다. 당신의 마케팅을 성공으로 이끄는 3단계를 소개하겠다.

"네, 그럴 생각이었어요."

　미셸은 쇼핑몰 개발업자를 먼저 만났다. 하지만 그들이 대답할 때까지 기다릴 여유는 없었다. 그녀는 온종일 대형 부동산중개소에 전화를 걸었다. 30곳 넘게 통화를 한 뒤에야 그런 건물을 원하는 개발업자를 알고 있다는 중개소를 찾아낼 수 있었다.

　다음날 그녀는 그 개발업자의 사무실에 찾아갔다. 금액을 협상하고, 열흘 안에 거래를 마친다는 조건으로 그 건물을 처분할 수 있었다. 미셸은 수수료와 비용을 제하고 55만 달러의 이익을 남겼다.

　아직 한참 모자라긴 했지만, 그래도 말도 안 되는 금액이었다. 평소 같으면 꿈도 못 꿀 돈이기 때문이었다. 샘은 그 짧은 기간에 그녀를 마케팅 고수로 탈바꿈시켰다.

　55만 달러, 다른 수입 흐름에서 성과가 난다면 목표 금액을 맞출 수 있을 텐데. 안토니 에릭슨과 약속한 날이 열흘밖에 남지 않았다.

10일…

　그날 아침에 그녀는 일찌감치 큰 바위에 다녀왔다. 그날따라 유난히 기분이 좋았다. 마음이 충만함으로 차올라 조금 들뜬 기분까지 들었다.

1단계: 중독자를 찾는다. 마약 중독처럼 끔찍한 게 아니다. 우리가 말하는 건 긍정적인 중독자다. 누구에게나 긍정적으로 중독된 분야가 있다. 몸매 가꾸기, 골프, 스포츠 관람, 인형, 음식, 취미, 다이어트, 초콜릿, 마라톤, 돈, 기도, 커피 등등. 중독자는 최고의 고객이 되어준다. 중독자는 더 빨리, 더 자주 구매한다. 중독자는 다른 중독자에게 소식을 퍼 나른다. "우리는 다들 중독자다." 이 말을 잘 기억해 두자.

2단계: 중독성 있는 광고를 만든다. 사람들을 끌어들이는 요소에는 다음 세 가지가 있다. 이 요소를 통해 중독성 있는 광고를 만들어 보자.

▲ **독특한 장점.** 고객이 오직 당신의 제품에서만 얻을 수 있는 독특한 가지는 무엇인가? 미국에서 금광 찾기 열풍이 휘몰아치던 시절, 그일에 종사했던 사람들은 특허받은 구리 징이 박힌 리바이스 청바지를 아주 좋아했다. 경쟁자들이 흉내 낼 수 없는 이 요소 덕분에 리바이스는 튼튼한 작업복의 상징이 되었다. 당신 제품의 구리 징은 무엇인가? 그것을 반드시 찾아내어 고객에게 보여 주는 것이 당신의 역할이다.

▲ **매력적인 제안.** 좋은 거래란 무엇일까? 음악 CD 여덟 장에 1센트, 누가 봐도 좋은 거래다. 이 방법으로 콜롬비아 하우스는 큰돈을 벌었다. 당신의 거래가 달콤한 것이 되려면 어떤 이익을 제공해야 할까? 보증 기간 연장? 할인 쿠폰? 특별한 설명? 공짜 선물? 비용을 크게 들이지 않으면서도 가치 있는 것으로 여겨지는 제안을 해야 한다. 깜짝 보

미셸은 막 샘의 사무실이 있는 건물에 들어서고 있었다. 그때 스테파니가 다가와 쪽지 하나를 건네주었다. "읽어 보셔야 할 것 같아요."

그녀는 그것을 들여다보았다. 틸리 할머니의 메시지였다.

'문제가 생겼음. 하스브로에 당장 연락할 것.'

그녀는 겁에 질린 채 전화를 걸었다. "미셸, 이걸 어쩌지요." 하스브로의 생산 담당 부사장 아이라 슈원의 목소리가 들려왔다. "화물을 싣고 오던 배에 문제가 생겼어요. 태풍을 동반한 거대한 폭풍이 대만 남쪽으로 이동하고 있대요. 태풍이 지나갈 때까지 항구에 정박해야 한다고 해요. 너무 위험한 상황이라서요. 아무래도 운송이 지연될 것 같아요. 사나흘 정도요."

가슴이 철렁 내려앉았다. 태평양 한가운데 있는 배와 함께 모든 기회가 사라지고 있었다.

'약속된 날짜를 맞출 수 없어.' 그녀는 생각했다. '온갖 노력을 다했는데도 모든 게 무너진 거야.'

미셸은 다급하게 샘의 사무실로 갔다. 샘은 공원이 보이는 통창 앞에 앉아 한창 통화 중이었다. 초조한 마음으로 미셸은 기다렸다. 샘이 전화를 끊자마자, 미셸은 숨도 못 쉬며 말했다.

"큰일이 벌어졌어요."

너스를 제안할 때 손해 보지 않도록 제품 가격에 여유를 두어라.

▲ **확실한 약속.** 아주 확실하면서도 강력한 약속을 건네라. 그리고 반드시 그 약속을 지켜라. 메리어트 호텔은 고객에게 이런 약속을 했다. "주문한 음식이 30분 안에 나오지 않으면 돈을 받지 않겠습니다." 이 약속이 고객을 끌어들이는 강력한 요소가 되었다. 당신도 할 수 있다. 지킬 수 있는 확실한 약속을 고객에게 건네라.

3단계: 파트너를 찾아 지렛대 효과를 높인다. 긍정적인 중독 집단과 연결된 사람들과 관계를 맺어라. 이익의 일부를 그들에게 나눠주고, 그들의 고객에게 당신의 제품을 소개하라. 경쟁을 거두고 협력을 도모하라.

긍정적인 중독자를 찾아라. 그들을 끌어당길 강력한 마케팅을 시행하라. 파트너를 찾아서 지렛대 효과를 높여라. 매일 1분씩 이 세 단계를 검토하라. 그러면 당신은 99퍼센트의 기업을 앞설 수 있다. 우리가 약속한다.

샘이 차분한 표정을 지어 보였다. "학교 다닐 때도 이런 일이 있었어. 연극 연습을 할 때 개막식 전날까지 온갖 문제가 터지지. 그러다가 당일이 되면 정돈된 상태가 되곤 하거든."

"농담할 때가 아니에요. 방금 하스브로와 통화를 했어요. 태풍 때문에 화물선이 홍콩에 멈춰 있어요. 이러다간 늦어버릴 거예요."

샘은 가만히 듣고만 있었다.

미셸이 간절한 목소리로 애원했다. "이렇게 아이들을 잃을 수는 없어요. 제게 돈을 빌려주실 순 없을까요?"

"하지만 당신은 시아버지와 약속했잖아. 직접 돈을 벌겠다고 말이야…."

"그래도 방법을 찾아야 해요. 당신 소유의 건물 한 채를 싸게 넘겨주실 수는 없을까요? 아이들을 되찾는 대로 반드시 돌려 드릴게요. 안토니 에릭슨은 모를 거예요."

"그런 방법은…."

"우리 아이들이 걸려 있어요. 내기에서 이길 수만 있다면 전 무슨 짓이든 할 수 있어요."

샘은 잠시 고개를 숙였다가 다시 들었다. "미셸, 상상도 못 할 만큼 힘든 상황인 걸 알아. 내가 당신이었다면 솔직히 쩔쩔매고 있었을 거야. 하지만 이번 제안은 도덕적이지 못해."

"그렇지만 안토니 에릭슨은 아이들을 빼앗기 위해 비도덕적인 일을 저질렀어요. 그렇지 않나요?"

감성 마케팅
: 완벽한 고객 끌어당기기

앞서 배운 풍요의 원칙을 마케팅에 적용해 보자. 우리는 지금껏 숫자로 결과를 확인하는 전통적인 마케팅 기법을 펼쳐왔다. 이제는 감성 마케팅을 시작할 시점이다.

스테이시 홀과 잔 브로그니즈는 『완벽한 고객 끌어당기기』라는 책에서 수많은 기업의 실패 원인을 지적했다. 고객을 발굴하는 전통적인 마케팅에 너무 많은 돈을 쏟아붓기 때문이다.

"좋은 고객을 찾아내는 건 힘들다. 경쟁사의 고객을 빼앗아야 한다. 그러기 위해서는 당연히 많은 것을 감내해야 한다." 이런 말에 의문을 가질 때가 되었다고 그들은 말한다. 완벽한 고객이 당신의 제품을 찾으러 오는 상상을 해보라.

기억하라. 20퍼센트의 고객이 이익의 80퍼센트를 가져다준다.

"고객을 찾기 위해 애쓰지 말고 고객을 끌어당기도록 만들어라." 이 일을 어떻게 해낼 수 있을까. 다음 네 가지 중요한 질문을 자신에게 던져보자.

1. 나의 완벽한 고객은 어떤 모습일까? (당신의 이상적인 고객을 상상하라)

"맞아." 샘이 말했다. "그 사람은 조만간 대가를 치를 거야."

"대가라고요?"

"일찌감치 당신에게 가르쳐 준 거야. 깨달은 백만장자가 향해야 하는 방향 말이야."

"기억해요. 하지만 그건 이론일 뿐인걸요."

"이론이 아니야. 세상은 실제로 그렇게 돌아가. 정직은 삶의 한 가지 방식이 아니야. 유일한 방식이라고. 정직하지 못한 행동이 쌓이면 당신은 결국 쓰러지게 돼. 비행기 날개에 얼음이 쌓이면 결국 날지 못하게 되는 것처럼 말이야. 그러니 아무리 작은 거짓말도 해서는 안 돼. 오직 한 가지만이 당신을 날아오르게 할 수 있어. 정직하고 공평하게 사는 것, 바로 그것이지. 아무리 상처 입고 힘이 들어도 그 길을 저버리면 안 돼."

미셸은 듣고 싶지 않다는 듯 고개를 저었다.

"내가 어렸을 때 말이야…." 샘이 모르는 척 이야기를 이어갔다. "오빠와 함께 연을 만들곤 했어. 맨손으로 연을 만들려면 하루가 꼬빡 걸려. 나무를 길쭉하게 잘라내고 다듬어서 틀을 만들고, 거기에 식료품점에서 얻어 온 누런 봉투를 붙였지. 밀가루를 쒀서 풀을 만들고, 꼬리는 못 쓰는 종이를 찢어서 이어붙였어. 오후 늦게 산들바람이 불어오면 우리는 있는 힘껏 들판을 달리기 시작했지…."

"핵심만 부탁드려요." 미셸은 더는 참을 수 없었다.

하지만 샘의 이야기는 계속 이어졌다. "연이 바람을 타고 오르면 실

2. 나의 완벽한 고객은 무엇에 움직일까? (그들이 중요하게 여기는 내적 가치는?)

3. 나의 완벽한 고객은 나에게 무엇을 기대할까? (시장 조사보다 이 질문이 더 효과가 크다. 자신에게 이 질문을 던지면 당신이 제공하고 싶은 것을 확실히 알 수 있다. 즉, 당신이 금요일마다 쉬고 싶다면, 그런 것을 기대하는 고객을 모으면 된다)

4. 완벽한 고객을 더 많이 모으려면 무엇을 고쳐야 할까?

스테이시 홀과 잔 브로그니즈는 말한다. "완벽한 고객이 당신에게 무엇을 기대하는지 확실히 알수록 그들은 더 빨리, 더 많이, 더 쉽게 나타난다."

우리는 당신이 전통적인 고객 찾기와 감성적인 고객 찾기를 결합해 마케팅 효과를 극대화할 것을 권한다.

이 팽팽해지지. 막대기를 힘껏 잡아당기던 순간이 지금도 생생하게 기억나. 그 흥분되던 순간을 말이야…. 그런데 말이야, 연은 바람이 없으면 날아오르지 못해. 미셸, 당신은 문제가 터질 때마다 세상이 끝난 것 같은 얼굴로 내게 달려오지. 하지만 모든 문제는 당신을 밀어 올리는 바람이야. 그게 있어야 날 수 있다고."

샘이 또렷한 시선으로 미셸을 보았다. 결국 미셸은 고개를 떨구었다. "바람은 연을 하늘로 밀어 올리지. 하지만 막대기를 쥐고 있지 않으면 연이 계속 떠 있지 못해. 당신도 자신의 가치를 꽉 쥐고 있어야 해. 정직, 그게 바로 당신의 가치야. 그걸 놓아버리면 당신의 연이 떨어질 거야."

미셸의 마음속에서 화가 끓어올랐다. "저는 이미 남편을 잃었어요. 아이들까지 잃고 나면 이 세상에 살아있을 이유가 없어요."

샘이 목소리를 높였다. "어떻게 그런 이기적인 말을 해?"

두 사람은 서로를 노려보았다.

"진심이에요. 당신이 뭐라고 하든 상관없어요. 이렇게까지 했는데 아이들을 잃는다면 차라리 죽는 게 나아요." 소파에 주저앉아 미셸이 울음을 터트렸.

샘이 그녀 곁에 다가가 앉았다. "나의 멘토 가운데 벅민스터 풀러라는 분이 계셔. 직접 만나보진 못했지만, 정말 대단한 분이라는 건 알고 있지. 스무 개가 넘는 명예박사 학위를 소유하고, 40권의 책을 쓰고, 500개가 넘는 특허권을 갖고 계셨어. 한마디로 천재였지."

정보 제공 기업
: 누구에게나 열려 있는 100만 달러짜리 사업

정보 사업으로 수백만 달러를 벌어들일 수 있다. 이 사업은 자신이나 다른 사람의 정보를 판매하는 것이다.

그 과정에서 제공하는 것은 다음과 같다.

- ▲ 지식
- ▲ 모험
- ▲ 뭔가가 되는 방법
- ▲ 숨겨진 비법
- ▲ 특별한 관심거리
- ▲ 작업 습관
- ▲ 성공담, 혹은 실패담
- ▲ 신념
- ▲ 사랑
- ▲ 즐거움
- ▲ 뭔가를 하는 방법
- ▲ 깨달음
- ▲ 나의 삶, 혹은 다른 이의 삶
- ▲ 취미
- ▲ 관찰 내용
- ▲ 상상력
- ▲ 종교
- ▲ 열정
- ▲ 삶에서 찾을 수 있는 기쁨, 혹은 슬픔
- ▲ 수백만 달러를 버는 동시에 삶을 사랑하는 법

미셸은 고개를 들었다. 샘이 하고 싶은 말이 대체 뭘까?

"하지만 젊은 시절에 그분의 인생은 엉망이었어. 하버드에서 퇴학당하고, 돈 많은 아내의 돈을 탕진하기도 했지. 어린 딸이 품에 안겨 죽어가는 걸 본 뒤 우울증에 걸려 자살을 시도하기도 했어. 미시간 호수 앞에 서서 이렇게 생각했대. '이곳에 뛰어들어서 헤엄치다 보면 결국 힘이 빠져서 죽게 되겠지.' 그때였어. 인생 전체를 관통할 깨달음이 머리를 스치고 지나간 거야. 그분이 나중에 그런 말을 했어. 30년이 지나도 그 순간을 잊을 수가 없다고."

"그리고요?" 자신의 문제를 어느새 잊고 미셸이 물었다.

"그때 귀에 들려온 말이 이거였대. '다른 사람의 이익을 드높이기 위해 너의 시간과 관심을 기울이면, 온 우주가 반드시 적절한 때에 너를 도울 것이다.' 그분은 곧바로 집으로 갔어. 그리고 2년 동안 입을 닫은 채 사색과 명상을 했지. 그리고 나머지 50년 동안 새로운 것을 만드는 데 일생을 바쳤어. 그분은 내내 세상 사람들을 도왔어. 특히 수입이 생기면 곧바로 기부했지. 은행 계좌에 단 한 푼도 남지 않을 때도 있었고, 한 달에 백만 달러를 기부한 적도 있었어. 하지만 세상을 떠날 때까지 한 번도 풍요롭지 않은 적이 없었어. 이 우주가 자신을 돌봐준다고 믿었으니까."

샘은 잠시 말을 멈췄다. "미셸, 당신은 온 힘을 다했어. 할 수 있는 모든 일을 한 거야. 일하고, 기도하고, 직감을 믿고, 번 돈의 10퍼센트를 기부했어. 내가 가르친 지렛대 효과를 모두 적용했지. 이제 남은 건

정보 사업을 통해 당신은 주변을 포함해 이 세상을 변화시킬 수 있다. 당신이 변화를 일으키고, 그런 나눔에 대해 세상이 보상하는 것이다.

사실 이보다 비용이 적게 드는 사업은 없다. 거창한 도구나 제작 비용을 동원하지 않아도 마음과 마음이 이어지게 할 수 있다.

이제는 굳이 종이의 도움을 빌리지 않아도 얼마든지 출판이 가능하다. 당신이 기울일 건 시간과 노력뿐이다. 디지털 방식의 이북 형태로도 책을 발행할 수 있기 때문이다.

주문형 인쇄 시스템도 유용하다. 이 방식을 사용하면 필요한 만큼만 책을 주문할 수 있다.

꼭 책을 쓰지 않아도 당신의 생각을 널리 알릴 방법은 무궁무진하다. 언어나 영상을 통해 내용을 구성하는 것도 얼마든지 가능하기 때문이다.

다음 페이지에서는 정보를 현금으로 바꾸는 방법을 소개하겠다.

한 가지야."

미셸은 멘토의 말에 귀를 기울였다.

"의심을 멈추는 것."

마지막 날: 2시간…

우리의 삶은 의식하지 못하는 사이에 매일 조금씩 변해간다. 부부 사이가 나빠지고, 학위를 취득하고, 아이들은 점점 자라서 청소년이 된다.

때때로 순식간에 삶이 달라지기도 한다. 교통사고, 예상치 못한 상속, 직장에서 쫓겨남….

쉽지 않은 결혼 생활, 남편의 죽음, 갑작스레 빼앗긴 아이들. 이 모두가 미셸에게는 우주의 뜻이 작용한 전환점이었다.

그리고 몇 분 후면 갑작스러운 변화가 또다시 벌어질지 모른다. 미셸과 제레미는 회의실에 단둘이 앉아 있었다. 샘을 비롯한 팀원들 모두 결과를 몹시 궁금해했다. 하지만 부담을 줄까 봐 일부러 자리를 피해 주었다.

언제나 그랬듯 샘이 맞았다. 만약 샘이 이 자리에 있었다면 성공이든 실패든 상관없이 멘토의 시선을 의식했을 것이다. 미셸이 직관을 발휘하는 순간에도 영향을 받을 게 틀림없었다. 일찌감치 샘이 말했다. 문을 활짝 열고 모든 가능성을 맞이하라고. 온 우주가 인도하는 대로 따

당신 안에 책 한 권이 있다

우리 안에는 적어도 한 권의 책을 만들 재료가 있다. 자리만 잘 잡으면 당신의 책은 정보 제국의 시발점이 될 수도 있다. 가족을 부양할 만큼의 수입 흐름을 만들 수 있는 것이다.

성공을 다루는 대부분의 책은 비참한 내용으로 시작된다. 자신이 얼마나 뚱뚱했는지, 가난했는지, 볼품없었는지, 불행했는지, 외로웠는지, 중독되었는지, 슬펐는지 설명한다. 그러면서 어떠한 기적, 의지, 발견을 통해 상황을 이겨냈는지 강조한다. 그들은 그 이야기로 책을 내고, 세미나를 열고, 뉴스레터를 만들고, 강연을 하고, 컨설팅을 하고, 광고를 찍는다. 실패를 성공으로 만든 이야기를 큰 재산으로 바꾼 것이다.

당신은 어떤 이야기를 지녔는가? 당신의 모든 삶은 가치 있다. 실패도 성공도 모두 쓸모있는 경험이다. 평범해 보이는 이야기라도 마케팅을 잘하면 평생의 현금 흐름이 되어줄 수 있다. 운이 좋으면 수백만 달러를 벌어들일 수도 있다. 그러니 지금 당장 당신의 인생을 들여다보라. 당신도 해낼 수 있다.

정보로 성공하려면 다음 세 가지 기술을 익히도록 하자.

라가라고. 그러면 당연히 원하는 것을 얻게 되지만, 때때로 예상과 다른 길을 갈 수도 있다고 이야기해주었다.

미셸은 '언제나 곰'으로 부자가 될 것이 확실했다. 빠른 학습 능력과 네트워크 기술로 미루어 볼 때, 일 년 뒤에는 부동산 투자자로 우뚝 서 있을 것이다. 오늘 아침에 그녀는 아파트 건물을 팔아서 마련한 수표를 일찌감치 현금으로 바꿔두었다.

하지만 아직 45만 달러가 모자랐다.

그녀는 사실 제레미의 시도에 별다른 기대를 하지 않았다. 그의 계획은 항상 거창했고, 성과는 빈약했다. 서머와 문제를 일으켰고, 웹사이트도 망가졌다.

그런데 이제 그녀의 미래가 온통 그에게 달려 있었다. 아이들이 사라지면 과연 미래가 있기는 할까. 마우스를 누르는 손길 몇 번이 모든 것을 좌우할 것이었다. 제레미는 장담했다. 다 잘 될 거라고. 지난 3주 동안 그는 서머와 함께 모든 시간을 쏟아부어 세미나 판매 시스템을 구축했다.

자칭 컴퓨터 천재인 제레미는 이번 90일 동안 많은 것을 배웠다고 고백했다. 미셸이 장난감과 부동산에 대해 엄청난 것들을 알게 된 것처럼. 그리고 그는 겸손해지는 방법도 익혔다. 지금 그는 모든 데이터를 백업하고, 여분의 서버를 준비해 둔 상태였다. 그와 서머의 사이도 좋아졌다. 사람을 대하는 데 능숙한 서머는 인터넷 너머의 사람들과 1대 1로 대화하며 퉁명스러운 제레미의 태도를 보완했다.

▲ 목표물 설정: 배고픈 물고기 무리 찾기. 당신이 바라보는 시장을 물고기 무리라고 상상하라. 물고기는 충분한가? 물고기 무리는 늘어나는가, 줄어드는가? 물고기 무리의 위치와 먹이 습관을 알아내기 쉬운가? 물고기 무리가 정말 굶주린 상태인가? 날씨는 적절한가? 그들을 끌어들일 미끼는 있는가? 물고기 무리가 어둡고 안전한 물속 깊은 곳에서 기꺼이 올라와 미끼를 물기 위해 다투겠는가? 당신은 물고기를 잡을 수 있겠는가?

▲ 미끼 달기: 거부할 수 없는 미끼 던지기. 물고기 무리를 적극적으로 끌어들일 당신만의 전문성을 발휘하라. 사실 완벽하게 새로운 정보는 없다. 돈, 자존심, 섹스, 건강, 종교, 대인 관계, 아름다움 등등 모든 욕구는 수천 년 전부터 존재해왔다. 당신이 가진 정보를 적절한 시기에 미끼로 사용하라. 그래서 이러한 범세계적인 욕구 가운데 한 가지에 접근하라.

▲ 지속성 확보: 평생 가는 고객 낚기. 몇천 명의 충성스러운 고객만 있어도 정보 사업이 강력해진다. 고객 한 사람이 당신의 정보를 얻는 대가로 1년에 100달러만 내도, 1천 명의 고객에게 10만 달러를 벌 수 있다. 1년에 1천 달러를 낼 고객 1천 명을 찾으면 100만 달러를 버는 정보 사업을 창조할 수 있다. 그 비결은 건져 올린 물고기 무리를 잘 돌보는 것에서 시작된다. 그 물고기 무리는 평생 당신과 함께할 것이다.

이 프로젝트의 코드명은 '배고픈 물고기'였다. 깨달은 백만장자 세미나 판매 시각은 12월 6일 오전 10시였다. 하루라도 시간을 당겨달라고 부탁했지만, 여러 문제 탓에 그럴 수가 없었다. 이제 정말 남은 시간이 별로 없었다.

제레미는 시스템을 거듭 확인했다. 결제 시스템도 준비가 된 상태였다. 제레미는 합작 투자 파트너에게 한 가지를 제안했다. 수수료를 좀 더 높여주는 대신 첫 이익 100만 달러는 미셸이 갖도록 협상했다. 덕분에 목표액에 도달할 시간을 크게 단축할 수 있었다. 사실 30분 정도였지만, 그 정도면 충분했다.

제레미는 의자에 기대며 손을 문질렀다. 그러고는 여유로운 표정으로 손마디를 꺾었다. 미셸은 참기가 힘들었다. "미안해요, 제레미. 제 신경이 바짝 곤두서 있어요. 이러다가 폭발할 것 같아요."

"미셸, 마음을 가라앉혀요. 10시까지 아직 몇 분 남았어요. 이 컴퓨터 천재도 직관 사용법을 배웠거든요. 반드시 잘 될 거예요."

"정말인가요?" 미셸이 걱정하며 컴퓨터를 보았다.

"직관을 알려준 건 당신과 샘이잖아요. 난 여기를 믿어요. 진심이에요." 그가 가슴을 두드렸다.

"너무 시간이 촉박해요." 그녀가 시계를 들여다보았다. "겨우 두 시간 뒤에 안토니 에릭슨을 만나야 해요. 현금 100만 달러가 필요한데, 난 지금 55만 달러뿐이에요."

제레미는 10만 명에게 이메일을 발송할 계획이었다. p.512 PDF 형식

정보 기업가를 위한 7단계

1. **당신의 열정이나 전문성에 어울리는 주제를 고른다.**

다이어트	몸매 관리	수집
요리	판매	취미
인간관계	마케팅	외국어
스포츠	홍보	공포
투자	자산 지키기	시간 관리
주식	인터넷	게임
부동산	동영상	강연

2. **가장 배고픈 물고기 무리를 찾는다.** 온라인이나 메시지 발송 회사를 통해 굶주린 물고기 무리를 조사하고 찾아낸다.

3. **미끼의 종류를 알아낸다.** 시장 조사를 한다. 다른 낚시꾼이 어떤 미끼로 성공했는지 연구하는 것이다. 직접 물고기에게 묻는 방법도 있다. 잠재 고객이 무엇을 원하는지 알아내자. 그들에게 접근하여 묻고, 묻고, 또 물어서 그들이 원하는 정보, 그들이 중요하게 여기는 정보를 알아내라.

의 무료 배포 책자인 '돈은 나를 좋아한다'를 신청한 사람들이었다. 그 가운데 1퍼센트만 1,000달러 짜리 '샘과의 주말 세미나'에 신청하면 돈에 여유가 생길 것이다. 5,000달러를 내야 하는 1년간의 개인 지도에 지원하는 사람이 있다면 수입은 더 늘어날 전망이었다. 주말을 이용해 세미나에 참가하는 사람들 가운데 1년 과정을 신청할 사람도 생길 것이다. 하지만 그 수입은 나중 일이었다.

제레미가 잠시 망설였다.

"혹시 문제가 있나요?" 미셸이 걱정하며 물었다.

그가 다시 손마디를 꺾었다. "해줄 말이 있어요."

미셸이 그를 보았다.

제레미가 일부러 시선을 피하며 의자를 젖혔다.

"제레미 카발리에리는 내 본명이 아니에요. 난 제레미 스투이베산트에요. 당신 시아버지가 감시자로 날 고용하기 전까지 실직한 배우였지요."

미셸은 너무 놀랐다. "하지만 당신은 꼭…."

"이탈리아 사람 같다고요? 어머니가 이탈리아 태생이에요. 처녀일 때 성이 카발리에리였어요. 나머지 이야기는 꾸며낸 거고요."

미셸은 컴퓨터를 뚫어지게 보았다. '이 남자를 밀어내고 내가 직접 이메일을 발송하면 될까?' 하지만 프로그램을 만든 건 제레미였다. 그가 오류를 계획했는지 미셸은 알 수 없었다. 아이들을 향한 마지막 희망, 혹은 절망이 눈앞에 있었다. '내게는 자동차를 밀어 올릴 힘이 있지

4. **당신만의 미끼를 설계한다.** 목표로 하는 물고기 무리에게 물어보자. 경쟁 제품의 어떤 점이 마음에 들지 않는지. 경쟁 제품이 완벽해지려면 무엇이 추가되어야 하는지도 물어라. 경쟁 제품이 버려야 할 점도 물어보라. 그들이 원하는 대로 설계해 달라고 반드시 요청하라

5. **당신의 미끼를 테스트한다.** 성공의 열쇠는 언제나 마케팅이다. 사람들의 마음을 움직일 매력적이고 독특한 광고를 만들어야 한다.

6. **캠페인을 전개한다.** 정보 제품을 내놓는 방식은 다양하다. 단일 형태로 내놓을 수도 있고, 한 가지 정보를 세미나, 소식지, 광고, 동영상, 강좌 등 여러 버전으로 출시할 수도 있다. 당신의 배고픈 물고기 무리는 여러 채널을 통해 정보를 구매할 것이다.

7. **정보 기업가의 삶을 즐긴다.** 당신은 이 세상 어디에서든 일할 수 있다. 그런 삶이 주는 자유와 풍요를 만끽하라.

만, 차가 대체 어디 있는지 모르는 상황이야.'

1시간 58분…

오전 10시 02분이 되었다.

제레미가 의자를 조금씩 흔들었다. 마치 밴드의 드럼 소리처럼 미셸의 심장이 크게 뛰었다.

"먼저 용서를 구할게요. 대체 나 같은 인간이 왜 그렇게 열심히 했는지 궁금하지 않나요? 첫 달에는 당신의 모든 것을 보고했어요. 첫 부동산 투자를 두 건이나 성공시킨 걸 자랑스러워해도 좋아요. 에릭슨 씨가 당신의 일을 방해했거든요. 사람들의 접근을 몰래 막았어요. 그러지 않았다면 당신은 더 많은 연락을 받았을 거예요." 제레미가 의자를 돌려 미셸을 똑바로 보았다.

"그런데 그때 나는 이미 우리 일에 매력을 느끼고 있었어요. 당신이 삶을 어떻게 바꾸는지 똑바로 볼 수 있었거든요. 당신은 모든 위험을 이겨내고, 남들이 평생 걸려도 이루기 힘든 일을 겨우 3개월 만에 해냈어요. 그러면서 멘토의 말에 귀를 기울이고, 다른 사람도 도왔지요. 자스코 할머니였던가요? 한 푼이 아쉬운 당신이 할머니의 이익을 먼저 생각하더군요. 솔직히 감동했어요. 그리고 첫 이익의 10퍼센트를 기부했지요. 나중에 하겠다고 얼마든지 미룰 수 있었는데도요. 당신은 온통 불안 속에 있었어요. 그것을 믿음으로 이겨냈지요. 우주가 당신

공짜로 얻은 돈

신디 캐시먼은 오래된 아이디어를 살짝 고친 것만으로 큰돈을 벌었다. 그녀는 출판업자의 도움 없이 자신만의 힘으로 독특한 책 한 권을 만들었다. 그 책으로 벌어들인 돈이 100만 달러가 넘는다. 그녀는 그 책을 리처드 해리슨 박사라는 가명으로 냈다. 제목은 『남자가 여자에 대해 알고 있는 모든 것』이다. 놀랍게도 그 책은 텅 비어 있다. 96쪽 어디에도 글자 하나 없다. 하지만 많은 여성이 이 책을 대량 구매했다. 선물용으로 100권씩 사들인 사람도 있었다. 덕분에 그녀는 더 이상 일하지 않아도 될 만큼 많은 돈을 벌었다.

스탠 밀러의 경우도 살펴보자. 그는 취미 삼아 인용문을 수집했다. 16살 때부터 인용문을 모았고, 결혼한 뒤에도 그 취미는 이어졌다. 어느 해, 아내 샤론이 그동안 수집한 인용문을 모아 책 한 권을 만들자고 제안했다. 멋진 크리스마스 선물이 될 거라고 여긴 것이다. 그는 한 인쇄업자를 찾아가서 100권 제작 비용을 문의했다. 그 인쇄업자는 1천 권을 만드는 게 더 경제적이라고 권하며 1천 달러에 해주겠다고 말했다. 적당한 가격이라는 생각에 그는 1천 권을 주문했다. 그런데 막상 날아온 청구서에는 1만 달러가 적혀있었다. 인쇄업자의 비서가 실수로 주문 물량에 0을 더한 것이다.

을 돕고 있다는 걸 느낄 수 있었어요. 샘이 했던 말처럼 말이지요. 나는…, 거울을 보는 게 점점 힘들었어요."

미셸은 여전히 그의 말이 믿기지 않았다.

제레미가 허리를 세웠다. "나는 계속 양쪽을 오갔어요. 그러다가 어느 날 세상의 이치에 대한 샘의 말을 들었지요. 갑자기 내게 닥친 사건들이 다 나 때문인 걸 깨달았어요. 아기 이야기를 빼면 결혼 이야기는 진짜였거든요. 운이 나빴거나 사악한 사람의 음모가 있었던 게 아니었지요. 자신을 소중하게 여기지 못한 결과였어요."

미셸은 눈을 감았다. 꼭 째깍거리는 소리가 들리는 것 같았다.

"지금까지 한 말은 모두 진짜예요. 당신의 직관은 뭐라고 하나요?" 그가 장난스러운 표정으로 그녀를 보았다. 익숙한 모습이었지만, 어쩐지 다르게 보였다.

미셸은 숨을 크게 들이마셨다. 그러고는 마침내 입을 열었다. "당신이…, 진실을 말하고 있다고요." 그녀의 입가에 천천히 미소가 떠올랐다.

제레미가 고개를 끄덕였다. "그럴 줄 알고 있었어요. 한 달쯤 전부터 에릭슨 씨한테 거짓 정보를 알렸어요. 이메일을 보내기 전에 이 말을 꼭 하고 싶었어요. 당신이 나를 바꿨어요. 이번 임무를 마치면 앞으로도 당신과 함께 이곳에서 일하고 싶어요."

그가 한 손을 내밀었다. 하지만 그녀는 선뜻 그 손을 잡지 못했다. 그는 신뢰를 저버렸던 사람이었다.

그녀는 고민했다. '샘이라면 지금 어떻게 했을까?'

그는 자포자기한 심정으로 근처의 대학 서점을 찾아갔다. 하지만 서점 주인은 그 책에 관심이 없었다. 책 몇 권을 두고 가면 위탁 판매를 해주겠다고는 했다. 일주일 뒤 서점에 다시 들렀을 때, 놀랍게도 남은 책이 한 권도 없었다. 그 후 그 책은 날개 돋친 듯 팔려 나갔다. 영감을 불러일으키는 따뜻한 내용으로 가득한 그 책은 시리즈로 제작되어 100만 권 이상의 판매고를 올렸고, 그 부부에게 100만 달러가 넘는 수입을 선사해주었다.

당신만의 전문지식, 열정, 취미가 평생의 현금 흐름이 될 수 있다. 당신 안에 한 권의 책이 있다는 걸 기억하라. 그 내용을 궁금해할 사람들이 반드시 존재한다. 한 권의 책이 수십 년 동안 돈을 벌어들이기도 한다.

광고 한 번으로 큰돈을 벌 수 있다

밥은 대학에서 경영학 석사 학위를 받았다. 그리 감탄할 필요는 없다. 그의 졸업 성적은 하위권이었다. 경기가 매우 좋지 않아서 학위를 가지고도 취업이 힘들었다. 30곳의 기업에 이력서를 보냈지만, 모두 거절당했다. 돈은 떨어져 가고, 전망도 없는 절망적인 상태였다.

그때 밥은 부동산 투자에 관한 책 한 권을 발견했다. 관심이 생긴 그 미셸은 손을 내밀어 제레미와 악수했다. "백만장자 독수리 부대에 오신 것을 환영합니다. 스투이베산트 씨."

"카발리에리라고 불러요." 그가 힘껏 손을 맞잡았다. "자, 쇼를 시작할 시간이에요."

미셸은 가슴이 떨렸다. 방금 충격적인 이야기를 듣기는 했지만, 한편으론 흥분이 되었다. 제레미는 어느새 차분하게 앉아 있었다. 그가 마우스에 손을 갖다 댔다. "갑니다!"

그 광경을 바라보는 미셸의 마음 한구석에 의심 한 줄기가 피어올랐다. '이 사람이 정말 버튼을 제대로 누르는 걸까?'

제레미가 '보내기' 버튼을 눌렀다. 그러자 모니터 한가운데 숫자 창이 나타났다. 발송되는 이메일의 수가 실시간으로 표시되었다. 5,000, 10,000, 15,000, 20,000, 25,000….

이메일이 무사히 전해질까? 온라인 너머에 특별한 인생을 바라는 사람이 있을까? 알 수 없었다. 미셸은 하늘의 뜻에 모든 걸 맡기기로 마음먹었다.

5분 동안 두 사람은 입을 다물고 있었다. 그때였다. 컴퓨터에서 알림음이 울렸다. 첫 번째 신청서가 도착했다는 신호였다! 과연 다음도 있을까?

미셸과 제레미는 넋을 잃은 채 모니터를 보았다. 받은 편지함에 답장이 쌓이고 있었다. 하나당 1,000달러였다! 11… 27… 42… 55… 87… 92… 123….

는 안정적인 급여가 생기는 직업을 포기했다. (누구도 일자리를 주지 않으니 어쩔 수 없었다) 그는 부동산 투자로 큰돈을 벌어들인 백만장자를 찾아갔다. 그리고 배우게만 해준다면 궂은일도 마다하지 않겠다고 약속했다. 다행히 일자리를 얻을 수 있었다. 그 사람을 위해 일하면서 그는 자신의 첫 번째 부동산을 찾아냈다. 유타주 프로보에 있는 작은 복층 아파트였다. 계약금으로 낸 돈은 1천 5백 달러였는데, 당시 그가 가진 전부였다. 이 거래를 시작으로, 그는 몇 차례의 성공과 몇 번의 큰 실패를 경험했다. 그리고 몇 년 지나지 않아 서류상 백만장자가 되었다.

그는 가까운 동료들과 시스템을 공유하기로 마음먹었다. 그러다가 혹시 다른 사람들도 이런 일에 관심이 있을까 싶어 소규모 광고를 냈다. 현금 없이 부동산을 구매하는 방법을 가르쳐주겠다는 내용이었다. 다음날부터 끊임없이 전화기가 울렸다. 몇 주 지나지 않아, 정보 사업으로 하루에 1만 달러를 벌 수 있었다. 그리고 몇 달 만에 그 돈은 여섯 자리 숫자가 되었다. 엄청났다.

그 후 큰 규모의 세미나 회사에서 그의 이름과 아이디어를 쓰고 싶다는 연락이 왔다. 교육생 숫자만큼 사용료를 지급하겠다는 제안이었다. 그는 좋은 타이밍을 놓치지 않았고, 1년 뒤 사용료 수입이 매주 수만 달러에 이르렀다. 그렇게 6년이 지났다. 그동안 그는 여유를 누리며 2권의 베스트셀러를 써냈다. 시간이 흘러서 사용료를 받기로 약속한 기간이 끝났다. 그는 그동안 자신을 따랐던 충성 고객들을 대상으로 새로운 교육 사업을 시작했다. 그는 그 사업으로 1억 달러를 벌어들였다.

7분…

미셸은 샘의 도움을 받아 은행에 미리 요청을 해두었다. 현금으로 100만 달러를 준비해 달라고. 은행은 그렇게 하겠다고 약속했다. 물론 그녀의 계좌에 그만한 돈이 있어야 한다는 조건이었다. 그런데 그 조건이 이루어졌다. 세미나 신청을 받는 즉시 참가비가 결제되고, 곧바로 그녀의 계좌에 입금되었다.

그녀는 가방 두 개를 준비해 은행으로 갔다. 은행 직원 여럿이 능숙하게 지폐 다발을 채워 넣었다. 얼마 지나지 않아 갈색 가방 두 개가 100달러짜리 지폐 묶음으로 가득 찼다. 그녀의 가슴이 벅차올랐다.

샘이 미셸을 데려다주었다. 제레미도 함께였다. 세 사람을 태운 차가 에릭슨의 저택 앞에 멈췄다. 미셸은 걸어서 정문을 통과하고 싶었다. 그녀가 가방 손잡이를 꽉 쥐었다. "생각만큼 무겁지 않네요." 차에서 내리는 미셸의 얼굴이 환했다.

미리 의논한 대로 제레미가 차에서 따라 내렸다. 샘은 집 앞에서 기다리기로 했다. "우주의 축복이 두 사람에게 내릴 거야." 샘이 말했다.

미셸은 갑자기 눈가가 뜨거워졌다. 아무 대답도 하지 못하는 그녀의 마음을 샘은 알고 있을 것이다. '샘, 당신 없이는 이 순간도 없었을 거예요.'

미셸과 제레미는 진입로에 들어섰다. 문 앞에서 기다리던 에스텔라가 깜짝 놀랄 만큼 반가운 태도로 그들을 맞이했다. 안내를 받아 서재

사실 부동산 투자는 우뚝 서 있는 산맥만큼이나 오래된 개념이다. 그가 이 낡은 기법에 덧붙인 것은 '현금 없이 사들인다'는 독특한 개념 한 가지였다. 그것을 매력적으로 보이도록 재포장한 것이다.

밥은 '현금 없이 구매하는 부동산'이라는 아이디어 하나로 10억 달러를 벌어들였다.

10억 달러 가치가 있는 당신의 아이디어는 무엇인가?

1분에 100만 달러 벌기

1분과 100만 달러, 딱히 관련 없어 보인다. 그런데 인터넷은 이 일을 해낸다. 아주 거뜬하게.

인터넷은 하루 24시간 움직인다. 당신이 밥을 먹을 때도, 잠을 잘 때도, 쉬고 있을 때도 전 세계에서 돈이 쏟아져 들어온다.

밥의 친구인 데이비드는 인터넷으로 현금 흐름을 만드는 장면을 보여 주었다. 늦은 밤, 컴퓨터 앞에 앉은 데이비드는 밥의 뉴스레터를 받아보는 구독자 1천 5백 명에게 이메일을 보냈다. 녹음된 밥의 강의를 50퍼센트 할인된 가격에 팔겠다는 내용이었다. 61초 만에 첫 번째 주문이 들어왔다. 한 시간 동안 들어온 주문이 열다섯 개였고, 응답률은로 들어섰다. 미셸은 2초 간격으로 손목시계를 들여다보았다. 약속한 시점을 겨우 몇 분 앞두고 있었다. 여기서도 혹시 뭐가 잘못될까?

1분…

안토니는 라일락 빛깔의 정장을 걸친 나탈리와 나란히 앉아 있었다. 미셸은 안토니의 표정이 왜 그렇게 자신만만한지, 왜 제레미를 아는척하는지 잘 알았다. 세미나 신청서가 몰려들어 그들의 수입이 목표치를 넘어섰을 때 제레미가 안토니 에릭슨에게 전화를 걸었다. 미셸이 50만 달러를 들고 찾아가서 시간을 좀 더 달라고 애원할 거라는 내용이었다.

"미셸, 네가 무엇을 부탁할지 나는 알고 있어." 서재로 들어서는 두 사람을 보며 안토니가 말했다. "…내 대답은 그럴 수 없다는 거야."

그때 정오를 가리키는 알림음이 울렸.

미셸이 무거운 가방 두 개를 탁자에 내려놓았다. 그러고는 입구를 활짝 열었다. 에릭슨 부부가 돈을 볼 수 있도록. "100만 달러에요. 확인해보세요."

"말이 안 돼…, 말이 안 된다고…." 안토니는 너무 놀라서 화내는 것도 잊었다. "잠깐만…, 이건 분명 위조지폐야." 그가 벌떡 일어나서 돈을 마구 헤집었다. 나탈리는 입술을 깨물었.

"안토니." 미셸이 말했다. "부탁드리죠. 돈을 제자리에 돌려 놓아주세요."

1퍼센트였다. 이메일을 보내는 데 비용이 한 푼도 들지 않는 것을 보고, 밥의 머릿속에 반짝하고 불이 들어왔다.

그는 중얼거렸다. "이걸 어떻게 써먹으면 좋을까?" 1천 5백 명이 아니라 15만 명에게 메일을 보낼 수 있다면 어떤 일이 생길까? 마케팅 비용도, 우편료도, 인쇄비용도 없이 수천 달러의 이익이 생길 거란 생각이 들었다.

밥은 즉시 자신의 웹사이트와 웹매거진을 만들었다. 그리고 몇 달 만에 1만 명이 넘는 이메일 가입자를 모았다. 마침 방송국 프로듀서가 연락을 해왔다. 신속하게 돈을 버는 방법을 보여달라는 요청이었다. 데이비드가 보냈던 이메일을 떠올리며, 밥은 24시간 안에 24,000달러는 벌 수 있을 거라고 말했다. 밥이 11,516명의 가입자에게 메시지를 보내는 것을 프로듀서가 촬영했다. 24시간 뒤, 현금 주문을 확인해 보니 94,532달러였다. 다들 깜짝 놀랐다.

괜찮은 아이디어를 발견하면 당신도 이렇게 말해보자. "이걸 어떻게 써먹으면 좋을까?"

1분 만에 100만 달러 벌기, 인터넷이라면 가능하다. 우리가 매번 강조하는 것처럼, 60초에 한 명씩 이 세상 어딘가에서 백만장자가 탄생한다. 60년이 걸려도 좋고, 60초가 걸려도 좋다. 당신이 우리에게 영감을 얻어 가능한 한 빨리 깨달은 백만장자가 되었으면 좋겠다. 행운과 지렛대 효과와 빠른 속도가 당신과 함께하기를 강력하게 바란다.

"정말 100만 달러라고?" 나탈리가 가방 속을 들여다보았다.

"물론이죠." 미셸의 목소리가 날카로워졌다.

안토니가 지폐 다발을 가방에 내던졌다. 그러고는 제레미를 노려보았다. "감히 날 속이다니!"

제레미가 어깨를 으쓱하며 위쪽을 보았다. "칭찬으로 듣겠습니다. 아이들을 돌려주실 때가 된 것 같네요." 그러고는 재킷 안쪽에서 종이 한 장을 꺼냈다. 미셸이 90일 전에 작성했던 계약서였다.

누군가가 반응을 보이기도 전에 뒤쪽에서 환호성이 들려왔다. 지금껏 미셸이 들어본 가장 행복한 소리였다. 그녀도 참지 못하고 환호성을 질렀다.

에스텔라를 따라온 니키와 한나가 방으로 뛰어들어왔다.

"엄마!"

"엄마!"

엄마가 더는 아무 데도 가지 못하게 아이들이 미셸을 꼭 붙들었다. 그녀도 울면서 아이들의 머리에 얼굴을 묻었다.

"함께 문밖에 서 있었어요." 에스텔라가 말했다.

그때 얼음처럼 냉랭한 안토니의 목소리가 들렸다. "당장 내 집에서 나가!"

놀랍게도 마지막 순간에 나탈리가 진실한 감정을 내보였다. "얘들아." 그녀가 물었다. "정말 우리와 헤어지고 싶니?"

"죄송해요, 할머니." 니키가 단정하게 대답했다. "가끔 만나러 올게

1분 돌아보기: 마케팅

1. 당신 주위에 100만 달러짜리 아이디어가 온통 떠다닌다.

    그것을 알아보고 행동으로 옮기기만 하면 된다.

2. 10가지 사업 모델 가운데 상황에 맞는 한 가지를 고른다.

    고객, 기업, 정부, 자선 단체 중 어느 곳에 당신의 제품을 판매하고자 하는가?

3. 1분 마케팅 계획을 만들어라.

    매일 1분씩 그 계획을 살펴보자. 그러면 99퍼센트의 회사를 앞설 수 있다.

4. 성공하는 마케팅 3단계를 기억하자.

    1단계. 긍정적인 중독자 찾기

    2단계. 중독성 있는 광고 만들기

    3단계. 파트너의 도움을 받아 지렛대 효과 누리기

5. 감성 마케팅 전략을 사용한다.

    80퍼센트의 이익을 가져오는 20퍼센트의 고객에게 집중하라. 그래서 완벽한 고객을 끌어당겨라.

6. 정보 사업으로 이익을 크게 높일 수 있다.

    정보 제품을 판매할 방법을 찾아라.

요." 한나도 고개를 끄덕이긴 했다. 하지만 미셸에게 더 바짝 다가섰다.

가방에 돈을 챙겨 나오는 일은 제레미의 몫이었다. 미셸은 굳이 작별 인사를 건네지 않았다. 하지만 에릭슨 부부가 그대로 얼어붙은 게 느껴졌다. 미셸은 니키와 한나의 손을 꼭 잡았다. 등을 두드리고 머리도 쓰다듬었다. 얼마나 이 느낌이 그리웠던가! 분명 아이들도 마찬가지일 것이다. 미셸의 마음속에 온갖 감정이 밀려왔다. 많이 컸구나, 학교생활은 어땠니, 새로운 친구는 사귀었니 같은 몇 마디 말밖에 하지 못했다. 앞으로 이야기를 나눌 시간은 얼마든지 있었다. 악몽은 이제 끝났다.

정문을 나서니 샘이 차에 기댄 채 기다리고 있었다. "반갑구나." 그녀가 먼저 아이들에게 인사를 건넸다. "하도 이야기를 많이 들어서 이미 너희를 알고 있는 것 같단다."

다 함께 우르르 차에 몰려가는데 뜻밖의 목소리가 들렸다. "기다려주세요!"

돌아보니 에스텔라가 뭔가를 든 채 급하게 달려오고 있었.

"무슨 일인가요?" 미셸은 두 아이의 손을 꼭 쥐었다. 에스텔라는 말을 잇지 못한 채 숨을 헐떡였다. 그 순간 한나의 얼굴이 밝아졌다. "미스터 무무!" 한나가 미셸의 손을 놓았다. "감사합니다." 그러면서 울먹이며 분홍색 테두리의 노란 담요를 껴안았다. "보고 싶을 거예요, 에스텔라." 한나가 말했다.

"저도 그래요." 니키가 말했다.

7. 인터넷이라는 쓸모있는 도구를 사용하면 1분에 100만 달러를 벌 수 있다.

인터넷은 하루 24시간 쉬지 않고 돈을 벌어들인다.

"에스텔라는 친절했어요." 니키가 미셸을 보며 말했다. "한나에게 먹을 것을 몰래 가져다줬어요. 그 베개 이야기도 할머니한테 하지 않았고요."

에스텔라의 두 눈이 촉촉하게 젖었다. 그러면서 환하게 웃으며 아이들을 안아주었다. 작별의 인사를 건네는 그녀를 보며 미셸은 생각했다. '내가 이 사람을 오해했나 봐.' 꽁꽁 얼어있던 마음이 녹아내렸다. 미셸이 말을 건넸다. "너무 큰일을 해주셨어요."

에스텔라가 말했다. "기디언은 제게 아들과 같았어요. 아이들에 대한 당신의 애정을 의심했던 걸 용서하세요. 그동안 최선을 다해 두 아이를 돌보았어요. 그리고 매일 기도했어요. 당신이 아이들을 데리고 가기를요."

"진심으로 감사드려요. 이렇게 아이들을 지켜주셔서요." 미셸이 말했다. "혹시 뭐라도 도울 일이 생긴다면…."

"그게…." 에스텔라가 화려한 저택을 돌아보며 망설였다. "당장 새 일자리를 알아봐야 할 것 같아요…." 미셸이 샘을 보았다. 샘은 눈썹을 들썩였다. 미셸은 명함을 꺼내어 에스텔라에게 건넸다. "필요한 일이 생기면 연락 주세요."

에스텔라가 명함에 새겨진 독수리를 들여다보았다. 그러고는 아이들의 머리에 입을 맞춘 뒤 마지막으로 한 번 더 활짝 웃었다.

샘이 운전석에 앉았다. 제레미가 조수석 문을 열어주며 미셸에게 말했다. "내가 아이들과 함께 뒤에 탈게요."

그러자 미셸이 크게 웃으며 아이들의 손을 번쩍 들어 올렸다. "안 된답니다. 셋이 함께한 게 워낙 오랜만이거든요."

제레미가 미소를 보이며 뒷문을 열어주었다. 미셸은 양쪽에 아이들을 앉히고 안전띠를 채워주었다.

"어디로 가요, 엄마?" 니키가 물었다.

"파티하러 갈 거야." 미셸이 대답했다.

"우리를 위해서요?" 한나가 궁금해했다.

"맞아. 우리 모두를 위한 파티야. 함께 멋진 할머니를 뵈러 갈 거야. 엄마와 여기 계신 분들의 친구이기도 해." 미셸이 샘과 제레미를 보았다. "그분의 성함은 틸리야. 틸리 할머니가 엄청난 도움을 주셨단다. 엄마가 너희를 되찾을 수 있도록 말이야." 눈물이 흐르지 않도록 미셸은 눈을 깜빡였다. 그러면서 마음을 굳게 먹었다. 아이들과 함께할 미래에 집중하겠다고.

"분명히 좋은 분일 거예요." 니키가 말했다.

"맞아. 너희를 무척 보고 싶어 하셨어."

"케이크도 있나요?" 한나가 물었다.

"세 종류나 있어. 실컷 먹을 수 있을 거야. 맞죠, 샘?" 미셸이 백미러에 비친 샘의 눈을 보았다.

"물론이죠, 나비 부인." 샘이 자동차의 시동을 걸었다.

에필로그: 6개월 뒤

저녁 7시 15분. 마리포사 플라자 호텔. 신입 웨이트리스 안나 뮤니즈는 연회실에서 열린 만찬 모임의 서빙을 맡았다. 은은한 조명에 휩싸인 연회실에 들어서자 사업가로 보이는 세련된 사람들이 원탁 주위에 둘러앉아 있었다. 상석에 노랑과 흰색이 화려하게 뒤섞인 아프리카 전통 의상을 입은 사람이 있었다. 그 흑인 여성은 머리에 옷과 어울리는 스카프를 두르고 있었다. 그 곁에 인상적인 모습을 지닌 30대 중반의 갈색 머리 여자가 앉아 있었다.

안나는 아프리카 전통 의상을 입은 여성이 식전 기도를 제안하는 소리를 들었다. 그들은 손을 잡고 원을 만들었고, 그 여자가 기도했다. 그들이 받은 축복을 다른 이들과 나눌 수 있게 해달라고.

'신기한 사람들이네.' 그녀는 생각했다.

안나는 기도가 끝나기를 기다린 뒤 샐러드를 내놓았다. 언제나 왼쪽부터. 그녀는 주임에게 배운 내용을 떠올렸다. 그러면서 교육받은 대로 시선을 내린 채 부드럽고 발랄한 모습을 보이기 위해 애썼다.

혹시 샐러드를 받지 못한 사람이 있을까 싶어 그녀는 살짝 눈을 들었다. 그때 자신을 보고 있는 갈색 머리 여자와 눈이 마주쳤다. 그 여자가 자신을 똑바로 보고 있었다. '내가 뭔가 잘못한 걸까?' 갈색 머리 여

자는 깔끔하고 우아한 차림새였다. 목에 느슨하게 걸친 실크 스카프에 화려하고 큼직한 나비 무늬가 있었다. 안나는 당황스러운 기분을 숨기며 다시 시선을 내렸다. 그때 소매 바깥으로 비어져 나온 뱀 문신의 머리 부분이 보였다. 방황했던 시절의 증거였다. 하지만 이제 안나에겐 어린 아들이 있었다. 자신이 책임져야 할 존재였다. 안나는 앞치마를 고쳐 매고 허리를 세웠다. 기죽고 싶지 않았다. 자신의 존엄성을 지키고 싶었다. 하지만 궁금한 마음도 들었다. 그 사람들이 어떻게 그 자리에 모인 건지 알고 싶었다.

메인 코스가 끝난 뒤, 안나는 손님들의 물잔을 채웠다. 잠시 눈을 들어 주위를 보았다. '그 여자가 지금도 날 보고 있을까?' 안나는 속도를 높여 서빙을 한 뒤 주방으로 들어갔다. 디저트 서빙을 마칠 때쯤 갈색 머리 여자가 자리에서 일어났다. 연설을 하기 위해서인 것 같았다. 안나는 왠지 그 자리에 머물고 싶었다.

"여러분, 안녕하세요, 제 이름은 미셸입니다." 그 사람이 연설을 시작했다. "저는 이 호텔에서 일했습니다. 웨이트리스였지요."

'거짓말일 거야!' 안나는 생각했다. 그 여자의 연설을 엿듣고 있다는 데 죄책감이 들었다. 그런데 미셸이라는 사람의 이야기를 들으면서 자

신도 모르게 희망이 싹텄다.

"이제 저는 백만장자가 되었고, 샘에게 진 빚을 갚고자 합니다." 그 여자가 나비 무늬 스카프를 만지며 말했다. "사만다가 저를 가르친 것처럼 저도 한 사람을 찾을 겁니다."

안나는 고개를 숙인 채 웨이트리스용 구두를 내려다보았다. 아무런 생기가 느껴지지 않는 신발을 보면서 그 여자의 말에 귀를 기울였다. 연설이 끝났을 때 안나는 문득 고개를 들었다.

그 순간, 두 사람의 시선이 마주쳤다.

마지막 보물

당당하게 돈을 말하라

사람들은 유난히 돈 이야기에 민감하다. 다른 주제는 마음껏 이야기하면서도 돈에 관한 이야기만 나오면 입을 다물어 버린다. 이제 문을 열고 밖으로 나와 부에 대해 편안하게 배울 때가 되었다. 『다이아몬드의 땅』을 써낸 러셀 H. 콘웰은 이미 100년 전에 이 사실을 깨달았다.

"사람들은 말한다. 왜 목사인 내가 '부자가 되는 것이 당신의 의무'라고 설교하고 다니느냐고. 지금껏 많은 이들이 부자는 정직하지 못한 사람이라고 믿어왔다. 하지만 틀린 말이다. 부자가 부도덕하고, 인색하며, 경멸을 받아도 충분하다고 여기는 사람들은 절대 부자가 될 수 없다. 사실 100명의 부자 가운데 98명은 정직한 이들이다. 그들이 부자가 될 수 있었던 것은 정직했기 때문이다. 그래서 그들은 큰돈을 책임질 수 있었고, 큰 기업의 경영을 맡았고, 함께 일할 사람들을 찾아낼 수 있었다.
나도 알고 있다. 정직하지 못한 방법으로 돈을 번 부자들이 매번 뉴스의 첫머리를 장식한다는 걸. 그런 소식을 자주 접하다 보니 사람들이 믿게 된 것이다. 세상 모든 부자들이 음험한 수단으로 돈을 번다고.

하지만 막상 부자들을 만나보면 당신의 생각은 곧 바뀔 것이다. 아름답게 손질된 저택에 사는 많은 이들은 무척이나 선량하고 소탈하다. 그들은 부자가 되면서 더 존경스럽고, 더 정직하며, 더 진실하고, 더 경제적이고, 더 신중하게 살아가게 되었다.

돈은 사악한 것이라고 설교하는 목회자가 많다. 그래서 교인들도 그런 믿음을 갖게 되었다. 하지만 돈은 힘이다. 돈을 벌고 그 돈을 유지하려면 적절한 야심이 있어야 한다. 돈이 있으면 돈이 없을 때보다 착한 일을 더 많이 할 수 있다. 그래서 돈이 필요하다. 돈이 있어야 성경을 찍어내고, 교회를 짓고, 선교단을 내보내고, 목사에게 급여를 줄 수 있다. 그러니 반드시 돈이 있어야 한다. 정직하게 부를 쌓는 것, 그것이 바로 당신이 행해야 할 신성한 의무다. 경건하기 위해서는 반드시 가난해야 한다는 생각은 잘못된 것이다."

변명하지 않으면

자신을 쓸모없게 여기는 사람은 꿈도 쓸모없는 것으로 만든다. 망설이며 아무것도 시작하지 못하는 사람은 자신의 미래를 시들게 한다. 자신의 능력을 의심하는 사람은 성공을 멀리멀리 쫓아내고 만다. 당신은 남몰래 중얼거린다. "사람들이 나를 어떻게 생각할까? 나는 졸업장도 없고 학위도 없어. 자격증도 없지. 게다가 경험도 부족해."

다음 백만장자나 억만장자의 공통점은 무엇일까? 모두 대학을 졸업하지 않았다. 그들은 학위나 졸업장이 없다는 이유로 움츠러들지 않았다.

빌 게이츠 마이크로 소프트
마이클 델 델 컴퓨터
제이 밴 안델 암웨이
스티브 잡스 애플 컴퓨터
짐 재너드 오클리 선글라스
월터 크롬카이트 CBS 뉴스
데브라 필즈 미시즈 필즈 쿠키스
랄프 로렌 의상 디자이너
테드 터너 터너 네트웍스

폴 앨런 마이크로 소프트
래리 엘리슨 오라클
리처드 드보스 암웨이
토마스 모나건 도미노 피자
피터 제닝스 ABC 뉴스
해리 트루먼 미국 대통령
스티븐 스필버그 영화 감독
로지 오도넬 배우이며 토크쇼 사회자
웨인 후이젠가 오토네이션

다음은 첫 번째 저서를 자신의 돈으로 출판해 큰 성공을 거둔 경우다. 그들은 출판사의 거절에도 움츠러들지 않았다.

톰 피터스 『탁월함을 찾아서』

존 그리샴 『살인의 시간』

제임스 레드필드 『셀레스틴의 예언』

리처드 폴 에반스 『크리스마스 박스』

캔 블랜차드, 스펜스 존슨 『1분 관리자』

그 밖에 자신이 쓴 책을 직접 출판해 명성을 얻은 이들도 있다.

윌리엄 블레이크

디팩 초프라

벤저민 프랭클린

제임스 조이스

D. H. 로렌스

에드가 앨런 포

에드가 라이스 버로즈

e. e. 커밍즈

제인 그레이

루디아드 키플링

토마스 페인

조지 버나드 쇼

칼 샌더버그	거트루드 스타인
헨리 데이비드 소로	마크 트웨인
월트 휘트먼	버지니아 울프

 우리에게 있어 중요한 졸업장은 한 가지뿐이다. 바로 100만 달러짜리 아이디어다. 유일하게 요구되는 자격은 끓어오르는 열망이다. 반드시 가져야 할 자격증은 두려움 없는 행동이다. 그밖에 다른 것들은 모두 빌리거나 살 수 있다. 학위나 졸업장을 가진 이들을 고용할 수도 있다. 멘토나 컨설턴트의 도움을 받으면 경험을 빌리거나 사는 것도 가능하다. 당신에게 돈, 기술, 경험이 없다면 그것을 지닌 사람들과 팀을 구성하면 된다.
 이런 사람들은 누군가가 이 말을 해 주길 기다린다. "나를 따르시오. 이 길로 가면 됩니다."

기꺼이 대가를 치르다

우리는 존 멕코이가 들려준 이야기로 이 책을 마무리하고자 한다. 그는 한 쇼핑센터에서 깨달은 백만장자인 멘토를 발견해 진정한 기업가가 되었다.

십여 년 전의 일이다. 아내와 나는 동네 쇼핑센터에 작은 미용실을 열었다. 어떻게든 기반을 잡으려고 애쓰고 있을 때 베트남에서 온 이민자 한 사람이 매일같이 우리 미용실을 찾아와서 도넛을 팔았다. 영어를 잘 하지 못했지만 다정한 사람이었다. 그는 미소와 몸짓으로 우리에게 말을 걸었고, 그렇게 우리의 인연이 시작되었다. 그의 이름은 레 반 부였다.

레 반 부는 낮에는 제과점에서 일하고, 밤에는 아내와 함께 녹음기를 들으며 영어를 익혔다. 그들이 제과점 뒤쪽의 골방에서 톱밥 포대를 깔고 잤다는 이야기를 나중에 들었다.

베트남에서 살 때 레 반 부의 집안은 대단한 갑부였다. 기업과 부동산을 비롯해 그의 집안이 소유한 재산은 북베트남 경제의 3분의 1에 달했다. 하지만 아버지가 무참하게 살해된 뒤, 그는 어머니와 함께 남베트남으로 거처를 옮겼다. 그곳에서 대학을 졸업하고 변호사가 되었다.

그도 자신의 아버지처럼 엄청난 부를 일구었다. 남베트남에 계속 들어오는 미국인들은 새로운 건물을 원했고, 그 기회를 엿본 그는 얼마 지나지 않아 성공한 건축업자로 거듭났다. 어느 해 그는 북베트남으로 여행을 갔고, 그곳에서 체포되어 3년간 감옥 생활을 했다. 군인 다섯 명을 죽이고 간신히 탈출했지만, 남베트남에 돌아와서 다시 체포되었다. 남베트남 정부가 그를 북베트남의 간첩으로 의심했기 때문이다.

고된 감옥살이를 마치고 돌아온 그는 다시 수산 회사를 차려 돈을 벌었고, 남베트남에서 가장 큰 통조림 제조업자가 되기에 이르렀다.

그러던 어느 날, 미국 대사관 직원들이 베트남에서 철수하기로 했다는 정보를 알게 된 그는 일생일대의 결심을 한다. 모아 둔 금을 어선 한 척에 싣고 항구에 있는 미국 선박에 다가간 것이다. 그와 아내는 전 재산을 주는 대가로 베트남을 빠져나올 수 있었고, 필리핀의 난민수용소로 보내졌다.

그곳에서 레 반 부는 우연히 필리핀 대통령을 만났다. 그는 대통령을 설득해 배 한 척을 빌렸다. 그 배로 고기를 잡아 다시 사업을 시작했고, 필리핀에서 많은 돈을 벌었다. 하지만 2년 뒤 회사를 잃을 위기에 처했고, 결국 미국행 배에 올랐다.

그때 그는 빈털터리였고, 모든 걸 새롭게 시작할 자신이 없었다. 배의 난간을 넘어 바다로 뛰어들려던 그를 아내가 붙잡았다. "당신이 없으면 나도 못살아요. 그동안 우리는 많은 일을 이겨냈잖아요. 이번에도 해낼 수 있을 거예요." 레 반 부는 그 말에 용기를 얻었다.

두 사람이 미국에 도착했을 때, 그들은 거지와 다름없었다. 영어도 하지 못했다. 다행히 베트남 사람들 사이에는 친척들이 서로를 돌보는 전통이 있었다. 그들은 사촌이 하는 제과점 골방에서 살기 시작했다. 그때 우리 미용실이 그 제과점 근처에 있었다.

레 반 부와 아내는 사촌의 제과점에서 일하며 돈을 벌었다. 세금을 제하고 매주 그들 손에 얼마간의 돈이 들어왔다. 레 반 부는 175달러, 아내는 125달러였다. 즉, 그들의 한 해 수입은 1만 5천 6백 달러였다. 어느 날, 그의 사촌이 제과점을 팔겠다고 제안했다. 그 가게의 가치는 12만 달러였다. 3만 달러는 현금으로 받고, 나머지 9만 달러는 제과점을 지급 담보로 한 어음으로 받겠다고 했다.

그들 부부는 계속 골방에서 지내며 돈을 모았다. 쇼핑몰 화장실에서 남몰래 몸을 씻고, 끼니는 팔리고 남은 빵으로 때웠다. 그리고 2년 후 그들은 3만 달러를 모을 수 있었다.

나중에 레 반 부가 말했다. "우리 부부의 주급은 300달러였어요. 그 돈으로 아파트를 얻으면 임대료를 내고, 가구를 사고, 중고차를 사야 했을 거예요. 그러면 보험료를 내야 하고 기름값도 들었겠지요. 차가 있으니 쉬는 날엔 어딘가에 놀러 가고 싶었을 거고, 새 옷도 필요했을 거예요. 그래서 우리는 아파트를 얻지 않고 골방에서 지내기로 했어요."

3만 달러를 모아 제과점을 인수한 뒤, 레 반 부와 아내는 다시 진지하게 의견을 나누었다. 그들에겐 아직 갚아야 할 9만 달러의 빚이 있었다. 그래서 골방에서 1년 더 살기로 마음먹었다. 그들은 장사하며 벌어들인 푼돈까지 모두 저축했다. 그리고 1년 뒤, 놀랍게도 9만 달러를 모았다. 마침내 제과점이 온전히 그들 소유가 되었다.

그 후 두 사람은 처음으로 아파트를 얻었다. 그러고도 저축을 멈추지 않았고, 아주 적은 돈으로 생활했다. 당연히 물건을 살 때는 언제나 현금을 썼다.

나의 멘토인 레 반 부는 나중에 어떻게 되었을까?

맞다. 그와 아내는 수백만 달러를 소유한 큰 부자가 되었다.

최후의 한 마디

당신도 백만장자가 될 수 있다

　우리는 이 책에서 백만장자가 되기 위한 효과적인 방법을 소개했다. 당신은 이 책을 통해 수입을 크게 늘리고, 아름다우며 풍요로운 삶을 누릴 수 있을 것이다.

　이 책을 쓰기 시작할 때 우리는 한 가지 목표를 세웠다. 앞으로 백만 명의 백만장자를 만들겠다는 꿈을 가진 것이다. 그러기 위해선 천만 명 이상의 독자를 모아야 한다. 우리의 꿈은 바로 당신을 통해서 이루어질 수 있다. 우리는 당신이 가까운 세 명의 사람에게 이 책의 내용을 가르치고 토론하며 지혜와 통찰력을 쌓아가길 원한다. 그런 실천이 당신과 주변을 풍요로 물들일 것이다.

　이 책에 소개된 장난감 곰은 처음엔 그저 허구의 아이디어였다. 그랬던 것이 구체화되어 실제로 하스브로 완구 회사에서 생산되게 되었다. 물론 그 곰의 이름은 '언제나 곰'이다. 이 장난감은 우리가 책 속에서 당신에게 건네는 이야기가 실천을 통해 현실이 될 수 있다는 확실한 증거다.

　우리 두 사람은 당신이 백만장자가 되기를 진심으로 바란다. 망설여질 때면 다시 이 책의 가르침에 귀를 기울여라. 우리가 언제나 당신과 함께할 것이다.

불가능을 가능으로

우리는 불가능해 보이는 꿈을 꾸었다. 말도 안 되는 제목을 떠올렸고, 우리를 지원할 팀을 꾸렸다. 그 고마움을 영원히 잊을 수 없을 것이다.

위대한 책은 드림팀이 있기에 가능해진다. 보이는 곳과 보이지 않는 곳에서 도움을 주신 모든 분들께 가슴 깊이 감사를 전하고 싶다.

질리안 마누스는 최고의 에이전트다. 어떤 칭찬도 부족하기만 하다. 그녀는 우리가 고비를 만날 때마다 차분하게 이끌어 주었다. 도나 레빈은 소설 쓰기에 익숙하지 않은 우리에게 완벽한 코칭과 조언을 건넸다. 그녀가 없었다면 이 책은 완성되지 못했을 것이다.

평생의 동료 마샬 터버는 백만장자를 향한 길이 예측 가능한 시스템이 될 수 있다는 확신을 주었다.

사실 우리의 작업은 순탄하지 않았다. 예상치 못한 곳에서 새로운 아이디어가 불쑥 튀어나와서 생각보다 작업 기일이 크게 길어졌다. 그런 상황 속에서도 우리를 믿어 준 가족에게 사랑과 감사를 전한다.

패티 한센과 데릴 엘런 또한 유익한 아이디어로 큰 도움을 주었다. 특히 법률과 회계 분야에서 뛰어난 조언을 해 준 패티 한센에게 다시 한번 고맙다는 인사를 드린다.

우리 직원들은 세계 경제의 미래를 바꿀 이 프로젝트에 그 어느 때보다 집중하며 성과를 내주었다. 라이사 윌리엄, 트루디 마샬, 미셸 애덤스, 디디 로마넬라, 데이브 콜먼, 샤나 비에이라, 조디 엠므, 메리 맥케이, 캐릴 베이어드, 로리 하트먼에게 깊이 감사드린다. 이 프로젝트를 진행하는 동안 우리를 따스하게 격려해 준 밥의 실무진에게도 감사를 표한다. 조이스 에들브록, 마리아 카터, 트룰린 허칭스, 잰 스테판, 필리스 마텔, 애니 테일러, 커트 모텐슨, 마이크 레이, 스티브 워터스, 태드 리그넬, 라이사 테일러, 댄 브링크, 커티스 홀더, 데니스 마이클스, 매트 젠슨, 이들 모두 우리의 기억 속에 있다.

우리와 함께 '백만장자 독수리 프로그램'을 만들고, 시험하고, 완성한 자넷과 크리스 애트우드 에게 진심으로 감사드린다. 그들의 동료인 팻 번스는 백만장자들을 최고의 기부자로 만드는 '백만장자의 산'을 위해 큰 노력을 기울였다. 톰 페인터는 진정한 마케팅 천재다. 그가 있었기에 세상에 우리의 메시지를 전달할 수 있었다.

이 책 속에서 소설의 주인공 미셸은 장난감 곰에 관한 아이디어로 큰돈을 번다. 현실 세상에서 실제로 특허를 소유한 마이크 프라이는 그것을 기꺼이 우리에게 제공했다. 더불어 우리에게 세계적인 장난감 디자이너 조앤 카플란을 소개해주었다. 그녀는 빠르게 능력을 발휘하여 '언제나 곁에 있는 곰'을 창조해냈다. 조앤은 유명한 장난감 회사 하스브로에 이 아이디어를 판매했고, 크리스마스 즈음에 실제로 이 장난감이 출시될 것이라는 소식을 전해주었다. 상상을 현실로 만들어 준 하스브로 팀, 조앤과 마이크에게 사랑을 전한다.

'백만장자의 1분'에 내용을 제공한 여러 분이 있다. 1분 마케팅 플랜을 위해 뛰어난 통찰력을 발휘해준 존 에건에게 감사드린다. 팀에 관한 섹션은 알 파덴과 린다 챈들러에게 크게 신세를 졌다. 그들은 지식 재산권을 가진 내용을 우리가 사용할 수 있도록 허락해 주었다. 프랭크 와그너는 네트워크에 관한 우수한 자료를 제공해주었으며, 패트릭 치즘은 날카로운 연구 조사 기술을 제공하였다. 훌륭한 조언과 실제 예를 제시해준 신디 캐시먼과 폴 하투니안에 대한 감사도 빼놓을 수 없다. 스테이시 홀과 존 브로그니즈는 '완벽한 고객 모으기'에 관한 내용을 그들의 저서에서 인용할 수 있도록 해주었다. 변혁적 학습은 돈 울프의 도움으로 실릴 수 있었다. 이 밖에도 수많은 분들이 실질적인 방법으로 우리에게 도움을 주었다.

이 책에 나와 있는 특별한 가르침은 실제로 효과를 발휘한다. 그 단계에 이르기까지 수천 명이 기꺼이 실험체가 되어주었다. 덕분에 불가능을 가능으로 만들 수 있었다. 우리가 제시하는 아이디어와 원칙이 당신을 깨달은 백만장자의 길로 이끌어 줄 것이다.

소설 속에서 미셸이 사들인 부동산은 실제 모델이 있다. 캐런 넬슨벨과 던컨 거틴 부부가 깨달은 백만장자가 되는 과정에서 실제로 구매했던 부동산에서 그 예를 빌린 것이다. 그들에게 감사드린다.

우리는 당신이 이 책의 원칙을 읽고, 흡수하고, 사용하고, 그것을 다른 이들과 나눌 것을 알고 있다. 이 책이 당신의 지갑을 두둑하게 하고 풍요로운 영혼을 가져다줄 것이다.

당신을 만나서 기쁘다.

마크 빅터 한센, 로버트 G. 앨런

옮긴이의 글

당신의 '1분'

1분이 당신을 어떻게 바꾸는지 이제 우리는 안다.

이 책은 나와 남이 함께 풍요해지는 법을 알려주는 보기 드문 책이다. 내가 한 말과 행동이 보이지 않는 곳에서 어떤 영향력을 발휘하는지 아는 사람은 많지 않다. 많은 이들이 어떻게든 부자가 되어야 한다고 목소리를 높인다. 하지만 정직한 부자가 되는 방법을 알려주는 책은 흔하지 않다. 바로 이 책처럼 말이다.

이 책의 저자인 마크 빅터 한센과 로버트 G. 앨런의 꿈은 독특하다. 바로 정직하게 부를 쌓는 '깨달은 백만장자' 백만 명을 길러내는 것이다.

그들은 말한다. 최선을 다한다면 온 우주가 당신의 앞길을 밝혀줄 것이라고. 이 책의 마지막 부분에 레 반 부가 겪은 실제 이야기가 나온다. 성공의 정점에 우뚝 섰던 그가 가진 것을 모두 잃고 밑바닥까지 꼬꾸라졌다. 절망한 그가 세상을 등지려 했을 때, 곁에 있던 아내가 그를 달랬다. 한 번 더 해보자고. 이대로 포기하지 말자고. 고국에서 변호사까지 해보았던 그가 미국으로 건너와 톱밥을 깔고 자야 했을 때 심정이 어땠을지 굳이 묻지 않아도 알 수 있다. 빈털터리가 된 레 반 부와 그의 아내가 세상을 마주한 방식은 '정직'이었다. 꼼수 쓰지 않고, 한눈팔지 않고, 오직 성실하게 최선을 다했다. 그들이 어떤 결과를 얻었는지 책 속에서 직접 확인할 수 있다.

아직도 부자를 악의 화신으로 여기는 사람들이 많다. 『다이아몬드의 땅』을 쓴 목사 러셀 H. 콘웰은 말한다. 돈이 있어야 선행도 할 수 있다고. 성경을 인쇄하고, 교회를 열고, 목사에게 월급을 주는 일도 모두 돈이 있을 때 가능하다고. 정직하게 돈을 벌어 풍요와 행복을 누리는 수많은 부자를 직접 찾아가서 만나보라고.

'1분'은 당신을 부자로 만들어 줄 마법의 시간이다. 백만장자의 산을 오르기 위해 해야 할 일은 한 가지다. 당신의 '1분'을 매번 충실하게 채워가는 것, 그거 하나면 된다.

'1분'이 짧아 보일 수도 있다. 하지만 행동을 마음에 새기기에 충분한 시간이다. 이 책에는 정직과 성실로 부를 일군 실제 이야기가 여럿 등장한다. 중요한 것은 이 책이 증명된 교훈으로 가득 차 있다는 것이다. 이 책을 쓰기 위해 저자 두 사람은 팀을 꾸렸고, 수많은 실험을 거듭했다. 그리고 신속하게 백만장자가 되는 법만 골라 담았다.

   이 책을 읽고 당신의 '1분'을 투자하라. 기회를 살피고, 정직하게 돈을 모으고, 그 방법을 남들과 나눠라. 그러면 당신은 빠르게 부유해질 것이다.

   마크 빅터 한센과 로버트 G. 앨런이 당신에게 건네는 약속이다.

옮긴이 김현정